Der Angriff

Ulrich Schäfer, Jahrgang 1967, ist einer der renommiertesten deutschen Wirtschaftsjournalisten. Er absolvierte nach dem Studium der Volkswirtschaft in Münster und Washington, D.C., eine Ausbildung an der Henri-Nannen-Journalistenschule in Hamburg. Im Anschluss arbeitete er als Wirtschaftsjournalist beim *Spiegel* und bei der *Süddeutschen Zeitung.* Dort ist er heute Ressortleiter. 2008 erschien sein Bestseller *Der Crash des Kapitalismus* bei Campus.

Der Blog zum Buch: http://blog.der-angriff.de

Ulrich Schäfer

DER ANGRIFF

Wie der islamistische Terror
unseren Wohlstand sprengt

Campus Verlag
Frankfurt/New York

ISBN 978-3-593-39466-4

Das Werk einschließlich aller seiner Teile ist urheberrechtlich geschützt.
Jede Verwertung ist ohne Zustimmung des Verlags unzulässig. Das gilt
insbesondere für Vervielfältigungen, Übersetzungen, Mikroverfilmungen
und die Einspeicherung und Verarbeitung in elektronischen Systemen.
Copyright © 2011 Campus Verlag GmbH, Frankfurt am Main
Umschlaggestaltung: Anne Strasser, Hamburg
Satz: Fotosatz L. Huhn, Linsengericht
Gesetzt aus: Minion Pro und Myriad Pro
Druck und Bindung: CPI, Ebner & Spiegel, Ulm
Gedruckt auf Papier aus zertifizierten Rohstoffen (FSC/PEFC).
Printed in Germany

Dieses Buch ist auch als E-Book erschienen
www.campus.de

Inhalt

Vorwort
Der Terror geht weiter

>»Obwohl bin Laden tot ist –
al-Kaida ist es nicht.«[1]

Leon Panetta, Chef des amerikanischen
Geheimdienstes CIA, 2. Mai 2011

Wir neigen dazu, die Welt schöner zu reden, als sie ist. Wir lieben es, Gefahren zu verdrängen und Risiken zu übersehen. Deshalb gerieten wir in die schlimmste Wirtschaftskrise seit acht Jahrzehnten. Denn wir wollten die Warnzeichen, die es gab, nicht sehen. Wir lebten in dem Glauben, unser Wohlstand, der hervorgebracht wird durch die globale, vernetzte Wirtschaft, sei unantastbar.

So wie wir die Signale missachtet haben, die Jahre vorher auf den Wahnsinn an den Finanzmärkten hingewiesen haben, so verdrängen wir auch, wie sehr unser Wohlstand durch den islamistischen Terror bedroht ist. Zehn Jahre nach dem 11. September 2001, nach Hunderten von erfolgreichen und versuchten Anschlägen in Europa, Amerika, Asien, Afrika und der arabischen Welt, tun wir immer noch so, als seien die islamistischen Terroristen vernachlässigbare Feinde: weit weg, ein wenig irre, aber nicht sonderlich bedrohlich. Und der Tod von Osama bin Laden vermittelt uns nun sogar das Gefühl, als sei die Gefahr praktisch gebannt, als sei dieser Feind mehr oder weniger besiegt. Ohne ihren Gründer, so glauben viele, ist al-Kaida nur noch eine Bande von orientierungslosen Hitzköpfen, von irrlichternden Islamisten.

Doch wir unterliegen dabei einem gefährlichen Irrglauben, wir geben uns einem trügerischen Gefühl der Sicherheit hin. Richtig ist: Bin Laden wurde getötet – aber der islamistische Terror geht weiter! Denn die Terroristen von al-Kaida verfolgen einen teuflischen, langfristigen Plan – einen Plan, den bin Laden einst mit erdacht hat, der aber nicht von ihm abhängig ist. Im Namen Allahs wollen sie unseren Wohlstand sprengen – und den Westen dadurch in die Knie zwingen.

Ihr Angriff zielt auf das Herz unserer Gesellschaft, die Basis unseres Lebens. Und sie haben sich dafür viel Zeit genommen: nicht bloß Jahre, sondern Jahrzehnte.

Ersonnen haben diesen Plan die Strategen und Theoretiker von al-Kaida, die führenden Köpfe des Terrornetzwerks. Geprägt wurde er vor allem vom neuen Chef von al-Kaida, dem Ägypter Aiman al-Zawahiri, der schon in den letzten Jahren, als bin Laden sich in sein Versteck in Pakistan verkrochen hatte, der operative Führer des Terrornetzwerks war, der Stratege, der Planer. Und geprägt wurde er von Saif al-Adel, der unter bin Laden die Nummer drei von al-Kaida war und nach dessen Tod für einige Wochen als Interimschef des Terrornetzwerks fungierte, ehe dann al-Zawahiri berufen wurde. Er hat vor einigen Jahren »al-Kaidas Strategie bis zum Jahr 2020« öffentlich gemacht, die im Westen fast keinerlei Beachtung gefunden hat, aber klar und deutlich zeigt: Die islamistischen Terroristen führen zuvorderst keinen Glaubenskrieg, sondern einen Wirtschaftskrieg.

Den Angriff auf unseren Wohlstand treibt eine zweite, eine dritte Generation von skrupellosen Terroristen voran, die in den letzten Jahren herangewachsen ist. Und egal, wen die Amerikaner noch ausschalten: Sie werden ihren Krieg gegen den Westen weiter verfolgen, ihren perfiden Plan, der nicht in das Bild passt, das von ihnen immer wieder gezeichnet wird – das Bild von den irrationalen Glaubenskriegern, die ohne Sinn und Verstand vorgehen. Denn tatsächlich folgt al-Kaida einer durchdachten Strategie: Die islamistischen Terroristen jagen Gebäude und Flugzeuge in die Luft, um den Westen in den Bankrott zu treiben. Ihre Ziele sind – anders als bei den Terroristen des 20. Jahrhunderts, bei RAF, Roten Brigaden, ETA oder IRA – nicht die Repräsentanten des Staates, die Menschen mit Macht. Sondern sie attackieren im Namen Allahs die Basis unseres Reichtums, jenes fein gewobene, weltumspannende Netz der Wirtschaft, das uns seit Jahrzehnten immer mehr Wohlstand gebracht hat: die Globalisierung. Wenn man die Spur des Terrors verfolgt, wenn man die religiöse Rhetorik beiseiteschiebt und hinter der Fassade des Fanatismus nach der eigentlichen Strategie von al-Kaida sucht, erkennt man ein klares Prinzip: Die islamistischen Attentäter wollen die Lebensadern unserer Industriegesellschaft treffen, die Handelswege und Börsen, die Unternehmen und Anleger, die Symbole der westlichen Wirtschaft, die Filialen westlicher Banken und Hotelketten, die Versorgungswege für Öl und Gas – und damit uns alle. Sie wollen, dass unsere Jobs in Gefahr geraten; dass wir aus Furcht unser Geld beisammenhalten und weniger für Waren aus aller Welt ausgeben; dass die Anleger nervös werden und sich von den Finanzmärkten zurückziehen; dass Unternehmen nicht mehr investieren.

Nicht jeder Anschlag gelingt, nicht jeder Plan geht auf, und manches, was al-Kaida verbreitet, ist auch schlichte Propaganda. Und doch sind die islamistischen Terroristen weit erfolgreicher, als wir dies wahrhaben wollen. Sie verändern unser Handeln und Denken, unsere Gesellschaft und unsere Wirtschaft: Mit ihren steten Attacken haben sie Millionen von Jobs zerstört und Billionenvermögen vernichtet, sie haben mit ihren Bomben die Börsen erzittern und Aktienkurse abstürzen lassen, sie haben die Wirtschaft gelähmt und ihr zusätzliche Kosten auferlegt – nicht bloß Sicherheitskosten. Öl und Rohstoffe wurden teurer, der weltweite Handel unsicherer, das Fliegen riskanter, der Urlaub gefährlicher, die Börsen labiler, weil die Unsicherheit in der Wirtschaft durch den Terror gewachsen ist.

Wir leben in einer Ära der Unsicherheit und Bedrohung – und die Folgen spüren wir alle! Die islamistischen Attentäter haben entscheidend zur größten Wirtschaftskrise seit acht Jahrzehnten beigetragen. Sie haben den Westen gezwungen, sich nach dem 11. September mit billigem Geld der Notenbanken, mit gewaltigen Steuersenkungen und Konjunkturprogrammen gegen einen Abschwung zu stemmen, den es ohne die Anschläge in der Schärfe nicht gegeben hätte. Sie haben den Westen in einen Krieg gedrängt, der zermürbend und teuer ist. Sie haben ihn in eine Politik der Schulden getrieben, die sich nun rächt.

Und die Terroristen bomben weiter: Europa und Deutschland rücken dabei immer mehr in ihren Fokus. In London und Madrid gingen bereits vor einigen Jahren Sprengsätze in Nahverkehrszügen hoch;

die Kofferbomber von Köln versuchten einen ähnlichen Anschlag in Deutschland. Später enttarnten deutsche Fahnder die Sauerland-Gruppe, eine Terrorzelle der Islamischen Dschihad-Union. Und vom Herbst des Jahres 2010 an folgte dann Terroralarm auf Terroralarm: Anfang Oktober warnten Geheimdienste, dass islamistische Terroristen symbolträchtige Ziele in Berlin ins Visier genommen hätten. Wenig später landete ein Frachtflieger mit einem Bombenpaket, das aus dem Jemen stammte, in Köln/Bonn zwischen. Ein paar Tage später, im November 2010, sprach der damalige Bundesinnenminister Thomas de Maizière die schärfste Terrorwarnung in der bundesdeutschen Geschichte aus. Zuvor hatten zwei deutsche Terrorverdächtige, die auf dem Rückweg aus einem pakistanischen Ausbildungslager verhaftet wurden, geplaudert. Sie berichteten den Ermittlern, dass al-Kaida einen gewaltigen Anschlag in Europa plane, eine Attacke auf Finanz- und Wirtschaftszentren.[2]

Nur drei Wochen später fassten britische Antiterrorfahnder in Cardiff, Stoke-on-Trent und London zwölf junge Männer aus Somalia und Bangladesch, die Bomben getestet und mögliche Terrorziele ausgekundschaftet hatten, darunter die Londoner Börse. Im März 2011 war dann zu lesen, al-Kaida plane einen großen Anschlag in Amerika. Die Vorbereitungen seien weit fortgeschritten, amerikanische Sicherheitsexperten sprächen von einer »aktuellen und bedeutenden Bedrohung«.[3] Im April 2011 verhafteten deutsche Ermittler in Düsseldorf drei Marokkaner, die im Auftrag von al-Kaida einen Anschlag in Deutschland vorbereitet hatten: In einer Menschenmenge, möglicherweise an einem Flughafen oder Bahnhof, wollten sie eine Splitterbombe mit kleinen Metallteilen zünden. Und im Mai 2011 wird publik, dass al-Kaida zum Jahrestag der Anschläge vom 11. September 2001 über einen verheerenden Anschlag auf Eisenbahnzüge in den Vereinigten Staaten nachgedacht hat. Auch Öltanker und Ölförderanlagen sollten verstärkt angegriffen werden So steht es in den Dokumenten, die im Haus von Osama bin Laden in Pakistan gefunden wurden.

Der islamistische Terror verändert die Welt genauso dramatisch wie der Kalte Krieg. Und ebenso wie der Kalte Krieg bedroht der Angriff uns Deutsche stärker als andere. Denn in keinem Land der Erde hängt der Wohlstand derart stark von der Globalisierung ab: Unsere Zukunft wird bestimmt vom weltweiten Handel, sie wird beeinflusst von den Finanzmärkten. Deutschland ist, dicht hinter China, die zweitwichtigste Exportnation der Welt, es ist ein Zentrum des internationalen Handels, eine Drehscheibe für den Frachtverkehr auf der Straße, in der Luft und zu Wasser. Und Deutschland zählt mit seiner Bankenmetropole Frankfurt zu den wichtigsten Finanzplätzen der Welt, in seiner Bedeutung nur übertroffen von New York und London. Genau darauf, auf den weltweiten Warenhandel und die Finanzmärkte, zielen die Terroristen. Genau hier wollen sie uns treffen. Genau hier wollen sie unser kapitalistisches Wirtschaftssystem, das sie so sehr verabscheuen, ins Wanken bringen. Und das Bedrohliche ist: Die Terroristen treffen Deutschland selbst dann, wenn die Bomben anderswo explodieren. Über das Nervensystem der globalen Wirtschaft kommen die Auswirkungen des Terrors auch bei uns an.

Die nächsten Jahre werden darüber entscheiden, ob die Terroristen erfolgreich sein werden, ob unsere Wirtschaft die Verwerfungen, die der Terror zur Folge hat, überstehen wird oder ob sie daran zugrunde geht. Es kommt darauf an, diesen Kampf anzunehmen – und zwar als einen Kampf, in dem es nicht nur um unsere Sicherheit geht, sondern auch um unseren Wohlstand. Wenn wir jetzt nicht gegensteuern, werden die islamistischen Attentäter unserer freien, verletzlichen Wirtschaft gewaltigen Schaden zufügen und den Prozess der Globalisierung zurückdrehen.

Dieses Buch analysiert schonungslos, wie der Terror unsere Wirtschaft verändert, wie der Kampf um Rohstoffe und Ressourcen sich dadurch verschärft. Es erklärt, wie entschlossen die islamistischen Terroristen auch nach dem Tod von Osama bin Laden vorgehen – und welche Verbindung es zwischen den Anschlägen des 11. September 2001 und der großen Finanzkrise zehn Jahre später gibt. Das Buch zeigt, dass der Einfluss des Terrors auf unser Leben viel größer ist, als wir glauben. Und dass wir uns jetzt, nach dem Tod des Führers von al-Kaida, keineswegs entspannt zurücklehnen können.

Denn wir sind verletzlicher denn je: Nach der weltweiten Finanz-krise fehlt unserer Wirtschaft die Widerstandskraft; sie würde in eine neue, schwere Krise abgleiten, wenn neue, große Anschläge hereinbrä-chen. Und weil die Terroristen dies wissen, sind neuerliche Attacken nahezu zwangsläufig: Sie werden zuschlagen – und zwar nicht nur, um den Tod ihres Führers zu rächen, sondern um ihren teuflischen Plan, den Angriff auf unseren Wohlstand, weiter voranzutreiben.

Diese Botschaft mögen manche nicht hören. Andere werden sagen, hier werde die Gefahr, die vom islamistischen Terror ausgehe, völlig übertrieben und unbegründet Panik verbreitet. Sie verweisen darauf, dass den Terroristen in den letzten Jahren vieles misslungen sei und es sich um eine Truppe von ziemlich unprofessionellen Kriminellen han-dele. Sie glauben, nur weil nicht jeden Monat irgendwo in Europa eine Bombe hochgehe, nur weil immer wieder Anschläge vereitelt würden, bestünde kein Anlass zur Sorge. Tatsächlich aber müssen wir uns sor-gen, denn auch die misslungenen Attentate sind Teil des Wirtschafts-kriegs, den al-Kaida führt. Sie sind Teil der steten Bedrohung.

Politik, Wirtschaft und Medien aber wiegen uns in Sicherheit, sie reden die Gefahren klein. Und sie tragen damit dazu bei, die wahren Gründe des Kriegs gegen den Terror zu verschleiern. Denn Wirt-schaftskriege darf es nicht geben – nicht nach dem Grundgesetz, nicht nach dem geltenden Völkerrecht.[4] Aber es gibt sie längst: Die Terroris-ten zwingen uns diese Wirtschaftskriege auf. In diesen Kämpfen geht es weniger um militärische Macht, um die Herrschaft über möglichst viel Land, sondern um ökonomische Macht; es geht nicht um die Ver-teidigung unserer Freiheit am Hindukusch, sondern vor allem und ganz konkret um unsere Wirtschaft, um unseren Wohlstand.

Wenn wir diese Wirtschaftskriege gewinnen wollen, ist es erforder-lich, den islamistischen Terror mit anderen Augen zu betrachten; es ist an der Zeit, all die beschwichtigenden Worte von Politikern, all die Vorurteile in den Medien über die Gotteskrieger beiseite zu schieben und den wahren Kern der Bedrohung zu benennen. Diesen Anspruch hat das vorliegende Buch. Es will wachrütteln und zeigen, worum es den Terroristen tatsächlich geht. Es will erklären, welch gravierende

Folgen der Terror für Gesellschaft und Wirtschaft hat – und wo wir ansetzen müssen, um den Angriff auf unseren Wohlstand abzuwehren.

Eine Sicherheitspolitik, die sich darin erschöpft, Gesetze zu verschärfen, die Macht der Terrorermittler zu stärken und Soldaten auf Auslandseinsätze zu schicken, reicht nicht aus. Sie vermag uns kurzfristig ein Gefühl von Sicherheit vermitteln, aber sie schafft nicht dauerhaft Sicherheit vor dem Terror und seinen ökonomischen Folgen. Was wir stattdessen benötigen, ist eine viel umfassendere, weiterreichende Strategie gegen den Terror – eine Strategie, die nicht allein auf Militär, Polizei und Geheimdienste setzt. Was wir benötigen, ist eine Wohlstandssicherheitspolitik, die unsere fragile Wirtschaft vor den perfiden Anschlägen so gut wie möglich schützt.

Denn wenn der internationale Handel immer zäher wird; wenn die Kosten für den Transport von Waren immer schneller steigen, weil Häfen, Logistikzentren und Flughäfen schärfer kontrolliert werden müssen; wenn die Finanzmärkte als Folge von Attentaten immer wieder in Panik verfallen; wenn die Staaten sich im Gefolge des Terrors weiter abschotten; wenn sie neue Handelshürden errichten; wenn sie sich noch stärker verschulden, um den Krieg gegen den Terror zu finanzieren – wenn all dies oder auch nur ein Teil davon eintritt, wird unsere Wirtschaft erlahmen, werden Jobs verschwinden und Unternehmen kollabieren. Und dann werden die Terroristen ihrem Ziel näher kommen, dass unsere Volkswirtschaften ausbluten und eine entscheidende Grundlage unserer Gesellschaft zerbricht: unser Wohlstand.

München, im August 2011
Ulrich Schäfer

1. Deutschland wird zum Anschlagsraum

»Es gilt, wachsam zu sein und sich keine Illusionen
darüber zu machen, dass der internationale islamistische
Terrorismus auch Deutschland zum Ziel hat.«[1]

Hans-Peter Friedrich, Bundesinnenminister, 1. Mai 2011

Ein Land in Angst

Der Feind ist irgendwo da draußen. Man kann ihn nicht sehen, aber er
muss da sein. Vielleicht verbirgt er sich in einer gesichtslosen Traban-
tensiedlung einer Großstadt, so wie einst Mohammed Atta und die Terroristen des 11. September. Vielleicht hat er sich in einem unauffälligen
Haus auf dem Land eingenistet, so wie einst die Sauerland-Gruppe. Im
Hotel Adlon in Berlin, direkt am Brandenburger Tor, wurden deshalb
die Sicherheitsmaßnahmen massiv verstärkt. Am Haupteingang stehen
breitschultrige Kerle der Sicherheitsfirma »Flash Security«, die jeden, der
in das Hotel hinein will, argwöhnisch begutachten. Ist er ein normaler
Gast? Oder versteckt sich hinter dem Anzug und dem dunklen Mantel
ein potenzieller Attentäter? Ist der junge Mann ein Tourist aus der arabischen Welt? Oder einer, der drinnen wild um sich schießen könnte?

Die Angst geht um in Deutschland, und sie geht auch im Hotel Adlon
um. Wer das Fünf-Sterne-Haus betreten will, dieses traditionsreiche
Haus, das Staatchefs und Könige beherbergt, Hollywood-Schauspie-
ler, Künstler und Konzernchefs, muss eine Sicherheitsschleuse passieren. Wie beim Check-in am Flughafen wird jeder Gast auf metallische
Gegenstände durchleuchtet, auf Schusswaffen und Messer, ebenso
wird jedes Gepäckstück gefilzt, das in das Gebäude hinein soll. Es gibt
Gäste, die sich darüber mokieren. Denn es ist nun mal umständlich,
sich auf dem Weg ins Hotel stets seines Mantels, seiner Geldbörse und
seiner Uhr zu entledigen.

Die Hotelmanager tun deshalb alles, um den Schein des Alltags aufrechtzuerhalten. Sie mögen keine Aufregung, und daher haben sie den Kontrollbereich am Haupteingang ein wenig schöner gestaltet als sonst üblich: Die Gäste müssen ihre Habseligkeiten nicht wie am Flughafen in Plastikwannen packen, ehe sie durch das Röntgengerät geschoben werden. Stattdessen liegen geflochtene Körbe bereit, in die ein weiches Tuch gelegt wurde; darauf kommen Jacken oder Taschen. Zwischen den beiden Sicherheitsschleusen steht ein kleiner Tisch, auf dem ein Deckchen drapiert ist und eine Vase mit Blumen.

Drinnen im Hotel soll alles ganz normal aussehen. Hinten in der Lobby, in den tiefen Sofas unweit der Bar, hocken an diesem Mittwochabend im November 2010 sechs Männer und plaudern entspannt übers Geschäft. Gerhard Schröder ist dabei, der frühere Bundeskanzler, außerdem Bahnchef Rüdiger Grube, sein Vorgänger Hartmut Mehdorn und Werner Müller, der Aufsichtsratsvorsitzende der Deutsche Bahn AG. Die Herren sind guter Laune. Man lacht, man flachst. Die Hotelbediensteten kümmern sich um die Gäste so, wie sie sich um alle namhaften Gäste kümmern: aufmerksam, schnell, freundlich.

Doch in Wahrheit ist nichts normal in diesen Wochen, in denen die Sorge vor dem Terror allmählich das Land befällt, in denen die Angst in die Köpfe der Menschen eindringt und ihren Alltag verändert. Ein paar hundert Meter weiter, auf der andere Seite des Brandenburger Tors, sind rund um den Reichstag Absperrgitter aufgestellt, dahinter stehen Polizisten mit Maschinenpistolen. Die Aussichtskuppel des Reichtags, eines der beliebtesten Touristenziele der Hauptstadt, wurde für Besucher gesperrt. Terrorgefahr. Denn der Sitz des deutschen Parlaments zählt, ebenso wie das Adlon, der Hauptbahnhof oder der Fernsehturm am Alexanderplatz, zu den möglichen Anschlagszielen.

Eine diffuse Furcht hat das Land befallen. Die Furcht vor einem Anschlag, vor schrecklichen Bildern, wie man sie aus New York kennt, aus Madrid, aus London. Die Furcht vor Dutzenden, ja vielleicht sogar Hunderten von Toten. Die Furcht vor einem unsichtbaren, schwer greifbaren Feind. Niemand weiß, wann die Terroristen losschlagen werden. Niemand weiß, wo sie losschlagen werden. Doch den Geheimdiensten, so viel weiß man, liegen Hinweise vor, dass islamistische Terroristen eine Serie von Anschlägen in europäischen Großstädten verüben könnten, in Berlin, Paris oder London. Ein Islamisten-Trupp plane einen Sturmangriff auf den Reichstag, heißt es. Oder auf ein Hotel.

Auch der Bundesinnenminister ist in großer Sorge. Es gebe »konkrete Ermittlungsansätze und konkrete Spuren«, die einen Anschlag in der nahen Zukunft befürchten ließen, warnt Thomas de Maizière im November 2010.[2] Der CDU-Politiker ist kein schwarzer Sheriff, kein Law-and-Order-Mann, kein Wolfgang Schäuble, kein Otto Schily. Er ist ruhiger als seine Vorgänger, gelassener, nüchterner. Wenn ein so besonnener Minister sich nach reiflicher Überlegung mit der schärfsten Terrorwarnung vor die Kameras traut, die es in Deutschland je gegeben hat, dann ist wirklich Gefahr im Verzug.

Und die Regierungen anderswo in Europa warnen ja auch. Die britische Innenministerin Theresa May schreckt ihre Landesleute mit der Erkenntnis auf: »Wir sind uns absolut sicher, dass es eine sehr ernste Bedrohung durch den internationalen Terrorismus gibt.« Ein Anschlagsversuch sei »sehr wahrscheinlich«, deshalb müsse jeder wachsam sein.[3] Ihr französischer Kollege Brice Hortefeux erklärt, der Ableger von al-Kaida auf der arabischen Halbinsel sei in Europa aktiv – und die Bedrohung sei real. Frankreich habe Hinweise vom saudischen Geheimdienst erhalten.[4] Die Niederlande sehen sich ebenfalls bedroht, nachdem ein Sprecher der Taliban in der Zeitung *De Volkskrant* mit Anschlägen gedroht hat, weil die Regierung mit dem Rechtspopulisten und Islamkritiker Geert Wilders zusammenarbeitet.[5]

Jenseits des Atlantik, in den Vereinigten Staaten, ist die Furcht vor einem Anschlag ähnlich groß. Da warnt die Bundespolizei FBI die Bankhäuser der Wall Street, sie müssten mit Paketbomben rechnen, die Terroristen ihnen zusenden könnten. Da ruft ein Online-Magazin von al-Kaida Islamisten dazu auf, einen Pick up mit langen Messern zu bestücken und in eine Menschenmenge zu steuern – oder aus Utensilien, die sie in der Küche ihrer Mutter fänden, eine Bombe zu bauen.

Terroralarm, wohin man auch blickt. Und Antiterroreinsätze, wohin man blickt. Fast jede Woche schlagen Fahnder irgendwo zu. In Deutschland. In Europa. In den Vereinigten Staaten. So verhaftet die belgische Polizei, unterstützt durch Kollegen in den Niederlanden und Deutschland, im November 2010 im Großraum Brüssel, in Antwerpen, Amsterdam und Aachen eine Gruppe von zwanzig Verdächtigen, die angeblich Anschläge in Belgien vorbereitet haben sollen. Die niederländische Antiterroreinheit »Dienst Speciale Interventies« nimmt, aufgeschreckt durch Warnungen des Geheimdiensts, an Heiligabend 2010 in einem Internet-Shop in Rotterdam zwölf aus Somalia stammende Männer fest, die einen Anschlag geplant haben sollen; einen Teil der Verdächtigen muss die Polizei später mangels Beweisen freilassen, die anderen werden dem Richter vorgeführt.

Auch die Fahnder in den Vereinigten Staaten verhaften einen mutmaßlichen Terroristen: Im Februar 2011 nehmen sie den 20-jährigen Khalid Ali M. Aldawsari fest, einen saudischen Staatsbürger, der am South Plains College in Texas Ingenieurwissenschaften studiert. Aldawsari fliegt auf, weil er bei einem Chemieunternehmen Materialien bestellt hat, die zum Bau von Bomben geeignet sind. Die Fahnder finden auf seinem Computer zahlreiche Dateien und Mails, die ihren Verdacht bestätigen: Als Anschlagsziele soll der Student unter anderem Atomkraftwerke und Staudämme ins Auge gefasst haben. In Manhattan wollte er mehrere Mietwagen mit Bomben abstellen, ähnlich wie schon der aus Pakistan stammende US-Bürger Faisal Shahzad. Dieser hatte im Mai 2010 am Times Square einen Wagen mit einer Bombe abgestellt, die aber nicht richtig zündete und rechtzeitig entdeckt wurde.

»Da kommt nicht einmal der Teufel drauf!«

Es sind verstörende Nachrichten, die zeigen, wie sehr die islamistischen Terroristen in unsere Städte vorgedrungen sind. Und so fühlt man sich in diesen Monaten ein wenig an jene seltsame Beklommenheit erinnert, die einen auch während des Irakkriegs befiel, als amerikanische Langstreckenbomber nächtliche Angriffe auf Bagdad flogen, als die Stadt von Detonationen erschüttert wurde, als schummrige Bilder mit wilden Lichtblitzen über CNN liefen und man nicht wusste, was aus der »Operation Iraqi Freedom« noch erwachsen würde. Denn Saddam Hussein, so glaubte man damals ja, verfügte über Massenvernichtungswaffen. »Shock and awe« – Schrecken und Ehrfurcht, hieß die Taktik des amerikanischen Militärs damals, und diese Taktik könnten sich nun auch die Terroristen zu eigen machen. »Shock and awe« – das bedeutet: Man schlägt an mehreren Stellen gleichzeitig zu, versucht den Gegner durch die Wucht der Angriffe zu schocken und dadurch seine Verteidigungsfähigkeit auszuschalten.

»Shock and awe« – wie könnte das in Deutschland aussehen? Thomas de Maizière sagt, am wahrscheinlichsten sei es, dass »Terroristen von außen in das Land kommen und bald nach Ankunft ohne Vorwarnung in einem Gebäude oder an einem sichtbaren Platz einen Anschlag begehen, wissend, dass sie das im Zweifelsfall nicht überleben werden«.[6] Ein Anschlag wie in Mumbai also. In der indischen Millionenstadt waren mehrere Gruppen von Attentätern im November 2008 in die Luxushotels Taj Mahal und Trident Oberoi, den Hauptbahnhof, eine jüdische Einrichtung, ein Restaurant und ein Krankenhaus gestürmt und hatten wahllos das Feuer eröffnet. Drei Tage lang schossen sie um sich und töteten 174 Menschen. Drei Tage lang bestimmte das Gemetzel die Weltnachrichten, es war der größte Propagandaerfolg der islamistischen Terroristen seit dem 11. September.

Und nun also Mumbai in Deutschland? Mumbai in Berlin? In Frankfurt oder München? Oder in Hamburg? Eine Horrorvorstellung für die Sicherheitsbehörden, eine Horrorvorstellung für den Bundesinnenminister, den Chef der Polizei und der Geheimdienste. Drei Ereignisse in kurzer Zeit haben de Maizière zu seiner Terrorwarnung veranlasst: Da sind die Hinweise amerikanischer Geheimdienste auf Anschläge in Europa, da sind die beiden Paketbomben, die vom Jemen aus mit Flugzeugen in die Vereinigten Staaten geschickt wurden, eine davon über den Flughafen Köln-Bonn, und da sind gleich mehrere Informanten, die deutschen Ermittlern von Attentatsplänen berichten.

Zu ihnen zählt der Deutsch-Syrer Rami M., der – so die Erkenntnis der Bundesanwaltschaft – mehrere Monate in einem al-Kaida-Ausbildungslager in Mir Ali in der pakistanischen Provinz Waziristan verbracht hat, in »der heimlichen Hauptstadt des Dschihad«, wie der *Stern* schreibt.[7] Auf dem Weg zurück in die Heimat werden er und ein zweiter Deutscher, Ahmad S., im Sommer 2010 gefasst. Beide gehören der »Hamburger Reisegruppe« an, jener verdächtigen Gruppierung von Islamisten, die die Ermittler seit Längerem beobachten und deren Mitglieder in Hamburg-St. Georg in derselben Moschee gebetet haben wie die Attentäter des 11. September.[8]

Nach ihrer Festnahme beginnen Rami M. und Ahmad S. zu plaudern: Sie berichten den Ermittlern davon, dass sie in den pakistanischen Bergen Scheich Younis al-Mauretani kennengelernt haben, einen neuen starken Mann bei al-Kaida, angeblich der neue »Außenminister« des Terrornetzwerks. Und dieser soll ihnen verraten haben, dass al-Kaida einen großen Anschlag in Europa plane, eine »große Sache«, wie später zu lesen ist. »Das, was wir im Kopf haben, da kommt nicht einmal der Teufel drauf«, soll der Scheich gesagt haben.[9] Die beiden Informanten erzählen den Ermittlern jedoch auch etwas, was damals kaum jemand wahrnimmt und einige Monate später in den Medien nur am Rande aufschimmert, was aber sehr viel aussagt über die Strategie von al-Kaida: Ziel des großen Anschlags, den al-Kaida plane, soll es angeblich sein, das Finanz- und Wirtschaftssystem in den USA und Europa zu treffen.[10] Die islamistischen Terroristen wollen also den Motor unseres Wohlstands angreifen, das Herz unserer Gesellschaft.

Was das genau zu bedeuten hat, können sich die Ermittler offenbar zunächst nicht erklären. Die Hinweise der beiden mutmaßlichen Terroristen reichen aber aus, um die Sicherheitsbehörden nervös zu machen: Sie tragen im Herbst 2010 mit dazu bei, dass Bundesinnenminister de Maizière die bislang schärfste Terrorwarnung in der bundesdeutschen Geschichte erlässt.Die Regierung lässt deshalb die Kontrollen intensivieren, so wie es andere europäische Staaten derzeit auch tun. Sie lässt Polizisten mit Maschinenpistolen aufmarschieren und die Grenzübergänge genauer überwachen. Sie lässt mehr Telefongespräche als üblich abhören, mehr Wohnungen observieren, mehr Datenbanken durchforsten. Denn irgendwo da draußen können die Terroristen sein. Sie können sich unter den einigen Hundert radikalen Islamisten befinden, die die Fahnder seit Langem beobachten. Sie können aber auch über ein benachbartes EU-Land einreisen: unbehelligt, unerkannt, unentdeckt.

Der Krake al-Kaida

Deutschland befindet sich seit dem Herbst 2010 im Krieg. Im Krieg gegen den Terror. Dieser Krieg war lange weit weg, die Politiker haben versucht, ihn kleinzureden, sie haben die große Beschwichtigungsmaschine angeworfen, um die Wähler zu beruhigen, aber auch sich selbst. Dieser Krieg wurde bislang in Afghanistan und im Irak geführt, am Horn von Afrika. Und auch da sprachen die Regierenden in Berlin lieber verschwiemelt vom »Nation Building«, vom »Peacekeeping«, von Bundeswehrmandaten, die angeblich nur dem Aufbau eines Staates und der Friedenssicherung dienten. Erst im Herbst 2010 trauten sich die Kanzlerin und der Verteidigungsminister, den Krieg auch tatsächlich als das zu bezeichnen, was er ist: ein Krieg.

Und nun wird Krieg auch auf deutschem Boden geführt, an Bahnhöfen und Flughäfen, in Hotels und Shopping-Zentren, auf Weihnachtsmärkten und in Einkaufsstraßen. Er wird geführt gegen einen Feind, der im Dunkeln operiert, aus dem Hinterhalt zuschlägt. Dieser Feind ist schwer zu fassen, weil er ständig sein Gesicht verändert. Das macht ihn noch bedrohlicher, noch unheimlicher. Der Feind: Das ist vor allem das Terrornetzwerk al-Kaida mit seinen Anhängseln, den regionalen Organisationen und vielen kleinen Zellen. Dieses Netzwerk ist längst nicht mehr nur in der arabischen Welt zu Hause, sondern auch im Westen: Al-Kaida hat in europäischen Großstädten seine Schläfer platziert, die irgendwann geweckt werden und unseren Wohlstand zerstören könnten. Al-Kaida kann zudem auf immer mehr *homegrown terrrorists* zurückgreifen, auf junge, oftmals gut ausgebildete Männer, die im Westen aufgewachsen sind, einen normalen Beruf erlernt oder eine Universität besucht und sich dem radikalen Islamismus zugewandt haben. Auch Deutsche zählen dazu, die oftmals aus Frust über ihr Leben konvertiert sind und sich anschließend zu besonders fanatischen Anhängern des Islam entwickeln.

Das Netz von al-Kaida ist so dicht und zugleich so lose gesponnen wie das Netz der globalen Marktwirtschaft. Es hat viele Enden, aber keinen zentralen Knoten, an dem man es zerreißen könnte – und daran ändert auch der Tod von bin Laden nichts. Al-Kaida besteht aus vielen Gruppen, die mehr oder minder locker miteinander verbunden sind und unabhängig voneinander losschlagen können. Einige Tausend Mitglieder dürfte das Terrornetzwerk auf der ganzen Welt haben, genaue Zahlen existieren allerdings nicht. Anfangs wurde al-Kaida noch straffer geführt, es gab eine klare Hierarchie: mit Osama bin Laden und seinem Stellvertreter Aiman al-Zawahiri an der Spitze; mit einem 31-köpfigen Beraterstab, der sich ums Militärische ebenso kümmerte wie um die Finanzen oder die Propaganda, und mit zentral gesteuerten Ausbildungslagern.[11]

Doch al-Kaida hat sich im Laufe der Zeit ausgedehnt und verzweigt. Mittlerweile sprechen Terrorexperten von einem »informellen« oder »virtuellen« Netzwerk. Dieses wird vor allem von der gemeinsamen Idee zusammengehalten, von der gemeinsamen Strategie, weniger von einer zentralen Führungsfigur. Deshalb wird al-Kaida auch ohne bin Laden fortbestehen können, ohne den »Mastermind« hinter den Anschlägen des 11. September. Für die Mitglieder von al-Kaida war bin Laden in den letzten Jahren vor allem eine Quelle der Inspiration, eine Figur, an der sie sich orientieren konnten. Seine religiösen Texte, seine weitschweifigen Reden, die im Internet verbreitet wurden, dienten ihnen als geistige Anleitung, als spirituelles Fundament – und die Worte von bin Laden werden dies weiterhin sein, auch nach seinem Tod. Aber die operative Führung des Netzwerks, die Planung von Anschlägen hatten in den letzten Jahren längst andere in die Hände genommen. Und sie werden dafür sorgen, dass der Terror weitergeht. Wie bei einem Kraken nutzt es nichts, einen Arm von al-Kaida wegzuschlagen, weil sofort ein neuer nachwächst.

Bin Ladens Erben

Wer aber sind die Terroristen, die bin Ladens Erbe fortführen? Wer sind die führenden Köpfe von al-Kaida, die den Angriff auf unseren

Wohlstand weiter vorantreiben werden? Wer sind die Erben des Terrorchefs?

Dazu zählt der 60-jährige *Aiman al-Zawahiri*, die bisherige Nummer zwei von al-Kaida: Der Ägypter arbeitete zunächst als Kinderarzt, wandte sich aber schon bald der Muslimbruderschaft zu, die sich gegen die säkularen Präsidenten in Ägypten auflehnte, gegen Gamal Abdel Nasser und Anwar as-Sadat. Später führte er seine eigene Terrorgruppe, den »Ägyptischen Islamischen Dschihad«. Er stand unter dem Verdacht, auch in das Attentat auf Sadat 1981 verwickelt gewesen zu sein. Al-Zawahiri bestritt zwar vor Gericht jegliche Beteiligung, aber er kannte mehrere der Attentäter, war der Sprecher der über 300 Angeklagten in dem Prozess wegen Waffenbesitzes zu drei Jahren Gefängnis verurteilt wurde. Nach seiner Entlassung aus dem Gefängnis, wo er vielfach gefoltert wurde, verließ al-Zawahiri verbittert sein Heimatland und zog aufseiten Afghanistans in den sowjetisch-afghanischen Krieg. Dort lernte er bin Laden kennen und gründete mit ihm 1988 al-Kaida. Fortan kämpften die beiden Seite an Seite. »Viele Terrorismusforscher sind sogar der durchaus begründeten Meinung, dass al-Zawahiri die wichtigere Persönlichkeit war und bin Laden lediglich in der Öffentlichkeit als Führer der Organisation dargestellt wurde«, schreibt der Terrorexperte Guido Steinberg von der Berliner Stiftung Wissenschaft und Politik in einem Standardwerk über die Geschichte von al-Kaida.[12] Im Juni 2011 wurde er offiziell zum neuen Chef von al-Kaida berufen, zum neuen Emir.[16]

Oder der 50-jährige *Saif al-Adel*: Der ehemalige Oberst der ägyptischen Armee übernahm im Mai 2011, ehe al-Zawahiri ernannt wurde, für einige Wochen die Führung des Terrornetzwerks. Er gilt als »einer der gefährlichsten Terroristen der Welt«, als »überragender Operationsplaner« und »erfahrener Feldkommandeur«, schreibt der *Spiegel-Online*-Reporter Yassin Musharbash, einer der führenden deutschen Terrorexperten.[13] Es wird vermutet, dass al-Adel hinter zahlreichen Attentatsplänen der letzten Jahre gestanden hat. Nur wenige Wochen nach seiner Berufung zum neuen al-Kaida-Chef ordnete er einen schweren Anschlag in London an. Al-Adel habe einen »großen

Plan« eingefordert, verkündete ein Sprecher der Terrororganisation, denn Großbritannien bilde für ihn das Rückgrat Europas.[14]

Oder der 45-jährige *Abu Jahja al-Libi*: Der Libyer gilt als einer der aufsteigenden Stars aus der nächsten Generation von al-Kaida. Er wurde im Jahr 2002 in Afghanistan festgenommen, drei Jahre später gelang ihm die Flucht, was ihn unter den Mudschaheddin zum Helden machte. Der Prediger und Theologe gilt als charismatisch und gewinnend, er ist »ein Krieger, ein Poet, ein Gelehrter, ein Meinungsmacher, ein Kommandeur«, urteilt der ehemalige CIA-Analytiker Jarret Brachman. Al-Libi gehört dem Scharia-Kommitee von al-Kaida an und taucht seit Jahren in etlichen Propagandavideos auf.[15]

Oder der geheimnisvolle Scheich *Younis al-Mauretani*: Er stammt angeblich aus Mauretanien und soll der neue »Außenminister« des Netzwerks sein, doch man weiß nicht viel von ihm, es gibt nur ein verschwommenes Foto, keinen öffentlich bekannten Lebenslauf, keine Video- und Audiobotschaften. Nur so viel ist publik: Al-Mauretani soll in den pakistanischen Bergen auch Anschläge auf die Bundesrepublik geplant haben. So soll er – dies ist der Verdacht der deutschen Ermittler – den drei mutmaßlichen Terroristen aus Düsseldorf, die im April 2011 festgenommen wurden, und anderen deutschen Mitgliedern von al-Kaida ihre Aufträge erteilt haben.

Oder der 40-jährige *Anwar al-Awlaki*: Der gebürtige Amerikaner sendet vom Jemen aus seit Jahren seine hasserfüllten Internetbotschaften aus. Er soll hinter zahlreichen Attentatsplänen der letzten Jahre gestanden haben, so dem Vorhaben, an Weihnachten 2009 ein amerikanisches Passagierflugzeug in die Luft zu sprengen, oder im Herbst 2010 mehrere amerikanische Frachtflugzeuge mit Paketbomben zu zerfetzen. Al-Awlaki werden auch Kontakte zu jenem Amokläufer nachgesagt, der im November 2009 auf dem US-Militärstützpunkt Fort Hood 13 Menschen tötete. Für wie gefährlich die Amerikaner den Hassprediger aus dem Jemen halten, zeigt sich daran, dass sie nur drei Tage nach der Tötung von bin Laden versucht haben, mit einem Drohnenangriff auch ihn zu töten.

Aber auch die anderen regionalen al-Kaida-Führer im Irak, auf der arabischen Halbinsel oder im Maghreb treiben den Terror weiter voran: Ihre Organisationen, die in den vergangenen Jahren unter dem Dach von al-Kaida entstanden sind oder sich dem Terrornetz angeschlossen haben, operieren teils völlig eigenständig. Denn seit den Anschlägen vom 11. September 2001 hat sich al-Kaida immer weiter ausgebreitet, ist vorgedrungen in die entlegensten Ecken der Welt. Unter dem Mantel von »Mutter al-Kaida« (al-Kaida al-Oum) sind eine wachsende Zahl von regionalen Terrorgruppen entstanden: in Europa ebenso wie in Nordamerika, in Südostasien ebenso wie in Afrika. Aber eben auch in der arabischen Welt: in Saudi-Arabien oder dem Jemen, im Irak oder im Norden Afrikas.

Al-Kaida hat sich damit aus den Bergen des Hindukusch hinausbewegt, hat sich globalisiert. Und so versucht das Terrornetz nun auch die arabische Revolution umzudeuten und davon zu profitieren, nachdem es von der Demokratiebewegung zunächst kalt erwischt wurde. Anders als von al-Kaida erhofft, kam der Anstoß für den Umsturz nämlich nicht von gottesgläubigen Fundamentalisten, von gewaltbereiten Mudschaheddin. Stattdessen kam er von Menschen, die an die Demokratie glauben, an die Macht von Facebook und Twitter. Al-Kaida spielte bei den Umstürzen anfangs keinerlei Rolle. Doch die Strategen des Terrornetzwerks sind bestrebt, Boden gutzumachen. Wie im Irak und in Afghanistan versuchen sie das Machtvakuum zu nutzen, um Chaos zu verbreiten. In Libyen etwa haben sich nach einigen Wochen auch al-Kaida-Kämpfer unter die Revolutionäre gemischt, die gegen Machthaber Muammar al-Gaddafi kämpfen. Auch im Jemen könnte der Umsturz dem dortigen Ableger des Terrornetzwerks weiteren Auftrieb verleihen.

Noch ist unklar, welchen Verlauf die arabische Revolution nehmen wird: Siegt das Volk? Ergreift das Militär die Macht? Oder setzt die alte Nomenklatura sich durch? Was in einigen Jahren das Ergebnis der Revolution sein wird, dürfte sich von Staat zu Staat unterscheiden. Doch nicht nur der *Economist* warnt, dass die Revolution von radikalen Islamisten gekapert werden könnte[16] – und zwar nicht nur von al-Kaida – und der Traum von der Demokratie sich verflüchtigt.

»Die Stille nach dem Schuss«

Aber die Terroristen sind nicht nur in der arabischen Welt aktiv, sondern sie sind auch in die Ritzen unserer Großstädte eingedrungen, in islamistische Zirkel in London, Mailand, Hamburg oder Berlin. Sie gehen dabei äußerst geschickt vor. Sie wissen, wie sie am wenigsten auffallen – und wie sie später aus dem Dunkel auftauchen und brutal zuschlagen können. Die Fäden des islamistischen Terrorismus laufen dabei seit Jahren immer häufiger durch Deutschland, auch wenn dies gern verdrängt wird. Nur kurz flackert die Aufmerksamkeit auf, wenn einer dieser Fäden für einen Moment sichtbar wird – doch ebenso schnell geht man danach zur Tagesordnung über.

Tatsächlich spielt Deutschland in den Planungen der Terroristen seit über zehn Jahren eine wichtige Rolle. In den ersten Jahren nutzte al-Kaida die Bundesrepublik vor allem als »Ruhe-, Rückzugs- und Vorbereitungsraum«, wie Fahnder erklärten, als sichere Basis, um Anschläge vorzubereiten.[17] So lebten die Todespiloten des 11. September lange Zeit in Hamburg-Eißendorf. In einem unscheinbaren Mietshaus in der Marienstraße 54 bereitete die Terrorzelle um Mohammed Atta die Anschläge auf das World Trade Center und das Pentagon vor, völlig unbemerkt von den Sicherheitsbehörden.

Eine Basis war Deutschland auch für jene radikalen Islamisten, die von Frankfurt am Main aus im Jahr 2000 einen Anschlag auf den Straßburger Weihnachtsmarkt vorbereitet hatten, der dann vereitelt wurde. In der Wohnung der Terroristen fanden die Fahnder Material zum Bau einer Bombe, außerdem Maschinenpistolen, Faustfeuerwaffen und Munition. Die vier Algerier wollten, urteilte das Frankfurter Landesgericht, »den Lebensnerv einer freien, westlichen Gesellschaft treffen« und sehr viele Menschen töten. Sie sollen, so die Staatsanwaltschaft, die erste funktionierende al-Kaida-Zelle in Deutschland gebildet haben.[18]

Nach Deutschland, genauer: ins Ruhrgebiet, führte auch die Spur, als am 11. April 2002 bei einem Anschlag auf der tunesischen Urlaubsinsel Djerba 21 Menschen starben, darunter 14 deutsche Touristen. Die Urlauber aus dem Hotel Djerba Sun, die in einem Bus des deutschen

Reiseveranstalters TUI unterwegs waren, wollten an diesem Morgen die Synagoge al-Ghriba besuchen, als vor dem Gotteshaus ein mit Flüssiggas befüllter Tankwagen explodierte. Der Selbstmordattentäter, ein junger Tunesier, hat in den Stunden vor dem Anschlag nur mit zwei Menschen telefoniert: mit Khalid Scheich Mohammed, dem Militärchef von al-Kaida, und mit einem deutschen Konvertiten namens Christian G., den er aus Afghanistan kannte. In den Jahren zuvor war G. öfter an den Hindukusch gereist und hatte dort auch Osama bin Laden getroffen. Bei G. holt sich der junge Tunesier den Segen für das Attentat, wie ein Mitschnitt des Telefonats zeigt, den die Polizei ausgewertet hat. Ein Pariser Gericht verurteilte den Deutschen später wegen der Beteiligung an dem Anschlag zu 18 Jahren Haft.[19]

Die Terrorzelle in Hamburg, der Hintermann im Ruhrgebiet, dazu Berichte über Moscheen, die nicht bloß Gotteshäuser sind, sondern auch Treffpunkte potenzieller Terroristen: All dies alarmiert die Polizei, den Verfassungsschutz, den Bundesnachrichtendienst. Seit vielen Jahren wissen die Antiterrorfahnder um die Gefahren, die hierzulande lauern. 32 000 radikale Islamisten haben sie unter den gut drei Millionen Muslimen ausgemacht, die in Deutschland leben. Ein paar Hundert gelten als echte »Gefährder«, als potenzielle Terroristen; und ein paar Dutzend von ihnen sind in den letzten Jahren nach Pakistan gereist, um sich in Trainingslagern der al-Kaida ausbilden zu lassen.

Mit der Ruhe in Deutschland, die die Terroristen hier suchten, ist es längst vorbei. Aus dem Vorbereitungsraum ist ein Anschlagsraum geworden. Die »Gefährder« sind radikaler geworden, gewaltbereiter, und es wächst der Wille, auch jenes Land mit einer Blutspur zu überziehen, das zu den mächtigsten und damit verwundbarsten Wirtschaftsnationen der Welt zählt. So platzierten die beiden »Kofferbomber« von Köln am 31. Juli 2006 zwei schwere schwarze Rollkoffer mit Sprengsätzen in Regionalzügen, die vom Kölner Hauptbahnhof in Richtung Hamm und Koblenz fuhren. Die Koffer waren mit mehreren Litern Butangas, einem Benzin-Diesel-Gemisch und einem Zünder gefüllt. 80 Todesopfer und Dutzende Verletzte wären wahrscheinlich gewesen, hat das Bundeskriminalamt errechnet, wenn die Terroristen beim Bau nicht einen Fehler gemacht hätten. Und wie in London oder Madrid hätte es vor allem Pendler getroffen, unschuldige Menschen, die auf dem Weg zur Arbeit waren oder von dort kamen.

Auch die Pläne der Sauerland-Gruppe waren weit gediehen. Die drei jungen Männer hatten eine Ferienwohnung im sauerländischen Oberschledorn in eine Bombenbastelstube verwandelt. Sie gehörten der Islamischen Dschihad-Union an, standen in Kontakt zu al-Kaida und planten einen Anschlag mit etwa 150 Toten. Die Terroristen – ein in Deutschland aufgewachsener junger Türke und zwei Deutsche, die zum Islam konvertiert waren – hatten sich dazu zwölf Kanister mit einer Wasserstoffperoxidlösung besorgt und wollten die Flüssigkeit zu einem hochexplosiven Gemisch einkochen. Doch die Fahnder kamen ihnen dank eines Hinweises der US-Geheimdienste auf die Schliche. Sie verfolgten die Islamisten über Wochen hinweg auf Schritt und Tritt, tauschten die Chemikalien, die für die Bomben angerührt worden waren, gegen ungefährliche Flüssigkeiten aus und nahmen das Trio schließlich am 4. September 2007 fest. Die Mitglieder der Sauerland-Gruppe wurden zu hohen Haftstrafen verurteilt.

Kontakt zu den Mitgliedern der Sauerland-Gruppe hatte auch jener Selbstmordattentäter aus Deutschland, der sich im März 2008 vor dem Sabari District Center in der afghanischen Provinz Khost in die Luft sprengte: Der 28-jährige Cüneyt Ciftci aus dem fränkischen Ansbach riss dabei zwei amerikanische Soldaten und zwei Afghanen mit in den Tod. Ciftci hatte sein ganzes Leben in Deutschland verbracht, er war in Freising bei München geboren worden und hatte zuletzt für einen großen Autozulieferer gearbeitet. Einigermaßen beunruhigend ist auch, was nach der Terrorwarnung des Bundesinnenministers im Herbst 2010 über Ciftci zu lesen war: Er soll mit einem der sechs möglichen Attentäter befreundet gewesen sein, die damals im Verdacht standen, einen Anschlag in Deutschland vorzubereiten.

Ein paar Wochen später, im März 2011, erlebt Deutschland dann tatsächlich erstmals einen Anschlag durch einen islamistischen Attentäter: Arid U., ein 21-jähriger Kosovare, erschießt auf dem Frankfurter Flughafen zwei junge amerikanische Soldaten, die in einem Militärbus sitzen und nach Afghanistan fliegen sollen; zwei weitere werden schwer verletzt. Doch Arid U. wird schnell als Einzeltäter hingestellt, dessen Vorgehen nicht eingebunden ist in eine größere Aktion oder Gruppe. Er wird als Musterbeispiel für Integration beschrieben, als freundlicher Junge, der mit seiner Schulklasse einst für ein Projekt zur Gewaltprävention ausgezeichnet und von Bundeskanzler Gerhard Schröder in Berlin empfangen wurde; und der dann binnen weniger Wochen durch Hetzseiten im Internet radikalisiert wurde. Die deutschen Medien tun alles, um seine Tat kleiner erscheinen zu lassen, als sie ist. Sie beschreiben ihn als isolierten Täter. »Das ist ein Attentat, das aus dem Nichts kommt«, sagt der hessische Innenminister.[20]

Es sind die typischen Reflexe, mit denen in Deutschland stets versucht wird, die Bedrohung durch den islamistischen Terror kleinzureden. Doch kann es uns beruhigen, dass Arid U. keiner Terrororganisation angehört? Dass er seinen Anschlag spontan verübt hat? Nur die *Zeit* wundert sich, »wie deutsche Medien das Attentat moderieren«, und titelt empört: »Die Stille nach dem Schuss«.[21] Als die Aufmerksamkeit für den Fall verebbt ist, kann man in einigen Zeitungen zwei kurze Nachrichten lesen, die die These vom isolierten Täter erschüttern. Die erste Nachricht: Al-Kaida lobt den Todesschützen in seinem Internet-Magazin *Inspire* als »heldenhaften Gotteskrieger«.[22] Die zweite Nachricht: Arid U. soll ein Bekannter des mutmaßlichen al-Kaida-Terroristen Rami M. sein und in Frankfurt mehrere Jahre im gleichen Haus gewohnt haben. Rami M. zählt zu Informanten, deren Aussagen den damaligen Bundesinnenminister de Maizière im November 2010 zur schärfsten Terrorwarnung in der bundesdeutschen Geschichte veranlassen.

Dass den radikalen Islamisten ein großer Anschlag auf deutschem Boden bisher nicht gelungen ist, mag manche beruhigen. Andere halten die Gefahren, die vom Terror ausgehen, sogar für übertrieben; sie verweisen darauf, dass der Innenminister drei Monate später die Terrorwarnstufe wieder reduziert habe, allerdings mit dem Zusatz, dass »kein Anlass zur Entwarnung besteht«.[23] Mit einer gewissen Nonchalance verweisen die Terrorzweifler darauf, dass die Sicherheitsbehörden cleverer seien, schneller, besser ausgerüstet und dass bisher ja immer die Attentäter vorher aufgeflogen seien.

Auch jene drei Marokkaner, die in einer Düsseldorfer Wohnung im Frühjahr 2011 einen Anschlag vorbereitet und an einer Splitterbombe gebastelt haben, gehen den Sicherheitsbehörden rechtzeitig ins Netz: Über Wochen hinweg wurden die Verdächtigen verfolgt, abgehört und ihre Computer überwacht. Was beunruhigt: Auch die Düsseldorfer Terrorzelle soll ihren Auftrag von Scheich Younis al-Mauretani erhalten haben. Der Anführer des Düsseldorfer Trios hat sich mehrere Monate in dem al-Kaida-Ausbildungslager in Waziristan aufgehalten. Er hat zudem zu Beginn des Jahres 2011 einige Wochen in Marokko verbracht und soll über Kontakte zu den Hintermännern eines Anschlags im Zentrum der Touristenhochburg Marrakesch verfügen, bei dem Ende April 17 Menschen getötet werden. Der marokkanische Geheimdienst warnte deshalb seine deutschen Kollegen: Nur zwei Tage nach dem Anschlag von Marrakesch schlagen die Ermittler in Düsseldorf zu – noch ehe die Splitterbombe überhaupt fertig ist. Wieder einmal also scheint alles gut gegangen zu sein.

Doch wann geht es nicht mehr gut? Wann gelingt es einigen Fanatikern, ihre Pläne umzusetzen, bevor sie ins Visier der Ermittler geraten? Wann sind sie so weit, dass sie keinem Geheimdienst, weder dem deutschen noch dem amerikanischen oder saudi-arabischen, mehr auffallen? Wann explodiert in einer deutschen Großstadt eine S-Bahn? Wann schlägt auch hierzulande ein Passagierjet in einem Gebäude ein? Sieben, acht Mal sei man davongekommen, sagen Terrorexperten der Regierung, aber beim neunten Mal werde Deutschland möglicherweise nicht mehr so viel Glück haben.[24] Dann werden die Terroristen auch hierzulande Angst und Schrecken verbreiten. »Shock and awe«.

Doch auch ohne einen erfolgreichen großen Anschlag auf deutschem Boden ist die Bedrohung, die vom islamistischen Terror ausgeht, bereits zu einer Konstante in unserem Leben geworden, zu einem ständigen Begleiter in den Nachrichten, zu einem dominierenden Faktor, der unseren Alltag, unsere Gesellschaft und unsere Wirtschaft beeinflusst, der unsere Politik prägt und unseren Wohlstand gefährdet. Der Angriff auf unseren Wohlstand ist längst in vollem Gange.

2. Der Angriff auf unseren Wohlstand

>»In diesem Krieg stehen sich Freiheit und Angst gegenüber. Das Fortschreiten der Freiheit – die große Errungenschaft unserer Zeit, die große Hoffnung jedes Zeitalters – hängt nun von uns ab.«[1]
>
>*George W. Bush*, Präsident der USA, 20. September 2001

>»Der Tod von bin Laden stellt die bedeutendste Errungenschaft bis jetzt bei den Bemühungen unserer Nation dar, al-Kaida zu besiegen. Aber sein Tod stellt nicht das Ende unserer Bemühungen dar. Es gibt keinen Zweifel daran, dass al-Kaida weiter Angriffe gegen uns anstreben wird.«[2]
>
>*Barack Obama*, Präsident der USA, 1. Mai 2011

Die Lüge von Freiheit und Sicherheit

Nichts hat unser Zusammenleben in den vergangenen zehn Jahren so sehr verändert wie die Furcht vor dem Terror. Die erfolgreichen und nicht erfolgreichen Anschläge in aller Welt haben zu tiefgreifenden Einschnitten in unseren Alltag geführt. Die Terroristen haben uns mit ihren tatsächlichen – und ihren möglichen – Attacken eine andere Politik und eine andere Lebensweise aufgezwungen. Sie nötigen den Staat dazu, in das Rechtssystem, in die Wirtschaft und in die Sicherheitspolitik stärker einzugreifen als in den Jahrzehnten zuvor – und sei es nur aus Furcht und dem Bedürfnis, präventiv das Sicherheitsgefühl der Bürger zu erhöhen. Sie zwingen die Wirtschaft dazu, mehr Geld in die Sicherheit zu stecken als jemals zuvor. Sie haben die Industrieländer dazu gebracht, sich massiv zu verschulden.

Die Terroristen verändern damit nach und nach das Gefüge unserer Gesellschaft und unserer Wirtschaft, sie beeinflussen unseren Rechtsstaat, unser Gefühl von Freiheit – und letztlich auch die Substanz dieser Freiheit. Sie sind damit wirkmächtiger als jene Freiheitskämpfer, die wir von früher kennen, die Guerilla in Latein- oder Mittelamerika. Und sie beeinflussen unsere Welt weitaus stärker, als die Terroristen des 20. Jahrhunderts, als die RAF, ETA, IRA oder selbst die PLO es taten. Sie verändern unser Handeln, und sie verändern, wie Heribert Prantl in seinem Buch *Der Terrorist als Gesetzgeber* schreibt, unser Denken.[3]

Wie schnell der islamistische Terror unser Denken verändert, erlebten wir nach den Anschlägen des 11. September. Mehr als 3 000 Menschen aus 80 Ländern verlieren in den Trümmern des World Trade Centers und des Pentagons ihr Leben. Solch eine hohe Zahl an Opfern hat es noch nie zuvor bei einem Terrorakt gegeben. Bis zu jenem Tag hat die Welt keinen Anschlag erlebt, bei dem mehr als 500 Menschen getötet wurden; während des gesamten 20. Jahrhunderts sind nur bei 14 Anschlägen mehr als hundert Menschen gestorben.[4]

Die Wucht dieses Angriffs erschüttert Amerika, er trifft die selbstbewusste Nation ins Mark. Und so holt George W. Bush, der 43. Präsident der Vereinigten Staaten von Amerika, nur neun Tage danach zum Gegenschlag aus: In einer martialischen Rede vor beiden Kammern des Kongresses ruft er die Staaten des Westens zum »Krieg gegen den Terror« auf – zu einem Krieg, wie ihn die Welt seit dem Ende des Zweiten Weltkriegs nicht mehr gesehen hat; gegen einen Feind, wie es ihn noch nie gegeben hat. »Wir werden«, verkündet Bush, »jede uns zur Verfügung stehende Ressource nutzen – jedes Mittel der Demokratie, jedes Werkzeug der Geheimdienste, jedes Instrument der Strafverfolgung, jeden finanziellen Einfluss und jede erforderliche Kriegswaffe, um das globale Terrornetzwerk zu sprengen und zu besiegen.« Bush spricht von einem »lang andauernden Feldzug«, und wer in diesem Feldzug nicht auf der Seite Amerikas stehe, der stehe auf der Gegenseite – auf der Seite der Feinde. Und er fügt hinzu: »Unser Krieg gegen den Terror beginnt mit al-Kaida, aber endet nicht dort. Er wird nicht eher enden, als bis wir jede global agierende Terrorgruppe gefunden, gestoppt und geschlagen haben.«[5] Die *International Herald Tribune* spricht später vom »3. Weltkrieg gegen den religiösen Totalitarismus«.[6]

Man darf davon ausgehen, dass Bush jedes Wort, jeden Satz in dieser 41-minütigen Rede ganz bewusst formuliert hat; man darf unterstellen, dass die Redenschreiber und der Präsident vorher um jede Formulierung gerungen haben: auch um den Begriff des »Krieges«. Schon andere amerikanische Präsidenten haben versucht, mit derlei Kriegs-rhetorik die Massen zu gewinnen: Lyndon B. Johnson rief im Jahr 1964 zum »bedingungslosen Krieg gegen die Armut auf«, um die Zahl der Armen in den Vereinigten Staaten von Amerika drastisch zu reduzie-ren;[7] sieben Jahre später, 1971, erklärte Richard Nixon nicht minder martialisch den »Krieg gegen das Rauschgift«.[8]

Und nun also ruft George W. Bush zum Krieg auf. Aber bemerkens-wert ist nicht nur der einprägsame Begriff vom »Krieg gegen Terror«, bemerkenswert ist auch, wie Bush diesen Krieg begründet, was er dazu sagt – und was nicht. Er gibt sich der Illusion hin, dass die Attacken der amerikanischen Wirtschaft nichts anhaben können: »Die Terroris-ten haben ein Symbol des amerikanischen Wohlstands getroffen«, ruft er den Abgeordneten entgegen, »aber sie habe nicht die Basis dieses Wohlstands berührt. Amerika ist erfolgreich dank der harten Arbeit, der Kreativität und des Unternehmergeistes unseres Volkes. Das waren die wahren Stärken unserer Wirtschaft vor dem 11. September, und das sind auch heute unsere Stärken.«

Zugleich aber sieht Bush die wichtigste Errungenschaft der west-lichen Demokratien in Gefahr: die Freiheit. »Sie hassen«, sagt er mit Blick auf die islamistischen Terroristen, »unsere Freiheit – unsere Freiheit der Religionsausübung, unsere Meinungsfreiheit, unsere Frei-heit zu wählen und die Freiheit des Versammlungsrechts. Sie lehnen all dies ab.« Diese Freiheit, so lautet die entscheidende Botschaft von Bushs Rede, gelte es zu verteidigen: die Freiheit Amerikas, die Freiheit der westlichen Welt. Und deshalb werde Amerika die Terroristen so lange verfolgen, bis es für sie keinen Ort der Zuflucht, keinen Ort der Ruhe mehr gebe. »Dies ist«, verkündet er voller Pathos, »nicht nur ein Kampf Amerikas. Und es geht hier nicht nur um die Freiheit Ame-rikas. Dies ist der Kampf der gesamten Welt. Dies ist der Kampf der gesamten Zivilisation. Es ist der Kampf aller, die an Fortschritt und Pluralismus, Toleranz und Freiheit glauben.«[9]

Der Krieg gegen Terror – ein Kampf für die Freiheit? Ein Kampf für den Fortschritt? Ein Kampf für Toleranz und Pluralismus, für das Gute und gegen das Böse? So einfach kann die Welt sein, jedenfalls in den Worten von George W. Bush. Der amerikanische Präsident versucht die Terroristen als wirre Fundamentalisten hinzustellen; als Verfechter eines radikalen Islams, die dem christlichen Westen ihre Glaubenslehre aufzwingen wollen; als Feinde unseres »way of life«. Die Terroristen sind, folgt man Bush, religiöse Hitzköpfe und Fanatiker, die uns ihren ganzen Hass entgegenschleudern. Und deren apokalyptisches Handeln sich durch nichts, aber auch gar nichts erklären lässt.

Der amerikanische Präsident prägt damit unseren Blick auf den Terror: auf al-Kaida und die angeblichen Motive der Terroristen – und auch auf die vermeintliche Lösung des Problems. Mit seiner Argumentation vom »Krieg gegen den Terror« bereitet er den ideologischen Boden für alles, was in den nächsten Jahren folgt: für die gesamte Debatte über den islamistischen Terror.

Und auf den ersten Blick liefert er ja eine Begründung für den Antiterrorkrieg, die überzeugend zu sein scheint. Es gehe darum, die Freiheit und die christlichen Werte zu verteidigen, unsere Demokratie und unsere Lebensweise. Diese Begründung schimmert fortan immer auf, wenn westliche Politiker ihren Bürgern diesen schwer durchschaubaren Krieg erklären. Und sie blitzt auch auf, wenn Tony Blair, Gordon Brown, Jacques Chirac, José María Aznar oder andere europäische Politiker zu begründen versuchen, warum sie Soldaten in den Irak schicken, nach Afghanistan oder ans Horn von Afrika. Diese Reden enthalten meist hehre Worte: Der Krieg gegen den Terror diene dazu, so wird auch uns Europäern erläutert, die demokratischen Grundwerte zu verteidigen, unsere christliche Leitkultur, unsere Sicherheit. Doch diese Reden, so geschmeidig sie formuliert sein mögen, künden von einer Illusion: von der Illusion des moralisch wertvollen, gerechten Krieges, mit dem wir unsere Freiheit verteidigen.

In diesem Sinne verkündet auch der damalige Bundeskanzler Gerhard Schröder wenige Stunden nach den Anschlägen des 11. September, die Bundesrepublik stehe in »uneingeschränkter Solidarität« an der Seite Amerikas. Er spricht von einer »Kriegserklärung gegen die gesamte zivilisierte Welt«.[10] In diesem Sinne hat sich auch Angela Merkel den Satz zu eigen gemacht, mit dem Peter Struck, der Verteidigungsminister der rot-grünen Regierung, einst den Einsatz der Bundeswehr in Afghanistan begründete: »Deutschlands Sicherheit wird auch am Hindukusch verteidigt.«[11] Und Angela Merkel hat, als im Herbst des Jahres 2010 ein Anschlag in Deutschland drohte, auch trotzig erklärt: »Wir sind entschlossen, uns unsere Lebensweise der Freiheit nicht nehmen zu lassen.«[12]

Das Ziel: der Bankrott des Westens

Doch tatsächlich geht es im Krieg gegen den Terror nicht bloß um unsere demokratischen Grundwerte, um unsere Lebensweise und um unsere Moralvorstellungen, die sich so fundamental von denen der Terroristen unterscheiden. Stattdessen geht es um etwas ganz anderes, sehr viel Profaneres: um unser Geld, unser Vermögen, unseren Wohlstand. Diesen Wohlstand wollen die islamistischen Terroristen mit ihrem Angriff sprengen. Sie reden vom Dschihad, vom Heiligen Krieg gegen die Ungläubigen – doch tatsächlich verbirgt sich hinter ihrer religiösen Rhetorik etwas anderes: Um ihrem fernen Ziel vom islamischen Gottesstaat näherzukommen, betreiben sie einen Wirtschaftskrieg. Sie beschwören in salbungsvollen Worten Allah und zitieren den Koran – aber in erster Linie wollen sie uns nicht ihren Glauben aufzwingen, sondern die westlichen Nationen in den Bankrott stürzen. Deshalb attackieren sie jenes Modell des freien Warenaustauschs und Kapitalverkehrs, das die Industrieländer sehr reich, manche Schwellenländer ein wenig reich und die meisten arabischen Länder mit ihren Ressourcen zu willfährigen Dienern des Westens gemacht hat: den Kapitalismus amerikanischer Prägung.

Den Kapitalismus empfinden die islamistischen Terroristen als demütigend und dekadent. Denn er konzentriert den Reichtum in den Händen weniger und lässt viele daran nicht oder nur unzureichend teilhaben. Er bringt Konzernlenker, Banker und Börsenmanager hervor, die einflussreicher sind als die Staats- und Regierungschefs vieler kleiner Staaten und die zugleich unvorstellbare Summen verdienen.

Die Marktwirtschaft amerikanischer Prägung: Das ist für die islamistischen Terroristen der Ausdruck des westlichen Imperialismus und der – so empfinden sie es – Amoralität der liberalen, säkularisierten Gesellschaften. Sie manifestiert sich in Bikini und Rock 'n' Roll, Hollywood und freizügigem Sex, in Alkohol und Drogen.

Die Terroristen erleben den Kapitalismus als ökonomisches, aber auch als politisches Regime, das den Menschen im Westen maximale Freiheiten und hohen Wohlstand verschafft. Und das die arabischen Staaten und die Muslime zugleich in demütigende Abhängigkeit gegenüber den Vereinigten Staaten und ihren Verbündeten gebracht hat. Dieses System des Wirtschaftens, das die Welt in Sieger und Verlierer spaltet, in Erfolgreiche und Hoffnungslose, wollen die Terroristen zerstören; sie empfinden es als zutiefst ungerecht. Ihnen geht es daher nicht bloß darum, Sand ins Getriebe der Globalisierung zu streuen, sondern sie wollen diese Maschinerie, die von mächtigen Industriekonglomeraten, Ölkonzernen und Banken in Gang gehalten wird, zum Stillstand bringen. Sie wollen den Menschen im Westen, deren Wirtschaft nicht zuletzt vom Öl und Gas aus den islamischen Staaten lebt, auf mörderische Weise zeigen: So lassen wir euch nicht mehr leben, so darf der Lauf der Weltgeschichte nicht weitergehen. Und deshalb wollen die Terroristen uns demonstrieren: Ihr seid verwundbar! Ihr dürft nicht länger auf unsere Kosten leben! Wir können euch und eure hochmütigen Gesellschaften in die Knie zwingen!

Die islamistischen Terroristen handeln dabei ohne Skrupel – und sie handeln konsequent. Sie haben begriffen, dass sie in einer Welt, in der die Politik immer schwächer, der Markt aber immer stärker wird, wenig bewirken können, wenn sie die Repräsentanten unseres Staates treffen, wenn sie Politiker, Staatsanwälte oder einzelne Wirtschaftsführer entführen oder erschießen. Und sie erreichen selbst dann wenig, wenn sie eine Kaserne in die Luft sprengen oder ein Kriegsschiff mit einem Schnellboot voller Sprengstoff attackieren. Sie können aber sehr viel bewirken, wenn sie jenen Teil unserer Gesellschaft ins Wanken bringen, der unsere Demokratien letztlich trägt: den sensiblen Apparat der Wirtschaft, der uns – wenn es gut läuft – mehr Wohlstand schafft, mehr Geld, mehr Staatseinnahmen, mehr Jobs; und der uns, wenn es schlecht läuft, in Not bringt, weil Arbeitsplätze verschwinden, die Staatsfinanzen in Gefahr geraten und dem Staat das Geld ausgeht – fürs Soziale ebenso wie für das Militär.

Deshalb bomben die islamistischen Attentäter genau dort, wo unsere globalisierte Wirtschaft besonders verletzlich ist: Sie nutzen Flugzeuge als Waffen – und damit jenes Verkehrsmittel, das wie kein anderes für unsere vernetzte Wirtschaft steht. Sie zünden Bomben in der U-Bahn – und damit in jenen Pendlerzügen, die die Menschenmassen in den großen Metropolen zur Arbeit bringen. Sie versenden Paketbomben mit internationalen Luftfrachtdiensten – und damit auf jenen Routen, auf denen fast die Hälfte aller weltweit transportierten Waren unterwegs ist. Sie sprengen Pipelines und Ölförderanlagen in die Luft, attackieren Öltanker und Raffinerien – und damit jene Versorgungssysteme, die der Weltwirtschaft ihr wichtigstes Schmiermittel liefern: das Öl. Die Terroristen zielen damit auf das Nervensystem der Globalisierung, auf die Handels- und Transportwege und die Kanäle des Kapitals. Hier, das wissen sie, können sie den größtmöglichen Schaden anrichten. Hier treffen sie die Industrieländer an ihrer empfindlichsten Stelle. Hier hat die Strategie des »shock and awe« die dramatischsten Folgen.

Denn in einer vernetzten Wirtschaft, in der die Wechselwirkungen kaum durchschaubar sind, kann ein Anschlag auf eines der globalen Zentren von Industrie und Kapital ähnlich große Schäden anrichten wie die komplizierten Kreditpakete, die die Banken in den vergangenen Jahren auf Reisen um den Globus geschickt haben. So wie die ABS- oder CDO-Papiere, die mit den Hypothekenkrediten amerikanischer Immobilienbesitzer bepackt wurden, ihre fatale Wirkung oft erst am anderen Ende der Welt entfaltet haben – bei einer Landesbank in Sachsen oder einer Mittelstandsbank in Düsseldorf –, so können sich die Schockwellen, die ein mörderischer Anschlag auslöst, über die komplexen Übertragungswege der globalen Wirtschaft bis in die entferntesten Winkel der Erde ausbreiten und dort Unternehmen und Börsen in die Knie zwingen.

Die neue Weltordnung: der Traum vom Kalifat

Wie frühere Terroristengenerationen auch, wie RAF, PLO oder IRA, verfolgen die islamistischen Terroristen einen revolutionären Anspruch. Sie wollen die Welt verändern und eine andere internationale Ordnung schaffen, eine Gesellschaft nach ihren Regeln, den Regeln der Scharia. Sie wollen auf lange Sicht das Kalifat wieder errichten, also jene Form eines islamischen Gottesstaats, in dem die religiöse und geistige Führung in einer Person vereint sind: in der Person des Kalifen, des »Stellvertreters Gottes« oder »Nachfolgers des Gesandten Gottes«. Das erste Kalifat ist nach dem Tod des Propheten Mohammed entstanden, im 7. Jahrhundert nach Christus. In seiner Blütezeit vor gut tausend Jahren reichte das Kalifenreich vom heutigen Spanien über den Norden Afrikas, den Nahen Osten und die Arabische Halbinsel bis ins heutige Pakistan. Auch Teile Süditaliens und sämtliche Mittelmeerinseln gehörten zeitweise zum islamischen Kalifat.

Und natürlich wurde auch Jerusalem viele Jahrhunderte von den islamischen Kalifen beherrscht – die Hauptstadt dreier Religionen und das Ziel der Kreuzzüge zwischen dem 11. und 13. Jahrhundert. Papst Urban II. rief damals zum Ersten Kreuzzug, zur Rückeroberung des Heiligen Landes auf, was im Jahr 1099 zunächst auch gelang. Doch die Kreuzfahrerstaaten, die entstanden, konnten sich nicht lange halten, sie zerbrachen, und 1187 fiel auch Jerusalem wieder in muslimische Hände.

Es folgte eine wechselvolle Geschichte: Verschiedene arabische Dynastien beanspruchten das Kalifat für sich, die Umayyaden, die Abbasiden, die Fatimiden, ehe es im 16. Jahrhundert auf die Osmanen überging. Die osmanischen Sultane führten den Titel des Kalifen allerdings anfangs kaum, vom Ende des 18. Jahrhunderts dann aber umso bestimmter. Doch mit dem Ende des Osmanischen Reiches, das 1923 von der türkischen Republik abgelöst wurde, ist das islamische Kalifat vor fast neun Jahrzehnten untergangen.

Die Wiedererrichtung eines solchen Kalifats, das möglichst alle Teile der arabischen Welt, möglichst alle Teile der »Umma«, der Gemeinschaft der Muslime, umfasst, ist das langfristige Ziel von al-Kaida. »Wir wollen das Volk unter dem Buch Gottes und der Tradition des Propheten vereinen«, sagte bin Laden im Jahr 2001 in einem Interview mit al-Dschasira, »wir wollen diese Nation wiederbeleben in einem islamischen Kalifat, entsprechend der Tradition, die der Prophet vorhergesagt hat. Er hat gesagt, dass das Kalifat wiederkommen wird. Deshalb müssen wir unsere Anstrengungen gegen die Kreuzzügler vereinen.«[13] Auch der neue al-Kaida-Chef al-Zawahiri nannte die Wiederrichtung des Kalifats als »unser vorherrschendes Ziel«, und »wir beabsichtigen, dies vor allem im Herzen der islamischen Welt zu errichten«.[14]

Doch diese neue Weltordnung wollen die islamistischen Terroristen nicht mit politischen Mitteln erzwingen und auch nicht mit religiös motivierten Anschlägen, mit dem Angriff auf christliche Kirchen oder christliche Würdenträger. Sondern sie attackieren dazu das komplizierte Geflecht aus Handels- und Geldströmen, welches uns so viel Wohlstand gebracht hat – und uns zugleich so verletzlich macht. Auf diese Weise wollen sie den Westen schwächen: militärisch und vor allem auch ökonomisch. Sie wollen die Amerikaner und ihre Verbündeten ausbluten, sie finanziell schwächen und die »Kreuzzügler« dadurch zum Rückzug aus der arabischen Welt zwingen. Nur durch den Angriff auf die Lebensadern der Globalisierung, davon sind die al-Kaida-Strategen, überzeugt, wird das Terrornetzwerk den Westen besiegen können: einen Gegner, der den Terroristen militärisch um Längen überlegen ist – dessen militärische Macht aber ohne seine wirtschaftliche Stärke undenkbar wäre.

Vom 11. September bis zu Lehman Brothers

Bereits jetzt haben es die islamistischen Terroristen geschafft, unsere Wirtschaft, unsere Gesellschaft und unseren Staat stärker zu verändern, als wir dies wahrhaben wollen. Unser Wirtschaftssystem, das durch die Globalisierung ohnehin labiler geworden ist, wird seit den Anschlägen des 11. September und der steten Bedrohung durch al-Kaida in noch stärkerem Maße von Unsicherheit geprägt. Und unser Rechtsstaat, der seine Bürger in Ruhe gelassen hat, solange sie sich nichts zuschulden kommen ließen, hat sich in einen Präventionsstaat verwandelt, dem jeder verdächtig erscheint. Der Geist des Aufbruchs und des Liberalismus, der die neunziger Jahre bestimmte, hat sich verflüchtigt; er hat einer abwehrenden Grundhaltung Platz gemacht, die von Vorsicht geprägt ist. An die Stelle der New Economy, einer Ära des immerwährenden Aufschwungs, in der der Staat sich weitestgehend zurückhält, ist das Zeitalter der New Security getreten, einer Ära des beschützenden Staates, der sich stark einmischt: in Sicherheits- ebenso wie in Wirtschaftsfragen.

Eingeleitet wurde diese Zeitenwende durch die Anschläge vom 11. September. Die Attentäter haben die westlichen Staaten gezwungen, sich massiv zu verschulden, um den doppelten Krieg gegen den Terror führen zu können: den militärischen Krieg in Afghanistan oder dem Irak – und ebenso den ökonomischen Krieg gegen die Rezession. Die Terroristen haben die Industrieländer zudem dazu gebracht, ihre Sicherheitsregeln drastisch zu verschärfen. Sie haben die Unternehmen gezwungen, den Aufwand für den globalen Transport von Waren zu erhöhen. Sie haben der globalen, vernetzten Wirtschaft gewaltige Kosten und Hemmnisse auferlegt. Es ist der Preis der Angst.

Diese Angstwirtschaft spüren wir, wenn wir mit dem Flugzeug unterwegs sind und umfangreiche Sicherheitsmaßnahmen über uns ergehen lassen müssen, wenn wir einen neuen Personalausweis bekommen, der in bislang unbekanntem Maße persönliche Daten speichert, oder wenn unsere Bank- und Flugdaten ohne großes Federlesen an amerikanische Behörden weitergereicht werden. Diese Angstwirtschaft spüren wir aber auch in einer Zeit, in der viele Länder noch immer in einer tiefen Wirtschaftskrise stecken. Denn der Crash des Kapitalismus im Jahr 2008 wurde nicht allein durch zwielichtige Banker verursacht, durch skrupellose Spekulanten und unfähige Kontrolleure. Er lässt sich zu einem guten Teil auch auf den islamistischen Terror und dessen Folgen zurückführen. Dafür bedarf es keiner kruden Verschwörungstheorien, sondern lediglich einer nüchternen ökonomischen Analyse. Und diese zeigt, dass es zwischen der Weltwirtschaftskrise und den Anschlägen der Terroristen, zwischen dem Zusammenbruch der globalen Finanzmärkte am 15. September 2008 und den Anschlägen vom 11. September 2001 klare Verbindungslinien gibt.

Mit sehr viel billigem Geld, mit gigantischen Steuersenkungen und niedrigen Zinsen haben die Amerikaner und zum Teil auch die Europäer versucht, sich gegen den Abschwung zu stemmen, den die Angriffe auf New York und Washington ausgelöst haben. Sie haben alles getan, um Stärke zu demonstrieren und sich gegen die Bedrohung durch den Terror zu wehren. Doch diese Stärke hat sich im Nachhinein als Schwäche erwiesen. Denn das viele billige Geld, das vor allem die amerikanische Notenbank seit dem Herbst 2001 bereitgestellt hat, hat den irrwitzigen Boom am amerikanischen Immobilienmarkt und den irrationalen Überschwang an der Wall Street überhaupt erst möglich gemacht; es war der Keim der Krise. Und auch die vielen Schulden, die Amerikaner und Europäer gemacht haben, um die Wirtschaft zu befeuern und die Kriege in Afghanistan und im Irak zu bezahlen, haben jene gewaltige Krise mit ausgelöst, unter der die Weltwirtschaft in den vergangenen Jahren gelitten hat.

Deutschland ist vom Terror in besonderem Maße bedroht. Denn unser Wohlstand hängt sehr stark von der Globalisierung ab: vom internationalen Handel und dem Funktionieren der Finanzmärkte. Deutschland ist die zweitgrößte Exportnation, die freie Ein- und Ausfuhr von Waren ist der Kern unseres Wirtschaftsmodells. Wie sehr Deutschlands Wohl und Wehe von der Globalisierung bestimmt wird, hat sich während der Wirtschafts- und Finanzkrise gezeigt: Im Herbst 2008 und in der ersten Hälfte des Jahres 2009 ging der internationale Warenverkehr stärker zurück als während der ersten Weltwirtschaftskrise vor acht Jahrzehnten: China, die USA, Frankreich, Großbritannien oder Russland – sie alle erwarben weniger Produkte »Made in Germany«. Die deutsche Wirtschaftsleistung schrumpfte deshalb so stark wie seit sechs Jahrzehnten nicht mehr: um 5 Prozent. Deutschland hängt zudem – weitaus stärker als der neue Exportweltmeister China – über seine Banken und den Finanzplatz Frankfurt an den internationalen Kapitalmärkten, die auf jeden größeren Anschlag (und selbst auf gescheiterte Anschläge) extrem sensibel reagieren.

Die islamistischen Terroristen bedrohen Deutschland also nicht allein dadurch, dass sie jederzeit hierzulande zuschlagen können. Sie bedrohen unseren Wohlstand ebenso durch Anschläge in anderen Ländern, deren wirtschaftliche Folgen auch uns treffen. Und was für Deutschland gilt, das gilt in ähnlicher Form auch für andere europäische Länder, die eng verwoben sind mit der Weltwirtschaft: für Österreich und die Schweiz, für Großbritannien, Frankreich, Italien oder Spanien. Auch sie bekommen es zu spüren, wenn die Schockwellen des islamistischen Terrors die globale Wirtschaft erschüttern.

Die fünf Wellen der Zerstörung

Der Terror gegen unseren Wohlstand wirkt dabei in fünf Wellen: Die erste Welle – das sind die unmittelbaren Zerstörungen durch die Anschläge. Die zweite Welle – das ist der kurzfristige Schock für bestimmte Märkte, vor allem den Finanz- und Ölmarkt. Die dritte Welle – das sind die psychologischen Folgen der Massaker, die Gefühle von Angst und Ohnmacht, die das Vertrauen von Verbrauchern, Unternehmern und Anlegern untergraben. Die vierte Welle – das sind neue Gesetze und Auflagen, mit denen die Politik die Sicherheit erhöhen will und zugleich die Wirtschaft lähmt. Die fünfte Welle schließlich – das sind langfristige Machtverschiebungen in der Weltwirtschaft, die durch den Terror ausgelöst oder beschleunigt werden.

Die erste Welle: die unmittelbaren Zerstörungen

Schon diese können gewaltig sein. Als die Türme des World Trade Centers zusammenstürzten, wurden nicht nur fast 3000 Menschen getötet. Es wurde zugleich auch ein gewaltiges Vermögen vernichtet. Bis zu 80 Milliarden US-Dollar mussten die Versicherungen damals bezahlen – und damit drei- bis viermal so viel wie nach dem Erdbeben in Los Angeles 1994. Als im Jahr 2004 die Bomben in den Nahverkehrszügen von Madrid detonierten und ein Jahr später dann in der U-Bahn von London, waren die unmittelbaren Schäden deutlich geringer. Doch für die islamistischen Terroristen stehen die direkten Zerstörungen gar nicht im Mittelpunkt. Viel wichtiger sind ihnen die langfristigen Auswirkungen ihrer Anschläge auf die Psyche der Menschen und die Stabilität der Wirtschaft.

Die zweite Welle: der Schock für die Wirtschaft

Besonders sensibel reagieren die Finanzmärkte. Schon Minuten nach einem Anschlag können die Kurse und Indizes abstürzen, Anleihen, Währungen oder Rohstoffe an Wert verlieren und eine Panik unter den Anlegern ausbrechen. Nach den Anschlägen des 11. September verloren die Anleger binnen weniger Wochen vier Billionen US-Dollar, nach den Anschlägen in Madrid, London oder Mumbai dürften es zumindest einige Hundert Milliarden US-Dollar gewesen sein, die an den Börsen vernichtet wurden. Auch der Ölpreis reagiert immer wieder empfindlich auf Anschläge. Als zum Beispiel al-Kaida-Terroristen im Jahr 2004 Saudi-Arabien mit einer Serie von Anschlägen überzogen, schoss er um ein Viertel nach oben. Besonders heftig reagiert auch die Luftfahrt- und Transportindustrie, wenn Anschläge auf Flugzeuge verübt werden; oder die Tourismusbranche, wenn beliebte Urlaubsregionen betroffen sind.

Die dritte Welle: die Folgen von Angst und Ohnmacht

Die Anschläge der islamistischen Terroristen verunsichern die Menschen, und dies führt dazu, dass sie ihr Verhalten ändern. Weil die Zeiten so unsicher sind, halten Verbraucher ihr Geld beisammen und geben weniger aus; Unternehmer kürzen ihre Investitionen und schaffen weniger Jobs; und Anleger investieren weniger an den Kapitalmärkten und lassen dadurch die Kurse absacken. Millionen von Entscheidungen fallen anders aus, weil die Menschen sich bedroht fühlen; und diese vielen, vielen Einzelentscheidungen wirken sich am Ende auf die Wirtschaft aus, auf Wachstum und Jobs; sie addieren sich zu einem gewaltigen Effekt. Die Terroristen versuchen daher ganz bewusst, diese Angst zu schüren, und bedienen sich dabei auch der Kommunikationsmittel der modernen Wirtschaft: Fernsehen und Internet sorgen dafür, dass die schrecklichen Bilder von den Anschlägen oder vom massiven Einsatz der Sicherheitskräfte, die auf eine Anschlagdrohung reagieren, rund um den Globus verbreitet werden – und weltweit für Furcht und Verunsicherung sorgen.

Die vierte Welle: Neue Gesetze lähmen die Wirtschaft

Fast jeder Terroranschlag – ob erfolgreich oder nicht – hat zur Folge, dass Regierungen und Parlamente neue Gesetze verabschieden, dass neue Sicherheitsvorschriften erlassen und der Wirtschaft neue Pflichten auferlegt werden. Flughäfen und Häfen, Logistikzentren und Gebäude müssen besser geschützt, sensible Daten gespeichert und an Behörden übermittelt, Mitarbeiter schärfer kontrolliert werden. Auch die Einreisebestimmungen wurden verschärft und der Zuzug von Fachkräften in vielen Ländern erschwert. Vieles ist sinnvoll, manches aber auch eine Überreaktion der Politik, die unter dem steten Druck der terroristischen Bedrohung bisweilen zu schnell handelt. All dies lähmt die Wirtschaft und hat zur Folge, dass die Leistungsfähigkeit der Unternehmen schwindet. Ökonomen glauben, dass diese Eingriffe die Wirtschaft noch sehr viel mehr belasten als die unmittelbaren Zerstörungen und der erste, kurzfristige Schock für die Märkte.

Die fünfte Welle: die Verwerfungen in der Weltwirtschaft

Diese langfristige Folge des islamistischen Terrors wird bislang von Politik und Ökonomen weitgehend missachtet. Tatsächlich jedoch sind die tektonischen Verschiebungen in der Weltwirtschaft, die durch den Terror mit befördert werden, gravierend. Wenn sich Handels- und Kapitalströme verschieben, wenn Staaten sich massiv verschulden, um Kriege oder ein Konjunkturprogramm zu finanzieren, das die Folgen der Anschläge abmildert, wenn Millionen von Menschen in jenen Ländern, die besonders vom Terror bedroht sind, in Amerika und Europa, weniger einkaufen, investieren, anlegen – dann hat dies weitreichende Folgen über einzelne

Unternehmen oder Branchen hinaus. Dann verändern sich die Koordinaten der Volkswirtschaften. So ächzen die USA unter einer gewaltigen Schuldenlast, die nicht zuletzt auf den Krieg gegen den Terror zurückgeht, auf die Einsätze im Irak und Afghanistan und den Heimschutz im eigenen Land. Die Vereinigten Staaten müssen sich das Geld dafür zu einem beträchtlichen Teil im Ausland leihen, was gewaltige Kapitalströme rund um den Globus in Gang gesetzt hat. Die größte Wirtschaftmacht der Welt ist seit dem 11. September 2001 zum größten Schuldner geworden – und die Volksrepublik China zum größten Gläubiger. Währenddessen bleibt China vom islamistischen Terror und seinen Folgen weitgehend verschont: von großen Anschlägen ebenso wie von den gigantischen Schulden. Das Milliardenvolk kann unbeschwert seinen Aufstieg hin zur wichtigsten Wirtschaftsnation der Welt fortsetzen.

»Das nennen wir Hebelwirkung!«

Warum aber mag kaum jemand diese gravierenden Folgen des islamistischen Terrors wahrhaben? Warum verschließen die Regierungen in Berlin und Paris, in London und Washington die Augen vor einer Entwicklung, die offensichtlich ist? Warum räumen sie nicht einfach ein, dass sie mitten in einem Wirtschaftskrieg stehen? So erwähnt zum Beispiel die »Sicherheitsstrategie für Deutschland« aus dem Jahr 2008 mit keinem Wort, dass die islamistischen Terroristen vor allem unsere Wirtschaft attackieren. Das Papier, über das damals in der Politik und in den Medien breit debattiert wurde, ist von Kanzlerin Angela Merkel, dem damaligen Bundesinnenminister Wolfgang Schäuble und der CDU/CSU-Bundestagsfraktion entwickelt worden. In dieser »Sicherheitsstrategie« heißt es lediglich, dass die Mitglieder von al-Kaida, anders als die RAF in den siebziger und achtziger Jahren, nicht die Spitzen von Staat und Gesellschaft ermorden wollen – sondern dass sie vor allem »weiche Ziele« attackieren. Weich: Das klingt verharmlosend. Weich: Das erweckt den Eindruck, als sei der islamistische Terror gar nicht so gefährlich. Weich: Das geht am Kern der Bedrohung vorbei.[15]

Man mag entgegnen, dass al-Kaida-Terroristen in der Vergangenheit immer wieder Anschläge verübt haben, die nicht auf die Wirtschaft zielten, sondern konventionellen Mustern folgten. Und in der Tat: Bis Ende der neunziger Jahre, und teils auch danach, verfolgte das Terrornetzwerk eine andere Strategie. Bin Laden und seine Leute attackierten vor allem politische oder militärische Ziele: In den Jahren 1995 und 1996 greifen sie zwei amerikanische Militärbasen in Saudi-Arabien an und ermorden 26 Menschen, im Jahr 1998 jagen sie die US-Botschaften in Nairobi und Daressalam in die Luft und töten 224 Menschen. Und im Jahr 2000 schließlich attackieren sie im Hafen der jemenitischen Stadt Aden zwei amerikanische Zerstörer: zunächst ohne Erfolg die USS The Sullivans und einige Monate später dann die USS Cole. Mit einem Boot voll Sprengstoff rammen sie das Schiff und beschädigen es schwer, 17 Soldaten sterben.

Doch in den letzten Jahren hat sich die Taktik der Terroristen entscheidend verändert. Sie haben erkannt, dass sie mit den üblichen Anschlägen zwar einiges erreichen können – dass sie aber eine sehr viel größere Wirkung erzielen, wenn sie die Wirtschaft des Westens treffen und sie ins Wanken bringen. Und dazu bedarf es oft nur des Einsatzes von wenig Geld, von sehr wenigen Leuten.

Wie sehr die Terroranschläge auf das Herz unserer Wirtschaft zielen, offenbart al-Kaida im Oktober 2010 – nach einem Anschlag, der eigentlich misslungen war, von der Terrororganisation aber dennoch als Erfolg gefeiert wird. Der jemenitische Ableger von al-Kaida hatte damals zwei Paketbomben bei den amerikanischen Frachtfirmen UPS und FedEx aufgeben. Die Päckchen waren bestimmt für jüdische Gemeinden in Chicago, der Heimatstadt des amerikanischen Präsidenten Barack Obama; die Bomben sollten während des Flugs gezündet werden, sehr wahrscheinlich beim Landeanflug. Doch der saudische Geheimdienst bekam von der Aktion Wind und warnte die westlichen Kollegen. Die Bombenpakete, die bereits unterwegs in Richtung Chicago waren, wurden noch rechtzeitig entschärft. Aber Folgen hat der Anschlag trotzdem, wie der al-Kaida-Ableger auf der arabischen Halbinsel wenige Tage später in seinem Online-Magazin *Inspire* vorrechnet.

Al-Kaida habe die Operation gerade mal 4 200 US-Dollar gekostet, tönen die Terroristen. Für zwei Handys habe man je 150 US-Dollar ausgegeben und für zwei Drucker, deren Farbpatronen mit Sprengstoff befüllt wurden, je 300 US-Dollar. Dazu sei die Luftfracht gekommen, der Transport und einige andere Ausgabenposten. Doch die wirtschaftlichen Schäden seien um ein Vielfaches höher. Der vereitelte Anschlag »wird Amerika und andere westliche Länder ohne Zweifel Milliarden für neue Sicherheitsmaßnahmen kosten. Das nennen wir Hebelwirkung«, höhnt al-Kaida. Sechs Glaubensbrüder hätten gerade einmal drei Monate an der Vorbereitung der »Operation Hemorrhage« (Operation Ausbluten) gearbeitet, doch am Ende werde der Westen »Hunderttausende, wenn nicht sogar Millionen von Stunden dafür aufwenden müssen, um sich vor unseren Todespäckchen zu schützen«.[16]

Detailliert schildern die Autoren von *Inspire*, wie die Bomben gebaut wurden und wie es den Terroristen gelungen ist, die Sicherheitskontrollen am Flughafen der jemenitischen Hauptstadt Sanaa auszutricksen. Mit derart geringem Einsatz »Furcht und Schrecken zu verbreiten« sei ein »Schnäppchen«, triumphieren die Autoren. Es sei gelungen, den Feind »zu erhöhten Sicherheitsmaßnahmen gegen unsere Sprengsätze« zu zwingen, was »eine schwere Belastung für eine bereits stagnierende Wirtschaft« darstelle. Dadurch sei man dem Ziel näher gekommen, den Feind finanziell »auszubluten«. Al-Kaida verfolge dabei eine »Strategie der tausend Schritte«, schreibt *Inspire*: »Um Amerika zu Fall zu bringen, brauchen wir keine Großangriffe.«[17]

Die beiden Paketbomben, kündigt al-Kaida an, werden kein Einzelfall bleiben. Sie seien der erste Schritt einer mehrstufigen Operation, die Pläne für den Bombenbau würden an Mudschaheddin in aller Welt weitergereicht und Pakete künftig nicht bloß mit Frachtmaschinen, sondern auch mit Passagierjets verschickt. Drei Monate später, im Januar 2011, warnen die amerikanische Bundespolizei FBI und die New Yorker Polizei die Banken der Wall Street, dass auch sie die Empfänger solcher Sprengstoffpäckchen sein könnten. Die Ermittler fürchten, dass explosive Sendungen insbesondere an die Citibank, Goldman Sachs, JP Morgan Chase oder Barclays unterwegs sein könnten, adressiert vor allem an die Manager in der obersten Führungsriege. Die Polizei rät den Banken deshalb dazu, in den Poststellen besondere Aufmerksamkeit walten zu lassen.

Auch biologische oder chemische Kampfstoffe könnten in der Post sein, vermuten die Sicherheitsexperten. Denn kurz zuvor hatte *Inspire* berichtet, al-Kaida könne einen Anschlag mit Anthraxsporen begehen, also mit jenen Erregern, die Milzbrand auslösen. Milzbrand: Das ist eine tückische Krankheit, die bei den Erkrankten schwer zu heilende Geschwüre und Eiterbeulen im Gesicht auslöst, an den Händen, in der Lunge, den Bauchorganen oder sogar im Gehirn und oft tödlich endet. Ein Autor des Magazins rät Glaubensbrüdern, die Mikrobiologie studiert haben, auch dazu, Gifte zu mischen und damit Hunderte oder Tausende von Menschen zu töten. Fast zeitgleich veröffentlichte Abu Suleiman al-Nasser, einer der bekanntesten Blogger aus dem Umfeld von al-Kaida, eine düstere Drohung, die erahnen lässt, dass die Mudschaheddin tatsächlich einen neuerlichen Anschlag auf das Herz des Kapitalismus, auf die Wall Street, vorbereiten: »Macht euch auf, meine Muslimbrüder«, schreibt al-Nasser, »und nehmt die Finanzinstitutionen, die Börsen und die Geldmärkte ins Visier.«[18]

Selten wurde dem Westen derart unverblümt aufgezeigt, wie verletzlich er ist. Selten wurde mit so wenigen Zahlen deutlich gemacht, wie leicht Terroristen die Industriestaaten in Not bringen können. Es reichen 4200 US-Dollar, knapp 3000 Euro, um Angst und Schrecken zu verbreiten, es genügen zwei Päckchen – aufgegeben im Jemen und unterwegs im Gepäckraum von zwei amerikanischen Flugzeugen –, um die global vernetzte Wirtschaft in Turbulenzen zu stürzen. Die Luftfrachtbranche, schreiben die Autoren von *Inspire*, sei eine »Multi-Milliarden-Industrie«. Allein FedEx verfüge über eine Flotte von 600 Flugzeugen und transportiere pro Tag im Durchschnitt vier Millionen Pakete. »Für den Handel zwischen Nordamerika und Europa ist die Luftfracht unverzichtbar«, schreiben die Autoren von *Inspire* und fügen hinzu: »Wir wissen, dass Frachtflugzeuge nur über einen Piloten und einen Copiloten verfügen, deshalb war unser Ziel nicht eine möglichst hohe Zahl von Opfern, sondern ein möglichst hoher Schaden für die amerikanische Wirtschaft.«

Und damit es auch wirklich jeder versteht, betonen sie noch einmal: »Unser Ziel war von Anfang an die Wirtschaft.«[19]

Die Logik des Kalten Krieges

Doch diejenigen, denen diese Angriffe gelten, wollen das nicht wahrhaben. Wenn westliche Politiker über den Terrorismus reden, kommt diese Sicht der Dinge meist nicht vor. Sie wird verdrängt, ja, sie wird bisweilen sogar negiert. Die Medien folgen den gewohnten Stereotypen, sie berichten über den religiösen Fanatismus der Terroristen, weil sie dies schon immer getan haben. Sie zitieren die stets gleichen Sätze, in denen junge Männer ihren Hass über die Ungläubigen ausschütten und sich bereit erklären, als Märtyrer zu sterben.

Politiker und Medien blenden aus, dass es eine Botschaft, eine Strategie der Terroristen gibt, die weit über das Religiöse hinausgeht. Sprich: dass der islamistische Gottesstaat zwar das Ziel der Terroristen ist – dass der Weg dorthin aber ein ganz anderer ist, als wir meinen. So wie die arabischen OPEC-Staaten das Öl einst als Waffe einsetzte, um den Westen davon abzubringen, Israel zu unterstützen, so setzen die al-Kaida-Terroristen nun die globale Wirtschaft als Waffe ein, um ihren Zielen näherzukommen.

Es ist schon seltsam: Da verkündet al-Kaida offenherzig, worum es dem Terrornetzwerk geht, um einen Angriff auf den westlichen Kapitalismus – doch dieses Bekenntnis findet fast keinen Widerhall in der veröffentlichten Meinung. Es scheint, als scheuten die westlichen Politiker und Medien im Krieg gegen den Terror die Wahrheit, weil diese nicht zu ihrer Propaganda und zu ihren Vorurteilen passt. Es scheint, als lasse sich dieser Krieg den Bürgern besser verkaufen, wenn es um hehre Werte geht – und nicht um schnödes Geld; wenn es um die Freiheit geht – und nicht um einen Wirtschaftskrieg.

Vielleicht fällt es den westlichen Industriegesellschaften aber auch deshalb so schwer, den Kern dieser Schlacht zu benennen, weil sie immer noch zu stark in den Denkmustern des Kalten Krieges verhaftet sind und versuchen, die Bedrohungen der Gegenwart in die Kategorien der Vergangenheit zu pressen. Im Kalten Krieg ging es nicht um wirtschaftliche, sondern um militärische Macht, denn ökonomisch standen sich zwei höchst ungleiche Blöcke gegenüber: hier der kapitalistische Westen mit seiner zumeist erfolgreichen Marktwirtschaft; dort der kommunistische Osten, dessen planwirtschaftliches Streben zu höchst unzulänglichen Resultaten führte (was schließlich auch das grandiose Scheitern des Sowjetreichs und seiner Satellitenstaaten begründete). Es ging im Kalten Krieg auch nicht darum, einen gezielten Angriff auf besonders sensible Orte abzuwehren, auf Börsen, Banken, Hotels oder Handelszentren – sondern darum, das eigene Land oder das NATO-Bündnis als Ganzes zu verteidigen.

Der Feind agierte damals nicht mit verdeckten Kommandos, er bestand nicht aus einer Schar von Individuen, deren Struktur nur schwer zu durchblicken war – sondern er stand mit seinen Divisionen, Brigaden und Kompanien klar erkennbar jenseits der Landesgrenzen. Man wusste, wo die Front sich befand, sie verlief entlang dem Eisernen Vorhang, der Europa trennte und Deutschland teilte, es hieß: West gegen Ost, Blau gegen Rot, NATO gegen Warschauer Pakt. Und man wusste, worauf man sich einzurichten hatte und wie mit der Bedrohung umzugehen war: Entscheidend war die Masse der Soldaten, die Zahl der Panzer, Atomsprengköpfe, U-Boote und Flugzeugträger, die man dem Gegner entgegenstellen konnte.

Die Doktrin der Abschreckung funktionierte. Jedem neuen Rüstungsprogramm der einen folgte umgehend ein Rüstungsprogramm der anderen Seite; und die westliche Wirtschaft funktionierte erst recht, weil sie geschmeidiger und anpassungsfähiger war als das bürokratische, zentralistische System des Ostblocks mit seinen Planvorgaben. Und auch wenn der Rüstungswahn ungeheuer viel Geld verschlang, so hatte der Kalte Krieg – von gelegentlichen Spannungen abgesehen – auch etwas Beruhigendes, ja sogar Stabilisierendes, weil sich hier zwei ungefähr gleich starke Macht- und Militärblöcke gegenüberstanden.

Nicht von ungefähr sprach man in dieser Zeit vom Gleichgewicht des Schreckens. Dahinter verbarg sich jene Doktrin, die der amerikanische Verteidigungsminister Robert McNamara geprägt hat und die im Englischen auch als »mutual assured destruction« bezeichnet wurde, als »gegenseitig zugesicherte Zerstörung«: Keine der beiden Seiten, lautete die Logik, werde so verrückt sein, einen atomaren Erstschlag zu wagen, weil der Gegner innerhalb weniger Minuten zurückschlagen und das Land des Angreifers völlig zerstören kann. Es bestand also eine Balance zwischen den Supermächten.

Und es gab – auch dies hatte etwas Beruhigendes – fast immer einen Draht zwischen West und Ost, einen mehr oder minder intensiven Dialog. Man wusste, mit wem man auf der anderen Seite zu reden hatte. Für den Notfall gab es ein Rotes Telefon, eine direkte Verbindung zwischen dem amerikanischen Präsident und dem russischen Staatschef, auf die sich John F. Kennedy und Nikita Chruschtschow nach der Kubakrise im Jahr 1962 verständigt hatten.

Im Krieg gegen den Terror fehlen diese klaren Strukturen: Der Westen trifft auf einen Feind, der nicht sichtbar ist, nicht greifbar, der keine Uniformen trägt, keine Rangabzeichen. Man kann mit diesem Feind nicht reden, weil er keine offiziellen Repräsentanten hat, keine Botschafter, die man einbestellen kann. Und man kann erst recht nicht zum Roten Telefon greifen, weil es solch einen direkten Draht zum Feind nicht gibt und die Terroristen stattdessen lieber mit al-Dschasira oder CNN reden. Man kann sich auch nicht zu Abrüstungsverhandlungen treffen, weil der Feind an Verhandlungen kein Interesse hat und es dafür auch kein Forum gibt: keine OSZE, keine Vereinten Nationen. Der internationale Terrorist mag auf der ganzen Welt zu Hause sein, aber er bleibt die meiste Zeit über ein Phantom.

Auch das Gleichgewicht des Schreckens gibt es nicht mehr. An seine Stelle ist im 21. Jahrhundert ein Ungleichgewicht der Angst getreten. Deshalb lässt sich auch das Ausmaß der Bedrohung nicht mehr so genau beziffern, es lässt sich nicht mehr in Zahlentableaus ermessen, die die Truppenstärke des Gegners mit der eigenen Truppenstärke vergleichen. Die Abschreckungslogik des Kalten Krieges ist damit obsolet. Todesmutige Terroristen lassen sich nicht aufhalten durch ein möglichst großes Arsenal an Waffen, fanatische junge Männer lassen sich nicht beeindrucken durch die Zahl der Soldaten, Grenzbeamten und Polizisten, die man ihnen entgegenstellt, oder gar durch Panzer oder Kampfjets. Denn dies sind gar nicht die Gegner, auf die sie es abgesehen haben; dies sind nicht die Kräfte, die sie bekämpfen wollen. Stattdessen attackieren sie etwas ganz anderes: nicht das Herz unseres Staates, sondern das Herz unserer Wirtschaft. Lange, viel zu lange wollten Politiker und Militärs dies nicht wahrhaben. Weil sie nicht wussten, wie sie der Bedrohung anders Herr werden sollten, haben sie stattdessen versucht, den Krieg gegen den Terror entlang den vertrauten Denkmustern zu führen. Sie sind mit der Gefahr durch al-Kaida umgegangen wie einst mit der Gefahr durch den Warschauer Pakt. Sie haben, weil es eines klar definierten Feindes bedurfte, bin Laden zu einem Despoten erklärt wie einst Hitler oder Stalin. Sie haben die Terroristen zu Gotteskriegern erhoben: zu einer Armee, die einen Krieg gegen uns führt – ähnlich wie uns einst die Soldaten der Roten Armee im Kalten Krieg gegenüberstanden.

Der Westen – verwundbarer denn je

Erst allmählich scheint ins Bewusstsein der Politiker und Diplomaten vorzudringen, dass die alten Stereotypen nichts mehr taugen. Erst allmählich scheinen die Verantwortlichen in den Regierungszentralen zu realisieren, dass sich die Bedrohung gewandelt hat. Und dass der islamistische Terror in erster Linie eben nicht einzelne Staaten bedroht, sondern unsere Wirtschaft – eine Erkenntnis allerdings, die bisher meist nur hinter vorgehaltener Hand verbreitet wird, um die empfindsamen Märkte nicht zu verschrecken.

So forderte das amerikanische Außenministerium im Februar 2009 die US-Botschaften in einer geheimen Anweisung auf, ganz diskret all jene Unternehmen und Infrastruktureinrichtungen zu ermitteln, »deren Verlust entscheidende Folgen für die öffentliche Gesundheit, die wirtschaftliche Sicherheit und/oder die nationale oder innere Sicherheit der USA bedeuten würde«. Das State Department interessierte sich nicht nur für die Niederlassungen amerikanischer Konzerne, sondern begehrte auch Auskunft über Unternehmen, Fabriken oder Handelszentren anderer Nationen. Heraus kam eine Liste potenzieller Terrorziele. Dazu zählt in Deutschland das BASF-Stammwerk in Ludwigshafen als »weltgrößter zusammenhängender Chemiekomplex«, ein Siemens-Werk in Erlangen, in dem Transformatoren und Turbinen zur Stromgewinnung aus Wasserkraft produziert werden, oder das Aventis-Werk in Frankfurt, wo Insulin hergestellt wird. Auch kleinere Unternehmen tauchen in der Liste auf, etwa die Lübecker Drägerwerke, die führend sind in der Gasmesstechnik. Oder Junghans Feinwerktechnik im Schwarzwald, die »entscheidend bei der Herstellung von Minenwerfern« sind, wie aus einer US-Depesche hervorgeht, die die Enthüllungsplattform Wikileaks veröffentlicht hat. Auf der Liste stehen auch die Anlandepunkte für die transatlantischen Unterseekabel TAT-14 und AC-1 in Ostfriesland und auf Sylt, über die zwischen Europa und den Vereinigten Staaten Daten übertragen werden.[20]

Dass einzelne Unternehmen derart gefährdet sind, ist eine späte Erkenntnis im Krieg gegen den Terror – und sie war eigentlich auch nicht für die Öffentlichkeit gedacht. Dabei sind die Anschlagsziele, die die Terroristen ins Visier nehmen, eindeutig: Börsen und Handelszentren tauchen dort auf, Pipelines, Raffinerien oder Häfen. So wurde nur drei Jahre nach den Attentaten vom 11. September ein weiterer, ungeheuerlicher Terrorplot aufgedeckt, mit dem Islamisten das Herz des Kapitalismus treffen wollten. Gefunden wurden die Pläne auf einem Laptop, der den Amerikanern in Pakistan in die Hände gefallen war, sowie auf weiteren Computern und Disketten, die die britische Polizei im Sommer 2004 sicherstellte. Demnach hat eine Gruppe von Terroristen in den Jahren 2000 und 2001 mehrere Gebäude ausgespäht, die zentral sind für die Finanzwelt: das Hauptquartier der damals größten Bank der Welt, der Citigroup in Manhattan, die New Yorker Börse und die Hauptquartiere des Internationalen Währungsfonds und der Weltbank in Washington. In den Unterlagen fanden sich auch Vorschläge, wie man diese Gebäude sprengen könnte.

Würde solch ein Anschlag gelingen, würde eine Bank in die Luft fliegen, die Börse in New York oder Frankfurt durch eine Bombe zerstört werden oder, wie es das FBI im Januar 2011 befürchtet, eine Serie von Paketbomben an der Wall Street hochgehen – die Folgen könnten für die Weltwirtschaft ähnlich verheerend sein wie nach dem 11. September. Unmittelbar nachdem die beiden Passagierflugzeuge in die

Türme des World Trade Centers eingeschlagen waren, rauschten die Aktienkurse nach unten: Der Deutsche Aktienindex verlor in einer halben Stunde 10 Prozent, Südamerikas Börsen brachen den Handel ab, die Londoner Börse bekam eine Bombenwarnung und musste ebenso schließen wie die Wall Street. Als die US-Börsen vier Tage später wieder eröffneten, erlebten die Anleger einen Ausverkauf, wie es ihn selten gab. In den folgenden Wochen wurden an den Börsen mehrere Billionen US-Dollar vernichtet, Tausende von Unternehmen gingen pleite. Die Weltwirtschaft schlitterte in eine Rezession.

So kann es wieder kommen. Denn die Wirtschaft in den Vereinigten Staaten und in Europa ist verwundbarer denn je, und die Terroristen wissen das ganz genau: Die Folgen der schlimmsten Wirtschafts- und Finanzkrise seit acht Jahrzehnten, der zweiten Weltwirtschaftskrise, sind – allen optimistischen Prognosen zum Trotz – noch längst nicht überwunden. Die Vereinigten Staaten von Amerika häufen derzeit jedes Jahr weit mehr als eine Billion US-Dollar an neuen Schulden auf, nicht nur in Washington geht die Furcht um, dass der US-Dollar abstürzen und damit die amerikanische Wirtschaft schwer beschädigen könnte. Auch Europa versinkt in einem Sumpf aus Schulden, der Euro kämpft ums Überleben: Griechenland, Irland und Portugal haben bereits um Hilfen der Europäischen Union gebeten, weil sie ansonsten ihre Staatsschulden nicht mehr finanzieren können. Länder wie Spanien oder Italien könnten ebenfalls gezwungen sein, Hilfe aus dem gewaltigen Rettungsprogramm zu beantragen, das die EU und der Internationale Währungsfonds aufgelegt haben.

Was nützt es da, dass die deutsche Wirtschaft im Jahr 2010 und in der ersten Hälfte des Jahres 2011 so stark gewachsen ist wie seit der Wiedervereinigung nicht mehr? Was nützt es, dass die Zahl der Arbeitslosen unter die Marke von drei Millionen gesunken ist? Die schönen Zahlen könnten schnell wieder zunichte sein, wenn die Weltwirtschaft einbricht, weil al-Kaida mehrere Frachtflugzeuge in die Luft jagt, einen Hafen sprengt, eine Raffinerie zerstört oder eine schmutzige Bombe zündet. Deutschland würde dies ganz besonders zu spüren bekommen. Denn die deutschen Unternehmen haben sich den jüngsten

Aufschwung vor allem im Ausland erarbeitet, durch den Export ihrer Waren. So sehr sie in der Weltwirtschaftskrise der Jahre 2008 und 2009 gelitten haben, so sehr haben sie vom Aufschwung seither profitiert.

Noch stärker sind allerdings die Vereinigten Staaten von Amerika und ihre Wirtschaft durch neue Anschläge gefährdet. Denn der Regierung in Washington gelingt es schon jetzt nur noch mit Mühe, ihren Staatshaushalt und die gigantischen Schulden zu finanzieren. In den vergangenen Jahren war dies nur möglich, indem die Amerikaner sich zuhauf fremdes Kapital liehen: vor allem in Russland, der arabischen Welt und in China. Die größte Wirtschaftsnation der Welt hat sich in einem Maße im Ausland verschuldet, wie man es sonst nur aus schwächelnden Schwellenländern kennt. Auch die Zahl der Arbeitslosen ist auf einen Stand gestiegen, wie man ihn seit zwei Jahrzehnten nicht kannte: auf über 10 Prozent im Winter 2009/2010. Zugleich scheint die amerikanische Notenbank, die die US-Wirtschaft früher beinahe nach Belieben gesteuert hat, völlig ratlos zu sein, weil selbst ihr letztes Mittel – das Drucken von Geld – die Wirtschaft nicht richtig in Gang zu bringen vermag. An den Finanzmärkten, aber auch in Washington selbst zweifelt man schon, ob Amerika seine Schuldenpolitik noch lange wird stemmen können. Der ehemalige amerikanische Finanzminister James Baker meint: »Wir sind bankrott, wirklich bankrott. Unsere größte Herausforderung ist die Schuldenzeitbombe.«[21]

In solch einer Situation hätte ein Terroranschlag, der ins Herz der Wirtschaft zielt, verheerende Wirkungen. Denn weil Amerikaner und Europäer im Kampf gegen die Weltwirtschaftskrise schon sämtliche Mittel ausgeschöpft haben, gäbe es kaum noch eine Möglichkeit, wie sie sich einem neuerlichen Abschwung entgegenstemmen können: Die Zinsen sind schon ganz weit unten – die Notenbanken, vor allem die amerikanische Federal Reserve, haben also fast keinen Spielraum mehr, die Geldvergabe – so wie nach den Anschlägen des 11. September 2001 – drastisch zu verbilligen. Zugleich sind die Schulden ins Unermessliche gestiegen und wirken nun als Bremse: Gewaltige Konjunkturprogramme oder riesige Steuersenkungen – wie in den Jahren 2001 und 2002 – lassen sich nicht mehr finanzieren. Die amerikanische und die europäische Wirtschaft wären zu schwach, um den Schock eines gewaltigen Terrorangriffs abzufedern.

Die islamistischen Terroristen wissen dies genau und haben erkannt, wie verwundbar Amerika und Europa nach der Weltwirtschaftskrise sind. Sie wissen: Wenn sie den Westen in einem Moment der Schwäche treffen, können ihre Anschläge eine ungleich stärkere Wirkung entfalten als während eines Aufschwungs. So konnten die Terroranschläge, die al-Kaida in den neunziger Jahren verübt hat, der New Economy der westlichen Industrieländer wenig anhaben, weil das Wachstum so robust war. Die Anschläge vom 11. September 2001 dagegen hatten auch deshalb so gravierende Folgen für unseren Wohlstand, weil die Terroristen unsere Wirtschaft in einer Phase der Schwäche attackiert haben: kurz nach dem Platzen der großen Börsenblase. Auch weil die Attacke zeitlich perfekt platziert war, hat sie unsere Wirtschaft ins Wanken gebracht.

Wenn man weiß, dass die Strategen von al-Kaida sehr genau beobachten, wie sich unsere Wirtschaft entwickelt, und wenn man sich bewusst macht, dass sie vor allem einen Wirtschaftskrieg führen – dann spricht vieles dafür, dass sie in nächster Zeit zuschlagen und einen neuen, empfindlichen Angriff auf unseren Wohlstand starten werden: Wie schon am 11. September 2001 würden sie eine labile Wirtschaft treffen. Um zu diesem Schluss zu kommen, bedarf es keiner geheimdienstlichen Erkenntnisse, keiner offiziellen Terrorwarnungen. Dazu bedarf es allein der ökonomischen Logik und einer nüchternen Analyse dessen, was die islamistischen Terroristen antreibt.

Wir sind also in akuter Gefahr. Doch wir sind auf den Terror gegen unseren Wohlstand nur unzulänglich vorbereitet. Den westlichen Industrieländern fehlt eine Bedrohungsanalyse, die die Angriffe durch al-Kaida nicht bloß als religiöses Phänomen erfasst – sondern vor allem als Gefahr für unsere Wirtschaft. Für solch eine Bedrohungsanalyse müssen wir uns bewusst machen, welchem Feind wir gegenüberstehen; wir müssen begreifen, welche Strategien die islamistischen Attentäter verfolgen, was ihre Motive sind – und warum sie ungleich gefährlicher sind als die Terroristen des 20. Jahrhunderts.

3. Der teuflische Plan

> »Der Terrorismus ist in keinem Land zu Hause. Er ist ein supranationales, weltweit tätiges Unternehmen wie Coca-Cola oder PepsiCo oder Nike. Beim geringsten Anzeichen von Schwierigkeiten brechen Terroristen die Zelte ab und ziehen, genau wie die Multis, auf der Suche nach besseren Möglichkeiten mit ihren ›Fabriken‹ von Land zu Land.«[1]
>
> *Arundhati Roy,* indische Schriftstellerin, 28. September 2001

Die »schwerste und gemeinste Verschwörung«, die je aufgedeckt wurde

Es gäbe viele lohnende Ziele für al-Kaida: Die islamistischen Terroristen könnten den Chef einer internationalen Bank erschießen. Sie könnten ihm an seiner Haustür auflauern und ihn mit gezielten Schüssen niederstrecken. Sie könnten eine ferngesteuerte Bombe entlang der Route platzieren, auf der er jeden Tag ins Büro fährt, und seine Limousine sprengen. Sie könnten einen Politiker entführen, einen Minister oder einen Regierungschef, ihn wochenlang in ein Verlies sperren und ihn zwingen, politische Pamphlete zu verlesen. Sie könnten dies auf Video aufnehmen und die Propagandafilme an die Medien schicken oder im Internet veröffentlichen. Am Ende könnten sie den Politiker mit einem Kopfschuss töten und den Leichnam im Kofferraum eines Autos ablegen. Sie könnten den Wagen in einer Großstadt parken, damit er von der Polizei gefunden wird. Die Attentäter von al-Kaida könnten auch Staatsanwälte, Richter und hohe Ministerialbeamte niederschießen, weil sie zur politischen Klasse ihrer Länder gehören, zu den Amtsträgern, die den Staat tragen.

All das tun die islamistischen Terroristen bislang nicht. Denn anders als RAF oder ETA, IRA oder Rote Brigaden wollen die jungen, fanatisierten Männer nicht zuvorderst einzelne Politiker und Wirtschaftsführer ermorden. Sie wollen nicht die Repräsentanten des Systems treffen, die Machthaber in den Regierungs- und Konzernzentralen. Denn diese Machthaber sind ersetzbar: Wenn einer von ihnen durch eine Bombe getötet werden sollte, wird ein anderer an seine Stelle rücken; wenn ein Politiker oder Banker durch ein Attentat stirbt, wird ein anderer Repräsentant des Systems die Macht übernehmen. Daher zielen die islamistischen Attentäter nicht auf den Einzelnen, der das Ganze vertritt, sondern sie wollen den westlichen Kapitalismus insgesamt zunichte machen. Um ihr Ziel zu erreichen, gehen sie brutal vor und haben keinerlei Skrupel. Sie sind bereit, Hunderte oder gar Tausende zu töten, sie wollen unsere Psyche verändern, unser Denken und Handeln. Und deshalb wollen sie vor allem eines: größtmögliche Aufmerksamkeit erzielen – und damit größtmögliche Angst.

Es sind junge Männer wie Abdullah Ahmed Ali, Assad Sarwar und Tanvir Hussain, die auf diese Weise unseren Wohlstand zerstören wollen. Die drei – alle Mitte zwanzig alt – leben im Nordosten von London, in einer unscheinbaren Wohnung in Walthamstow, als die britische Polizei sie am 9. August 2006 festnimmt. Der eine, Ali, hat mit seinen Eltern, den vier Brüdern und drei Schwestern einige Jahre in Pakistan gelebt und ist mit ihnen 1987 in den Osten von London gezogen. Schon als Jugendlicher hegte er den Wunsch, später mal als Selbstmordattentäter ins Paradies zu gelangen. Ali studierte Computerwissenschaften und begann an der Universität, sich politisch zu engagieren. Er nahm an Demonstrationen teil, verteilte Handzettel und arbeitete für eine islamische Wohltätigkeitsorganisation.

Der zweite, Sarwar, war an der Brunel University eingeschrieben, brachte aber das Studium nicht zu Ende und hangelte sich danach durch diverse Aushilfsjobs bei der British Telecom und der Post. Zwischendurch reiste er nach Pakistan und arbeitete dort in einem Hilfsprojekt der Islamic Medical Association. Auf dieser Reise lernte er Ali kennen und besuchte mit ihm Lager afghanischer Familien, die wegen des Kriegs in das Nachbarland geflohen waren.

Der dritte schließlich, Hussain, galt als begnadeter Sportler. Er studierte mehrere Jahre an der Middlesex University und belegte dort Wirtschafts- und Computerkurse. Er liebte Drogen, Alkohol und Mädchen und arbeitete in einer Klinik für Sexualtherapien, ehe er sich im Jahr 2005 in einen tief gläubigen Muslim verwandelte.

Gemeinsam haben Ali, Sarwar und Hussain einen mörderischen Plan ausgeheckt: für einen Anschlag, der – wenn er geglückt wäre – in seiner Dimension den Attentaten des 11. September nahe gekommen wäre. Gemeinsam mit bis zu 22 weiteren Tätern wollten sie sieben Verkehrsflugzeuge sprengen. Die Maschinen sollten mit etwa 2 000 Passagieren an Bord innerhalb von zweieinhalb Stunden vom Londoner Flughafen Heathrow Richtung Nordamerika starten, ihre Ziele wären unter anderem Washington, New York, Chicago und Montreal gewesen. Nach dem Start wollten die Verschwörer auf der Flugzeugtoilette ihre Bomben basteln, aus Bauteilen, die harmlos erscheinen: leere Getränkeflaschen, ausgehöhlte Batterien und eine Wegwerfkamera als Zündmechanismus. Als Sprengmaterial sollte Flüssigsprengstoff dienen, der vor allem aus Wasserstoffsuperoxid bestand.

Doch britische Ermittler kamen ihnen in der teuersten und aufwändigsten Fahndungsaktion auf die Spur, die das Land je erlebt hat. 29 Observationsteams verfolgten wochenlang jeden Schritt der Terroristen. Sie verwanzten ihre Wohnung, in der sie eine Bombenfabrik eingerichtet hatten, und schlugen zu, als die Anschläge unmittelbar bevorstanden. Der Richter, der Ali, Sarwar und Hussain später wegen »Verschwörung zum Massenmord« zu Haftstrafen zwischen 32 und 40 Jahren verurteilte, sprach von der »schwersten und gemeinsten Verschwörung«, die je in Großbritannien aufgedeckt worden sei.[2]

Und es war eine Verschwörung mit gravierenden Konsequenzen für die Weltwirtschaft. Um ähnliche Attentate zu verhindern, wurden danach die Bestimmungen im Luftverkehr massiv verschärft. Wer durch die Sicherheitsschleusen an Flughäfen will, darf seither keine großen Getränkeflaschen mehr im Handgepäck mitführen, keine Cola-Dosen, ja nicht einmal mehr Shampoo-Flaschen oder Parfüms, wenn deren Inhalt 100 Milliliter übersteigt. Die gleiche Vorschrift gilt für Zahnpastatuben oder Gels, für Cremes und Sprays. Zudem müssen die Passagiere die Behälter in einem durchsichtigen Plastikbeutel verstauen, der maximal einen Liter fassen darf; so soll verhindert werden, dass Flüssigsprengstoff an Bord gelangt. Außerdem müssen die europäischen Flughäfen bis zum Frühjahr 2013 spezielle Scanner installieren, mit denen sich Flüssigkeiten durchleuchten lassen; so soll festgestellt werden, ob es sich um Sprengstoff handelt.

Schon der geplante Anschlag auf die sieben Flugzeuge war monströs. Doch Sarwar, Hussain und die anderen hatten noch weitreichendere Pläne im Kopf: Sie wollten offenbar auch zentrale Punkte der britischen Wirtschaft treffen. So entdeckte die Polizei auf einem Computer über 13 000 Dateien, die sich mit dem Stromnetz, den Öl- und Gaspipelines oder der Atom-Wiederaufbereitungsanlage in Sellafield beschäftigen. Auch Informationen über das Londoner Finanzviertel Canary Wharf befanden sich auf der Festplatte, ebenso eine Datei mit dem Titel »Wie funktioniert ein Atomkraftwerk« nebst Informationen über acht britische Kernkraftwerke.

It's the economy, stupid!

Ein Angriff auf solch ein Ziel – sei es ein Atomkraftwerk, sei es ein globales Finanzzentrum – hätte verheerende Wirkungen für die Wirtschaft. Wenn wir allerdings den Politikern glauben und dem, was die meisten Medien schreiben, dann sind Terroristen wie Sarwar, Hussain und Ali vor allem Gotteskrieger. Dann führen sie einen Heiligen Krieg, in dem es um religiöse Macht geht, um die Vorherrschaft der islamischen Weltanschauung. Wenn wir dieser gängigen Meinung folgen, geht es in dem Terror-Krieg, den al-Kaida in unsere Städte trägt, in erster Linie um die Frage: Wird der Islam obsiegen – und mit ihm der Koran? Oder wird sich das Christentum behaupten – und mit ihm die Bibel? Und setzen sich auf der Welt Demokratie und die Bürgerrechte durch, die seit der amerikanischen und der französischen Revolution zum konstituierenden Bestandteil unserer Gesellschaften zählen? Oder breitet sich die Scharia aus, das archaische Rechtssystem des Islam, das mit unserer freiheitlichen Grundordnung nicht vereinbar ist?

Und die Märtyrervideos, die bei Attentätern wie Sarwar, Hussain und Ali gefunden werden, legen ja auch den Schluss nahe, dass wir vor allem einen Krieg der Religionen erleben – jedenfalls dann, wenn man sich auf jene Aussagen konzentriert, in denen die jungen Islamisten salbungsvoll vom Kampf gegen die Ungläubigen reden. Die meisten Medien transportieren immer genau diese Aussagen, denn sie passen in das vorgefertigte Bild; sie entsprechen den Vorurteilen, die über den islamistischen Terror kursieren. Und deshalb schnurrten auch die Video- und Radiobotschaften eines Osama bin Laden in den Nachrichtensendungen und Agenturmeldungen stets auf jene Sätze zusammen, in denen er den frevlerischen Westen beschimpfte und zum Heiligen Krieg gegen Christen und Juden aufrief.

Es sind Sätze wie dieser, veröffentlicht im Dezember 2004: »Wir wollen den Sieg oder den Märtyrertod«, verkündet bin Laden, »von uns wird ohnehin nur der getötet, dessen Zeit gekommen ist. Seine Familie verliert ihn, doch seine Seele wird in den grünen Garten gelangen und sich im Paradies bewegen, sodass sie sich in zwei Nachbarschaften befindet: in der Nähe zu ihren Familien und der zu Gott.«[3] Oder Sätze wie dieser, veröffentlicht in seiner »Kriegserklärung« gegen die Amerikaner aus dem Jahr 1996: »O Herr, die Menschen des Kreuzes sind mit ihren Rittern gekommen und haben das Land der zwei Heiligen Stätten besetzt. Und die zionistischen Juden vergreifen sich nach Belieben an der al-Aqsa-Moschee, dem Ort, an dem der Botschafter Gottes zum Himmel auffuhr. O Herr, zerstreue ihre Gemeinschaft, säe Zwietracht unter ihnen, lasse die Erde unter ihren Füßen erbeben und gib uns die Kontrolle über sie. O Herr, wir suchen Zuflucht in Dir vor ihren Taten. Du bist der Schild zwischen uns und ihnen, o Herr, zeig uns einen schwarzen Tag in ihnen! O Herr, zeig uns Deine Wunder in ihnen.«[4]

Selbst die meisten Terrorismusforscher verschlossen angesichts solcher Wortgirlanden die Augen vor dem, was die Strategie von al-Kaida ausmacht: dem Krieg gegen die Wirtschaft. Auch diese Experten rücken den religiösen Fanatismus in den Mittelpunkt ihrer Analysen. Auch sie meinen, es gehe den islamistischen Terroristen allein darum, mit ihren Massakern Christen und Juden einzuschüchtern und dem Islam zum Siegeszug zu verhelfen, und verweisen auf die vielen Texte, in denen die führenden Köpfe von al-Kaida die Selbstmordattentate und den Mord an Zivilisten, auch an Frauen und Kindern, religiös zu begründen versuchen. Dass al-Kaida auf dem Weg zum islamischen Gottesstaat aber zunächst einmal die westliche Wirtschaft zerstören will, um dadurch den eignen Zielen näher zu kommen, das sehen die meisten Terrorismusexperten nicht.

So erklärt zum Beispiel Bruce Hoffman, einer der bekanntesten Terrorismusexperten weltweit, in seinem Buch *Der unerklärte Krieg* den Antrieb der islamistischen Terroristen ausschließlich mit ihrer Religion. Als Leiter der Abteilung Terrorismusforschung der RAND Corporation in Washington hat er Regierungen in aller Welt beraten, seit einigen Jahren leitet er nun das Zentrum für Friedens- und Sicherheitsforschung der Georgetown University in Washington. In seinem Buch, das als Standardwerk über den Terror gilt, schreibt er:

»Für den religiösen Terroristen stellt Gewalt zuerst und vor allem einen sakramentalen Akt oder eine von Gott gebotene Pflicht dar, die in direkter Reaktion auf irgendeine theologische Anforderung oder ein Gebot erfüllt wird. Der Terrorismus erhält auf diese Weise eine transzendentale Dimension und seine Vollstrecker lassen sich infolgedessen oft keine Schranken durch die politischen, moralischen oder praktischen Zwänge auferlegen, die andere Terroristen beeinflussen mögen. Während weltliche Terroristen, selbst wenn sie dazu in der Lage sind, selten zu wahllosen Tötungen wirklich großen Stils greifen, weil solch eine Vorgehensweise nicht mit ihren politischen Zielen in Übereinstimmung zu bringen ist und daher als kontraproduktiv, wenn nicht als unmoralisch betrachtet wird, geht es religiös motivierten Terroristen häufig um die Auslöschung möglichst weit gefasster Feindkategorien, wobei sie Gewalttätigkeiten in großem Ausmaß nicht nur als moralisch gerechtfertigt, sondern als notwendiges Mittel zur Erreichung ihrer Ziele ansehen. Religion – übermittelt durch heilige Texte, verbreitet durch geistliche Autoritäten, die den Anspruch haben, für das Göttliche zu sprechen – dient daher als Mittel zur Erklärung aktueller Ereignisse und als Legitimationsgrundlage für die Rechtfertigung von Gewalt.«[5]

Erst zum Ende des Buchs, nach vielen Seiten, in denen es um die scheinbar rein religiösen Motive der Terroristen geht, nach etlichen Zitaten von bin Laden oder al-Zawahiri, die den gängigen Stereotypen entsprechen, lässt Hoffman erkennen, dass er Zweifel an der eigenen Argumentation hat. Zum Schluss räumt er ein:

»Es ist leicht, Terroristen als irrationale, von wahnhaften Vorstellungen getriebene Mörder abzutun. Viel schwieriger ist es, die tiefe Frustration der Terroristen, ihre Zielsetzung und den Kern ihrer Motive zu begreifen und daraus zu erschließen, in welcher Weise diese Faktoren ihre taktischen Entscheidungen und ihre Zielauswahl beeinflussen. Wenn wir den Terrorismus wirksamer bekämpfen wollen, müssen wir den Terrorismus und die Terroristen besser verstehen lernen, als dies in der Vergangenheit der Fall war.«[6]

Tatsächlich führt der Begriff vom lediglich religiös motivierten Dschihad in die Irre, um den islamistischen Terror zu verstehen – jedenfalls dann, wenn man darunter allein einen Religionskrieg im engeren Sinne begreift, also einen Krieg um den richtigen Gott, den richtigen Glauben. Denn in einer Zeit, in der in weiten Teilen des Westens das Weltliche längst das Mystische verdrängt hat, in der es im Fernsehen Sex in allen Varianten zu sehen gibt und die Kirche zugleich von immer neuen Missbrauchsskandalen erschüttert wird, ist das Christentum nicht mehr die entscheidende Religion. In der säkularisierten Welt der Industrieländer spielt der Glaube an die christliche Lehre – allen konservativen Strömungen, allen Fundamentalisten und Evangelikalen in den USA zum Trotz – eine immer geringere Rolle.

Weitaus bedeutsamer für unsere Gesellschaft ist die Ersatzreligion des Kapitalismus. »It's the economy, stupid!«, so hat es Bill Clinton im amerikanischen Präsidentschaftswahlkampf 1992 formuliert: Es geht um die Wirtschaft, Dummkopf! Und darum geht es auch den Terroristen. Denn der Glaube an Gott ist in Europa und Amerika längst dem Glauben an den Mammon gewichen, die zehn Gebote haben dem Shareholder-Value Platz gemacht. Eher glauben die Menschen an die Macht des Geldes als an das apostolische Glaubensbekenntnis, in dem es über Jesus Christus heißt: »Er sitzt zur Rechten Gottes, des allmächtigen Vaters; von dort wird er kommen, zu richten die Lebenden und die Toten.«

Zu richten über die Lebenden und die Toten – diesen Anspruch haben auch die islamistischen Terroristen, und deshalb zielen sie mit ihren brutalen Anschlägen auf die moderne Religion des Westens: den Kapitalismus. Die jungen Männer, die Flugzeuge in Hochhäuser steuern und Bomben in U-Bahnen zünden, wollen den Glauben der Menschen zerstören, dass der Kapitalismus Reichtum und Wohlstand verschafft; sie wollen den Mechanismus der freien Marktwirtschaft aushebeln, der uns in den vergangenen Jahren Wohlstand und Wachstum gebracht hat. »Wenn die Flut steigt, treibt dies alle Boote nach oben«, hat der amerikanische Präsident John F. Kennedy einst versprochen und so mit wenigen Worten die westliche Marktwirtschaft und ihre Verheißungen erklärt.[7] Die Terroristen wollen nicht, dass die Flut steigt. Sie wollen einen Sturm entfachen, die See aufwühlen und die Boote, die von den Wellen nach oben getrieben werden, zum Kentern bringen. Sie wollen den Untergang. Sie wollen – wie es in den Veröffentlichungen von al-Kaida heißt, in den Video- und Audiobotschaften der Führungsriege – den Westen finanziell »ausbluten« und die Volkswirtschaft der Vereinigten Staaten und anderer Industriestaaten »mit allen erdenklichen Mitteln« treffen.[8]

Die Strategie der imperialen Überdehnung

Man mag einwenden, dass es sich dabei um hohle Worte handelt, um eine Botschaft also, die aus den Tälern Afghanistans oder Pakistans nicht hinausfindet in die Welt. Und die Frage ist ja auch durchaus berechtigt: Gibt es tatsächlich eine gemeinsame Strategie hinter der Propaganda von al-Kaida? Verfügt al-Kaida wirklich über einen langfristigen, durchdachten Plan, dem die Mehrzahl der Terroristen folgt?

Die Antwort auf diese Fragen findet sich in einem 268 Seiten langen Schriftstück, das seit dem März 2005 im Internet auf islamistischen Webseiten kursiert. Das Konvolut mit dem Titel *The Management of Savagery* (*Die Verwaltung der Barbarei*) wurde verfasst von einem Mann namens Abu Bakr Naji.[9] Wer genau dieser Naji ist, darüber spekulieren die Experten. Manche sagen, er sei der wichtigste Theoretiker von al-Kaida und stamme aus Tunesien oder Jordanien. Andere glauben, es handele sich um ein Pseudonym, hinter dem sich eine Gruppe von führenden Köpfen des Terrornetzwerks verberge. Islamwissenschaftler wie die Deutsche Ruth Bigalke und der Libanese Marwan Abou-Taam vermuten sogar, der Text gehe auf die geistige Urheberschaft bin Ladens zurück, auch wenn der Terrorführer ihn nicht selbst unterzeichnet oder veröffentlicht habe.[10]

In jedem Fall handelt es sich um ein authentisches Dokument, denn Teile daraus sind in regelmäßigen Abständen in einem offiziellen Internetmagazin von al-Kaida namens *Sawt al-Jihad* (*Die Stimme des Dschihad*) erschienen. Deshalb wird Najis Buch auch von Nachrichtendiensten ernst genommen, vom deutschen Verfassungsschutz oder vom Strategic Studies Institute der amerikanischen Armee.[11] Der Terrorismusforscher William McCants, der am Combating Terrorism Center der Militärakademie West Point arbeitet und den arabischen Originaltext ins Englische übersetzt hat, spricht von einem »strategischen Werk, das das Siegel der Zustimmung von al-Kaida hat«.[12] In den westlichen Medien allerdings wurde dieses Strategiepapier, von wenigen Ausnahmen abgesehen, bislang nicht aufgegriffen.[13] Es wurde verdrängt, wie praktisch alle Verlautbarungen der Theoretiker von al-Kaida, weil sie als wirr, weltfremd und unverständlich gelten.

Doch Najis Werk, begonnen im Jahr 1998 und vollendet einige Jahre später, ist alles andere als wirr, alles andere als unverständlich, sondern es ist auf fürchterliche Weise sehr präzise. Es ist ein Handbuch des islamistischen Terrorismus, ein Drehbuch von al-Kaida, wie es deutlicher kaum sein kann. Wenn man diesen Text liest, dann fröstelt es einen, weil er die Terroranschläge in einen sehr viel größeren, historischen Zusammenhang stellt. Es beschleicht einen das ungute Gefühl, dass al-Kaida sehr viel planvoller und strategischer vorgeht, als wir es bisher für möglich gehalten haben.

Die Verwaltung der Barbarei erklärt ausführlich, warum sich al-Kaida mit seinen Anschlägen auf die Wirtschaft konzentriert. Religiöse Überzeugungen treten dabei in den Hintergrund, strategische Überlegungen rücken in den Fokus. »Die Wirtschaft als Ziel für unsere Aktionen ist eine erfolgreiche Strategie, die sich im Laufe der Geschichte immer wieder bewährt hat«, schreibt Naji.[14] Und weiter: »Generell ist die Strategie, die Wirtschaft des Feindes anzugreifen, eine politisch und militärisch anerkannte, und sie darf von der weisen Bewegung nicht vernachlässigt werden.« Darauf hätten »die Führer des Dschihad in vielen Studien und Stellungnahmen hingewiesen.«[15] Der Angriff auf die Wirtschaft sei Teil einer Strategie, »die Druck auf den Feind ausübt und ihm klar machen soll, dass er, wenn er seinen Krieg gegen die Gläubigen fortsetzt, seine Welt und seine Macht verlieren wird«.[16]

An anderer Stelle beschreibt Naji das Vorgehen von al-Kaida so: »Die einfachste Methode, einen militärisch stärkeren Feind zu besiegen, ist es, ihn militärisch und ökonomisch ausbluten zu lassen. Das Militärische soll auf der Grundlage gezielter Angriffe auf wirtschaftliche Ziele erfolgen.« Mit Blick auf die USA fügt er hinzu: »Einer ihrer Wissenschaftler hat festgestellt, dass die Sowjetunion zerstört wurde, indem sie wirtschaftlich und militärisch durch kleine Kriege und andere Entwicklungen ausgeblutet ist, nicht zuletzt durch den Krieg in Afghanistan. Das Schicksal der USA wird ähnlich sein.«[17]

Der al-Kaida-Vordenker beruft sich dabei ausdrücklich auf Paul Kennedy, den renommierten, aus Großbritannien stammenden Historiker von der Yale University. Dieser hatte schon 1987 in seinem Bestseller *The Rise and Fall of the Great Powers* (*Aufstieg und Fall der großen Mächte*) gewarnt, die Vereinigten Staaten könnten sich übernehmen und unter ihrem Machtanspruch zusammenbrechen. *Imperial overstretch*, imperiale Überdehnung, nannte er dieses Phänomen.[18] Naji greift dies auf und zitiert Kennedy an einer zentralen Stelle seines Werks mit den Worten: Falls Amerika seine militärischen Kräfte und seinen strategischen Einfluss mehr als notwendig ausdehne, werde dies zu seinem Sturz führen.[19]

Dass der al-Kaida-Theoretiker sich ausgerechnet auf den britischen Historiker stützt, ist bemerkenswert. Denn Kennedy untersucht detailliert die Gründe, die zum Aufstieg und Fall von Weltmächten führen. Und genau darum geht es al-Kaida: um den Sturz einer Weltmacht. Kennedy analysiert insbesondere die Veränderungen in der Wirtschaftskraft – ein Punkt, der für al-Kaida von zentraler Bedeutung ist. Er wertet dazu einen Wust historischer und ökonomischer Daten aus: das Bruttoinlandsprodukt der Weltmächte ebenso wie die Stahl- und

Eisenproduktion, den Ausstoß der Industrie, den Energieverbrauch, das Bevölkerungswachstum oder das Pro-Kopf-Einkommen – aber auch die Kosten von Militäreinsätzen. All dies vergleicht er, stellt er gegeneinander und kommt zu dem Ergebnis, dass eine Weltmacht immer den gleichen Prozess durchläuft: Dem Aufstieg und Boom folgt eine Phase, in der Machtanspruch und Realität nicht mehr zusammenpassen. An diese Ära der Überdehnung schließt sich eine Phase der Erschöpfung an – und der Abstieg. Entscheidend für den Niedergang ist stets, dass eine Großmacht sich militärisch mehr zumutet, als sie sich ökonomisch leisten kann. Wenn eine Weltmacht sich in zu viele Kriege stürzt, wenn sie ihr Reich zu sehr ausweitet, birgt dies zugleich den Sturz in sich: Wirtschaftliche Stärke und imperialer Anspruch lassen sich nicht mehr in Deckung bringen. So ist es Kennedy zufolge den Habsburgern ergangen, deren Macht ihren Höhepunkt in der Zeit von 1519 bis 1659 erreichte, ehe sie nach und nach zerfiel. So ist es den Hegemonialmächten in Kontinentaleuropa ergangen, die sich zwischen 1660 und 1815 ablösten und in wechselnden Allianzen immer wieder bekriegten: Frankreich, Preußen, Österreich und Russland. Und ein ähnliches Schicksal widerfuhr auch dem Vereinigten Königreich, das Anfang des 19. Jahrhunderts, nach dem Sturz Napoleons, zur neuen Großmacht aufstieg. Die Briten verdankten diesen Aufstieg der industriellen Revolution, die in Städten wie Manchester ihren Anfang nahm, aber auch den Kolonien. Doch das Empire brach mit Ende des Zweiten Weltkriegs zusammen, es musste die meisten Kolonien aufgeben, seine wirtschaftliche Macht zerfiel – und zwei neue Supermächte stiegen auf: die Vereinigten Staaten und die Sowjetunion.

Aber auch sie werden nicht ewig überleben, glaubt Kennedy. Er sagt bereits 1987 voraus, dass die Sowjetunion zusammenbrechen werde, weil sie sich militärisch übernommen habe, nicht zuletzt durch den Krieg gegen die Sowjets in Afghanistan. Und tatsächlich: Nur zwei Jahre später kollabiert die UdSSR. Die Strategen von al-Kaida fasziniert Kennedys Weitsicht sehr. Denn der Krieg gegen die Sowjets in Afghanistan bildet die Geburtsstunde des Terrornetzwerks: Bin Laden und al-Zawahiri haben mit ihren Truppen aus vielen Tausend Mudschaheddin gegen die Rote Armee gekämpft und – so glauben sie – entscheidend zur Niederlage der Sowjets beigetragen.

Die al-Kaida-Führung fesselt offenbar aber auch, dass Kennedy den Vereinigten Staaten ebenfalls einen schleichenden Niedergang vorhersagt: So wie die Sowjetunion habe Amerika sein Reich zu sehr ausgedehnt und führe mehr Kriege, als das Land sich leisten könne, urteilt der Historiker. Er verweist in seinem Buch darauf, dass die Vereinigten Staaten im Jahr 1987 insgesamt 520 000 Soldaten im Ausland stationiert haben – und damit mehr Truppen als das Britische Empire auf dem Höhepunkt seiner Macht.[20] Amerikanische Soldaten sind in Europa, Asien und in der arabischen Welt im Einsatz, sie sichern die Grenze zum Ostblock, die Weltmeere und den Zugang zum Öl. Ein Teil der militärischen Verpflichtungen, mag man einwenden, ist mittlerweile weggefallen, insbesondere seit dem Ende des Kalten Krieges. Aber es sind zahlreiche neue Verpflichtungen hinzugekommen: erst durch den Zweiten Golfkrieg; später dann vor allem auch durch die Kriege in Afghanistan und im Irak, durch die Operationen »Enduring Freedom« und »New Dawn«.

Kennedy sieht im amerikanischen Imperialismus ein doppeltes Problem: Die vielen Truppeneinsätze in aller Welt binden ungeheure Kräfte, und weil die Amerikaner weit mehr Geld in ihr Militär stecken und weniger investieren als andere Nationen, büßt ihre Wirtschaft stetig an Wettbewerbsfähigkeit ein. Deshalb, prophezeit Kennedy, geht Amerika nach und nach die ökonomische Basis verloren, um all seine militärischen und strategischen Interessen zu verfolgen. Für den Historiker ist daher klar: Die Vereinigten Staaten werden ein ähnliches Schicksal erleiden wie Spanien zu Beginn des 17. Jahrhunderts und Großbritannien zur Mitte des 20. Jahrhunderts, die ebenfalls zu viele Kriege auf fremdem Boden angezettelt hatten.

»Es geht um die Zerstörung eurer Wirtschaft!«

Al-Kaida macht sich diese Erkenntnisse zu eigen, spitzt sie zu und interpretiert sie für seine Zwecke um. Vor allem Aiman al-Zawahiri, der neue Chef von al-Kaida, soll zu den großen Anhängern und Bewunderern von Kennedy und seinen Thesen gehören. Er war schon als der Stellvertreter von bin Laden der intellektuelle Kopf des Terrornetzwerks und gilt als hochintelligenter Denker und Stratege.

Al-Zawahiri sei von Kennedys Buch regelrecht fasziniert, schreibt Abdel Bari Atwan, der Chefredakteur der in London erscheinenden Zeitung *al-Quds al Arabi*, der so tiefen Einblick in das Terrornetzwerk hat wie kaum ein anderer Journalist.[21] Atwan ist der einzige westliche Berichterstatter, der längere Zeit mit bin Laden verbracht hat; seine Zeitung veröffentlichte immer wieder Stellungnahmen von al-Kaida, so etwa im Jahr 1998 auch jene »Kriegserklärung«, mit der bin Laden und al-Zawahiri zum Dschihad gegen den Westen aufriefen.

Nach der Lektüre von Kennedys Thesen war al-Zawahiri offenbar davon überzeugt, dass die Vereinigten Staaten den Höhepunkt ihrer Herrschaft bereits überschritten haben – und dass es nur eines weiteren Anstoßes bedarf, um den Prozess des Niedergangs auszulösen. Es gehe, ruft al-Zawahiri den Amerikanern in einer Audiobotschaft zu, um »die Zerstörung eurer Wirtschaft«. In einer Videobotschaft, veröffentlich im Februar 2011, keine drei Monate vor dem Tod von Osama bin Laden, wird er noch deutlicher: »Auch wenn wir derzeit nicht in der Lage sind, Waffen herzustellen, die mit denen der Kreuzzügler mithalten können, so können wir doch ihr kompliziertes Wirtschaftssystem und ihre Industrie ruinieren. Wir können dafür sorgen, dass sich die Kräfte ihrer Truppen im Kampf erschöpfen.«[22]

Letztlich will al-Kaida also einen Prozess der imperialen Überdehnung herbeiführen. Die Anschläge von al-Kaida sollen den Westen in einen langen, teuren Konflikt zwingen, in einen Zermürbungskrieg an vielen Fronten. Die Terroristen wollen die größtmögliche Reaktion der Vereinigten Staaten und ihrer Verbündeten provozieren, den maximalen Einsatz an Geld und Ressourcen – und sie dadurch überfordern. Und weil die al-Kaida-Strategen wissen, dass sie diesen Konflikt militärisch nicht gewinnen können, attackieren sie stattdessen die Wirtschaft ihrer Feinde. Sie wollen die Staaten des Westens dazu nötigen, ihr Militär, ihre Polizei, ihre Sicherheitskräfte zu verstärken, um die

Wirtschaft besser zu schützen. Sie wollen die Industrieländer zugleich in einen Krieg hineinziehen, der diesen nicht nur militärisch, sondern auch finanziell mehr abverlangt, als sie sich leisten können.

Die Führer von al-Kaida übersetzen dabei Kennedys Begriff der imperialen Überdehnung in ihre eigene Sprache, die sich mit blumigen Wortgirlanden schmückt, mit Zitaten aus dem Koran, in ihrem Kern aber präzise ist: Es gehe darum, »den Kreuzzüglern aus dem Westen schwere Verluste zuzufügen, vor allem durch Anschläge gegen ihre Wirtschaft, damit sie jahrelang ausbluten«, sagt al-Zawahiri. Und er fügt hinzu: »Die Anschläge in New York, Washington, Madrid und London sind die besten Beispiele dafür.«[23]

Es ist erschreckend, wie konsequent die al-Kaida-Führung sich westlicher Ideen bemächtigt und daraus ihre Strategie ableitet. Dies zeigt: Die Vordenker der ersten wirklich globalen Terrororganisation der Welt sind keine irrlichternden Fanatiker. Sondern hinter ihrem menschenverachtenden Handeln verbirgt sich eine wohlbegründete Strategie – eine Strategie, die schlüssig erscheint, weil sie den Feind an seiner empfindlichsten Stelle trifft. Denn der Tod vieler tausend Menschen mag den Westen schockieren, ihn erschüttern – aber allein dadurch werden die Terroristen dem Ziel vom islamischen Gottesstaat nicht näher kommen. Deshalb wollen sie den Wohlstand der »Kreuzzügler« aushöhlen und sie dadurch zum Rückzug aus der arabischen Welt veranlassen; erst wenn die Schutzmacht der meisten arabischen Regime sich zurückgezogen hat, werden die Islamisten, so glauben sie, ihr Kalifat errichten können.

Terror bis zum Jahr 2020

Wie und wo al-Kaida die westliche Wirtschaft treffen und damit seine Strategie der imperialen Überdehnung umsetzen will, erklärt Naji in seinem Werk in aller Deutlichkeit: Das Vorgehen der Terrororganisation müsse so angelegt sein, »dass die feindlichen Truppen nur noch damit beschäftigt sind, potenzielle wirtschaftliche Ziele zu beschützen«.[24] Und er erklärt auch, welche Ziele dafür infrage kommen: »Wenn wir einen von Kreuzzüglern aufgesuchten Touristenkomplex in Indonesien angreifen, werden sie bemüht sein, alle Touristenkomplexe weltweit zu schützen, und zwar mit doppelt so vielen Kräften wie normalerweise üblich. Dies bindet zusätzliche Kräfte und treibt ihre Ausgaben stark in die Höhe. Wenn wir eine Wucherbank in der Türkei angreifen, die den Kreuzzüglern gehört, so werden sie alle Banken, die den Kreuzzüglern gehören, in allen Ländern schützen müssen. Und so bluten sie wirtschaftlich weiter aus. Und wenn wir eine Ölanlage in der Nähe des Golfs von Aden angreifen, dann müssen die Sicherheitsmaßnahmen für alle Ölunternehmen, für alle Tanker und alle Pipelines erhöht werden. Und so bluten sie weiter aus. (…) Wenn wir eine bestimmte Art von Zielen wiederholt angreifen, wird dies ihnen zudem klarmachen, dass sie hier auch künftig verletzlich sind.«[25]

Naji beschreibt damit einen Teil jener Anschläge, die al-Kaida zu Beginn des vergangenen Jahrzehnts rund um die Welt verübt hat: Auf der indonesischen Ferieninsel Bali sprengten die islamistischen Terroristen am 12. Oktober 2002 zwei Diskotheken in die Luft und töteten 202 Menschen, darunter vor allem Touristen. Im Irak und in Afghanistan zündeten die Mitglieder von al-Kaida regelmäßig Bomben in den Hotels westlicher Ketten wie Hilton oder Marriott und töteten dabei Dutzende von Menschen. In der türkischen Millionenstadt Istanbul zündeten sie am 20. November 2003 vor der Niederlassung der britischen Bank HSBC eine Bombe und töteten 27 Menschen. Und im Irak, in Saudi-Arabien oder dem Jemen zerstörten sie immer wieder Pipelines und Förderanlagen, attackierten Öltanker im Persischen Golf oder die Wohnanlagen westlicher Ölfirmen.

Überhaupt das Öl. An mehreren anderen Stellen betont Naji, wie wichtig es sei, die Ölindustrie in den arabischen Staaten zu attackieren: Wenn nämlich die Versorgung mit Öl stocke, so das Kalkül, werde dies den Niedergang des Westens beschleunigen. Die Mudschaheddin müssten deshalb »für den Feind wichtige wirtschaftliche Ziele zunehmend unter Beschuss nehmen« und dies müsse durch Angriffe auf die Ölindustrie »gekrönt« werden, schreibt Naji. Denn das Öl sei »eine Lebensader des Westens. So betrachten die USA seit seiner Entdeckung das Erdöl als wichtiges Gut, von strategischer Bedeutung für den Krieg, notwendig für den Frieden und nützlich für die internationale Dominanz.«[26]

In eine ähnliche Richtung zielt Naji mit dem folgenden Absatz, der zeigt, dass al-Kaida nicht bloß Amerika und seine Verbündeten ins Wanken bringen will – sondern auch jene arabischen Regime, die den Westen mit Öl versorgen:

> »Wir haben schon erwähnt, dass alle Ziele, die von der Scharia als legitim erachtet werden, angegriffen werden sollen. Jedoch müssen wir vermehrt wirtschaftliche Ziele und insbesondere die Ölindustrie im Fokus haben … Was Angriffe auf wirtschaftliche Ziele betrifft, von denen der Feind profitiert, insbesondere Erdöl, so sind sie das Zentrum ihres Interesses oder wenigstens der Motor ihrer Motivation. Sie haben die Meere nur für das Öl überquert. Die Bestimmung des Erdöls als Ziel unserer Aktionen wird den Feind dazu bewegen, Druck auf geschwächte Regime auszuüben, wirtschaftliche und nicht wirtschaftliche Ziele mehr zu schützen. Es müssen mehr Truppen abgestellt werden, die Erdölindustrie zu schützen, sodass ihre Truppen nicht mehr ausreichen.«[27]

Irgendwann, argumentiert Naji, wird der stetig steigende Einsatz von Sicherheitskräften und Soldaten die Regime in der arabischen Welt so sehr schwächen, dass sie dem Terror nicht mehr standhalten können. Sie werden zusammenbrechen, weil ihnen das Geld ausgeht. Und auch ihre Beschützer aus dem Westen, allen voran die Vereinigten Staaten, werden ihnen nicht mehr helfen können, weil ihre Wirtschaft ebenfalls geschwächt ist. Dann, so glaubt der al-Kaida-Theoretiker, werden die Massen die feudalen Machthaber stürzen und das unterdrückte Volk eine Revolution lostreten – keine demokratische Revolution, wie sie die Demonstranten in Tunis oder Kairo im Jahr 2011 angestoßen haben, sondern eine islamische Revolution, wie sie vor mehr als drei Jahrzehnten im Iran zu beobachten war.

Najis Buch zeigt eindrucksvoll: Wenn man hinter die religiöse Rhetorik blickt und sich auf den Kern dessen konzentriert, was die Strategie von al-Kaida ausmacht, dann ist die Botschaft eindeutig: *It's the economy, stupid.* Durch Attacken auf die Wirtschaft will al-Kaida den Westen in die Knie zwingen und so seinem Ziel vom islamischen Gottesstaat näher kommen – ein Ziel allerdings, das die Wohlstands-krieger nicht binnen weniger Jahre verwirklichen wollen, sondern sie haben dafür zwei Jahrzehnte veranschlagt: Der Terror soll vom Jahr 2001 bis zum Jahr 2020 reichen.

Entworfen haben diesen Plan die führenden Köpfe von al-Kaida, allen voran jener Mann, der im Frühjahr 2011 auf bin Laden an der Spitze von al-Kaida folgte und das Terrornetz für einige Wochen führte: die bisherige Nummer drei, Saif al-Adel. »Wir reden über einen langen Krieg, nicht über eine schnelle Schlacht«, hat al-Adel im Früh-jahr 2010 geschrieben. »Der Krieg, den al-Kaida und die Umma gegen den Westen führen, ist ein langer Krieg, der zwanzig Jahre dauern wird.« Und er hat hinzugefügt: »Ein Krieg, in dem auf der einen Seite eine Koalition kämpft, die die Welt beherrscht, und auf der andere Seite eine ehrgeizige Organisation, deren Ziel es ist, die Umma zu in-spirieren und wiederzubeleben, kann nicht bloß ein oder zwei Jahre dauern.«[28]

Publik gemacht hat al-Adel diesen langfristigen Plan bereits vor mehr als sechs Jahren: Unter dem Titel »Al-Kaidas Strategie bis zum Jahr 2020« wurde er am 11. März 2005 in Auszügen in der Zeitung *al-Quds al-Arabi* veröffentlicht, zuvor kursierte das Dokument bereits im Internet.[29] Auch der jordanische Journalist Fouad Hussein berichtete damals in einem Buch über diesen Zwanzig-Jahre-Plan und berief sich dabei unter anderem auf die Korrespondenz, die er mit Saif al-Adel geführt hat.[30] Doch von westlichen Medien und Politikern wird dieser Plan bis heute weitestgehend ignoriert[31]. Auch jetzt, nachdem al-Adel bei al-Kaida noch einflussreicher und mächtiger geworden ist, scheint niemand im Blick zu haben, welcher langfristigen Strategie die gefähr-lichste Terrororganisation der Welt folgt.

Die erste Stufe in diesem teuflischen Plan, wie ihn al-Adel im Jahr 2005 beschrieben hat,[32] begann mit den Anschlägen des 11. September 2001, die Amerika provozieren und zu Kriegen in der islamischen Welt verleiten sollten; dies wiederum sollte die Muslime zum Widerstand treiben. Diese Phase des »Aufwachens« währte bis zum Jahr 2003, als die Amerikaner in den Irak einmarschieren. Die zweite Stufe, die bis zum Jahr 2006 dauern sollte, ist überschrieben mit »Augenöffnen«: In dieser Zeit sollten die Muslime sich der Aggression durch die »Kreuzzügler« bewusst werden. Al-Kaida will die Kriege, die die Amerikaner im Irak und in Afghanistan angezettelt haben, dazu nutzen, immer mehr Muslime zu radikalisieren und für den Dschihad zu begeistern; auch das Internet soll dazu genutzt werden. Die dritte Phase, überschrieben mit »Erheben und aufrichten«, soll den Terror in den Jahren 2007 bis 2010 in weitere Länder der arabischen Welt tragen, nach Israel oder Syrien. In der vierten Phase, von 2011 bis 2013, sollen die autokratischen Regime in der arabischen Welt gekippt werden – allerdings nicht durch eine demokratische Revolution, wie sie jetzt zu beobachten ist, sondern durch Terror und Gewalt. Zugleich sind weitere Attacken gegen die Ölindustrie geplant, um Amerikas Wirtschaft zu schwächen. Bis zum Jahr 2013 soll al-Kaida zudem die Fähigkeit entwickeln, die Wirtschaft des Westens auch durch Cyber-Attacken zu treffen. Zudem sei es das Ziel, den Dollar zu schwächen und damit den Niedergang Amerikas zu beschleunigen.

Wenn Amerika und seine Wirtschaft erst einmal hinreichend geschwächt sind, dann – so glauben die al-Kaida-Strategen – werden sich die Vereinigten Staaten als Schutzmacht aus der arabischen Welt zurückziehen. Und wenn anschließend auch noch die meisten arabischen Despoten gestürzt sind, dann werde der Weg frei sein, um bis zum Jahr 2016 ein Kalifat, einen islamischen Gottesstaat, zu errichten. Zudem würden zu Beginn des zweiten Jahrzehnts im neuen Jahrtausend Wirtschaftsmächte wie China an Gewicht gewinnen und dadurch den Niedergang Amerikas weiter beschleunigen; auch Europa werde, so prophezeien die al-Kaida-Strategen, in dieser Zeit in eine Krise geraten und auseinander driften. Hierauf soll, so sieht es der Zwanzig-Jahre-Plan vor, die sechste Phase folgen: die »totale Konfrontation« mit dem Westen, der finale Krieg zwischen »Gläubigen« und »Ungläubigen«, an dessen Ende im Jahr 2020 der »endgültige Sieg« stehen soll.

Man kann diesen Plan als wirre Utopie bezeichnen, als ein Dokument des Größenwahns, als Schriftstück einer Gruppe von Verrückten. Man kann auch einwenden, dass al-Kaida dieses Papier erst vier Jahre nach den Anschlägen vom 11. September öffentlich gemacht hat – und dass daher der Verdacht naheliegt, dass die Propagandisten des Terrornetzwerks einige Entwicklungen aus den Jahren 2001 bis 2005 einfach umgedeutet haben, damit sie in ihren Plan passen.

Doch dies ändert nichts daran, dass man diesen Zwanzig-Jahre-Plan als das nehmen sollte, was er ist: als Leitlinie für den Terror; als Richtschnur für das Handeln der Terrororganisation bis zum Jahr 2020. Diesen Plan wird al-Kaida sicher nicht exakt Schritt für Schritt umsetzen können, doch er gibt den Terroristen eine Orientierung. Und er ist in seinen Prognosen beängstigend nah an der Realität. Bedenken sollte man noch etwas: Grenzenloser Größenwahn und ungezügelte Propaganda sind, wie die Geschichte des 20. Jahrhunderts auf fürchterliche Weise gezeigt hat, Teil jeder totalitären Ideologie – und sie machen diese totalitären Ideologien umso gefährlicher, auch die Ideologie von al-Kaida.

Die Mitglieder des Terrornetzwerks haben diese langfristige Strategie verstanden. Sie wissen, dass sie den Westen nicht mit wenigen großen Schlägen in die Knie zwingen werden. Es bedarf dazu vieler Attacken, zahlreicher Fronten, eines langen Zermürbungskriegs. Und so tragen sie entsprechend diesen strategischen Vorgaben den Terror gegen unseren Wohlstand in die Welt hinaus. Tanvir Hussain, einer der Verschwörer von London, formuliert dies in seinem Märtyrervideo so: »Es heißt ständig, wir würden unschuldige Menschen töten, aber unser Ziel sind nicht unschuldige Menschen, sondern wir zielen auf wirtschaftliche und militärische Ziele. Das sind die Schlachtfelder von heute.«[33]

Der Cyber-Dschihad

Die Wirtschaft also ist das Schlachtfeld von heute. Und die Schlacht wird nicht nur in der realen Welt geführt, sondern auch in der virtuellen Welt des Internets. Al-Kaida und seinen Sympathisanten auf allen Kontinenten betreiben zahllose Seiten, auf denen sie ihren Krieg gegen den Westen mit der entsprechenden Propaganda unterfüttern. Diese Online-Welt des Dschihad bietet tiefe Einblicke in die Szene der radikalen Islamisten. Denn auch wenn die Mitglieder von al-Kaida sich perfekt darauf verstehen, im Verborgenen zu agieren, so nutzen sie und ihre Anhänger doch zugleich die offene Welt des Internets für die Kommunikation untereinander, aber auch für die Propaganda, mit der sie die »Ungläubigen« einzuschüchtern versuchen. Die Internetseiten und Chatrooms dienen einerseits dazu, neue Mitstreiter für den Dschihad anzuwerben, andererseits aber auch dazu, die Hassreden und Drohungen gegen die »Kreuzzügler« rund um den Globus zu verbreiten: nicht nur auf Arabisch, sondern auch auf Englisch, Französisch, Spanisch oder Deutsch.

Der Cyber-Dschihad hat mithin das Ziel, jene Medienstrategie umzusetzen, die Naji in *Die Verwaltung der Barbarei* ebenfalls einfordert. Diese Medienstrategie müsse geeignet sein, »die Menschen zum Dschihad zu motivieren«, schreibt er. Sie solle zudem »die Kampfmoral gegnerischer Truppen« zerstören«. Oder wie es heißt:

> »Die Medienstrategie muss stets in der Lage sein, unsere Aktionen rational und religiös zu legitimieren. Die Völker müssen unsere Handlungen nachvollziehen, denn es sind die Völker, die unseren Rücken decken und uns logistisch unterstützen werden. Unsere Strategie muss offen sein und Fehler anerkennen, was dazu führt, dass sie die Propaganda des Feindes entlarvt und unsere Ehrlichkeit bei den Völkern unterstreicht.«[34]

Wenn Naji von einer Medienstrategie spricht, ist dies kein hohles Gerede. Tatsächlich hat al-Kaida ein hohes Maß an Professionalität entwickelt, um seine Propaganda im Internet zu verbreiten. Die Seiten, auf denen für den Dschihad geworben wird, sind perfekt gemacht, um junge muslimische Männer aufzuputschen und zu radikalisieren. Wer wissen will, was auf einen als Mudschahid zukommt, wer Videos von Anschlägen sehen will oder erfahren will, wer sich nach einem Selbstmordattentat um die eigene Familie kümmert, findet dies im Netz. Der künftige Mudschahid erhält zudem Anleitungen, wie er Bomben baut, Anschläge verübt und vom Feind unentdeckt bleibt. Und natürlich findet er dort auch geistiges Futter: die Reden und Texte von bin Laden, die Video- und Audiobotschaften von al-Zawahiri, al-Awlaki, al-Libi oder anderen al-Kaida-Kadern, die die ideologischen Anleitungen für den Terror formulieren.

Zur Medienstrategie von al-Kaida gehört es auch, dass bei praktisch jedem Anschlag ein Kameramann mit dabei ist, der den Attentäter in den letzten Minuten seines Lebens filmt; der die Detonation festhält, die Zerstörungen und die verstümmelten Opfer. Die Videos werden anschließend ins Netz gestellt, um neue todesmutige Männer zu gewinnen. In Webforen und auf File-Sharing-Seiten finden sich aber auch Filme, die die Brutalität westlicher Soldaten im Irak oder in Afghanistan dokumentieren sollen. So werden im Frühjahr 2011 schnell auch jene Fotos und Videos verbreitet, die das »Kill Team« zeigen, einen Trupp junger US-Soldaten, der anscheinend nach Lust und Laune afghanische Zivilisten niedermetzelt, ihnen Gliedmaßen abschneidet und diese triumphierend in die Kamera hält.

Videos dieser Art haben auch Arid U. radikalisiert, den 21-jährigen Islamisten, der im März 2011 auf dem Frankfurter Flughafen zwei US-Soldaten erschossen hat. Der junge Mann aus dem Kosovo trieb sich ausgiebig im Netz herum. Er war fasziniert vom digitalen Dschihad und meldete sich unter dem Kampfnamen »Abu Reyyan« im sozialen Netzwerk Facebook an. Er verkehrte dort mit rund 140 Islamisten, von denen etliche der Polizei bekannt sind. Er veröffentlichte hasserfüllte Botschaften und sah sich am Abend vor der Tat ein Video an, das angeblich US-Soldaten bei der Vergewaltigung eines Mädchens zeigt. Derartige Filme finden sich zuhauf im Netz. Ob echt oder gefälscht – sie erfüllen ihren Zweck: »Solche Videos sind von ganz entscheidender Bedeutung«, sagt Asiem el Difraoui, der sich bei der Berliner Stiftung Wissenschaft und Politik um den Cyber-Dschihad kümmert.[35] »Diese Videos sind emotional unglaublich aufgeladen, die Menschen können sich sehr einfach damit solidarisieren. Von ihrer gefühlsmäßigen Wucht her wirken Bilder von einem Massaker viel stärker und unmittelbarer als ein durchgeschriebener Text.«[36]

Immer häufiger diskutieren die Besucher dieser Websites auch, wie man der Wirtschaft des Westens Schaden zufügen kann. Sie reden darüber, wie sie fremde Konzerne attackieren, einen Boykott ausländischer Produkte organisieren und jene Schätze zurückerobern können, die westlichen Unternehmen in der arabischen Welt in die Hände gefallen seien. Und sie drohen diesen Wirtschaftskrieg auch dem Westen an, manchmal ganz subtil, manchmal sehr direkt. Als al-Kaida am 11. März 2007, exakt drei Jahre nach den Anschlägen auf Vorortzüge in Madrid, ein deutschsprachiges Video veröffentlicht, tauchen im Hintergrund auch die Logos der Autohersteller BMW, Mercedes und Volkswagen auf. Damit wollen die Macher der Videos den Deutschen demonstrieren: Euer Wohlstand ist in Gefahr. Demonstrativ verweist das Video dabei auch auf die Anschläge in Spanien »Seht her«, wollen die Terroristen damit sagen, »so etwas kann euch auch widerfahren!«

Ähnliche Drohungen stoßen die Macher des Videos auch gegen Österreich aus. Die Alpenrepublik sei, verkündet der Sprecher, »noch immer eines der sichersten Länder der ganzen Welt. Sein Volk kennt keine richtige Bedrohung, seine Wirtschaft ist rosig, denn es verlässt sich hauptsächlich auf den Winter- und Sommertourismus, der Österreich jährlich viel Geld bringt. Doch sobald es eine Sicherheitsbedrohung gibt und Österreich sich auf der Liste der Länder befindet, die von den Mudschaheddin bedroht werden, wird sich diese Lage ändern.«[37]

Im Netz finden sich viele Beispiele für den Wirtschaftskrieg, wie eine Studie der israelischen Universität Haifa zeigt. Der Hochschullehrer Gabriel Weimann und seine Mitarbeiter haben Tausende von Internetseiten, Chatrooms, Foren und sozialen Netzwerken ausgewertet. Sie haben eine Bestandsaufnahme der digitalen Welt des Dschihad vorgenommen. In dieser Welt dominiert der Hass gegen den Westen, der Groll über die Dekadenz der Industrieländer. Aber es ist auch erkennbar, wie sehr die Wirtschaft in den Fokus der Dschihadisten gerückt ist. Die Dschihadisten, sagt Weimann, seien überzeugt, dass sie den Westen über die Wirtschaft zu Fall bringen könnten. Er spricht deshalb vom *economic jihad*, vom wirtschaftlichen Dschihad, vom Heiligen Wirtschaftskrieg.[38]

Nur ein Beispiel: Im Oktober 2005 veröffentlicht der saudische al-Kaida-Terrorist Abu Musab al-Najdi im Internetforum Minbar Suriya al-Islami einen Beitrag, der den Titel trägt: »Al-Kaidas Krieg ist ein Wirtschaftskrieg, kein militärischer Krieg«.[39] In geradezu erschreckender Deutlichkeit schreibt al-Najdi:

> »Die islamische Nation hat durch al-Kaidas Krieg mit Amerika eine neue Ära erreicht, die sich von jeder anderen Ära unterscheidet, die die Muslime in der Auseinandersetzung mit ihren Feinden erlebt haben. Diese Ära basiert auf einem Wirtschaftskrieg, und zwar aufgrund der besonderen Natur des Gegners in dieser brutalen Schlacht. Normalerweise gründen Kriege auf militärischer Stärke, und der Sieg gehört demjenigen, der auf dem Schlachtfeld militärisch überlegen ist. Aber unser Krieg mit Amerika ist fundamental anders, denn unser oberstes Ziel ist es, den Feind wirtschaftlich zu besiegen.«[40]

Ein anderes Beispiel: Im Oktober 2006 veröffentlicht Scheich Abd-al-Aziz bin Rashid al-Anzi, ein Geistlicher, der al-Kaida nahesteht, in einem Internetforum namens Tajdeed einen Beitrag, mit dem das Terrornetzwerk seine Anschläge auf Öleinrichtungen in Saudi-Arabien religiös zu begründen versucht. Unter der Überschrift »Die religiösen Regeln für Anschläge auf Ölanlagen« erklärt der Scheich, dass es gerechtfertigt sei, Pipelines zu zerstören, Raffinerien und Schiffe in die Luft zu sprengen und Mitarbeiter von westlichen Ölunternehmen zu ermorden. Er schreibt: »Angriffe auf die Ölindustrie sind ein erlaubter Teil des wirtschaftlichen Dschihads. Denn der wirtschaftliche Dschihad ist in der heutigen Zeit die beste Möglichkeit, um den Ungläubigen Schaden zuzufügen.«[41]

Was al-Kaida von der RAF unterscheidet

In diesem Wirtschaftskrieg gehen die islamistischen Terroristen brutaler vor als die Terroristen des 20. Jahrhunderts. Die Wohlstandskrieger setzen sich an den Steuerknüppel eines Passagierflugzeugs und steuern dieses in ein Hochhaus, sie rasen mit einem Gastankwagen in ein Gebäude, sie zünden Sprengstoffgürtel, die sie sich um ihren Oberkörper geschlungen haben. Die Selbstmordattentäter sind effektiver als jede Rakete, als jede ferngesteuerte Bombe: Sie können das Ziel genau ansteuern und bis zum letzten Augenblick entscheiden, wie sie den Angriff durchführen. Selbstmordattentäter töten weit mehr Menschen als klassische Terroristen. Die Splitter ihrer Explosionen treffen aus nur wenigen Metern Entfernung. Vor allem aber: Wenn jemand sich selbst tötet, um andere zu töten, hat dies eine ungeheure psychologische Wirkung. Die Angreifer sind nicht nur bereit, den allerhöchsten Preis zu zahlen, den eigenen Tod, sondern sie setzen den Tod gezielt als mörderische Waffe ein. Sie rufen ihren Feinden entgegen: »Wir lieben den Tod, so wie ihr das Leben liebt.«

Durch ihre mörderischen Attacken wollen die Terroristen die Wirtschaft in eine Schockstarre versetzen. Und deshalb greifen sie unsere globale Ökonomie in ihrem empfindlichsten Bereich an: bei der Mobilität von Waren, Kapital und Menschen. Denn die Wohlstandskrieger wissen, dass sie die größtmögliche Wirkung erzielen, wenn sie die Blutadern der Weltwirtschaft treffen. Sie wissen: Wenn sie den wirtschaftlichen Motor der Industrieländer stoppen, werden sie sehr viel erfolgreicher sein als die Terroristen der Rote Armee Fraktion oder der Roten Brigaden. Letztlich verfolgen die Terroristen des 21. Jahrhunderts also einen völlig anderen Ansatz als die Terroristen des 20. Jahrhunderts. Ihre Ziele sind weitreichender, ihre Anschläge globaler, ihre Methoden brutaler, ihre Öffentlichkeitswirkung gewaltiger.

Die Terroristen von einst richteten sich mit der Botschaft, die von ihren Attentaten ausging, an den Staat; die Terroristen von heute richten sich damit an uns alle. Das Perfide dabei ist: Sie attackieren die Globalisierung – und sie bedienen sich zugleich der Globalisierung. Sie nutzen jene Produkte, die es ohne die weltweite Arbeitsteilung nicht gäbe: moderne Handys, schnelle Datenleitungen und handliche Laptops. Sie veröffentlichen ihre Nachrichten über jene Medienkanäle, die aus der Welt ein globales Dorf machen: das Internet und Nachrichtensender wie BBC, CNN oder al-Dschasira. Sie setzen, um die Wirkung ihrer Anschläge zu potenzieren, auf die sensibelsten Übertragungswege der Weltwirtschaft: die Finanzmärkte und das Öl.

Die Attentäter des 20. Jahrhunderts dagegen verfolgten vor allem politische Ziele. Die Mitglieder der Rote Armee Fraktion träumten davon, die Macht der Imperialisten zu brechen und den Einfluss der Arbeiterklasse zu stärken, sie strebten eine linke Revolution an. Ihre Ideologie und Strategie bezogen sie aus den Schriften von Mao und von Guerillas aus der Dritten Welt, ihre Unterstützer waren aus dem Zerfall der 68er-Bewegung hervorgegangen. Ihre Anschläge hatten nicht das Ziel, die gesamte Bevölkerung zu verschrecken, sondern die RAF-Terroristen wollten vor allem die Spitze des Staates ängstigen. In den siebziger Jahren, als die Aktionen der RAF ihren Höhepunkt erreichten, konnte man deshalb relativ unbeschwert in einen Regionalzug oder in die U-Bahn einsteigen, denn der linke Terror zielte nicht gegen das Volk, sondern im Gegenteil: Die RAF wollte dem Volk, dem Proletariat, mit Waffengewalt zum Sieg verhelfen. »Im gegenwärtigen Stadium der Geschichte«, schrieb Ulrike Meinhof 1972, »kann niemand mehr bestreiten, dass eine bewaffnete Gruppe, so klein sie auch sein mag, bessere Aussichten hat, sich in eine große Volksarmee zu verwandeln, als eine Gruppe, die sich darauf beschränkt, revolutionäre Lehrsätze zu verkünden.«[42] Meinhof, Andreas Baader und den anderen ging es nicht darum, die Wirtschaft ins Wanken zu bringen, sondern sie wollten durch gezielte Schüsse den Staat zerstören; sie wollten eine linke Revolution in Gang bringen.

Der Staat und die Wirtschaft, oder genauer: das Kapital, waren für die Rote Armee Fraktion dabei eins. Politiker und Unternehmer, »Bullen« und Staatsanwälte – sie alle waren »Schweine«. Sie zählten zu einem imperialistischen Herrschaftssystem, das es zu beseitigen galt. Schon der erste Anschlag, verübt am 2. April 1968, zielte in Richtung des Kapitals. An jenem Tag steckten Andreas Baader, Gudrun Ensslin, Thorwald Proll und Horst Söhnlein in Frankfurt zwei Kaufhäuser in Brand, um gegen den Krieg in Vietnam zu protestieren. Aber es war in gewisser Hinsicht auch ein Anschlag auf die Wirtschaft. Auf 673 204 D-Mark belief sich der Schaden, zwei Tage später wurden die vier gefasst und zu je drei Jahren Zuchthaus verurteilt.

Auch in den folgenden gut zweieinhalb Jahrzehnten, in denen die RAF existierte, bombten ihre Mitglieder immer wieder gegen Repräsentanzen oder Repräsentanten des Kapitals, die stellvertretend für die Macht des

Staats standen: Mitglieder der RAF sprengten 1972 den Terrace Club in die Luft, untergebracht im ehemaligen Haus der I. G. Farben, einem der wichtigsten Rüstungskonzerne des Dritten Reichs. Mitglieder der RAF ermordeten in den siebziger Jahren den Vorstandssprecher der Dresdner Bank, Jürgen Ponto, und den Arbeitgeberpräsidenten Hanns Martin Schleyer. In den achtziger Jahren tötete die RAF den Chef des Rüstungskonzerns MTU, Ernst Zimmermann, den Siemens-Manager Karl Heinz Beckurts, den Chef der Deutschen Bank, Alfred Herrhausen, und im Jahr 1991 schließlich den Präsidenten der Treuhandanstalt, Detlev Karsten Rohwedder. Dies waren gezielte Morde; es ging darum, genau diese Menschen zu töten – nicht darum, die Wirtschaft zu destabilisieren.

Ähnliche Ziele wie die Rote Armee Fraktion verfolgten die Roten Brigaden in Italien. Auch die Brigate Rosse, wie sie auf Italienisch heißen, entstammten der Studentenbewegung von 1968. Auch ihnen ging es um die »Verteidigung der Arbeiter«, um den »Klassenkampf«.[43] Dieser Klassenkampf traf anfangs Unternehmen, die ihre Fabrikarbeiter angeblich brutal unterdrückten. Später überfielen die Roten Brigaden das Büro der rechten Unternehmervereinigung UCID und entführten mehrere Wirtschaftsführer, darunter einen italienischen Siemens-Manager und den Personalchef des Autokonzerns Fiat. Doch schon bald erklärten die Brigate Rosse, was ihr eigentliches Ziel sei: »Portare l'attacco al cuore dello stato!« – Lasst uns das Herz des Staats angreifen! Und genau das taten sie anschließend: Sie erschossen Richter, Anwälte und Staatsanwälte; sie entführten und töteten im Frühjahr 1978 den ehemaligen Ministerpräsidenten Aldo Moro. Sie verübten zwischen 1970 und 1988 insgesamt 73 Mordanschläge. Das Herz des Staates: Darum ging es der RAF und den Roten Brigaden. Mit den Entführungen von Politikern, Staatsdienern und Managern haben sie genau dieses Herz getroffen. Und es für einige Zeit auch zerrissen. Aber unserem Wohlstand haben sie kaum Schaden zugefügt.

Ein wenig anders gelagert war der Fall bei den anderen Terrororganisationen, die Europa ab Anfang der siebziger Jahre in Atem hielten: der Euskadi Ta Askatasuna (ETA) und der Irish Republican Army (IRA). Während die Rote Armee Fraktion und die Roten Brigaden sich als sozialrevolutionäre Bewegungen verstanden, verfolgten die ETA und die IRA vor allem separatistische Ziele. Die IRA wollte mit ihren Anschlägen Nordirland von Großbritannien lösen und es mit der Republik Irland vereinen; die ETA wollte das Baskenland nach dem Tode Francos und dem Ende der Diktatur von Spanien abspalten. IRA und ETA bombten deshalb immer wieder gegen Soldaten, Polizisten, Richter oder öffentliche Gebäude. Sie besaßen beide einen politischen Arm, eine Partei, die ihnen sehr nahe stand: die irische Sinn Fein und die baskische Herri Batasuna.

Nur ganz selten trafen die Separatisten mit ihren Bomben auch die Wirtschaft: So platzierte die ETA im Jahr 1987 einen Sprengsatz in einem Supermarkt in Barcelona und tötete 21 Menschen. Die IRA zündete Bomben im Londoner Luxuskaufhaus Harrods, vor der Bank of England und traf einmal – wenn auch unbeabsichtigt – das Herz der Wirtschaft: Bei einem nächtlichen Bombenattentat im Londoner Finanzdistrikt beschädigte sie nicht nur einige Gebäude, sondern tötete auch drei Banker. Man habe nicht gewusst, dass in der City zu dieser Zeit noch gearbeitet wurde, entschuldigte sich die Untergrundorganisation. Doch auch diese Anschläge waren nicht wirtschaftlich motiviert, sondern dienten allein politischen Zielen.

Dschihad ohne Grenzen

Gekennzeichnet war der Terror in Europa aber nicht bloß durch seine politischen Ziele. Anders als der transnationale Terror von al-Kaida schlugen die Terroristen des 20. Jahrhunderts – von wenigen Ausnahmen abgesehen – in Europa nur auf dem Boden jener Staaten zu, in denen sie zu Hause waren. Der Anschlag auf die Olympischen Spiele 1972 in München, als palästinensische Terroristen in das Quartier der israelischen Mannschaft eindrangen und mehrere Mitglieder des Teams töteten, war eine dieser Ausnahmen, ebenso die Entführung der Lufthansa-Maschine »Landshut« durch ein palästinensisches Terrorkommando in die somalische Hauptstadt Mogadischu.

In einer Welt, in der die Nationalstaaten dominierten und noch niemand von der Globalisierung redete, entsprach der nationale Terrorismus den herrschenden Verhältnissen, wie sie die Terroristen vorfanden: Wie hätten die RAF oder die Roten Brigaden die internationale Wirtschaft empfindlich treffen können, wenn es diese global vernetzte Wirtschaft mit all ihren Wechselwirkungen noch gar nicht gab? Wie hätten sie Angst und Schrecken in Echtzeit verbreiten können, wenn es das globale Dorf mit seinen digitalen Nachrichtenkanälen noch gar nicht gab? Insofern war der Nationalstaat der natürliche Adressat der Terroristen: Wenn linke Revolutionäre oder Separatisten mit Gewalt etwas verändern wollten, ging dies nur, indem sie das Machtmonopol dieses Nationalstaats attackierten.

Doch in den vergangenen vier Jahrzehnten ist die Macht der Nationalstaaten zerbröselt. An ihre Stelle ist eine sehr viel stärkere Macht getreten: der globale, entfesselte Markt. Seine Geburtsstunde schlägt 1971, als das Währungssystem von Bretton Woods zusammenbricht, jenes Bündnis aus festen Wechselkursen, das die Weltwirtschaft seit dem Zweiten Weltkrieg zusammengehalten hat. Es ist zusammengekracht, weil die Amerikaner in den Jahren zuvor immer mehr Geld gedruckt und die Welt mit US-Dollars überflutet haben, um den teuren Krieg in Vietnam zu finanzieren. Und so beginnt anschließend jener Prozess, den man heute Globalisierung nennt. Die Finanzmärkte werden von fast allen Auflagen, die sie einengen, befreit. Die Politiker lassen den Bankern freie Hand bei den Finanzprodukten, die sie entwickeln dürfen, sie erlauben ihnen eine zügellose Spekulation. Die Industrienationen öffnen ihre Volkswirtschaften für den Warenverkehr. Handelsschranken fallen, Regulierungen verschwinden. Sehr vieles, was die Wirtschaft hemmt, wird beseitigt.

Großbritannien und die Vereinigten Staaten marschieren in den siebziger und achtziger Jahren vorneweg, Japaner und Europäer folgen, die Schwellenländer reihen sich um die Jahrtausendwende ebenfalls in diesen Geleitzug ein, der nur ein Ziel kennt: Weg mit den nationalen Grenzen, weg mit den Schutzzäunen für Waren und Kapital. Die Welt erlebt eine Welle der Deregulierung und Privatisierung, und nirgends sind die Veränderungen derart gewaltig wie an den Finanzmärkten.

Die großen Banken und Investmenthäuser, die sich bis in die sechziger Jahre hinein als Diener der Industrie verstanden, schwingen sich zu Herrschern der Wirtschaft auf. Sie entwickeln aberwitzige Finanzprodukte, die kaum jemand versteht. Sie arrangieren gewaltige Fusionen und riesige Börsengänge. Aus nationalen Kreditinstituten, die strengen Regeln unterlagen, entwickeln sich »Global Players«, deren Händler mit Milliarden spekulieren. Neben den Banken entsteht ein eigenes Reich aus kaum regulierten Fonds und Zweckgesellschaften, die meist in Steueroasen angesiedelt sind – ein Schattenbankensystem, in dem gewaltige Risiken verschwinden, ehe sie in den Jahren 2007 und 2008 wieder auftauchen und das Finanzsystem zum Einsturz bringen.

Die Politik überlässt es den Unternehmen und Banken, die Regeln zu bestimmen: die Regeln der Wirtschaft, aber auch die Regeln unserer Gesellschaft. Parlamente und Regierungen vermögen die Globalisierung, die sie mit ihrem Rückzug geschaffen haben, kaum noch zu kontrollieren. Am Ende ist der Einfluss der Nationalstaaten geringer denn je, der globale Markt mächtiger denn je.

In der gleichen Weise aber, wie sich das Verhältnis von Politik und Wirtschaft verschoben hat, haben sich die Ziele der Terroristen verändert. Wenn Terroristen im 21. Jahrhunderts etwas bewirken wollen, bringt es wenig, den Staat und seine Repräsentanten anzugreifen. Denn der Staat bestimmt die Regeln, die über Aufstieg und Fall, Wohlstand und Armut entscheiden, nur noch bedingt; er ist ein Getriebener der Globalisierung. Wenn also Terroristen nicht bloß einige Nadelstiche setzen, sondern unserer Gesellschaft empfindliche Wunden zufügen wollen, ist es geradezu zwangsläufig, dass sie mit ihren Attentaten auf die Wirtschaft zielen.

Armut als Quelle

Die Wohlstandskrieger folgen dabei, ähnlich wie die europäischen Terroristen des 20. Jahrhunderts, einer ganz eigenen Sozialromantik. Sie empfinden es als zutiefst ungerecht, dass die Gewinne aus der Globalisierung so ungleich verteilt sind: Hier der wohlhabende Westen, der anscheinend im Überfluss lebt; dort die verarmten Länder der Dritten Welt, die nie den Anschluss finden werden. Hier der Westen, der so dringend Rohstoffe benötigt; dort die Länder der islamischen Welt, deren Ressourcen ausgebeutet werden. Hier die Klasse der Reichen und Superreichen, die sich nicht nur im Westen breitgemacht hat, sondern auch in vielen arabischen Ländern; dort die Armen, denen es an allem fehlt: an Geld, Bildung, Arbeit und oft auch an Essen.

Deshalb findet der islamistische Terrorismus nicht zuletzt in jenen Ländern der islamischen Welt einen Nährboden, in denen die Armut grassiert: in Afghanistan und Pakistan, in Somalia, Bangladesch oder dem Jemen. Dort ist der Hass auf den dekadenten Westen besonders groß, dort empfinden besonders viele Menschen die wirtschaftliche und politische Macht der Amerikaner und Europäer als ungerecht. Diese Macht wollen die Mudschaheddin brechen.

Aus dem Jemen etwa stammten jene Bombenpakete, die im Spätherbst 2010 mit einem Frachtflugzeug und einer Passagiermaschine in die USA transportiert werden sollten, um sie beim Landeanflug auf Chicago in die Luft zu sprengen. Im Jemen wurde auch jener Nigerianer ausgebildet, der am ersten Weihnachtsfeiertag 2009 ein amerikanisches Verkehrsflugzeug mit fast 300 Menschen an Bord mit Sprengstoff in seiner Unterhose in die Luft jagen wollte. Im Jemen wurden im gleichen Jahr vier südkoreanische Touristen bei einem Selbstmordattentat von al-Kaida umgebracht. Die Spur von al-Kaida im Jemen reicht aber noch weiter zurück, die Anfänge liegen im Jahr 2000, als ein Terrorkommando im Hafen von Aden einen Anschlag auf das amerikanische Kriegsschiff USS Cole verübte.

Der Jemen gilt derzeit als die wichtigste Brutstätte des Terrorismus, ja sogar als neue Zentrale von al-Kaida. Das Land mit seinen 23 Millionen Einwohner verfügt wie einst Afghanistan über keine funktionierende Zentralregierung, keine funktionierenden Schulen oder Sozialsysteme; weite Teile des Landes werden von Rebellen, Clans oder den Terroristen von al-Kaida beherrscht. Die Staatskassen sind leer, und wenn überhaupt, werden sie mit Einnahmen aus der Entwicklungshilfe und dem Ölgeschäft gefüllt, das aber immer weniger abwirft, weil die Vorkommen fast erschöpft sind. Vor allem dank seiner Landwirtschaft war der Jemen mal ein reiches Land, die Römer nannten es *arabia felix*, glückliches Arabien. Heute zählt der Jemen zu jener Kategorie von bedauernswerten Ländern, die man als »failed states« bezeichnet, als »gescheiterte Staaten«.

Gescheitert heißt in diesem Fall: Etwa die Hälfte der Bevölkerung lebt unterhalb der Armutsgrenze, ein Fünftel gilt als extrem arm, und nicht wenige Jemeniten nehmen dankbar das Geld an, das die Terroristen ihnen in Robin-Hood-Manier geben. Denn viele junge Männer finden keine Arbeit. Und wenn jemand Arbeit hat, sind es nicht zuletzt Kinder. Diese stellen mehr als die Hälfte der schnell wachsenden Bevölkerung. Sie helfen auf den Feldern, arbeiten als Hirten oder tragen Wasserkanister von der Zisterne nach Hause. Nur die wenigsten gehen in die Schule, die Zahl der Analphabeten ist hoch: Sie werden so arm enden wie ihre Eltern.

Angesichts der Armut kann es nicht verwundern, dass in diesem Land al-Kaida gedeihen kann. Wenn die Menschen keine Perspektiven haben, wenn es keine Jobs gibt, kein Geld vom Staat, dient der Terrorismus eben als Alternative – eine Entwicklung, die jemenitische Politiker seit Jahren beobachten. »Wir haben die Welt um Hilfe angerufen, aber keiner hat reagiert«, sagt Professor Adel Malek Mansour, der Vertreter des Landes bei der Arabischen Liga, »der Jemen kämpft heute stellvertretend für die internationale Gemeinschaft gegen den Terrorismus.«[44] Wie viele Terroristen es tatsächlich im südlichsten Land der arabischen Halbinsel gibt, vermag niemand zu sagen; die Schätzungen schwanken zwischen tausend und zweitausend. Gewiss ist nur: In den Islamschulen des Landes kann al-Kaida immer wieder Nachwuchs rekrutieren; auch aus dem Nachbarland Saudi-Arabien sind, seit dort die Mitglieder von al-Kaida gejagt werden, Terroristen herübergeflüchtet.

Ähnliche Entwicklungen sind in anderen islamischen Ländern zu beobachten. Schauen wir zum Beispiel nach Pakistan: Das Land mit seinen 170 Millionen Einwohnern – die Hälfte davon Analphabeten – gilt dem US-Magazin *Newsweek* zufolge als »gefährlichstes Land der

Welt«.[45] Der *Spiegel* zitiert einen namhaften Islamspezialisten mit der Aussage: »Wenn es denn eine zentrale Front im Kampf gegen den Terror gibt, dann ist es nicht der Irak, sondern Pakistan.«[46] In Pakistan gibt es zahlreiche Ausbildungslager für Terroristen, auch deutsche Islamisten wurden dort trainiert, darunter die Sauerland-Bomber. Und in Pakistan wird in der Nacht zum 2. Mai 2011 auch Osama bin Laden erschossen, in einem Haus in Abbottabad nördlich der Hauptstadt von Pakistan. In einer Stadt, die als Hochburg des pakistanischen Militärs gilt, als Heimat vieler Generäle, konnte bin Laden bis zu seiner Tötung unbehelligt von pakistanischen Sicherheitskräften leben – nur ein paar hundert Meter von der pakistanischen Militärakademie entfernt.

Oder schauen wir auf den Maghreb und die angrenzenden Staaten im westlichen Afrika: Länder wie Mauretanien, Mali, Niger oder Algerien erleben seit einigen Jahren, wie sich der dortige Ableger von al-Kaida ausbreitet. Wie er Geiseln nimmt und zum Beispiel im Jahr 2003 in der Wüste 32 Touristen entführt, darunter 16 Deutsche. Oder wie sieben junge Männer, die nach Angaben der marokkanischen Polizei als »Bewunderer von al-Kaida« gelten, im April 2011 ein Café in der Touristenhochburg Marrakesch in die Luft sprengen und dabei 17 Menschen töten, darunter Touristen aus Frankreich, Großbritannien, Portugal, der Schweiz und Kanada.[47] Auch im Maghreb treibt vor allem die Armut die Menschen in die Arme von al-Kaida. Weil die Jugend keine Perspektiven mehr sieht, lässt sie sich von dem Netzwerk betören. Mit ihren Armeen und Polizeikräften haben die Staaten keine Chance: Sie sind zu schwach. Der Antiterrorkoordinator der EU, Gilles de Kerckhove, spricht in einem internen Papier von einem »toxischen Cocktail«, unter europäischen Sicherheitsfachleuten ist gar von einem »zweiten Afghanistan vor unserer Haustür« die Rede.[48] Der Bürgerkrieg in Libyen verleiht dem al-Kaida-Ableger im Maghreb zusätzlichen Auftrieb: Den Terroristen ist es gelungen, ungesicherte Depots der libyschen Armee zu plündern und schwere Waffen zu erbeuten. Zudem sollen sich al-Kaida-Kämpfer aus dem Maghreb unter die Aufständischen in Libyen gemischt haben und den Krieg gegen den Machthaber Muammar al-Gaddafi vorantreiben.

Man würde es sich aber zu einfach machen, den Terror gegen unseren Wohlstand allein mit der persönlichen Armut derer zu erklären, die ihn verüben; und man kann ihn auch nicht allein damit erklären, dass er insbesondere in jenen Ländern mit islamischer Bevölkerung gedeiht, die am unteren Ende der Einkommensskala stehen. Denn unter den Terroristen finden sich auch sehr viele Männer, die bestens gebildet sind, die in einem westlichen Land studiert und die Aussicht auf einen guten Job haben. Darunter sind Ärzte, Chemiker, Ingenieure oder Betriebswirte. Dieser Teil der Attentäter gehört also durchaus der Mittel- oder sogar der Oberschicht an.

Gleichwohl empfinden auch diese Terroristen die Vorherrschaft des Westens und seiner Wirtschaft als demütigend, gerade auch die Dominanz in der arabischen Welt. Sie leiten daraus ihren Furor ab. Sie erleben, dass Amerikaner und Europäer sich mit ihren Dollars und Euros anscheinend alles kaufen können. Sie haben den Eindruck, dass die westlichen Unternehmen ohne Rücksicht vorgehen, um ihre Interessen durchzusetzen und sich des Reichtums der Muslime bemächtigen. Ja, mehr noch: dass die Konzerne, ähnlich wie die Armeen des Westens, nur eines im Sinn haben: fremde Territorien zu erobern – nicht mit Waffengewalt, sondern mit Geld!

Und kaum jemand empörte sich über diesen Imperialismus mehr als der Gründer von al-Kaida, Osama bin Laden. Wenn man den Terror gegen unser Wirtschaft verstehen will, wenn man begreifen will, was die Terroristen auch nach seinem Tod antreibt, was sie dazu veranlasst, unseren Wohlstand anzugreifen, dann muss man bin Laden begreifen: seine Motive, sein Denken, sein Vermächtnis. Denn die Ideen jenes Mannes, der Demagoge und Ökonom zugleich ist, werden fortleben: im Internet, auf den Propagandaseiten von al-Kaida – und in den Köpfen der islamistischen Terroristen.

4. Bin Ladens Vermächtnis

>»Ich habe Wirtschaft an der Universität in Dschidda
>studiert, der sogenannten König-Abdulaziz-Universität.
>Ich habe in jungen Jahren für das Unternehmen meines
>Vaters Straßen gebaut, möge Gott seiner Seele Gnade ge-
>währen. Mein Vater starb, als ich zehn Jahre alt war.«[1]
>
> *Osama bin Laden*, 10. Juni 1999

Mein Kampf des 21. Jahrhunderts

Er sitzt irgendwo in den afghanischen oder pakistanischen Bergen. Er trägt einen Kampfanzug in Tarnfarben, zu seiner Linken lehnt eine Kalaschnikow am Fels. Er blickt ein wenig unruhig, seine Augen wandern, während er in monotonen Sätzen in die Kamera spricht. Es ist der 7. Oktober 2001: Am gleichen Tag, an dem die Amerikaner und ihre Verbündeten den Krieg gegen Afghanistan beginnen, erscheint Osama bin Laden erstmals in den Wohnzimmern der westlichen Welt. Auf den ersten Blick wirkt der Mann mit dem Rauschebart so, wie die Menschen im Westen ihn sich vorgestellt haben: wie ein seltsamer Eremit. Der arabische Fernsehsender al-Dschasira strahlt als Erster die Videobotschaft aus, Stationen rund um den Globus übernehmen sie sofort, auch wenn bin Ladens blumige Sätze nicht so recht in die Welt der schnellen, präzisen Fernsehnachrichten passen.

Der Terrorchef beginnt seine Ansprache damit, dass er Allah lobt, weil dieser »das bedeutendste Gebäude des Landes zerstört« habe. Die Vereinigten Staaten seien »erfüllt vom Terror, vom Norden bis zum Süden, vom Osten bis zum Westen.« Und er fügt hinzu: »Was die Amerikaner heute erleben, ist nur ein kleiner Geschmack dessen, was wir in den vergangenen Jahrzehnten erlebt haben. Unser Volk hat mehr als achtzig Jahre lang Demütigung und Verachtung erfahren. Unsere Söhne wurden getötet, ihr Blut wurde vergossen, die Heiligen Stätten wurden angegriffen, und all dies in einer Weise, die dem widerspricht, was Gott verlangt.«[2]

Hier schimmert bereits jenes zentrale Thema durch, das auch in den anderen etwa drei Dutzend Video- und Radiobotschaften, die bin Laden ausgesendet hat, regelmäßig aufgetaucht ist: seine ungeheure Wut über die Besatzer aus dem Westen; über die Vereinigten Staaten und ihre Verbündeten; über die ausländischen Truppen, die in die Heimat der Muslime eingedrungen sind und diese demütigen; über die fremden Ölkonzerne, die den Reichtum der Araber ausplündern und dabei von korrupten, willfährigen Regimen unterstützt werden – nicht zuletzt in seinem Heimatland Saudi-Arabien. Immer wieder empört bin Laden sich in seinen Ansprachen über die »Kreuzzügler« aus Amerika und Europa, die ihre wirtschaftlichen Interessen über alles stellen und ihren Wohlstand – so sieht er es – auf Kosten der Muslime erlangt haben.

Diesen Zustand will bin Laden ändern, und deshalb gründet er al-Kaida, deshalb führt das Terrornetzwerk einen erbitterten Kampf gegen den Westen. Denn auch wenn in bin Ladens Botschaften seit dem 11. September 2001 die religiöse Propaganda überwiegen mag, auch wenn er ständig den Koran und islamische Gelehrte zitiert, so geht es ihm nicht nur um den Islam, sondern vor allem um die Wirtschaft. Bin Laden führte in erster Linie keinen Glaubenskrieg gegen den Westen, sondern einen Wirtschaftskrieg. Und dies ist auch ein wesentlicher Teil seines Vermächtnisses: Al-Kaida soll den Feind ökonomisch schwächen, ihn finanziell überfordern und dadurch zum Rückzug aus der arabischen Welt zwingen. Einen islamischen Gottesstaat zu errichten, mag das ferne Ziel sein – doch auf dem langen Weg dorthin soll al-Kaida zunächst einmal die wirtschaftliche Ordnung der Welt verändern.

Im Westen mochte man diese Botschaft, die Osama bin Laden vertreten hat, bis zuletzt nicht hören: Politiker und Geheimdienste, Medien und Wissenschaftler verschlossen die Ohren vor dem, was bin Laden von sich gab. Sie stellten ihn als einen Wirrkopf hin, als religiösen Fanatiker, dessen langatmige Vorträge keinerlei Substanz enthielten, dessen Ideen einem kranken Hirn entsprungen seien und die man nicht allzu ernst nehmen solle. Was die tieferen Motive für sein Handeln waren, welche Beweggründe es gab, die ihn zur Gründung von al-Kaida veranlasst hatten, dafür interessierte sich kaum jemand. Und niemand fragte, ob sich hinter der religiösen Propaganda und dem rhetorischen Furor möglicherweise eine rational durchdachte Strategie verbirgt. Die amerikanische Regierung forderte die Medien des Landes zeitweise sogar auf, bin Ladens Reden überhaupt nicht zu veröffentlichen – angeblich, weil darin verstecke Botschaften an al-Kaida-Mitglieder enthalten sein könnten.

So besehen verwundert es nicht, dass viele Jahre keine Sammlung seiner wichtigsten Reden und Schriften existierte; kein Buch, das seine Äußerungen analysiert. Erst der amerikanische Islamwissenschaftler Bruce Lawrence von der Duke University in North Carolina lieferte 2005 eine Sammlung und Analyse der wichtigsten Reden, Schriften und Interviews des Terrorchefs: *Messages to the World: The Statements of Osama bin Laden.*[3] Der Band enthält 24 Videobotschaften und Schreiben, die als zentral gelten. Lawrence bezeichnete das Buch als »*Mein Kampf* des 21. Jahrhunderts«[4] und spielte damit darauf an, dass auch die Äußerungen aus dem Buch von Adolf Hitler weitgehend ignoriert wurden. Die *New York Times* dagegen schrieb über den Band: »Es hat etwas Obszönes, die Selbstrechtfertigungen eines verrückten Massenmörders zu lesen.«[5] Ein Jahr später erschien auch in Deutschland ein Buch mit bin Ladens Reden, das jedoch kaum Beachtung fand.[6]

Wer allerdings in bin Ladens Reden hineintaucht, wer sie genau liest und sich auch mit anderen Texten auseinandersetzt, die er verfasst hat, stellt fest: Der Terrorchef mag ein Fanatiker gewesen sein, ein Demagoge, ein Hetzer, ein Massenmörder – doch in gewisser Hinsicht war er auch ein nüchtern kalkulierender Ökonom. Er hat wie ein Unternehmer kühl die Kosten und den Ertrag seiner Terrorschläge abgewogen und die großen wirtschaftlichen Zusammenhänge verstanden. Er verfolgte aufmerksam, wie sich die Wirtschaft in den Industrieländern entwickelte, schaute CNN und BBC, las westliche Zeitungen, vor allem im Internet, und studierte die Bücher wichtiger Historiker und Ökonomen, wie die Hinweise in seinen Ansprachen erkennen lassen.

Wie penibel bin Laden die westliche Wirtschaft verfolgte, zeigt sich auch daran, dass er immer wieder westliche Politiker zitierte, um seine Thesen zu untermauern. Im Januar 2009 bezieht er sich zum Beispiel auf den ehemaligen amerikanischen Notenbankchef Alan Greenspan, der sagte, die Finanzkrise sei alles andere als ein Spaziergang. Oder er verweist auf den französischen Präsidenten Nicolas Sarkozy, der feststellte, das Finanzsystem habe vor einer Katastrophe gestanden. Oder er beruft sich auf den deutschen Finanzminister Peer Steinbrück.[7] Dieser hatte im Bundestag erklärt, die Finanzkrise führe dazu, dass die Vereinigten Staaten ihren Status als »Supermacht des Weltfinanzsystems« verlören.[8] Bin Laden dienten die Bemerkungen als Beleg dafür, dass al-Kaidas Krieg gegen die westliche Wirtschaft erfolgreich ist.

Osama – armes, reiches Kind

Um zu verstehen, was einen Menschen antreibt, ist es immer hilfreich, sich mit seiner Biografie auseinanderzusetzen; im Fall von Osama bin Laden ist dieser Blick in die Vergangenheit besonders aufschlussreich. Denn er zeigt, wie stark das Bild trügt, welches die Propaganda von ihm gezeichnet hat, vor und nach seinem Tod – und wie sehr dieses Bild den Blick auf sein Handeln, seine Strategie, seine Motivation verstellt. Wer also war bin Laden? Was hat ihn dazu bewogen, al-Kaida zu gründen? Und was ist die Botschaft, die er den islamistischen Terroristen hinterlässt?[9]

Auch wenn bin Laden auf den ersten Blick wie ein weltfremder Einsiedler erschien, und auch wenn er ein fanatischer Verfechter des Islam war, so war ihm der westliche Kapitalismus alles andere als fremd. Osama bin Laden ist damit groß geworden, denn der Reichtum seiner Familie speist sich aus dem *big business*, aus Geschäften mit Konzernen, Banken und Immobilienunternehmen. Die bin Ladens sind eine der wohlhabendsten Unternehmerfamilien Saudi-Arabiens, wenn nicht der Welt; ihr Vermögen wurde bereits in den siebziger Jahren des vorigen Jahrhunderts auf weit über 10 Milliarden US-Dollar geschätzt. Und so genoss Osama als Kind und Jugendlicher ein Leben im Luxus:

Er fuhr amerikanische Autos, reiste durch Europa, lernte in Saudi-Arabien an einer privaten Eliteschule nach angelsächsischem Vorbild und profitierte von den Geschäften, die sein Vater mit amerikanischen Ölunternehmen und dem saudischen Königshaus gemacht hat.

Mohammed bin Laden Sayyid, geboren in ärmlichen Verhältnissen im Jemen, war 1925 als 14-Jähriger nach Saudi-Arabien gekommen. Dort hat er sich erst als Hilfsarbeiter in Steinbrüchen und Pilgergeschäften durchgeschlagen und dann 1931 ein Bauunternehmen gegründet, aus dem später die Saudi Binladin Group hervorging. Binnen weniger Jahre gelang ihm, dem Vater des späteren Terrorchefs, der gesellschaftliche Aufstieg, denn er war nicht nur ein geschickter Geschäftsmann, der seine Kontakte zu nutzen wusste, sondern auch ein geradezu perfekter Diplomat. Er verstand es, sich die Gunst des saudischen Königshauses zu verschaffen, was ihm in den vierziger und fünfziger Jahren Bauaufträge zuhauf einbrachte: Es gab kaum ein Großprojekt, an dem die Saudi Binladin Group nicht beteiligt war, und es gab kaum einen ausländischen Ölkonzern, der nicht Aufträge an das Unternehmen erteilte.

Die Saudi Binladin Group stieg dadurch zu einem der größten Baukonzerne der Welt auf. Mohammed bin Laden errichtete Straßen und Paläste, Flughäfen und ganze Städte. Er durfte, was ihm eine besondere Ehre war und seinen Ruhm im Land mehrte, auch die Heiligen Stätten in Mekka und Medina renovieren. All dies brachte der Familie ein Milliardenvermögen ein – allein die Aufträge für den zwanzig Jahre währenden Ausbau in Mekka waren 18 Milliarden Dollar wert.[3] Und Mohammed bin Laden brachte die Nähe zur Königsfamilie zeitweise sogar das Amt eines Ministers. Er besaß als erster Saudi überhaupt einen privaten Jet, mit dem er von Baustelle zu Baustelle flog.

Als Kind und Jugendlicher genoss Osama die Annehmlichkeiten, die man in einer reichen Familie genießt, auch wenn er den Reichtum mit 24 Brüdern und 29 Schwestern teilen musste, die sein Vater mit insgesamt 22 Frauen gezeugt hatte. In der Hafenstadt Dschidda am Roten Meer besuchte Osama die westlich orientierte al-Thagr-Schule, deren Schüler zum Teil von britischen und irischen Lehrern unterrichtet wurden. So wie die anderen Kinder trug er Schuluniformen nach dem Vorbild britischer Eliteschulen; die Schule galt als Enklave der Reichen. Seine Urlaube verbrachte Osama beim Bergsteigen in Syrien oder auf Safari in Kenia. Er spielte gern Fußball und schwärmte für eine Profifußballmannschaft aus Dschidda. Er schaute mit Begeisterung die amerikanischen Fernsehserien *Fury* und *Bonanza* und liebte – auch wenn er eher als schüchterner Typ galt – die Frauen.

Die Chefin eines schwedischen Luxushotels erinnert sich Jahre später, wie Osama und sein Bruder Salem einst in einem Rolls-Royce bei ihr vorfuhren und den Wagen demonstrativ im Halteverbot parkten, wohlwissend, dass sie dies viel Geld kosten würde. Als ein Zimmermädchen die Suite der Brüder betrat, fand sie stapelweise Hemden von Dior und Yves Saint-Laurent, teils verpackt, teils gerade erst aus der Packung herausgerissen. Als sie anbot, die getragenen Hemden reinigen zu lassen, gaben die Brüder ihr zu verstehen, dass dies nicht nötig sei: Sie würden diese nur einmal tragen und dann wegwerfen.

Später schrieb Osama sich als Student an der Management-und-Wirtschaftsschule der King-Abdulaziz-Universität in Dschidda ein. An der angesehenen Hochschule studierte er Volkswirtschaftslehre und Betriebswirtschaftslehre – allerdings ohne jemals einen Abschluss zu erlangen. Osama nutzte die Jahre an der Universität stattdessen vor allem, um den Koran und die Schriften islamischer Gelehrter zu lesen. In jener Zeit entwickelte er sich zum fanatischen Anhänger des Islam.

Osama bin Ladens großes Vorbild, so ist in dem großartigen Buch *Die Bin Ladens – eine arabische Familie* des amerikanischen Pulitzer-Preisträgers Steve Coll nachzulesen,[10] war lange Zeit sein Vater. In jungen Jahren durfte er ihn auf die Baustellen in Medina und Mekka begleiten. Die meiste Zeit allerdings verbrachte er bei seiner jungen Mutter Alia, die mit gerade einmal 14 oder 15 Jahren die Ehe mit Mohammed bin Laden eingegangen war. Schon bald nach der Geburt hatte Osamas Vater sich allerdings von Alia scheiden lassen und diese mit einem Mitarbeiter aus seinem Unternehmen verheiratet.

Als Osama zehn Jahre alt war, erfuhr sein Leben einen bedeutsamen Einschnitt: Sein Vater, den er so sehr verehrt, ja vergöttert hatte, verunglückte am 3. September 1967 mit dem Flugzeug. Die Privatmaschine stürzte beim Landeanflug auf eine Piste in der Provinz Asir ab, wo bin Ladens Bauarbeiter eine Autobahn in Richtung Jemen vorantrieben. Die Nachricht vom Tod des Unternehmers bewegte nicht nur die Familie, sondern das ganze Land. Die 54 Kinder erbten anschließend das Unternehmen. Jeder der Söhne bekam einen Anteil von 2,3 Prozent, die Töchter einen kleineren Anteil – und dies an einem Imperium, das mehrere Milliarden US-Dollar wert war. Die Kinder des Firmengründers konnten fortan von den üppigen Dividenden leben. Auch Osama erhielt als Miteigentümer Jahr für Jahr einen Teil des Firmengewinns. Alles in allem sollen bis in die neunziger Jahre hinein rund 27 Millionen US-Dollar an ihn geflossen sein, wie einige Geschwister später gegenüber dem amerikanischen Finanzministerium einräumten.

Wie die meisten seiner Halbbrüder stieg Osama nach dem Studium als Manager in das Familienunternehmen ein. Er leitete Bauprojekte in Mekka, schuf Straßen und Plätze rund um die Große Moschee, renovierte Tore, Mauern und Brunnen. Er arbeitete mit englischen und amerikanischen Ingenieuren zusammen, unterhielt sich mit diesen auf Englisch – und lernte die Welt der Werbung und des Marketings kennen. Auch Bonuszahlungen durfte er verteilen. Als junger Mann von Anfang zwanzig bezog Osama ein Jahresgehalt von mindestens 150 000 US-Dollar vor Steuern, möglicherweise sogar 300 000 US-Dollar.

Bin Laden – Demagoge und Ökonom

Bin Laden wandelte damals ständig zwischen den Welten: Einerseits war er ein junger, erfolgreicher Unternehmer, andererseits entwickelte er sich mehr und mehr zu einem religiösen Fanatiker – und damit zum Außenseiter in einer Familie, die über enge Bande in die Vereinigten Staaten verfügte und den westlichen Lebensstil genoss. Viele seiner Geschwister studierten an amerikanischen Universitäten, sie besuchten gemeinsam europäische Vergnügungsparks und verbrachten die Ferien auf einem Familienanwesen unweit von Disneyland in Florida. Osamas Geschwister investierten auch ihr Vermögen in den Vereinigten Staaten: Sie erwarben dort Shopping-Zentren, Mietshäuser, privatisierte Gefängnisse, einen Flughafen und Aktien. Sie pflegten Kontakte zu amerikanischen Freunden, finanzierten Hollywoodfilme und verhandelten mit dem New Yorker Immobilien-Tycoon Donald Trump über gemeinsame Geschäfte, während Osama immer religiöser wurde. Er entwickelte sich mehr und mehr zum Sonderling innerhalb einer Familie, deren Frömmigkeit sich in Grenzen hielt. Er lehnte aus religiösen Gründen die Fotografie ab, weil dadurch neue Idole geschaffen würden. Er hörte zudem keine nichtreligiöse Musik mehr, auch Glücksspiel und Rauchen lehnte er ab.

Währenddessen genoss vor allem sein ältester Bruder Salem, der nach dem Tod des Vaters die Führung der Geschäfte und das Verteilen der Gewinne übernommen hatte, das Jetset-Leben. Er war den Frauen zugetan, aber auch dem Fliegen und besaß einen eigenen Pilotenschein. Wenn Salem einen neuen Learjet benötigte, und davon besaß er einige, flog er einfach in die Vereinigten Staaten. Ein amerikanischer Investmentbanker beriet ihn zudem bei seinen Geschäften, bei Immobilienkäufen ebenso wie bei Firmenbeteiligungen.

Die Verbindungen der bin Ladens in die Vereinigten Staaten waren so gut, dass Salem Anfang der achtziger Jahre sogar an einem Ölunternehmen namens Arbusto Energy beteiligt war, das 1977 von George W. Bush gegründet worden war, dem späteren amerikanischen Präsidenten – mithin von jenem Mann, der Osama bin Laden zwei Jahrzehnte später zum amerikanischen Staatsfeind Nummer eins erklärte. Ganz im Sinne der amerikafreundlichen Haltung des saudischen Königshauses beteiligten sich die bin Ladens auch an den Investments der Carlyle Group, einer amerikanischen Beteiligungsfirma, die sich im Rüstungsbereich engagierte. Im Rahmen dieser Beteiligung knüpften die bin Ladens auch Kontakte zu amerikanischen Toppolitikern: Im Auftrag der Carlyle Group reisten Mitte der neunziger Jahre unter anderem der ehemalige Präsident George Bush senior und zwei seiner wichtigsten Vertrauten, der frühere Außenminister James Baker und der frühere Verteidigungsminister Frank Carlucci, an den Stammsitz der bin Ladens in Dschidda, um sich dort mit Vertretern der Familie zu treffen.

Während seine Brüder die Nähe zu den Vereinigten Staaten pflegten, ging Osama auf Distanz zur westlichen Lebensweise seiner Familie – ohne jedoch den Kontakt zu seinen Geschwistern zu verlieren. Trotz der unterschiedlichen Lebensstile hielten die Bande, als Osama Mitte der achtziger Jahre nach Afghanistan zog, um gegen die Sowjets zu kämpfen. Familienmitglieder versorgten ihn in dieser Zeit immer wieder mit Geld. Vor allem Salem, das neue Oberhaupt des Clans, half seinem Bruder aus, etwa um den Kauf von Flugabwehrraketen zu finanzieren, mit denen Osama russische Hubschrauber abschießen wollten.

Doch dann trifft Osama der nächste Schicksalsschlag: Im Mai 1988 stirbt Salem. Wie schon der Vater kommt er bei einem Flugzeugunglück ums Leben. In San Antonio im US-Bundesstaat Texas rast er mit einem Propellerflugzeug in eine Stromleitung. Osama verliert damit erneut eine wichtige Führungsfigur – und zugleich seinen wichtigsten Sponsor. Kenner der Familie glauben, dass es dem charismatischen Salem gelungen wäre, Osama vom Terrorismus abzubringen. Der große Bruder hätte ihm, so glauben sie, unmissverständlich klargemacht, dass er sein Leben den wirtschaftlichen Interessen der Familie unterzuordnen habe. Stattdessen driftet Osama endgültig in den Terror ab.

Nur drei Monate nach Salems Tod, im August 1988, finden in der pakistanischen Stadt Peschawar die Gespräche statt, aus denen die gefährlichste Terrororganisation der Welt hervorgeht. Bin Laden, der palästinensische Gelehrte Abdullah Azzam, den er schon von der Universität Dschidda kennt, Aiman al-Zawahiri und einige weitere Mitstreiter gründen am 11. August al-Kaida.[11] Auf Deutsch heißt al-Kaida: die Basis. Und bin Ladens Ziel für diese neue Organisation ist klar: Er will den Kampf gegen die Feinde des Islam, den er in Afghanistan begonnen hat, fortsetzen, er will ihn hinaustragen in die Welt und dazu eine kleine Guerillaarmee schaffen, die nicht bloß in Afghanistan zuschlägt, sondern auch in anderen Staaten.

Anfangs handelt es sich bei al-Kaida eher um ein Finanzierungsnetz als um eine schlagkräftige Terrororganisation. Bin Laden setzt alles daran, für al-Kaida Geld zu beschaffen, und nutzt seine unternehmerischen Fähigkeiten. Er gründet Firmen, steigt in den Waffenhandel ein und engagiert sich bei Bauvorhaben in Afghanistan. »Es ist bekannt«, sagte bin Laden, »dass der Kampf aus zwei Dingen besteht. Er besteht aus dem Kampf und aus der Finanzierung des Kampfs.«[12]

Als die Sowjets 1989 aus Afghanistan abziehen, kehrt auch bin Laden in seine Heimat zurück. In Saudi-Arabien geht es ihm wie am Hindukusch vor allem darum, Geld für al-Kaida zu beschaffen. Er arbeitet deshalb wieder als Manager im Familienkonzern und kümmert sich um Straßenprojekte. Die Medien feiern ihn als Helden, der, so stellen sie es dar, mit seinen Partisanen die Rote Armee beinahe im Alleingang geschlagen habe. Doch so sehr bin Laden diesen Ruhm genießt, so sehr missfällt ihm, dass das Königshaus sich den Amerikanern ausliefert und den Ölreichtum Saudi-Arabiens verschleudert. Er schreibt deshalb Briefe an den König und kritisiert diesen heftig. Doch er dringt damit nicht durch und entfremdet sich immer mehr von seiner Heimat. 1992 zieht er mit seinen Frauen und den gut zwanzig Kindern schließlich in die Hauptstadt des Sudan, nach Khartum.

Auch im sudanesischen Exil betätigt sich Osama bin Laden als eifriger Unternehmer. Seine Firmen sind im Baugeschäft und in der Landwirtschaft aktiv, bei der Herstellung von Leder und der Produktion von Insektiziden. Sie importieren Lastwagen, Fahrräder oder Maschinen und exportieren Sesam oder Gummi arabicum. Auf einer Ackerfläche am Rande der Hauptstadt züchten Saisonarbeiter für ihn Sonnenblumen und ernten die Kerne. Für den Bau von Straßen erhält bin Laden im Gegenzug weitläufige Ländereien. Einigen Berichten zufolge ist er in dieser Zeit einer der größten Grundbesitzer im Sudan; sein Vermögen verteilt bin Laden Banken in aller Welt.

»Wir werden eure Herzen mit Angst erfüllen!«

Natürlich mag es trotz dieser Biografie, die seinen Hang zum Unternehmertum zeigt, ein wenig kühn erscheinen, Osama bin Laden als Ökonomen zu bezeichnen. Und manches, was er in seinen Reden über die Wirtschaft sagte, erscheint ja auch wirr; aber eben nur manches. Bin Ladens Handeln und al-Kaidas Kampf gegen die westliche Wirtschaft lassen sich jedenfalls nur verstehen, wenn man ihn nicht bloß als religiösen Fanatiker betrachtet, sondern als kühl kalkulierenden Unternehmer des Terrors; wenn man also die Mythen, die über ihn verbreitet werden, zurechtrückt und relativiert. Denn letztlich war er, das Kind eines erfolgreichen Unternehmers, beides: Demagoge und Ökonom, Fanatiker und Wirtschaftsmann.

Und seine Strategie ist bis zu seinem Tod eindeutig: Bin Laden sieht die Wirtschaft als entscheidende Schwäche der Amerikaner und ihrer Verbündeten. Hier will er sie empfindlich treffen und besiegen. Hier will er sich rächen für die Demütigungen, die die arabischen Staaten seiner Ansicht nach erlitten haben, weil sie sich den Interessen des Westens unterworfen haben. Immer wieder fordert er deshalb dazu auf, die Wirtschaft der Amerikaner anzugreifen, so auch in einer Videobotschaft, die am 26. Dezember 2001 veröffentlicht wird, nur wenige Wochen nach den Anschlägen des 11. September. Durch Attacken auf die Wirtschaft, erklärt bin Laden, könne al-Kaida wettmachen, dass die Feinde im Westen militärisch über sehr viel mehr Kraft verfügten und »dass unsere Waffen nicht mit ihren Kampfflugzeugen mithalten« können. »Wenn ihre Wirtschaft zerstört ist«, prophezeit bin Laden, »werden sie vor allem mit sich selber beschäftigt sein und haben keine Zeit mehr, schwache Völker zu unterwerfen.«[13]

Auch in einem Interview mit Taysir Alluni, dem Büroleiter von al-Dschasira in Kabul, das am 20. Oktober 2001 an einem geheimen Ort in Afghanistan geführt wird, kommt bin Laden immer wieder auf die Wirtschaft zu sprechen. Als bin Laden gefragt wird, wie erfolgreich die Anschläge des 11. September gewesen seien, berichtet er stolz: Die Wall Street sei nach den Attacken um 16 Prozent eingebrochen, die Fluggesellschaften hätten 170 000 Mitarbeiter entlassen müssen, die Hotelkette InterContinental habe 20 000 Mitarbeiter freigestellt, die wirtschaftlichen Schäden nähmen – Allah sei Dank – weiter zu. Bin Laden rechnet vor, dass die Anschläge die amerikanische Wirtschaft am Ende mehr als eine Billion US-Dollar kosten würden.[14]

Wie sehr al-Kaida mit seinen Attacken auf die Wirtschaft zielt, offenbart bin Laden auch in einer weiteren Videobotschaft am 6. Oktober 2002. In seiner Ansprache, die gut ein Jahr nach dem 11. September verbreitet wird, wendet er sich direkt an das amerikanische Volk und kündigt weitere Anschläge an: »Die Jugend des Islam bereitet Dinge vor, die eure Herzen mit Angst erfüllen werden und eure wirtschaftlichen Lebensadern angreifen, solange ihr nicht eure Unterdrückung und Aggression stoppt«, droht er düster. Al-Kaida werde dabei auf »die Schlüsselbereiche eurer Wirtschaft« zielen.[15]

Weitere zwei Jahre später verkündet er in seiner Videobotschaft vom 29. Oktober 2004, al-Kaida wolle Amerika in einen langen, zähen Krieg verwickeln und dadurch in den Bankrott treiben.[16] Um den Erfolg der Attacken vom 11. September zu belegen, bemüht bin Laden erneut ökonomische Daten: Den Kosten von 500 000 US-Dollar stünde ein Schaden für die amerikanische Wirtschaft von mindestens 500 Milliarden US-Dollar gegenüber. »Dies bedeutet, dass durch jeden Dollar, den al-Kaida eingesetzt hat, eine Million Dollar vernichtet wurden.« Zudem sei eine sehr hohe Zahl an Jobs zerstört worden – und das staatliche Defizit sei auf eine Rekordhöhe emporgeschnellt.[17]

Doch al-Kaida will nicht nur die amerikanische Wirtschaft niederringen, sondern den Kapitalismus insgesamt. Im Stile eines Globalisierungskritikers spricht bin Laden im Jahr 2007 von einem System, das »die Reichen immer reicher und die Armen immer ärmer macht«. Er bezeichnet die Marktwirtschaft amerikanischer Prägung als eine Geißel, die den Menschen »eine hohe Zins- und Schuldenlast sowie ungesunde Steuern und Hypothekenkosten« auferlege: »Der Kapitalismus«, wettert er, »versucht die gesamte Welt in ein Lehnswesen der großen Unternehmen zu verwandeln, unter dem Vorwand, mithilfe der Globalisierung die Demokratie schützen zu wollen.« Bin Laden fordert die Europäer und Amerikaner deshalb auf, sich von der Marktwirtschaft und den »kriegstreiberischen Eigentümern der Großunternehmen« abzuwenden: »Wie ihr euch von der Sklaverei durch Mönche, Könige und den Feudalismus befreit habt, solltet ihr euch von der Täuschung, den Fesseln und der Zermürbung durch den Kapitalismus befreien.«[18]

Auf welche Weise al-Kaida seine Ziele erreichen will, lässt er offen.

Bin Ladens Hassreden und Hetzschriften bewegen sich meist im Ungefähren. Er verbreitet lieber philosophische Erklärungen, als dass er konkrete Handlungsanweisungen oder Anschlagsziele vorgibt. Seine Texte sollen den Mitgliedern des Terrornetzwerks als geistige Anleitung dienen, als grobe Richtschur. Nur gelegentlich wird bin Laden konkreter. So fordert er seine Anhänger dazu auf, westliche Produkte zu boykottieren. Muslime sollten keine Geschäfte mehr in Dollar tätigen und die US-Währung »so schnell wie möglich loswerden«. Das Ziel müsse es sein, die Welt »von der Globlisierung und ihren tragischen Auswirkungen« zu befreien.[19]

Und noch bei einem anderen wirtschaftlichen Ziel äußert bin Laden sich sehr deutlich: beim Öl. Dem al-Kaida-Gründer ist es zuwider, dass die Araber – und vor allem die Saudis – ihre Bodenschätze an den Westen verschleudern. Es empört ihn, dass westliche Unternehmen den Reichtum der Muslime ausplündern. Deshalb ruft er dazu auf, die Ölquellen zurückzuerobern. Es sei »völlig unakzeptabel«, dass die Amerikaner und ihre Verbündeten »das Öl der Muslime plünderten«.[20] An anderer Stelle fordert bin Laden dazu auf, sich für den Raub des Öls zu rächen: »Wenn jemand unsere Dörfer und Städte zerstört, dann werden wir auch seine Dörfer und Städte zerstören. Und wenn jemand unser Vermögen stiehlt, dann werden wir seine Wirtschaft zerstören.«[21]

Die Kriegserklärung gegen den Westen

Man mag nun einwenden, dass die genannten Reden erst nach dem 11. September veröffentlicht wurden und es möglicherweise ja so ist, dass der Terrorführer die Anschläge erst im Nachhinein zum Heiligen Wirtschaftskrieg stilisiert habe. Tatsächlich jedoch reicht bin Ladens Auseinandersetzung mit der Wirtschaft sehr viel weiter zurück. Schon in seinem ersten Aufruf zum Dschihad vom 23. August 1996 beschäftigte er sich mit den wirtschaftlichen Hintergründen des Terrorismus. In dieser »Kriegserklärung gegen die Amerikaner«, mit der bin Laden seinen Kampf erstmals einer breiten Öffentlichkeit kundtut, beklagt er, wie sehr die saudische Wirtschaft unter den »Besatzern« leide und wie dies den Verfall der Gesellschaft beschleunigt habe. Er spricht von einer großen »Ungerechtigkeit«, die »alle Bereiche unserer Gesellschaft« treffe: die Bürger, das Militär, die Sicherheitskräfte, die Regierungsbeamten, die Kaufleute, die jungen und die alten Menschen, die Schulen, Universitäten und Hunderttausende von Absolventen, die keinen Job fänden. Industrie und Landwirtschaft seien davon nicht ausgenommen.

Bin Laden beschreibt die wirtschaftlichen Schwierigkeiten in drastischen Worten:

> »Die Menschen sind ausschließlich mit ihrem täglichen Überlebenskampf beschäftigt; alle reden vom Niedergang der Wirtschaft, von steigenden Preisen, hohen Schulden und überfüllten Gefängnissen. Menschen mit geringem Einkommen reden von Schulden in Höhe von Zehntausenden oder gar Hunderttausenden saudischen Riyal. Sie beklagen, dass der Riyal im Vergleich zu den meisten anderen wichtigen Währungen ständig an Kaufkraft verliert. Große Händler und Bauunternehmer beklagen, dass die Regierung ihnen mehrere hundert Millionen bis einige Milliarden Riyal schuldet und dieser Betrag wegen der Zinsen täglich steigt. Die Regierung schuldet dem Volk über 340 Milliarden Riyal, ganz zu schweigen von der Auslandsverschuldung. Sind wir nicht das größte Öl exportierende Land?, fragen sich die Menschen.«[22]

Um seine Analyse zu belegen, zitiert bin Laden Kaufleute und Ökonomen: Wirtschaftlich bewege sich Saudi-Arabien »auf den Rand des Abgrunds« zu. Der finanzielle Zustand des Landes sei »beängstigend«, das Sozialsystem und die Infrastruktur, vor allem die Wasserversorgung, seien »miserabel«. Schuld daran seien vor allem die Amerikaner, deren Wirtschaft zuliebe die Ölproduktion mal ausgeweitet, mal gekürzt werde. Es sei daher die Aufgabe der Mudschaheddin, den Ölreichtum der muslimischen Welt zu schützen.[23]

Schon damals ruft bin Laden zum Boykott amerikanischer Produkte auf. Denn nur so lasse sich verhindern, schreibt er, dass die Araber mit ihrem Geld den Wohlstand der Amerikaner mehren – und sich damit am Ende selbst schaden:

»Muslim-Brüder! Das Geld, dass ihr den Amerikanern für ihre Waren zahlt, wird umgewandelt in Gewehrkugeln, die unsere Brüder in Palästina treffen und eines Tages auch unsere eigenen Söhne in Saudi-Arabien. Wenn wir ihre Produkte kaufen, dann stärken wir ihre Wirtschaft und werden selbst immer ärmer … Wenn wir aber den Boykott mit militärischen Aktionen der Mudschaheddin verbinden, dann wird die Niederlage des Feindes, Allah sei Dank, unmittelbar bevorstehen. Die Sicherheitskräfte und die Nachrichtendienste der ganzen Welt können einen einzelnen Menschen nicht zwingen, die Waren seines Feindes zu kaufen. Amerikanische Produkte zu boykottieren ist eine extrem effektive Waffe, um den Feind zu treffen und zu schwächen.«[24]

Vom Unternehmersohn zum Terrorchef

Was aber ist der Grund dafür, dass aus Osama bin Laden, dem Sohn einer reichen Familie, ein Terrorist geworden ist? Was hat ihn dazu getrieben, den Wohlstand, der ihm als Mitglied der Familie bin Laden zuteil wurde, aufzugeben und sich erst in den Sudan und dann in die unwirtlichen Berge von Afghanistan und Pakistan zurückzuziehen? Was waren die Stationen in seinem Leben, die aus dem verwöhnten Jungen aus Dschidda einen Terroristen gemacht haben?

Es sind drei Schritte, die zur Radikalisierung von bin Laden führten. Der erste Schritt hat damit zu tun, dass bin Laden nach dem Tod seines Vaters einen Menschen sucht, der ihm Führung geben kann. Und er findet diesen Mann in seinem syrischen Sportlehrer, einem Islamisten, der ihn in den Lehren des Islam unterweist. Der junge Osama begibt sich in mehrere Studienzirkel, er beginnt damit, den Koran und die Schriften islamischer Gelehrter zu lesen.

Er setzt dies fort, als er ein paar Jahre später an die Universität wechselt, und studiert in dieser Zeit auch die Texte von Sayyid Qutb und Abdullah Azzam, zwei Wegbereitern des militanten Islamismus. Sayyid Qutb galt in den sechziger Jahren des 20. Jahrhunderts als einer der führenden Köpfe der ägyptischen Muslimbruderschaft, einer radikalen religiösen Oppositionsgruppe, die sich gegen die Herrschaft des weltlichen Präsidenten Gamal Abdel Nasser auflehnte. Er rief die Muslime dazu auf, die unumschränkte Herrschaft Gottes durchzusetzen und die arabischen Despoten mit Gewalt zu stürzen; immer wieder wurde Qutb deswegen verhaftet und 1966 schließlich hingerichtet. Für Aiman al-Zawahiri war dies ein Grund, warum er sich vom etablierten Kinderarzt zum radikalen Islamisten wandelte. Und auch bin Laden wird durch das Wirken von Qutb beeinflusst: Er studiert intensiv dessen Schriften und wird darin auch von Qutbs Bruder Mohammed unterrichtet, der an der Universität Dschidda lehrt.

Der zweite Schritt in diesem Prozess der Radikalisierung wird ausgelöst durch die Ereignisse des Jahres 1979. Dieses Jahr wird in allen Biografien über bin Laden als entscheidend genannt. Bin Laden, der zu dieser Zeit Betriebswirtschaftslehre und Volkswirtschaftslehre studiert, erlebt zunächst, wie der Schah von Persien, Mohammed Reza Pahlewi, gestürzt und außer Landes gejagt wird; wie sein Widersacher Ajatollah Ruhollah Khomeini aus dem Exil in Paris zurückkehrt und im Iran ein islamischer Gottesstaat errichtet wird.

Im November des gleichen Jahres stürmen dann einige Hundert radikaler Muslime aus mehreren Nationen die Große Moschee in Mekka und nehmen mehrere Tausend Geiseln. Es ist offenkundig, dass die Aufständischen für das saudische Königshaus zu einer genauso großen Gefahr werden könnten wie die Revolutionäre im Iran für den Schah. Die meisten Geiseln kommen schnell frei, doch mit den übrigen verschanzen sich die Aufständischen in den Gängen und Katakomben der Moschee. Mehrere Brüder von Osama, darunter Salem, eilen nach Mekka, um die saudischen Sicherheitskräfte zu unterstützen. Die Regierung ordnet schließlich an, die Große Moschee zu stürmen. Dabei helfen Baupläne, die die bin Ladens hervorholen, denn ihr Unternehmen hat die Große Moschee renoviert. Nach zweiwöchigen Kämpfen geht die Besetzung zu Ende. Zahllose Geiselnehmer, Geiseln und Sicherheitskräfte sterben. Über 60 Aufständische werden hingerichtet. Es gibt Gerüchte, dass der eine oder andere der bin Ladens von den Plänen der Revolutionäre gewusst haben muss. Doch es findet sich kein Beweis, dass Osama bin Laden in irgendeiner Weise an der

Aktion beteiligt war. Jahre später greift er allerdings den saudischen König scharf an und wirft ihm vor, erst das brutale Eingreifen der Sicherheitskräfte habe für ein Blutbad gesorgt; zugleich lobt bin Laden die Besetzer.

Nur drei Wochen nach dem Drama in Mekka marschieren schließlich die Russen in Afghanistan ein, um in Kabul eine kommunistische Regierung einzusetzen. Der Überfall empört nicht nur die Amerikaner und die NATO. Auch in den arabischen Staaten erregt die Besetzung eines islamischen Landes die Gemüter. Doch die Mudschaheddin verstricken die Russen in einen zähen Partisanenkrieg. Unterstützt werden sie dabei von Geldgebern aus der arabischen Welt und vom amerikanischen Geheimdienst CIA. Auch Osama bin Laden fühlt sich durch den Einmarsch der Roten Armee herausgefordert. Er betätigt sich zunächst als Bote, der die Mudschaheddin mit Geld versorgt, später zieht er selbst in den Kampf gegen die Sowjets und soll mindestens einige Hundert oder – wenn die Berichte darüber stimmen – am Ende sogar bis zu einigen Tausend Mudschaheddin befehligt haben, nicht nur aus Afghanistan, sondern auch aus Ägypten, Jordanien, Saudi-Arabien, Tschetschenien und anderen islamischen Ländern.[25]

Der dritte Schritt schließlich, der zur Radikalisierung von Osama bin Laden führt, vollzieht sich ab 1990. Nach dem Abzug der Sowjets aus Afghanistan kehrt bin Laden nach Saudi-Arabien zurück. Doch er, der gefeierte Anführer der Mudschaheddin, spürt schnell, dass er in der saudischen Gesellschaft auf Vorbehalte trifft. Er zählt zwar zur Elite des Landes, aber die Oberschicht kann mit ihm, diesem kritischen Geist, der ständig die herrschenden Verhältnisse im Land infrage stellt und das Königshaus attackiert, wenig anfangen. Dass der König schließlich 1991 auch sein Angebot ausschlägt, mithilfe seiner erprobten Freiheitskämpfer aus Afghanistan eine Freiwilligenarmee mit bis zu hunderttausend Kämpfern zu errichten, um Saudi-Arabien nach dem irakischen Einmarsch in Kuwait vor Saddam Hussein zu schützen, verstört ihn zusätzlich. Mehr noch: Es ärgert ihn fürchterlich, dass das saudische Königshaus stattdessen Hunderttausende von ausländischen Soldaten ins Land holt, aus den USA und 30 anderen

Ländern; dass die US-Armee weitere Militärbasen errichten darf und in den Häfen am Persischen Golf amerikanische Kriegsschiffe festmachen. Bin Laden empfindet dies als Verrat an seiner Heimat, als endgültigen Ausverkauf, er sieht die Heiligen Stätten »entweiht« und spricht in einem Interview vom »größten Schock« seines Lebens.[26] Deshalb verlässt bin Laden nur ein Jahr später Saudi-Arabien und zieht in die sudanesische Hauptstadt Khartum.

Auch vom Sudan aus kritisiert er unentwegt das Königshaus. Er schreibt Essays und Briefe, schickt sie per Fax an saudische Zeitungen und an König Fahd. Er wirft ihm vor, das Land heruntergewirtschaftet zu haben, und analysiert dazu über Dutzende von Seiten hinweg die ökonomische Krise des Königreichs: »Ihr seid Euch sicher bewusst«, schreibt er dem König, »dass unsere Nation auf einem See aus Öl sitzt, der aus einem Viertel der weltweiten Ölreserven besteht, einem Rohstoff, dessen Bedeutung nicht unterschätzt werden kann. Ihr habt ebenfalls bemerkt, dass das Land ein Drittel der gesamten Fördermenge der OPEC produziert. Und Ihr wisst genauso gut wie wir, dass die nationale Wirtschaftleistung jeden Tag mehr als 100 Millionen US-Dollar beträgt und die Devisenreserven dank den Öleinnahmen auf rund 140 Milliarden US-Dollar gestiegen waren, als Ihr den Thron bestiegen habt. Das ist mehr, als damals die Devisenreserven der Vereinigten Staaten, Großbritanniens und Frankreichs zusammen betragen haben.«

Angesichts dieses Reichtums, schimpft bin Laden, sei es völlig unverständlich, dass Saudi-Arabien nur zehn Jahre nach der Inthronisation von König Fahd so hoch verschuldet sei wie kaum ein anderes Land der Welt: Die Schuldenquote habe die Marke von 80 Prozent des Bruttoinlandsprodukts erreicht, die Devisenreserven hätten sich verflüchtigt, und all dies sei, schreibt er an König Fahd, »Eurer selbstmörderischen Politik« zuzuschreiben. Die Herrscherfamilie habe Unsummen in neue Paläste gesteckt, in Prunk und Luxus, während Krankenhäuser und Schulen verlotterten und die Zahl der arbeitslosen Jugendlichen rasant steige. Der König habe Milliarden für amerikanische Panzer und Kampfjets ausgegeben und zugleich zugelassen, dass der Ölpreis auf immer neue Tiefststände gesunken sei. Dem Staat seien dadurch die Einnahmen weggebrochen, die Regierung habe deswegen sogar die Devisenreserven angreifen müssen. Amerikaner und Europäer hätten sich derweil die Hände gerieben, klagt bin Laden: »Der Westen ist clever genug, das saudische Huhn nicht zu schlachten, solange es Eier aus schwarzem Gold für ihn legt. Und der Westen ist extrem vorsichtig, damit der Preis, der auf diesen Eiern klebt, ganz niedrig bleibt.«[27]

Derlei Schmähungen bekommt die Königsfamilie sonst nie zu hören. Daher wächst bei Hofe der Unmut über den missratenen Sohn jenes Mannes, der die Heiligen Stätten in Mekka und Medina umgebaut und viele jener Paläste errichtet hat, die sein Sohn Osama nun als überbordenden Luxus geißelt. König Fahd fordert deshalb Osamas Geschwister auf, ihren Bruder zur Räson zu bringen und ihn heim nach Dschidda zu holen. Doch Osama weigert sich. Es kommt zum Bruch: Im Juni 1993, vier Monate nach dem ersten Anschlag auf das World Trade Center in New York, entziehen Osamas Geschwister ihm die Anteile am Familienunternehmen und sperren sein Vermögen – möglicherweise auf Druck der saudischen Regierung. Im Februar 1994 distanzieren sie sich, möglicherweise erneut auf Druck des Hauses Saud, in einer Erklärung in saudischen Zeitungen auch öffentlich von Osama – ohne ihn jedoch vollends fallen zu lassen. Weitere zwei Monate später entzieht das Innenministerium dem al-Kaida-Chef die saudische Staatsbürgerschaft.

Doch das kann bin Laden nicht wirklich bremsen. Zusammen mit seinen Getreuen, die er in Khartum um sich versammelt hat, arbeitet er weiter an seinen Terrorplänen. Er weiß: Dies wird ein langer, zäher Kampf, der sich über Jahre oder Jahrzehnte hinziehen wird. Aber bin Laden, der Unternehmer und Ökonom, weiß zugleich, wie verletzlich die vernetzte, hochgezüchtete Marktwirtschaft des Westens ist. Und wie er ihr den größtmöglichen Schaden zufügen kann.

5. Warum wir so verletzlich sind

>»Der durchschnittliche Terrorist handelt mehr oder
>weniger wie ein Homo oeconomicus. Als rational han-
>delnder Akteur versucht er, unter Berücksichtigung
>bestimmter Vorteile, Kosten und Nebenbedingungen,
>seinen Nutzen zu maximieren.«[1]
>
>*Friedrich Schneider, Tilman Brück, Daniel Meierrieks,*
>Deutsches Institut für Wirtschaftsforschung, August 2010

Schockwellen im globalen Dorf

Die Bilder, die am Morgen des 7. Juli 2005 um die Welt gehen, sind
fürchterlich. Menschen, die von Blut überströmt sind und sich kaum
auf den Beinen halten können. Wankende Gestalten, die aus dem
Rauch auftauchen, der aus den Schächten der Londoner U-Bahn quillt.
Augenzeugen, die von grauenvollen Szenen berichten, von zerfetzten
Zügen und herumliegenden Leichenteilen. Sanitäter und Feuerwehr-
leute, die in der Tiefe verschwinden, um sich um die Verletzten zu
kümmern. Gellende Ambulanzen, die durch die Stadt rasen. Ein roter
Doppeldeckerbus, dessen Dach aufgerissen wurde wie der Deckel einer
Sardinenbüchse. Und Hunderttausende von Pendlern, die zu Fuß nach
Hause laufen, weil im Untergrund kein Zug mehr fährt.

Um 8.50 Uhr an diesem Morgen explodiert in der britischen Hauptstadt der erste Sprengsatz, in einer U-Bahn der Circle Line, die sich nur
etwa hundert Meter entfernt von der Station Liverpool Street in der
Nähe des Londoner Finanzdistrikts befindet. Fast gleichzeitig detoniert eine zweite Bombe auf der Circle Line, diesmal in einer U-Bahn,
die gerade die Station Edgware Road im Westen der Stadt verlassen
hat. Im selben Augenblick geht eine Bombe in einem Zug der Picca-
dilly Line hoch, direkt in der City zwischen den Bahnhöfen King's
Cross und Russell Square. Um 9.47 Uhr explodiert ein roter Doppeldeckerbus in der Nähe von Tavistock Square.

Als die Sprengsätze im Londoner Untergrund explodieren, erfährt die Welt nur wenige Minuten später davon. Nachrichtenagenturen, Fernsehsender, Radiostationen und Internetseiten rund um den Globus berichten, dass an diesem Morgen etwas Grauenvolles passiert sein muss. Fernsehreporter versuchen zu erklären, was sie selbst noch nicht verstanden haben. Von einem Zwischenfall bei der Stromversorgung ist anfangs die Rede, doch die Bilder der vielen Verletzten, die aus dem Untergrund kommen, sprechen eine andere Sprache. Noch weiß niemand, wie es unter der Erde aussieht, wie viele Züge dort zerfetzt, wie viele Körper zerrissen, wie viele Menschen getötet wurden. Hier muss etwas Schreckliches passiert sein. Das ahnen die Fernsehzuschauer in aller Welt, das ahnen die Internet-Surfer, die an diesem Tag einemilliardenmal die Seiten von BBC Online aufrufen, und das ahnen auch die Teilnehmer des Weltwirtschaftsgipfels der G8-Staaten, der ein paar Hundert Kilometer weiter nördlich im schottischen Hochland stattfindet. Die Mächtigen der Welt wollen in Gleneagles über die Zukunft der Weltwirtschaft reden. Und der Gastgeber, der britische Premierminister Tony Blair, möchte zudem den Triumph genießen, dass London am Tag zuvor den Zuschlag für die Olympischen Sommerspiele 2012 erhalten hat.

Auch die Gipfelteilnehmer in Gleneagles, darunter Bundeskanzler Gerhard Schröder, der russische Präsident Wladimir Putin oder Brasiliens Präsident Luiz Inácio Lula da Silva, verfolgen gebannt die Berichte aus London und fragen sich, was da passiert ist – und wer hinter den Anschlägen steckt. Al-Kaida? Vielleicht. Sind auch andere Metropolen in Europa bedroht? Gut möglich. Aber niemand weiß es genau.

Es ist gerade diese Ungewissheit, mit der die Terroristen gerne spielen. Sie wollen bei den Menschen in der westlichen Welt das dumpfe Gefühl erzeugen, dass sie einer schwer fassbaren Bedrohung ausgesetzt sind. Und dass der Terror auch sie irgendwann treffen kann. Wer kann schon sagen, ob nicht ein paar Minuten nach den Explosionen in London auch in der Berliner U-Bahn oder der Pariser Metro Sprengsätze hochgehen? Wer weiß schon, was die Terroristen wirklich planen? Um diese diffuse Bedrohung zu transportieren, bedienen sich die Terroristen jener Medien, ohne die die Idee einer weltumspannenden Wirtschaft, die immer stärker zusammenrückt und in der die Distanzen schrumpfen, überhaupt nicht denkbar wäre.

Die sekundenschnelle Übertragung von Nachrichten ermöglicht es den islamistischen Terroristen, ihre Botschaft blitzschnell zu verbreiten; das unterscheidet sie von den Terroristen des 20. Jahrhunderts. Als die RAF in den siebziger Jahren Banker oder Industrielle entführte oder ermordete, dauerte es manchmal Stunden, bis die Nachricht publik wurde. Es gab kein Internet, keine Nachrichtensender, die gleich in alle Welt verbreiten, was passiert – und die sofort live vom Ort des Anschlags berichten. Als im September 2001 das zweite Flugzeug in das World Trade Center einschlug, verfolgten dies viele Hundertmillionen Fernsehzuschauer in aller Welt: Sie wurden live Zeugen des Terrors. Der Anschlag wurde zum Medienereignis. Wenn heute irgendwo eine Bombe hochgeht, wenn islamistische Terroristen ein Attentat verüben, wird dies blitzschnell rund um den Globus verbreitet. Und am schnellsten erreicht die Nachricht jene Menschen, die mit gigantischen Summen handeln und auf unser aller Zukunft wetten: die Händler an den Börsen, die Spekulanten, die ihre geliehenen Milliarden mal hierhin schieben, mal dorthin.

Erst das Aufkommen von Nachrichtensendern wie CNN oder al-Dschasira hat dafür gesorgt, dass Fernsehnachrichtenbilder von einem Ende der Welt regelmäßig in Echtzeit am anderen Ende der Welt zu sehen sind. Erst das Internet hat jeden, der einen Computer oder ein Smartphone besitzt, an eine Nachrichtenagentur angeschlossen, die ihn fortwährend mit Eilmeldungen füttert – ein Privileg, das früher nur Zeitungsredaktionen und Börsenmaklern zuteil wurde, nun aber für jedermann verfügbar ist. »News Alert« heißt es dann, wenn auf den Nachrichtenseiten im Internet eine Eilmeldung erscheint. Nachrichtenalarm! Noch vor ein, zwei Jahrzehnten hatten allein die Menschen aus der Finanzwelt ein Reuters-Terminal auf ihrem Schreibtisch stehen, über das die Agentur sie mit sogenannten »Snaps« versorgte, mit Stichpunkten, die oft nicht mal einen ganzen Satz bildeten, und über die Eilnachrichten sofort in alle Welt verbreitet wurden. Diese privilegierten Nachrichtenempfänger konnten schneller reagieren als andere und Wertpapiere ordern oder abstoßen, wenn sich die Weltlage verändert hatte; aber sie waren eine Minderheit, eine kleine Gruppe.

Heute kann jedermann sofort erfahren, wenn irgendwo auf der Welt etwas passiert, ein Erdbeben, ein Tsunami oder ein Bombenanschlag. Schon wenige Minuten danach finden sich Tausende oder gar Zehntausende von Einträgen im Internet. Google, Twitter, Facebook, YouTube: All diese neuen Internetdienste tragen dazu bei, dass Nachrichten in rasender Geschwindigkeit verbreitet werden. RSS-Feeds, also kleine, individuell programmierbare Nachrichtendienste, ermöglichen es jedermann, seinen Computer zu einem Reuters-Terminal im Miniaturformat umzurüsten. Man kann sich Eilmeldungen auch per SMS aufs Handy oder per Mail aufs Smartphone schicken lassen; Nachrichten über Anschläge wie in London poppen dann beim morgendlichen Frühstück mit der Familie auf, während einer Besprechung im Büro oder während man mit dem Auto an der Ampel wartet.

Die klassischen Medien, die früher die Nachrichten sortiert und eingeordnet haben, ehe sie diese weiter verbreiteten, haben dadurch ihre Rolle als erste Schleusenwärter im Nachrichtenfluss mehr oder weniger verloren. Wer nimmt sich heutzutage noch Zeit bis zur *Tagesschau* am Abend oder gar bis zur Tageszeitung am nächsten Morgen, ehe er sich die Welt erklären lässt? Stattdessen prasseln die Nachrichten auf uns ein: ungefiltert, unsortiert, ungewichtet. In Echtzeit erfahren die Menschen in Nagasaki, Seoul oder Kuala Lumpur, dass in den U-Bahnen von Madrid oder London Bomben hochgegangen sind, in Echtzeit erleben Italiener, Dänen oder Mexikaner, wie islamistische Terroristen in Mumbai ein Blutbad anrichten, und in Echtzeit erfahren sie, dass es dabei Dutzende oder gar Hunderte von Toten gab. In dieser Echtzeitwelt der digitalen Kurzmeldungen sagt uns niemand mehr, ob ein solcher Nachrichtenfetzen wichtig ist, ob er von Bedeutung ist. Der Nachrichtenfetzen selbst wird zur Bedrohung. Zur Gefahr.

Den Terroristen ist diese Beschleunigung der Nachrichtenwelt nur recht. Der Terror in Echtzeit ist ein wesentliches Element ihres Propagandakriegs, ihrer Medienstrategie. Die modernen digitalen Medien helfen ihnen, das unheimliche Gefühl der Angst in alle Welt zu transportieren. Fernsehen und Internet, Computer und Smartphone sind der entscheidende Übertragungskanal für ihre Strategie des »shock and awe«, sie sind der Vertriebsweg für ihre Propaganda. Denn der Schrecken, den die Terroristen verbreiten, erhält erst dadurch seine volle Wucht, dass die Detonationen in London, Madrid oder Mumbai, die Zerstörungen und das Blut der Opfer rund um die Welt zu sehen sind und auch an weit entfernten Orten noch für Erschütterungen sorgen.

Nur einmal angenommen, die beiden Sprengsätze, die die Kofferbomber von Köln in den beiden Regionalzügen platziert hatten, wären explodiert. Nur einmal angenommen, dadurch wären Dutzende von Menschen in den Doppelstockzügen gestorben und weitere entlang der Strecke von umherfliegenden Metallsplittern zerrissen worden. Die zerstörten Regionalbahnen nach Hamm und Koblenz wären binnen weniger Minuten zu einem Weltereignis geworden, Dutzende von Kamerateams wären an den Ort des Geschehens geeilt, deutsche, amerikanische, japanische, spanische, brasilianische, koreanische. Sie hätten die Bilder in alle Welt transportiert. Im Internet hätte man in langen Bilderstrecken die Fotos von den zerstörten Zügen, dem Einsatz der Retter und den Toten und Verletzten betrachten können. Man hätte sich auf französischen oder argentinischen Websites Karten anschauen können, die den genauen Ort des Geschehens zeigen, irgendein Stadtviertel im Ruhrgebiet oder eine Kleinstadt im Rheinland. Und auf Facebook und Twitter hätten Augenzeugen in Tausenden von kurzen Mitteilungen über das Grauen berichtet. Der Schrecken des islamistischen Terrors: gepresst in die 140 Zeichen einer Twitter-Meldung.

Die Nachrichtenkanäle des digitalen Zeitalters sind für unsere Demokratien einerseits ein Glücksfall, weil sie Politik und Wirtschaft transparenter machen und weil über Skandale, die andernfalls nie große Aufmerksamkeit erhalten hätten, plötzlich Hunderte von Artikeln im Netz erscheinen. Sie schaffen ein virtuelles Gedächtnis, auf das man mithilfe von Google oder Bing schnell zurückgreifen kann, um Nachrichten einzuordnen oder längst Vergessenes wieder zutage zu fördern. Die neuen Nachrichtenkanäle sorgen aber eben auch dafür, dass die Schreckensmeldungen vom Terror sich rasend schnell verbreiten. Und dass die Menschen diese Nachrichtenfetzen eben nicht bloß zur Kenntnis nehmen, sondern sofort darauf reagieren können: Manche verkaufen ihre Aktien, andere ordern schnell eine Fuhre Öl. Manche packt bloß eine gewisse Unruhe, andere bekommen es mit der Angst zu tun. Sie zweifeln, ob ihr Leben noch sicher ist.

Diese Angst – und die Angst vor dieser Angst – ist eine der gravierendsten Folgen des Terrors, denn am Ende nährt sie sich selbst. Eine Spirale aus Furcht und Zögerlichkeit, aus Beklemmung und Depression setzt sich in Gang. Diese psychologischen Wirkungen des Terrors sind oft gravierender als die Zerstörungen durch die Bomben selbst. Sie können dazu führen, dass sich die wirtschaftliche Stimmung in einem Land verdüstert und es zu einer Rezession kommt.

Die vernetzte Wirtschaft

Doch nicht nur die blitzschnelle Verbreitung von Nachrichten unterscheidet unsere globalisierte Wirtschaft von jener des 20. Jahrhunderts und macht sie so verletzlich. Auch große Teile unserer Waren verfrachten wir mittlerweile rund um den Globus: Nicht bloß fertige Autos oder Maschinen, sondern auch kleinste Teile werden von einem Ende der Welt ans andere geschafft und dort verkauft oder weiterverarbeitet. Auch das Kapital ist flüchtiger als früher. Die globale Wirtschaft reagiert weitaus empfindlicher auf jegliche Erschütterung als vor zwei oder drei Jahrzehnten. Wenn heute eine Bank oder ein ganzer Staat bankrottgeht, kann sich das über das komplizierte Beziehungsgeflecht der globalen Wirtschaft auch am anderen Ende der Welt auswirken; wenn ein vergleichsweise kleiner Immobilienfinanzierer wie die Münchner Hypo Real Estate wankt, kann dies an den Finanzmärkten zu einer Kernschmelze führen; wenn die Tigerstaaten in Asien kollabieren, wenn Griechenland oder selbst ein kleiner Staat wie Island zahlungsunfähig ist, sind die Auswirkungen in den Finanzzentren von Frankfurt und New York ebenso zu spüren wie in Tokio oder Dubai.

Und wenn ein isländischer Vulkan ausbricht, wenn er Gestein und Dreck aus dem Innersten der Erde kilometerweit in den Himmel spuckt und der Wind seine Aschewolken bis nach Europa treibt, dann kann dies mehrere Wochen lang den Luftverkehr über weiten Teilen von Europa lahmlegen; dann muss nicht nur die Bundeskanzlerin ihre Rückreise aus Spanien teilweise mit dem Bus bestreiten, sondern es fehlen plötzlich in den Autowerken wichtige Teile, die ansonsten mit dem Flugzeug herbeigeschafft werden. In solch einem Fall stehen die Bänder schon nach wenigen Tagen still. So war es auch nach dem Erdbeben und dem Tsunami in Japan: Weil wichtige Mikrochips, hergestellt in japanischen Fabriken, nicht mehr zu haben waren, mussten Unternehmen in aller Welt ihre Produktion herunterfahren.

Denn der Kostendruck des globalen Wettbewerbs hat dafür gesorgt, dass nicht nur Autohersteller, sondern auch andere Industriekonzerne keine riesigen Lager mehr vorhalten, in denen sie jene Elemente horten, die sie bei ihren Zulieferern einkaufen; sie lassen sich die Komponenten, die sie zu einem Auto, Computer oder einer Maschine zusammenfügen, genau zu jenem Augenblick liefern, in dem sie die Ware benötigen. *Just in time*: Diese Produktionsweise wurde maßgeblich geprägt vom japanischen Autohersteller Toyota – doch nach der Atomkatastrophe in Japan wird sie zum Fluch.

Beispiele wie dieses zeigen: Unsere Wirtschaft ist abhängig von einem fein verästelten Transport- und Versorgungssystem, von den vielen kleinen Blutbahnen, die die Globalsierung nähren. Dazu zählt die Versorgung mit Waren: über Flughäfen, Häfen, Bahnlinien, Autobahnen und durch Tunnels. Dazu zählt aber auch die Versorgung mit Kapital: über Banken und Börsen. Fällt eine zentrale Schnittstelle aus, kann dies gravierende Folgen für die Weltwirtschaft haben. Unsere vernetzte Wirtschaft ist aber auch deswegen so verletzlich geworden, weil ihr Funktionieren mehr denn je davon abhängt, ob bestimmte Rohstoffe in ausreichender Menge verfügbar und die Preise dieser Materialien erträglich sind. Wenn der Ölpreis binnen weniger Monate um 10, 20 oder gar 30 US-Dollar steigt, wenn er sich innerhalb eines Jahres nahezu verdoppelt, wenn der Preis für Kupfer, Lithium oder seltene

Erden binnen kürzester Zeit ebenfalls nach oben schnellt, kann dies gewaltige Verwerfungen zur Folge haben.

Wenn wir die globale Wirtschaft näher betrachten, stellen wir allerdings fest, dass es unterschiedliche Stufen der Verletzbarkeit gibt. Der islamistische Terror wirkt sich nicht auf alle Bereiche gleichermaßen aus. Die Finanzindustrie, die Luftfahrt- und Reisebranche, der Transport- und Logistiksektor reagieren wesentlich sensibler auf die Anschläge und ihre Folgen als etwa der Einzelhandel, der Maschinen- und Anlagenbau oder die Unternehmen der Informations- und Kommunikationstechnologie. Mineralwasser, Nudeln oder Toilettenpapier werden immer gebraucht; Maschinen oder Anlagen werden langfristig geordert, manchmal Jahre im Voraus; und Telefonanlagen oder Computer werden meist unabhängig von weltpolitischen Entwicklungen bestellt. Aber das Kapital reagiert sensibel auf jegliche Erschütterung; und auch jene Branchen aus dem Transportbereich, die die Globalisierung vorangetrieben haben: die Luftfahrt, die Containerschifffahrt, die Bahn und das Fuhrgewerbe, geraten schnell aus dem Tritt, wenn Terroristen massiv zuschlagen.

Ökonomen sprechen in solche Fällen von einem »asymmetrischen Schock«, der in der ersten Runde einige Bereiche der Wirtschaft stärker trifft als andere. Erst die sogenannten Zweitrundeneffekte führen dazu, dass der Schock sich anschließend im Rest der Wirtschaft auswirkt und ein Prozess in Gang kommt, bei dem sich die einzelnen Effekte wechselseitig verstärken. Die Dritt-, Viert- oder Fünftrundeneffekte können schließlich dazu führen, dass der »asymmetrische Schock«, der am Anfang nur bestimmte Bereiche der Wirtschaft getroffen hat, sich zu einer Rezession auswächst: zu einer Krise, in der Unternehmen pleitegehen und Millionen von Jobs verschwinden.

Die Kapitalmärkte als Schockverstärker

Am empfindlichsten auf den Schock des Terrors reagiert üblicherweise jene Branche, die eigentlich keine Industrie ist, angesichts ihrer überragenden Bedeutung aber als solche bezeichnet wird: die Finanzindustrie. Die Trader in den Handelssälen beziehen sofort jede Nachricht, die ihnen halbwegs relevant erscheint (und manchmal auch Gerüchte, die sich später als falsch erweisen), in ihre Überlegungen mit ein. Wenn ein Hurrikan durch den Golf von Mexiko rast, wenn in Nigeria oder im Jemen ein Anschlag auf eine Ölanlage verübt wird, wenn die Agenturen von einem Umsturz in einem arabischen Land berichten – wenn sich also irgendwo auf der Welt etwas ereignet, das wirtschaftliche Auswirkungen über den Ort des Geschehens hinaus hat, versuchen die Händler dies zu berücksichtigen. Dann ändern sie ihre Wetten, passen ihre Positionen an und verschieben mal eben ein paar Milliarden von hier nach dort.

Und oft sind diese Händler keine Menschen mehr, sondern Maschinen, sogenannte Hochfrequenzrechner, die binnen Millisekunden entscheiden, ob sie Tausende von Aktien kaufen oder verkaufen, ob sie für eine paar Milliarden Euro komplexe Derivate erwerben oder sie auf den Markt werfen. Diese Rechner sind mit ausgefeilten Computerprogrammen bestückt, die nicht unbedingt schlauer sind als die Trader in den Handelssälen, aber in jedem Fall schneller. Die Hochfrequenzrechner sorgen dafür, dass die Umsätze an den Börsen wachsen, aber sie verstärken auch die Volatilität, also die Ausschläge nach oben und nach unten. Die superschnellen Computer steigern zugleich die Nervosität an den Märkten, weil sie auf jede Zuckung reagieren.

Die Finanzmärkte haben sich in den letzten zwei Jahrzehnten zu einem überaus empfindlichen Ort entwickelt, der die Risiken nicht minimiert, sondern potenziert. Wenn in der Welt etwas Bedeutsames passiert, schießen bestimmte Werte oft schneller nach oben oder nach unten, als dies dem Ereignis angemessen ist. Denn auch die Händler an den Börsen kennen anfangs ja nur die Nachrichtenfetzen. Auch sie lassen sich von ihrem Bauchgefühl leiten. Es kommen dann jene »animal spirits« zum Tragen, die der Ökonom John Maynard Keynes einst als bestimmenden Faktor der Wirtschaft beschrieben hat und deren Wirken Ludwig Erhard zu der Bemerkung veranlasst hat, 50 Prozent der Wirtschaft seien Psychologie.[2]

Die Psychologie der Finanzmärkte ist entscheidend für die Spreng-kraft des Terrors, weil die Reaktion der »Märkte« vielen in der Wirt-schaft als Maßstab dafür gilt, ob ein Ereignis als ökonomisch gravie-rend angesehen werden muss oder nicht. Dahinter steckt die Vor-stellung, die Finanzmärkte seien ein perfekter Markt, der wie in der ökonomischen Theorie funktioniert: Seine Akteure handeln angeblich rational und verfügen über das höchste Maß an Informationen, was am Ende immer zu »richtigen« Preisen führe, zu Gleichgewichtsprei-sen, wie die Ökonomen sagen. Tatsächlich jedoch befinden sich die Fi-nanzmärkte fast nie im Gleichgewicht, wie die Finanzkrise gezeigt hat: Die Märkte haben sich gegenseitig aufgeschaukelt, und so hat sich die Krise von einer Krise am amerikanischen Immobilienmarkt erst zu einer Kreditkrise ausgewachsen – und schließlich zu einer Weltwirt-schaftskrise. Je komplexer dieses Finanzsystem und seine Produkte sind, je größer die gehandelten Risiken sind und je weniger diese Risi-ken durch eine entschlossene Regulierung eingedämmt werden, umso anfälliger ist das System auch für den islamistischen Terror.

In den siebziger Jahren des 20. Jahrhunderts dagegen, als die Rote Armee Fraktion, die Roten Brigaden oder die IRA ihre Anschläge ver-übten, hat es noch keinen Sinn ergeben, mit Bomben die Finanzmärkte beeinflussen zu wollen. Die Terroristen des 20. Jahrhunderts ermorde-ten lieber Banker, weil sie in ihnen ein Symbol der Macht sahen. Sie zielten hingegen nicht auf die Märkte, die es in der heutigen Form ja noch gar nicht gab. Damals begann gerade erst jener Prozess der De-regulierung, der die jetzigen Finanzmärkte entstehen ließ. In den sieb-ziger Jahren gab es noch keine Investmentbanken, deren Manager sich als Herrscher der Welt verstanden; es gab noch keine Hedge-Fonds, die mit geliehenen Milliarden spekulierten. Es gab auch noch nicht jene Derivate, die angeblich dazu dienen, die Risiken an den Kapitalmärk-ten zu verteilen, die aber am Ende genau das Gegenteil bewirkten und die der amerikanische Investor Warren Buffett als »finanzielle Mas-senvernichtungswaffen« bezeichnet hat.[3]

Wenn hingegen die Terroristen des 21. Jahrhunderts zuschlagen, die Anhänger von al-Kaida, dann versuchen sie auch, diese finanziellen

Massenvernichtungswaffen zur Explosion zu bringen. Dann hoffen die Wohlstandskrieger darauf, durch einen Anschlag auf eine Börse, eine Bank, eine Pipeline oder ein Symbol der Finanzwelt wie das World Trade Center eine Kettenreaktion an den Kapitalmärkten in Gang zu setzen, die sich nicht mehr kontrollieren lässt. Sie hoffen darauf, dass den Verwerfungen an den Finanzmärkten schon bald besonders heftige Zweit-, Dritt- und Viertrundeneffekte in anderen Bereichen der Wirtschaft folgen.

Und sie bringen damit nicht nur die Wertpapiermärkte durcheinander, sondern auch jene Börsen, an denen mit Waren und Rohstoffen in gleicher Weise spekuliert wird wie mit Aktien oder Finanzderivaten. Denn ebenso, wie Spekulanten auf den Erfolg oder Misserfolg eines Unternehmens wetten, auf den Aufstieg oder Absturz einer Währung, so zocken sie auch mit Öl und Gas, Weizen und Mais, Kupfer und Aluminium. An den Warenterminbörsen wird, wie an den Devisenterminbörsen, jeden Tag ein Vielfaches dessen gehandelt, was die reale Wirtschaft tatsächlich benötigt. Es werden Milliarden auf einen minimalen Anstieg und Verfall des Ölpreises gewettet. Während ein Tanker vom Persischen Golf nach Europa unterwegs ist, kann das Öl an Bord mehrmals den Besitzer wechseln, weil die Wette auf den Wert der Ladung weitergereicht wird. Wenn dann ein Anschlag dazwischenkommt, der die Ölindustrie trifft, kann dies die Preise an den Rohstoffbörsen völlig durcheinanderbringen. Dann können die Terroristen die Preise für ein Fass Rohöl auf irrwitzige Höhen treiben. Und deshalb setzt al-Kaida das Öl gezielt als Waffe ein – um auf diese Weise die Wirtschaft des Westens zu destabilisieren.

Vorsicht, Finanzterroristen! Vorsicht, Cyberterroristen!

Doch die islamistischen Terroristen könnten auch versuchen, noch auf sehr viel subtilere Weise in das Geschehen an den Finanzmärkten einzugreifen – nicht bloß mit Bomben, sondern mit Finanztransaktionen oder Computermanipulationen, die die Märkte ins Taumeln bringen.

Sie könnten sich als Händler in das Geschäft an den Börsen einklinken, als Spekulanten, die einen bestimmen Prozess in Gang bringen wollen; sie könnten aber auch versuchen, als Hacker in die Rechner von Banken und Börsen einzudringen, um den Markt zu beeinflussen. Kevin Freeman, ein amerikanischer Berater, diskutiert diese Möglichkeit in einem 110 Seiten umfassenden Papier mit dem Titel »Economic Warfare: Risks and Responses«, was übersetzt heißt: »Wirtschaftliche Kriegsführung: Risiken und Antworten«.[4] Die Analyse wurde vom amerikanischen Verteidigungsministerium im Frühjahr 2009 in Auftrag gegeben und lange unter Verschluss gehalten. Freeman warnt in seinem Papier, dass »Finanzterroristen« den US-Dollar und damit die US-Wirtschaft in die Knie zwingen könnten, indem sie massenhaft amerikanische Staatsanleihen auf den Markt werfen, also jene Papiere, mit denen die Washingtoner Regierung die gigantischen Staatsschulden finanziert.

In seinem vertraulichen Papier stellt Freeman sogar die kühne These auf, dass der Zusammenbruch der Wall Street im Herbst 2008 möglicherweise nicht allein durch Spekulanten ausgelöst worden sei – sondern dass es denkbar sei, dass der Crash auch durch »Finanzterroristen« befeuert worden sein könnte. Getarnt als normale Anleger, könnten sie mit hoch spekulativen Geschäften, mit sogenannten Leerverkäufen, also dem Verkauf von Aktien, die sie gar nicht besitzen, den Zusammenbruch der Investmentbanken Bear Stearns und Lehman Brothers mit befördert haben. Eine These, die sehr gewagt ist, die aber das Verteidigungsministerium nicht davon abgehalten hat, das Papier innerhalb des Ministeriums zirkulieren zu lassen und es zudem der Financial Crisis Inquiry Commission des Kongresses zu übermitteln, deren Ziel es war, die wahren Gründe der Finanzkrise aufzudecken.

Man mag einwenden, dass diese Theorie abenteuerlich ist, ja geradezu absurd. Man mag darauf verweisen, dass hier einem Berater die Fantasie durchgegangen ist. Gleichwohl beleuchtet Freeman einen interessanten Punkt. Denn selbst wenn sich wohl nie nachweisen lassen wird, dass bei der Finanzkrise Terroristen ihre Finger im Spiel gehabt haben, so ist die dahinterstehende Frage berechtigt: Sind Terroristen in der Lage, als Spekulanten (oder Hacker) die Finanzmärkte zum Absturz zu bringen? Banker und Aufseher werden beteuern, dass dies völlig unrealistisch sei. Sie werden betonen, dass an den Börsen jeden Tag derart gewaltige Summen bewegt werden, dass eine Schar von Finanzterroristen hier nichts, aber auch gar nichts ausrichten könne, weil ihr Einsatz zu klein sei. Sie werden uns mit der Auskunft zu beruhigen versuchen, dass die Kontrolleure in den Aufsichtsbehörden und Banken den Markt überwachen und seltsame Geschäfte auffielen.

Aber können wir uns darauf verlassen? Können wir uns sicher sein, dass nicht einige clevere Islamisten, die bestens ausgebildet sind im Börsenhandel und den Computerwissenschaften, irgendwann doch einen teuflischen Plan aushecken? In den letzten Jahren jedenfalls haben wir immer wieder erlebt, wie es einem Einzelnen oder einer Gruppe gelungen ist, die Finanzmärkte in eine völlig andere Richtung zu lenken – sei es mit gezielt gestreuten Gerüchten, sei es mit Betrügereien oder mit einem besonders gewagten Geschäft.

So stürzte die Aktie des Computerherstellers Apple im Herbst 2008 binnen kurzer Zeit um mehr als 5 Prozent ab, nachdem auf einer Website, die vom amerikanischen Fernsehsender CNN betrieben wird, ein Bürgerjournalist die Falschmeldung verbreitet hatte, Apple-Chef Steve Jobs sei mit Herzproblemen in ein Krankenhaus eingeliefert worden. Nur wenige Monate zuvor war es einem Händler von Société Génerale gelungen, die Computer der französischen Bank zu manipulieren und ohne Kenntnis seiner Vorgesetzten Finanzwetten im Wert von 50 Milliarden US-Dollar abzuschließen; die Börsen rutschten daraufhin um 7, 8, 9 Prozent ab.

Einen ähnlich heftigen Crash erlebte die New Yorker Börse am 6. Mai 2010, als sie innerhalb von zwanzig Minuten um 10 Prozent abstürzte. Niemand konnte sich diesen Absturz zunächst erklären; die Börsenaufsicht faselte etwas von Unregelmäßigkeiten im elektronischen Handel. Erst fast fünf Monate später fand eine Untersuchungskommission den Schuldigen: Ein Handelshaus aus Kansas hatte seine Computer so programmiert, dass in kurzer Zeit Termingeschäfte im Wert von etwa vier Milliarden US-Dollar auf den Markt geworfen wurden, die aber niemand haben wollte. Die Handelscomputer der anderen Geldhäuser verabschiedeten sich daraufhin ebenfalls aus dem Markt und befeuerten damit jenen Crash, dem sie eigentlich entkommen wollten.

Wenn also ein einzelner Blogger, einzelne Händler oder ein einziges Handelshaus derart heftige Kursausschläge hervorrufen kann, könnte dies auch einer Gruppe von Finanzterroristen gelingen – erst recht, wenn ihre Mitglieder sich über Jahre hinweg das nötige Knowhow aneignen, wenn sie um die Technik komplexer Derivate wissen und eine Tarnfirma gründen. Oder wenn sie als Hacker in eine Bank eindringen.

Dass solch ein Cyber-Angriff auf eines der Zentren der Finanzwelt möglich ist, zeigt sich gleich zweimal im Februar 2011. Da wird zunächst publik, dass Hacker mehrmals in das Computersystem der amerikanischen Technologiebörse Nasdaq eingedrungen sind. Ihnen ist es gelungen, die elektronischen Schutzwälle zu überwinden und eine Internetplattform auszuspionieren, über die rund 10 000 Vorstands- und Verwaltungsratsmitglieder von Unternehmen vertrauliche, kursrelevante Informationen austauschen. Die eigentliche Handelsplattform, über die die Aktiengeschäfte abgewickelt werden, sei von den Angriffen verschont geblieben, versichert die Nasdaq. Nur vier Wochen später wird bekannt, dass auch die amerikanische Bank Morgan Stanley das Opfer einer Hackerattacke geworden ist. Von China aus drangen die Computerspezialisten in das Netzwerk der Bank ein. Doch auch in diesem Fall versichert die Unternehmensleitung, die Eindringlinge hätten keine großen Schäden angerichtet.

Doch können solche Worte wirklich beruhigen? Können wir uns mit der Aussage der Betroffenen zufriedengeben, sie hätten alles im Griff? Auf einer Sicherheitskonferenz im August 2010 warnt der Direktor des FBI, Robert Mueller, davor, die Gefahren durch den Cyberterrorismus klein zu reden – oder Attacken zu vertuschen: »Ein Code des Schweigens« nütze niemanden, weder den betroffenen Unternehmen noch ihren Kunden, betont Mueller. Denn eine Cyber-Attacke könne die gleiche Wirkung wie eine gut platzierte Bombe entfalten. Deshalb habe al-Kaida seine Kampfkraft im Internet ausgebaut und sei nun in der virtuellen Welt »beinahe so stark präsent wie in der physischen Welt«, warnt der FBI-Chef. Noch sei den islamistischen Terroristen zwar kein umfassender Cyberangriff gelungen, aber sie seien mit kleineren Attacken bereits erfolgreich. Und sie hätten ein klares Interesse daran, reale Attacken mit Cyberattacken zu verbinden: Osama bin Laden habe »schon vor langem den Cyberspace als ein Mittel identifiziert, unsere Wirtschaft zu schädigen und unsere Moral zu untergraben – und zahllose Extremisten haben dies beherzigt.«[5] Auch der deutsche Bundesinnenminister Hans-Peter Friedrich rechnet damit, dass islamistische Terroristen demnächst auch über das Internet zuschlagen werden.[6]

Der Vorteil der Cyberattacken: Sie kommen lautlos daher, für die meisten Menschen nicht erkennbar. Die digitale Welt bietet sich deshalb für Terroristen geradezu an, um mit geringem Aufwand gewaltige Schäden zu verursachen. Denn so sehr Banken, Börsen und Unternehmen bemüht sind, ihre Rechnersysteme zu schützen: Wer Sicherheitslücken finden will, über das nötige Wissen sowie Geduld verfügt, kann diese Lücken entdecken. Und wer Hunderttausende von Rechnern in aller Welt heimlich mit einem Schadprogramm infiltrieren will, um sie als virtuelle Kanonen einzusetzen, die die Rechner von Unternehmen mit Anfragen bombardieren und dadurch lahmlegen, der wird auch hierfür einen Weg finden: Diese sogenannten »Botnetze« seien eines der gefährlichsten Bedrohungsszenarien überhaupt, warnt Eugene Kaspersky, der Chef eines der größten Antiviren-Software-Herstellers der Welt: »Sie können aus Millionen Rechnern bestehen, die von ein und demselben trojanischen Pferd gekapert werden. Der Entsender kann mit diesen Computern massive Attacken auf Server starten und so ganze Staaten und Ökonomien lahmlegen.«[7]

Die verwundbare Industrie

Während die Finanzmärkte einen entscheidenden Übertragungsweg für Terror bilden, reagiert der übrige Teil der Wirtschaft höchst unterschiedlich auf die Bedrohung. Manche Branchen sind relativ empfindlich, andere eher robust. Es zeigt sich dabei: Je stärker eine Branche in die globale Wirtschaft eingebunden ist, je stärker sie Teil eines komplexen logistischen Netzwerks ist, umso sensibler reagiert sie auf die Erschütterungen durch den internationalen Terrorismus. Denn das Funktionieren unserer globalen Wirtschaft hängt nun einmal davon ab, dass Waren und Menschen pünktlich von einem Ende der Welt zum anderen transportiert werden. Logistikzentren sind damit ebenso gefährdet wie die großen Verkehrsträger, wie Schiffe, Züge oder Flugzeuge. Sollte ein Öltanker in die Luft fliegen, gar in einem Hafen oder in einer Meerenge, sollte ein Schnellzug durch eine Explosion entgleisen oder noch mehr Flugzeuge in Gebäude rasen, würde dies den Warenverkehr spürbar beeinträchtigen – und damit der Industrie schaden.

Als bevorzugtes Ziel von Anschlägen hat sich dabei die Luftfahrtbranche erwiesen: Wenn Terroristen in den Sohlen ihrer Turnschuhe Sprengstoff deponieren und diesen während eines Flugs über den Atlantik zünden, so, wie es der zum Islam konvertierte Brite Richard Reid im Dezember 2001 versucht hat; wenn sie in ihrer Unterhose den Industriesprengstoff PETN verstecken und diesen beim Landeanflug auf Detroit zur Explosion bringen wollen, so, wie es der Nigerianer Umar Farouk Abdulmutallab Weihnachten 2009 probiert hat; oder wenn sie eine Druckerpatrone, gefüllt mit eben jenem PETN, in ein Päckchen packen und dieses im Herbst 2010 mit einem Frachtflieger in die Vereinigten Staaten schicken – wenn Flugzeuge also zu Bomben werden, dann bringt dies die Luftfahrtbranche jedes Mal in Not. Dann stornieren Passagiere ihre Flüge. Dann verlieren die Aktien der Luftfahrtgesellschaften an Wert und überlegt sich manche Airline, ob sie tatsächlich so viele Maschinen bei den Flugzeugbauern ordern soll. Und in der amerikanischen Mojave-Wüste stehen plötzlich Hunderte von Passagierjets herum, die zeitweise nicht gebraucht und deshalb eingemottet wurden.

Besonders heftig litt die Branche unter den Folgen des 11. September: Allein 2001 verbuchten die Fluggesellschaften, die im globalen Dachverband IATA organisiert sind, Verluste von 15 Milliarden US-Dollar; 2002 kam ein Minus von 12 Milliarden US-Dollar hinzu. Zahlreiche Fluggesellschaften standen vor dem Bankrott, weil der Luftraum über den Vereinigten Staaten tagelang gesperrt war und danach fast die Hälfte der Kunden ausblieb. Der Flugzeughersteller Boeing musste, weil Aufträge storniert wurden, 30 000 Stellen streichen.

Auch die Tourismusbranche leidet, wenn die Angst vor dem Fliegen wächst oder beliebte Reiseziele vom Terror getroffen werden. Wer reist schon gerne nach Mauretanien, wenn der dortige Ableger von al-Kaida Italiener oder Spanier entführt und Briten oder Amerikaner erschossen werden? Die Hotels am Rande der Sahara sind leer, das UNESCO-Weltkulturerbe in der Stadt Chinguetti verwaist, und auch die Rallye Dakar, die das Land durchkreuzt, wurde aus Sicherheitsgründen abgesagt und nach Südamerika verlegt. Und wer fliegt schon unbefangen nach Scharm El-Scheich, dem ägyptischen Badeort am Roten Meer, wenn dort kurz zuvor Bomben an der Strandpromenade explodiert sind? 88 Menschen starben im Juli 2005 bei den Anschlägen, 200 wurden verletzt. Und wer macht schon auf der tunesischen Badeinsel Djerba Urlaub, wenn wie im Frühjahr 2002 dort ein al-Kaida-Terrorist einen Tankwagen in die Luft sprengt und 21 Menschen mit in den Tod reißt, darunter 14 deutsche Touristen?

Unmittelbar betroffen von den Folgen des islamistischen Terrors ist auch die Versicherungsbranche: Wenn die Opfer eine Lebensversicherung abgeschlossen haben, müssen die Unternehmen der Assekuranz ebenso zahlen wie bei zerstörten Gebäuden, die versichert waren. Auch bei den Versicherungen haben die Anschläge vom 11. September 2001 den bislang größten Schaden verursacht. Zehntausende von Bürgern und Unternehmern machten Ansprüche geltend: Alles in allem mussten die Versicherungen bis zu 80 Milliarden US-Dollar auszahlen, was wiederum die Prämien in die Höhe trieb.

Doch jenseits von Flugzeugbau, Luftfahrt, Tourismus, Rohstoffen und Finanzbranche bleibt ein Teil der Wirtschaft, so scheint es, von den Erstrundeneffekten des Terrors weitgehend verschont: die klassische Industrie. Die produzierenden Betriebe bilden immer noch den Kern unserer Wirtschaft; sie stellen jene Güter her, die für unseren Wohlstand besonders wichtig sind: Autos und Züge, Maschinen und

Turbinen, Kraftwerke und Solaranlagen, Fernseher und Computer; aber auch Lebensmittel und Kosmetika, Lampen und Möbel. Und obwohl wir uns angeblich auf dem Weg in die Dienstleistungsgesellschaft befinden, erbringen die Industrieunternehmen nach wie vor den wichtigsten Teil der Wertschöpfung in unseren Volkswirtschaften; ihre Produktionskraft bildet das Fundament, auf dem die Finanzbranche und andere Dienstleister überhaupt erst existieren können.

Denn das Geschäft von Industriebetrieben ist nicht so kurzatmig wie jenes von Banken, deren Händler auf jede Zuckung der Börse reagieren. Die Unternehmen des produzierenden Gewerbes sind an stabilen Lieferbeziehungen interessiert. Doch natürlich bekommen sie ebenfalls zu spüren, wenn sich nach einem gravierenden Anschlag die Wünsche der Kunden verschieben und die Verbraucher ihr Geld beisammen halten. Dann können die Zweit-, Dritt- und Viertrundeneffekte schnell in eine Rezession münden, in eine ernsthafte Krise der Industrie. Wie solch eine Abwärtsspirale aussehen kann, in der sich die negativen Effekte gegenseitig verstärken, haben wir nach den Anschlägen des 11. September eindrücklich erlebt. Die Furcht vor einem Abschwung hat damals alle gelähmt: die Anleger und die Verbraucher, die Investoren und die Industrie. Die Menschen blieben – geschockt durch die verheerenden Attacken auf New York und Washington – damals buchstäblich zu Hause, kauften fast nichts mehr ein und stürzten viele Industriebetriebe deshalb in gewaltige Not.

In gleicher Weise wie die Finanzmärkte sehen sich auch Industriebetriebe den Bedrohungen durch den Cyberterrorismus ausgesetzt. Denn Terroristen, die sich über die Datennetze heranschleichen, machen nicht Halt vor jenen Branchen, die das Herz unserer Wirtschaft bilden. Ja, sie sehen sich möglicherweise sogar herausgefordert, mit virtuellen Attacken jene Bereiche der Industrie zu treffen, die sie mit physischen Angriffen möglicherweise nur schwer erreichen können. Sie könnten das Rechnersystem eines Kraftwerks besetzen, den Server eines Wasserversorgers lahmlegen oder bestimmte Fabriken mit einem Virenprogramm bombardieren, um die Produktion zu stoppen.

»Für Terroristen bietet sich das Internet als ideales Mittel zu asym-

metrischen Attacken geradezu an«, schreibt der Potsdamer Friedens-
forscher Wolfgang Kötter. »Wer die Zentralrechner bei Flughäfen,
Energieversorgern oder Regierungen anzapft, Informationen stiehlt
oder Codes ändert, kann die Ökonomie eines Landes ruinieren und
das öffentliche Leben völlig zum Erliegen bringen.«[8] Der damalige
Chef der Agentur der Europäischen Union für Informationssicher-
heit, Andrea Pirotti, warnte im Jahr 2008 gar, ein großer Cyberangriff
könne zu einem »digitalen 11. September« werden.[9]

Einen Vorgeschmack, wie solch ein digitaler 11. September aussehen könnte, erlebte die Welt im Jahr 2010, als ein Computerwurm namens Stuxnet für Aufregung sorgte. Wer ihn in die Welt gesetzt hat, ist
bis heute unklar; sehr wahrscheinlich waren es gar nicht Terroristen,
sondern Geheimdienste. Doch interessant ist vor allem, welche Wirkungen dieses Virenprogramm entfaltet: Es befällt die Steuerungs-
anlagen von Fabriken, die der deutsche Siemens-Konzern hergestellt
hat, und es infiltriert vor allem Anlagen im Iran. Das eigentliche Ziel
von Stuxnet, darüber ist man sich inzwischen im Klaren, war es, dem
iranischen Atomprogramm zu schaden. Der Wurm manipulierte die
Zentrifugen in den Urananreicherungsanlagen. Der Angriff mit Stuxnet ist so etwas wie ein digitaler Erstschlag: Hier wird eine neue Form
des Krieges getestet, eine Cyberwaffe, die ungeheure Wirkung entfaltet, deren Absender aber im Dunkeln bleiben.

Das Labor des Schreckens

Wie verletzbar die Industrie, dieser produktive Kern unserer Wirtschaft, tatsächlich ist, versuchen Politiker und Ökonomen meist zu
verdrängen. Sie argumentieren, dass der 11. September ein Ausnahme-
fall gewesen sei, der sich nicht verallgemeinern lasse. Was aber passiert,
wenn islamistischen Terroristen irgendwann erneut ein ähnlich brutaler Anschlag gelingt? Welche Schockwellen würde es auslösen, wenn
der Sturm der Flugzeuge weitergeht? Oder wenn in einem Hafen eine
radioaktive Bombe detoniert? Und wie würde unsere vernetzte Wirt-

schaft reagieren, wenn Terroristen in einer europäischen oder amerikanischen Millionenstadt das Grundwasser verseuchen, wenn sie einen Angriff mit Biowaffen starten oder einen Staudamm sprengen?

Ein kleines Team von Wissenschaftlern der University of Southern California in Los Angeles versucht dies zu ergründen: Die Wissenschaftler des Center for Risk and Economic Analysis of Terrorism Events, kurz: CREATE, arbeiten als Propheten des Schreckens. Sie bemühen sich, in aufwändigen Studien jene kurz-, mittel- und langfristigen Schäden für die Wirtschaft zu errechnen, die durch einen Terrorangriff verursacht werden. Teils tun sie dies aus wissenschaftlicher Neugier heraus, teils im Auftrag des amerikanischen Heimatschutzministeriums, jener gewaltigen Behörde, die nach den Anschlägen des 11. September geschaffen wurde.

Die Forscher zählen zu einer Sparte der Wirtschaftswissenschaften, die vor zehn Jahren keine Rolle spielte und auch jetzt eher ein Dasein am Rande führt: der Ökonomie des Terrors. Ihr Ziel ist es, Unternehmen und Regierungen genaue Szenarien zu liefern, wie sich ein Anschlag auf Städte, Flughäfen oder Seehäfen auswirkt, was ein Angriff mit Bio- oder Chemiewaffen oder einer radioaktiven Bombe die Wirtschaft kostet und welche Folgen neue, schärfere Sicherheitsauflagen haben. Um all dies zu errechnen, haben sie Computermodelle entwickelt, mit denen sie die Folgen eines Angriffs simulieren. Die Wissenschaftler in diesem Labor des Schreckens fragen sich: Welche Branchen werden am härtesten getroffen? Wie reagieren Anleger und Verbraucher? Was kostet es, wenn Flugzeuge am Boden bleiben, wenn Häfen zerstört sind oder hunderttausende Menschen für einige Wochen nicht arbeiten können, weil eine Gegend durch Massenvernichtungswaffen kontaminiert wurde?

So haben etwa Heather Rosoff und Detlof von Winterfeldt untersucht, welche Folgen ein Anschlag mit einer schmutzigen Bombe auf die Häfen von Los Angeles und Long Beach haben könnte, zwei der wichtigsten Umschlagplätze in der globalen Wirtschaft – und damit zwei potenzielle Ziele von hoher symbolischer Bedeutung.[10] In den beiden Häfen, die aneinandergrenzen, wird fast die Hälfte aller amerikanischen Importe angelandet, die das Land auf dem Seeweg erreichen. Öltanker werden dort entladen, Frachter mit Autos, Lebensmitteln oder Elektroartikeln machen an den Kaimauern fest. Etwa 600 000 Menschen arbeiten in den beiden Häfen und deren Umfeld.

In ihrer Studie spielen Rosoff und von Winterfeldt alle Schritte eines Anschlags durch: Wo können sich die Terroristen das radioaktive Material beschaffen? Am ehesten in einem amerikanischen Krankenhaus oder einer Fabrik, und im schlimmsten, unwahrscheinlichsten Fall in einer russischen Nuklearanlage. Wie gelangen die Terroristen auf das Hafengelände? Vermutlich mit einem Lieferwagen oder Van, möglicherweise auch mit einem Motorboot oder einem Helikopter. Wo platzieren sie die Bombe? Wahrscheinlich dort, wo diese einerseits nicht sofort entdeckt wird, andererseits aber den größten Schaden anrichtet. Wie lange brauchen die Terroristen, um den Anschlag vorzubereiten? Etwa sieben bis acht Wochen. Und wann werden sie zuschlagen? Auf jeden Fall an einem Tag, an dem der Wind landeinwärts weht und die radioaktive Wolke nicht aufs Meer getrieben wird.

Ein Anschlag mit einer schmutzigen Bombe erfordert eine extrem gute Vorbereitung: Die Wahrscheinlichkeit, dass er gelingt, beziffern die Wissenschaftler von CREATE auf allenfalls 40 Prozent. Andererseits, so geben sie zu bedenken, sei es nicht sonderlich schwer, eine schmutzige Bombe zu bauen: Man müsse dazu nur eine herkömmliche Bombe mit radioaktivem Material füllen, das dann durch die Detonation freigesetzt und in alle Winde verbreitet wird. Im Unterschied zu einer Nuklearwaffe findet dabei keinerlei Kernreaktion statt, doch im Erfolgsfall könnte die Wirkung einer schmutzigen Bombe gleichwohl verheerend sein: Schon die Explosion selbst könnte Dutzende oder Hunderte von Menschen töten; das radioaktive Material, welches freigesetzt wird, könnte Zehntausende oder gar Hunderttausende von Menschen verstrahlen; zudem könnte es Monate, wenn nicht Jahre dauern, das verstrahlte Gebiet zu reinigen.

Zwei Szenarien spielen Rosoff und von Winterfeldt dabei durch: eines mit einer sehr kleinen Bombe, die nur geringe Schäden anrichtet und den Hafen für zwei Wochen lahmlegt; und eines mit einer mittelschweren Bombe, deren Explosion gewaltige Schäden anrichtet. Im Fall der mittelschweren Bombe rechnen die beiden Wissenschaftler damit, dass bis zu 50 Menschen durch die Explosion sterben – und bis zu 1 000 Menschen aufgrund der radioaktiven Verstrahlung.

Zugleich werde die amerikanische Wirtschaft leiden: Wenn der Hafen nur für vier Monate schließen muss, während er dekontaminiert wird, würde dies die Unternehmen über 60 Milliarden US-Dollar kosten. Zwar könnte ein Teil der Waren auf andere Häfen verteilt werden; aber eben nur ein Teil. Wenn der Hafen sogar für ein Jahr schließen müsste, läge der Schaden bei über 250 Milliarden US-Dollar. Viele Unternehmen wären dann dauerhaft vom Nachschub abgeschnitten, müssten ihre Produktion drosseln oder einstellen.

Bis zu 100 Milliarden US-Dollar würde es zudem kosten, das verstrahlte Erdreich abzutragen und das Hafengelände einigermaßen zu dekontaminieren. Soll die Radioaktivität gar auf ein Maß reduziert werden müssen, welches die amerikanische Umweltschutzbehörde als Standard verlangt, könnte die Reinigung auch mehrere Billionen US-Dollar kosten, rechnen Rosoff und von Winterfeldt vor.

Die schmutzige Bombe ist aber nur eines von vielen düsteren Szenarien, welches die Forscher der University of Southern California durchgespielt haben. So untersuchte ein anderes Team, welche Folgen ein Angriff mit biologischen Kampfstoffen hätte. Die Schäden an Gebäuden und Sachen wären gering. Weitaus gravierender wären die wirtschaftlichen Folgen: Weil die Menschen es mit der Angst zu tun bekommen, würde die Nachfrage nach bestimmten Produkten oder die Lust aufs Fliegen sinken. Ein Angriff auf ein Flughafenterminal würde die amerikanische Wirtschaft am schlimmsten treffen und Schäden von über 400 Milliarden Euro hervorrufen.

Ein weiteres Team von CREATE ging der Frage nach, was passieren würde, wenn die Wasserversorgung von Los Angeles durch einen Anschlag für zwei Wochen lahmgelegt würde. Das Team errechnete wirtschaftliche Schäden von bis zu 20 Milliarden US-Dollar. Ein beträchtlicher Teil davon ließe sich auffangen, indem das fehlende Wasser nachgeliefert wird. Andererseits: Würde der Anschlag auf die Wasserversorgung mit radioaktivem Material verübt, wären die Schäden für die Wirtschaft und die Reinigungskosten für das Leitungssystem sehr viel höher.

Die Forscher von CREATE untersuchten auch einen besonders extremen Fall: Wie würde die Wirtschaft des Landes reagieren, wenn die Regierung in Washington aus Furcht vor dem Terror die Grenzen für ein Jahr komplett schließen würde? In diesem Fall, so die Hochrechnung der Experten, bräche die amerikanische Wirtschaft um bis zu 15 Prozent ein – dies wäre die schlimmste Rezession, die die Vereinigten Staaten von Amerika jemals erlebt hätten.

Man mag einwenden, dass diese Szenarien niemals eintreten werden. Man mag der Meinung sein, all diese Entwicklungen, die die Forscher von CREATE aufzeigen, seien völlig übertrieben, weil stets unterstellt wird, dass die Anschläge gelängen. Doch darum geht es den Ökonomen gar nicht. Sie wissen nicht, ob die von ihnen beschriebenen Attentate sich tatsächlich ereignen werden. Sie wissen nur: Die Gefahr ist hinreichend groß, und deshalb ist es erforderlich, die Risiken klar zu benennen – und zwar in Dollar und Cent. Und deshalb ist es erforderlich, sich vor dieser Bedrohung zu schützen.

Denn nur wenn wir uns bewusst machen, wie verletzlich unsere Wirtschaft ist, werden wir in der Lage sein, uns für einen Anschlag zu wappnen; nur dann wird es uns gelingen, mit einer vorausschauenden Politik die Gefahr für die Wirtschaft zu minimieren. Die Szenarien der kalifornischen Forscher zeigen vor allem eines: dass die Erschütterungen durch den Terror auch an sehr weit entfernten Orten zu spüren sind – und dass sie weit über die eigentliche Explosion hinausreichen. Diese Erschütterungen sind umso größer, je gezielter die Terroristen eines der Zentren der Globalisierung treffen und lahmlegen. Die Bilder von einem Hafen, der in Flammen steht; von einem Baseballstadion, in dem nach einem Angriff mit Biowaffen Tausende von Menschen zusammenbrechen; von einer Flutwelle, die sich aus einem gesprengten Stausee ergießt – sie würden die Welt erschrecken; sie wären Teil jener Propaganda, die al-Kaida so wichtig ist; sie würden aber auch unsere Wirtschaft empfindlich treffen.

Die islamistischen Terroristen sind bei ihrem Angriff auf unseren Wohlstand äußerst geduldig. Denn sie führen keinen Blitzkrieg, sie streben nicht den eiligen Triumph an, sondern sie wollen den Westen stattdessen in einen langen Zermürbungskrieg verwickeln. Ihnen geht es darum, einen Prozess in Gang zu setzen, der sich über Jahrzehnte hinzieht: eine Kette von Ereignissen, an deren Ende der Niedergang unserer kapitalistischen Wirtschaft stehen könnte – und damit das Ende unseres Wohlstands, wie wir ihn kennen. Das wichtigste Ereignis in dieser Kette von Ereignissen, jenes, das den Beginn einer neuen Ära markiert, einer neuen Epoche der Unsicherheit, eines Jahrzehnts der Furcht, ist nach wie vor der 11. September.

6. Das Jahrzehnt der Furcht

»Der 11. September ist ein Wendepunkt, der uns mit
den Gefahren der Zukunft konfrontiert hat und uns
dazu zwingt, die großen Fragen der Menschheit zu be-
antworten.«[1]

Tony Blair, britischer Premierminister, 2. Oktober 2001[1]

Der 11. September – ein Angriff auf den Kapitalismus

Nirgendwo hat sich der Anspruch des Kapitalismus, nirgendwo hat
sich die Macht des Geldes derart manifestiert wie in den Türmen des
World Trade Centers. Sie wurden zum Sinnbild der Globalisierung.
Entworfen vom japanisch-amerikanischen Stararchitekten Minoru
Yamasaki, errichtet von der New Yorker Hafenbehörde, mit angescho-
ben von den beiden Rockefeller-Brüdern David und Nelson. Diese
beiden silbern schimmernden Türme überragten alles in ihrer Um-
gebung: 415 Meter hoch der eine, 417 Meter der andere. Sie standen
an der Südspitze Manhattans, im Finanzbezirk, dem wichtigsten Zentrum der globalen Kapitalmärkte. In den beiden Türmen residierten die
großen Banken der Welt: die Bank of America und Morgan Stanley,
die Deutsche Bank und die Credit Suisse First Boston. Auch die Versi-
cherungsmakler AON und Mars & McMellan zählten zu den Mietern.
50 000 Menschen arbeiteten auf den je 110 Etagen der »Twin Towers«,
der Zwillingstürme. Drei Blocks weiter lag das Herz der Wall Street:
die New Yorker Börse. Schon der Name des World Trade Centers
zeigte, welchen Anspruch die Bauherren damit verfolgten: Sie wollten
das Zentrum für den Welthandel schaffen.

Auch die Terroristen von al-Kaida wussten um die Bedeutung dieses außergewöhnlichen Gebäudes. Die Zwillingstürme seien ein »ökonomisches Symbol«,[2] erklärt Osama bin Laden im Herbst 2001: »Diejenigen, die dort gearbeitet haben, haben die größte Wirtschaftsmacht
der Erde unterstützt.«[3] Und deshalb attackieren die islamistischen Ter-

roristen von al-Kaida bereits am 26. Februar 1993 erstmals das World Trade Center – und nicht die Freiheitsstatue im Hafen von New York oder das Lincoln Memorial in Washington, also all jene Symbole, die vor allem für Amerikas politische Macht stehen. Stattdessen greifen sie das Herz des Kapitalismus an.

Der Plan ist teuflisch, wie der Drahtzieher des Attentats von 1993, der Kuwaiti Ramzi Ahmed Yousef, nach seiner Verhaftung gesteht: Das Ziel sei es gewesen, den Nordturm zum Einsturz zu bringen und ihn auf den Südturm stürzen zu lassen. Die Terroristen stellen dazu einen gemieteten Lieferwagen in der Tiefgarage ab, direkt unter dem Nordturm, und zünden eine 700-Kilo-Bombe, die sie in dem Wagen versteckt haben. Die Explosion reißt ein etwa 30 Meter großes Loch in vier der sechs Untergeschosse. Die untersten sieben Stockwerke des Nordturms werden beschädigt, sechs Menschen sterben, etwa tausend werden verletzt – doch ein Teil der Ladung explodiert nicht; zudem steht der Wagen ein paar Meter von jenem Punkt entfernt, an dem die Bombe ihre größte Wirkung hätte entfalten können.

Dieser Misserfolg kann Osama bin Laden und seine Handlanger aber nicht beirren. Acht Jahre später, am 11. September 2001, nimmt al-Kaida erneut die beiden Türme ins Visier. Und diesmal geht der tödliche Plan auf: Um 8.46 Uhr steuert Mohammed Atta die erste Maschine in den Nordturm, eine Boeing 767 der American Airlines, die von Boston nach Los Angeles fliegen sollte. Man glaubt zunächst, es handele sich um ein fürchterliches Unglück. Doch um 9.03 Uhr rast, gesteuert von Marwan al-Shehhi, das zweite Flugzeug, eine Boeing 757 der United Airlines, die ebenfalls von Boston nach Los Angeles fliegen sollte, in den Südturm. Nun ist klar: Hier handelt es sich nicht um ein Unglück, sondern um eine neue Form des Kriegs. Als die beiden Türme, zerfressen von der Hitze der Brände, in sich zusammenstürzen, schaut die ganze Welt zu. Und die Menschen an den Fernsehern sind angesichts dessen, was sie da zu sehen bekommen, genauso sprachlos wie die Menschen in den Straßen von Manhattan, die vor den gewaltigen Staub- und Schuttwolken fliehen, die auf sie niederstürzen.

Auch der Kapitalismus hält in diesem Moment den Atem an: Die

New Yorker Börse wird an diesem Morgen gar nicht erst geöffnet, ebenso die Technologiebörse Nasdaq. Der Handel mit den Futures-Kontrakten, den Wetten auf die Zukunft, der bereits vor dem Einschlag der beiden Flugzeuge begonnen hat, wird gestoppt. In London wird der Handel an der Ölbörse, der International Petroleum Exchange, ausgesetzt, weil die Händler, kaum dass sie die Nachrichten aus New York gehört haben, wie wild Ölkontrakte ordern. Im Finanzdistrikt der britischen Hauptstadt räumt die Polizei aus Furcht vor weiteren Anschlägen zahlreiche Gebäude, darunter die Zentrale des Versicherungsmaklers Lloyd's of London sowie die Niederlassungen der amerikanischen Investmentbank Morgan Stanley und der schweizerisch-amerikanischen Bank Credit Suisse First Boston.

Der Angriff auf ihr Land trifft die Amerikaner ähnlich unvorbereitet wie im Zweiten Weltkrieg der Angriff der Japaner auf Pearl Harbor. Die Geheimdienste hatten zwar den einen oder anderen Hinweis erhalten, dass al-Kaida etwas Großes plane, aber niemand hatte mit einem solch gewaltigen Anschlag gerechnet. Als die beiden Türme des World Trade Centers einstürzen, spüren die Menschen rund um den Globus, dass in den Wolken aus Asche und Gestein nicht bloß zwei Gebäude versinken; dass hier nicht bloß Tausende unschuldiger Menschen in den Tod gerissen werden; und dass es denjenigen, die diese Anschläge verübt haben, nicht allein darum geht, für kurze Zeit Angst und Schrecken zu verbreiten. Sie ahnen, dass hier weitaus mehr untergeht, dass sie Zeugen einer Zeitenwende werden.

Es gibt in der Geschichte immer wieder Momente, in denen sich entscheidet, wie die Welt sich in den nächsten Jahrzehnten weiterentwickelt. Ein einzelnes Ereignis kann die Historie völlig verändern und sie entweder in die eine oder die andere Richtung lenken. In solch einem Augenblick beginnt eine große Wellenbewegung, die dann eine ganze Epoche prägt und die Welt verändert: Diese Wellenbewegung führt dazu, dass sich die politischen und wirtschaftlichen Machtverhältnisse verschieben, dass Nationen aufsteigen oder absinken und sich der Reichtum auf der Welt verschiebt.

Der 24. Oktober 1648 war solch ein Wendepunkt, als in Münster

der Dreißigjährige Krieg beendet und der Westfälische Frieden ge-
schlossen wurde; er schuf eine politische Grundordnung für Europa.
Der 18. Juni 1815 war solch ein Wendepunkt, als Napoleon die Schlacht
von Waterloo verlor und seine Herrschaft wenige Tage später zu Ende
ging. Oder der 28. Juni 1914, als in Sarajevo der Thronfolger von Ös-
terreich-Ungarn, Erzherzog Franz Ferdinand, erschossen wurde, was
zum Ersten Weltkrieg führte. Oder der 9. November 1989, als durch
einen dahingestammelten Satz des DDR-Politbüro-Mitglieds Günter
Schabowski die Mauer fiel: An diesem Tag endete nicht nur die Teilung
Deutschlands, sondern der Kalte Krieg.

Das Ende der Geschichte und ihr Anfang

Und der 11. September 2001 fällt ebenfalls in die Kategorie historischer
Momente: An diesem Tag endet eine Epoche – und eine andere beginnt. Man kann die Epoche, die da zu Ende geht, als das amerikanische Zeitalter beschreiben, das abgelöst wird von einer asiatischen
Epoche. Man kann sie als Epoche einer klaren Weltordnung beschreiben, auf die eine große Unordnung folgt. Man kann aber auch einfach von einer Ära des unbeschwerten Glücks, der beinahe grenzenlosen Freiheit, des scheinbar unbegrenzten Wohlstands sprechen, die
in sich zusammenfällt. Seit dem Herbst 1989, als die Bürger der DDR
sich erst durch Lücken in ungarischen Grenzzäunen zwängten, später
in die Prager Botschaft der Bundesrepublik flüchteten, dann zu Hun-
derttausenden durch die Straßen von Leipzig zogen und schließlich
an der Bornholmer Straße in Berlin die Grenzer dazu brachten, den
Schlagbaum zu öffnen – seither hatten die Menschen der westlichen
Industrieländer zwölf Jahre des Friedens und der Freiheit genossen.
Der Kalte Krieg, das permanente Gegeneinander von West und Ost,
war nach vier Jahrzehnten erstaunlich friedlich zu Ende gegangen, und
es folgte eine Zeit der Ruhe, des »wilden Friedens«.

In dieser kurzen Zeit des Glücks konnte man den Eindruck haben,
dass die Zeit der großen Konfrontation vorbei ist. Der Kalte Krieg

war mit einem klaren Sieger zu Ende gegangen: Die freie Marktwirtschaft des Westens und ihr politischer Kompagnon, die Demokratie, hatten sich durchgesetzt im fünf Jahrzehnte währenden Wettlauf der Systeme, im Rennen um Reichtum und Macht. Die Planwirtschaft des Ostens und der Sozialismus hatten sich als morsch und marode, als zu langsam und bürokratisch erwiesen: Sie waren implodiert. Die kraftstrotzenden Vereinigten Staaten dominierten als einzig verbliebene militärische und ökonomische Supermacht fortan die Weltbühne, während alle anderen erst noch ihre Rolle suchen mussten: die Europäer, deren Kontinent plötzlich wieder vereint war, die aufstrebenden Asiaten, besonders das erwachende China.

Der Kapitalismus westlicher Prägung feiert in den neunziger Jahren ausgelassen seinen Triumph. Die Lehre vom freien Markt, der Wachstum und Wohlstand bringt, breitet sich schnell in viele Teile der Welt aus: Die Amerikaner und ihre europäischen Verbündeten versuchen, unterstützt durch den Internationalen Währungsfonds und eine Heerschar an Ökonomen, Beratern und Bankern, nahezu alles, um den Glauben an Kapitalismus und Demokratie in einem Land nach dem anderen zu verbreiten. Viele Islamisten hingegen empfinden dieses selbstherrliche Auftreten als eine Provokation – und werden dadurch radikalisiert. Denn Amerikaner und Europäer missionieren Regierung um Regierung, Land um Land, sie sichern sich dadurch politischen Einfluss und wirtschaftliche Macht. Die liberalen Heilsbringer fallen in die ehemaligen Staatswirtschaften Mittel- und Osteuropas ebenso ein wie in Asien, Lateinamerika und Afrika. Sie verbreiten ihre Ideologie vom grenzenlosen Wettbewerb und vom schlanken Staat, und sie finden – weil der Staat als steuerndes Element innerhalb der Wirtschaft desavouiert war – auch sehr viele Politiker, die ihnen bereitwillig folgen.

Die neunziger Jahre: Das ist in der Rückschau eine Ära der Sicherheit und des irrationalen Überschwangs und, ja, auch des Größenwahns und der Maßlosigkeit. Die neunziger Jahre: Das ist der Glaube vom »Ende der Geschichte«, wie es der amerikanische Politikwissenschaftler Francis Fukuyama formuliert hat.[4] Über fünf Jahrzehnte haben der real existierende Sozialismus und der real existierende Kapitalismus miteinander gerungen. Über fünf Jahrzehnte haben sie jeweils zu beweisen versucht, die bessere, lebensfähigere Alternative zu sein. Und nun gibt es keine Alternative mehr. Die Apologeten der freien Marktwirtschaft genießen in vollen Zügen das Gefühl der Stärke und des Triumphs, das aus dieser Alleinherrschaft erwächst. Die Politiker des Westens sind nicht bloß zufrieden, sie wirken teils auch überheblich.

Aber warum sollen sie auch zweifeln? Der Sieg des Kapitalismus und der Boom, den sie erleben, gibt ihnen auf den ersten Blick ja Recht: Die neue Welt kommt ohne nukleare Hochrüstung aus, ohne neue Cruise Missiles und SS-20-Raketen, ohne riesige Armeen. Stattdessen feiern die Industrieländer die neue Prosperität. Sie erfreuen sich an der New Economy, an der größten Blütezeit der freien Marktwirtschaft – und sie erkennen nicht, dass durch den Zusammenbruch des Sozialismus (und die Niederlage des bisherigen Gegners) ein Vakuum entstanden ist, in dem sich neue zerstörerische Kräfte, ein neuer Feind Raum sucht: al-Kaida.

Erst dieses Vakuum ermöglicht es den militanten Islamisten, sich als ernst zu nehmender Gegner der Vereinigten Staaten und ihrer Verbündeten zu positionieren – als *der* Gegner. Aber diese Gefahr sieht zunächst niemand, nicht einmal die amerikanischen Geheimdienste. Stattdessen wird alles zugedeckt von einer beispiellosen Euphorie. Es ist die Stunde der Sieger, nicht die Stunde der Zweifler. Es ist die Stunde der boomenden Wirtschaft, nicht des lähmenden Terrors.

Und so gelingt es den Untergrundkämpfern zunächst auch nicht, die Aufmerksamkeit des Westens zu erlangen oder gar die Menschen in den Industrieländern nachhaltig zu ängstigen. Selbst das einzig bedeutsame Attentat auf westlichem Boden, der Versuch von 1993, das World Trade Center in New York zum Einsturz zu bringen, wird nicht als das wahrgenommen, was es war: als Kriegserklärung. Der Anschlag in der Tiefgarage gilt lediglich als eine Art Betriebsunfall, bei der das verlässliche Sicherheitssystem dummerweise versagt hatte. Die Attentäter werden wie gewöhnliche Kriminelle vor Gericht gestellt und verurteilt. Aber eine ernst zu nehmende Gefahr für die Sicherheit des Landes oder gar für den westlichen Wohlstand sieht niemand heraufziehen.

Es ist im Nachhinein fast beängstigend, wie sehr die Vereinigten Staaten und der Westen sich in Sicherheit wiegten. Und wie sehr sie die Warnsignale missachteten. Selbst die Operation Bojinka, die im Januar 1995 eher zufällig von philippinischen Sicherheitskräften aufgedeckt wird, vermag die Industrieländer nicht aus ihrer Selbstgewissheit zu bringen. »Bojinka« heißt übersetzt »große Explosion«. Und Ramzi Ahmed Yousef, Drahtzieher des World-Trade-Center-Attentats von 1993, und Khalid Scheich Mohammed, der Militärchef von al-Kaida, wollten tatsächlich eine besonders große Explosion erzeugen: Sie wollten elf Flugzeuge sprengen, die auf dem Weg von Asien nach Nordamerika sind. Sie wollten zudem mehrere Flugzeuge in den Vereinigten Staaten in ihre Gewalt bringen und sie unter anderem auf das Hauptquartier des Geheimdienstes CIA abstürzen lassen. Als weitere Ziele wurden später der Sears Tower in Chicago, die Transamerica Pyramid in San Francisco, das Pentagon, das Kapitol, das Weiße Haus und das World Trade Center in New York genannt.

Der Plan flog jedoch auf, als die Terroristen in ihrem Appartement in Manila versehentlich eine chemische Substanz zur Explosion brachten und das Zimmer in Brand setzten. Ein Laptop, den sie bei ihrer Flucht aus dem brennenden Zimmer zurückließen, offenbarte ihre Pläne. Vieles davon ähnelt den Anschlägen vom 11. September.

New Economy und New Security

Doch die amerikanische Regierung nimmt al-Kaida nicht sonderlich ernst: Die Bedrohung durch den islamistischen Terror sehen die Amerikaner in den neunziger Jahren als weitgehend vernachlässigbar an. Sie ignorieren, dass Osama bin Laden in zwei langen Aufsätzen, veröffentlicht in den Jahren 1996 und 1998, gleich zweimal den Krieg erklärt. Sie wollen nicht wahrhaben, dass es am anderen Ende der Welt eine Terrororganisation gibt, die es sich in den Kopf gesetzt hat, den Wohlstand des Westens zu zerstören.

Und so erleben die Staaten des Westens scheinbar unbelastete Jahre, in denen es auf den ersten Blick keine Gefahren mehr gibt, dafür aber großen Wohlstand. Sicherheitspolitiker verkünden, dass die Zeit der großen Kriege vorbei sei, und Ökonomen verkünden, dass man die Konjunkturzyklen überwunden habe und es, abgesehen von leichten Schwankungen, künftig nur noch aufwärts gehe. »We have the magic bullet«, wir haben die magische Kugel gefunden, jubelt das amerikanische Wirtschaftsmagazin *Business Week*. Als Beleg dienen den Anhängern der New Economy die stolzen Wachstumsraten der USA, sie verweisen auf die Haushaltsüberschüsse, die die Regierungen in Washington und Europa nach Jahren der hohen Defizite erwirtschaften, sie zeigen auf die Börsenkurse, die in den Himmel schießen.

Angetrieben von einer technologischen Revolution, der Ausbreitung des Internets und immer schnellerer Computer, erlebt die Welt in diesen goldenen Jahren, in den »Roaring Nineties«, eine beispiellose Gründerzeit. Aus dem Nichts steigen Firmen empor, die an der Börse plötzlich Milliarden wert sind, obwohl sie Verluste erwirtschaften. Ausgerechnet das Internet, geschaffen vom Militär, geschaffen für den Kalten Krieg, entwickelt sich nun zum entscheidenden Wachstumstreiber in der Ära nach dem Kalten Krieg.

Das Ende der Geschichte: Es ist eine Illusion – aber Politiker, Wirtschaftsführer und Bürger sind dieser Illusion vom finalen Sieg des Westens und seiner freien Marktwirtschaft hemmungslos verfallen. Jeder, so scheint es, kann sein Glück machen und schnell reich werden. Denn es gibt nach dem Zusammenbruch der Sowjetunion und des Warschauer Pakts ja keinen Feind mehr, der die westlichen Industrieländer militärisch bedroht. Es war also nicht mehr notwendig, weiterhin einen großen Teil der Budgets in Rüstung zu stecken.

Und auch der Terrorismus scheint in dieser Zeit des Glücks beherrschbar zu sein: Man liest zwar hin und wieder von Anschlägen in der arabischen Welt, man sieht die Bilder von zerstörten US-Einrichtungen in Saudi-Arabien, Afrika und dem Jemen, man liest von 19 toten US-Soldaten in der saudischen Ölstadt Dharhan, von 224 Toten in den Botschaften in Kenia und Tansania, von 17 Toten beim Angriff auf den Zerstörer USS Cole im Golf von Aden. Und wer sich etwas genauer mit der Sache beschäftigt, weiß vielleicht auch, dass es eine Terrororganisation namens al-Kaida gibt. Doch deren Attentate sind weit weg, ihre Bedeutung erscheint gering. Und wer, bitte schön, ist Osama bin Laden? Den Namen des Terrorchefs kennt kaum jemand im Westen. Alle Warnungen werden in den Wind geschlagen; auch jene Information von einem al-Kaida-Mann, der 1997 vor möglichen Anschlägen auf amerikanische Botschaften in Afrika warnt – ein Jahr vor den Attentaten.

Wenn die Amerikaner in dieser Zeit überhaupt eine Gefahr ansehen, dann ist es der hausgemachte Terror: Als im Jahr 1995 ein Wirrkopf vom politisch rechten Rand mit einem Lieferwagen voll Sprengstoff in das Murrah Federal Building, den Sitz mehrerer Bundesbehörden, in Oklahoma City rast und 168 Menschen tötet, ist die Aufregung ungleich größer als nach all den Attentaten und Attentatswarnungen von al-Kaida.

Es ist dieser besonderen Zeit nach dem Fall der Mauer geschuldet, dass keine Regierung, kein Nachrichtendienst und auch sonst niemand den neuen Feind namens al-Kaida so ernst nimmt, wie man ihn hätte nehmen müssen. Lieber genießt man die »Friedensdividende« nach dem Zusammenbruch des Ostblocks, und ganz besonders tut man dies in Deutschland, das wie kein anderes Land unter dem Kalten Krieg gelitten hat; das geteilt war durch eine Mauer und die bestgesicherte Grenze der Erde. Die Deutschen verfallen während der New Economy in einen Rausch, weil sie glauben, nun endlich die Folgen der teuren Wiedervereinigung überwunden zu haben. Sie ordern am Neuen Markt Aktien von Unternehmen, deren Geschäftsmodell sie nicht verstehen. Sie werden begeisterte T-Aktionäre, weil sie an den wirtschaftlichen Aufstieg einer ehemaligen Bundesbehörde glauben, und der Bundesfinanzminister schwärmt davon, er werde schon bald damit beginnen, die Staatsschuld abzutragen.

Doch der Traum vom immerwährenden Wohlstand zerplatzt abrupt. Er zerplatzt, weil der Boom auf einer gigantischen Börsenblase basiert, auf Träumen und virtuellen Vermögenswerten, die mit den wirtschaftlichen Grunddaten wenig gemein haben. Im Frühjahr des Jahres 2000 beginnt die Luft aus der Börsenblase zu entweichen. Der Traum vom immerwährenden Wohlstand zerplatzt vor allem aber auch, weil die Attentäter von al-Kaida mitten hinein in diese Zeit der Unsicherheit, mitten hinein in diesen Abschwung ihre Anschläge vom 11. September 2001 platzieren. Sie treffen ein Land, das solch einen Angriff auf eigenem Territorium noch nie erlebt hat.

Sie treffen eine Wirtschaft, die schon verwundet war, die anfällig war für das, was Ökonomen einen »externen Schock« nennen, also ein unerwartetes Ereignis von außen, das die normale Konjunktur, die übliche Abfolge von Aufschwung und Abschwung durcheinanderbringt. Die beiden Ölpreisschocks in den siebziger Jahren, die zwei schwere Krisen zur Folge hatten, die es ansonsten so nicht gegeben hätte, waren solch externe Schocks. Doch der Schock durch den 11. September ist noch viel weitreichender. Seither ist die Welt nicht mehr so, wie sie früher war: vor allem nicht die Welt der Wirtschaft. Nach einem Jahrzehnt, in dem die Grenzen gefallen sind und die Idee der Freiheit sich weltweit ausgebreitet hat, beginnt der Krieg gegen den Terror – und damit auch eine Ära der Abschottung und Abgrenzung.

Der Feind im Äußeren

Die Anschläge des 11. September verändern auf dramatische Weise unsere Wirtschaft und unsere Gesellschaft. Sie markieren den Beginn einer Ära, die von Furcht und Unsicherheit geprägt ist, von Zögerlichkeit und Verzagtheit. Sie sorgen dafür, dass die Idee des freien Handels, der der Welt zusätzlichen Wohlstand bringt, ebenso an Strahlkraft verliert wie die Idee vom liberalen Rechtsstaat, der sich so weit wie möglich aus den Belangen der Bürger heraushält. Der islamistische Terror sorgt dafür, dass auf die Ära der New Economy, der offenen Märkte und Gesellschaften, eine Ära der »New Security« folgt: eine Zeit der neuen Sicherheit, in der der Staat als Beschützer von Unternehmen und Bürgern, von Wirtschaft und Gesellschaft weitaus stärker gefragt ist als zuvor. Es beginnt ein Jahrzehnt der Furcht.

Dieses Jahrzehnt der Furcht manifestiert sich in den neuen Sicherheitsgesetzen, die erlassen werden, im Wandel des Rechtsstaats hin zu einem Präventionsstaat, der im Zweifel jeden für verdächtig erklärt, der sich nicht entsprechend der Norm verhält. Die Ära der »New Security« zeigt sich aber auch in den härteren Sicherheitsauflagen für die Wirtschaft. Und sie manifestiert sich darin, dass die Vereinigten Staaten von Amerika und ihre Verbündeten gleich zwei große Kriege anzetteln: erst gegen Afghanistan, den damaligen Zufluchtsort von Osama bin Laden; und dann gegen den Irak, eines der drei Länder, das George W. Bush auf der »Achse des Bösen« verortet hat, das angeblich über Massenvernichtungswaffen verfügt und den Terrorismus fördert.[5]

Diese beiden Kriege entsprechen der Logik einer Supermacht, die sich für unantastbar hält. Hier zeigt sich der Reflex einer verletzten Nation, die auf bewährte Art und Weise Stärke demonstriert: Sie setzt auf das Militär. Die Amerikaner wollen den Feind mit jenen Mitteln bekämpfen, mit denen sie bisher jeden Feind bekämpft haben: mit Flugzeugen und Panzern, mit Bomben und Granaten. Doch der Feind, mit dem der Westen es nun zu tun hat, lässt sich nicht mit F-16-Kampfjets vernichten. Er lässt sich nicht mit Marschflugkörpern oder Haubitzen zum Rückzug zwingen, er lässt sich nicht durch Flugzeugträger beeindrucken, die vor der Küste aufkreuzen.

Denn die islamistischen Terroristen führen keinen konventionellen Krieg. Sie handeln nicht nach jenen Mustern, die die Generäle der USA gelernt haben. Stattdessen operieren sie im Verborgenen, schlagen verdeckt zu. Sie verstecken sich in schmalen Schluchten und Höhlen oder in den zerklüfteten Großstädten des Westens: Mohammed Atta und seine Komplizen lebten in einem unscheinbaren Mietshaus in Hamburg-Eißendorf, die Sauerland-Gruppe in einer Wohnung im Dörfchen Oberschlehdorn, der Selbstmordattentäter von Stockholm in der britischen Stadt Luton. Der neue Feind trägt keine Uniform, er rollt nicht mit donnernden Panzern an, er marschiert nicht in Divisionsstärke auf. Er schlägt unerwartet zu. Ohne Warnsignal. Ohne Kettengerassel. Das macht den Krieg gegen den Terror so unberechenbar und verunsichert die Militärs ebenso wie die Politiker.

Vor allem den Einsatz in Afghanistan begründen die Amerikaner mit der Jagd auf die Terroristen von al-Kaida. Bereits einen Tag nach den Anschlägen des 11. September führen sie einen Beschluss des Sicherheitsrats der Vereinten Nationen herbei, der ihnen nahezu freie Hand gewährt. In der Resolution 1368 ist von einer »Bedrohung des Weltfriedens und der internationalen Sicherheit« die Rede. Zudem betont das Papier das »naturgegebene Recht zur individuellen oder kollektiven Selbstverteidigung« aus der Charta der Vereinten Nationen.[6] Der Krieg in Afghanistan, der am 7. Oktober 2001 beginnt, führt jedoch nicht zum gewünschten Ergebnis: Die Amerikaner und ihre Verbündeten bringen zwar rasch das Regime der Taliban zu Fall, aber Osama bin Laden entwisch ihnen. Er bleibt ein Phantom, das sich hin und wieder mit Videobotschaften zu Wort meldet, aber nicht zu packen ist. Er provoziert den Westen und überschüttet die Ungläubigen mit Hass. Er redet vom islamischen Gottesstaat, den al-Kaida errichten will. Und vom Wirtschaftskrieg, der dorthin führen soll.

Der Feind im Innern

Doch der Feind hockt nicht nur an Euphrat und Tigris oder am Hindukusch, sondern auch im eigenen Land. Und er muss, davon sind die Sicherheitspolitiker des Westens überzeugt, dort bekämpft werden. So wie Margaret Thatcher, die britische Premierministerin, in den achtziger Jahren gegen den *enemy without* zu Felde zog, nämlich die Argentinier auf den Falklandinseln – und zugleich gegen den *enemy within,* die Gewerkschaften, die sich ihrem Reformkurs widersetzten,[7] so machen nun auch die Staaten des Westens den Gegner an zwei Fronten aus: den Feind im Äußeren und den Feind im Inneren. Was sie daraus folgern, verändert den Rechtsstaat mehr als alle Notstandsgesetze der sechziger Jahre und alle Terrorgesetze der siebziger Jahre. Denn die Sicherheitspolitiker vermuten die Terroristen überall, und deshalb versuchen sie diese auch mit allen Mitteln zu bekämpfen.

Auf jeden Anschlag, auf jede neue Form der Bedrohung reagieren sie mit noch schärferen Gesetzen; auf das erste Sicherheitspaket folgt ein zweites, ein drittes, ein viertes; auf den ersten, noch vorsichtigen

Eingriff in die Privatsphäre ein zweiter, ein dritter. Und jeder reicht ein bisschen weiter. Nach und nach verändert sich das Recht. Aus einem Staat, der im Zweifel für den Angeklagten plädierte – *in dubio pro reo* –, wird ein Staat, für den »in dubio« jedermann ein Terrorist sein kann. Dieser Staat darf in Wohnungen eindringen und auf Computern heimlich spionieren, er verlangt umfassend Auskunft über Reisedaten, Telefonverbindungen oder Kontobewegungen.

Die Amerikaner geben dabei die Richtung vor. Nur einen Monat nach den Anschlägen des 11. September verabschiedet der Kongress in Washington den »Patriot Act«, ein mehrere hundert Seiten dickes Gesetz, welches die Regierung binnen weniger Tage durchpeitscht und das den Ermittlungsbehörden mehr Befugnisse denn je einräumt: Die Fahnder dürfen seither Telefone überwachen, ohne dass dies ein Richter genehmigen muss. Sie dürfen E-Mails mitlesen und Bankdaten einsehen, ohne dass ein Verdacht besteht, sie dürfen Wohnungen durchsuchen, ohne dass der Mieter oder Eigentümer informiert wird. Und: Sie dürfen zahlreiche Datenbanken einsehen, etwa die Bestände von Telefonunternehmen oder die Ausleihdateien in Bibliotheken.

Amerikanische Ermittler dürfen seit dem Herbst 2001 zudem Ausländer, die unter Terrorverdacht stehen, ohne Gerichtsverfahren auf unbestimmte Zeit festhalten – wie später in Guantánamo vielfach geschehen. Die Amerikaner begehren zudem detailliert Auskunft über alle Fluggäste, die in ihr Land einreisen. Und sie sichern sich über einen Server, den der europäische Finanzdienstleister Swift in den USA betreibt, den Zugriff auf sämtliche Kontobewegungen in Europa.

Weil aber auch die Sicherheitsbehörden in Europa alles wissen wollen, um Anschläge wie in den USA zu verhindern, erstellen auch sie Datenbanken, in die sie jeden eintragen, den sie für halbwegs verdächtig halten. Wer in diesen Listen steht, wird wie ein potenzieller Verbrecher behandelt. Wie ein Gefährder. Wie ein Feind. Denn die Ermittler treibt die Sorge um, dass ihnen, wie den Amerikanern vor dem 11. September, ein Terrorist durch die Lappen geht, bloß weil die Informationen verschiedener Behörden nicht zusammengeführt werden. In Deutschland speisen 38 Ermittlungsbehörden die Antiterrordatei, darunter einige, die bislang strikt getrennt waren: auf der einen Seite die Geheimdienste, also Bundesnachrichtendienst, Verfassungsschutz sowie Militärischer Abschirmdienst – auf der anderen Seite die Polizei, also Bundeskriminalamt, Landeskriminalämter und Bundespolizei sowie das Zollkriminalamt. Auch die Staatsanwaltschaft füttert den Datenpool, in dem zum Start im Jahr 2007 bereits 13 000 Personen gespeichert waren. Tendenz seither: steigend.

Doch nicht nur die Antiterrordatei bringt im Gefolge des Terrors Behörden zusammen, die seit dem Dritten Reich, seit den Erfahrungen mit dem berüchtigten Reichssicherheitshauptamt, in Deutschland aus gutem Grund getrennt waren. Angesichts des islamistischen Terrors gelten die Argumente von einst nicht mehr. In Berlin-Treptow schaffen der Bund und die Länder im Jahr 2004 ein Gemeinsames Terrorabwehrzentrum, in dem Tag für Tag die Vertreter all jener Behörden ihre Informationen austauschen, die mit ihren Erkenntnissen über verdächtige Personen auch die Antiterrordatei speisen.

Zugleich wächst die Machtfülle des Bundeskriminalamts. Aus dem BKA hat sich eine Mischung aus Polizeibehörde und Nachrichtendienst entwickelt, »ein polizeilicher Machtkomplex neuen Typs, halb CIA, halb FBI«, wie der ehemalige Staatsminister und Publizist Michael Naumann klagt.[8] Und die Ermittler sollen natürlich auch dem Verdacht nachgehen, ob ein Deutscher Mitglied einer ausländischen terroristischen Vereinigung ist oder diese unterstützt – ein Straftatbestand, den es hierzulande bis zum Jahr 2002 nicht gab.

Aus Furcht vor al-Kaida schaffen die Regierungen zudem neue, biometrische Ausweise; sie lassen die Gesichter ihrer Bürger vermessen; sie speichern digitalisierte Fingerabdrücke und DNS-Spuren. Den Sicherheitsbehörden erlauben die Parlamente vieles, was in der Zeit vor dem islamistischen Terror undenkbar war: Die Ermittler dürfen heimlich Telefone überwachen, Wohnungen belauschen, sich unbemerkt auf Computer schleichen. Die Bundeswehr darf Flugzeuge abschießen, wenn der Verdacht besteht, die Maschinen seien entführt worden und steuerten auf ein Hochhaus zu, auf ein Atomkraftwerk, den Reichstag. Das Bundesverfassungsgericht allerdings versucht, die Politiker einzufangen, und kassiert dieses »Luftsicherheitsgesetz«, weil es den staatlich legitimierten Abschuss von Zivilisten für unverhältnismäßig hält: Wer soll entscheiden, dass eine Maschine, zu der es keinen Funkkontakt gibt, wirklich von Terroristen entführt wurde? Wer soll darüber richten, ob das Leben der Passagiere weniger wert ist als das Leben jener Menschen, die von dem Flugzeug möglicherweise bedroht sind – aber möglicherweise eben auch nicht?

Wie sehr sich die Rechtsauffassungen durch den Terror verschoben haben, zeigt auch die Debatte um Folter. In Deutschland ist Folter verboten; wer einen Verdächtigen verhört, darf keine Gewalt anwenden. In den Vereinigten Staaten dagegen hat die Politik Folter ausdrücklich gebilligt, um Terroristen ihr Wissen zu entlocken. Wenn einem Terrorverdächtigen im amerikanischen Gefangenenlager Guantánamo auf Kuba immer wieder Wasser in den Mund gegossen und so das Ertrinken simuliert wurde, diente dies dem höheren Ziel der nationalen Sicherheit. Präsident George W. Bush bezeichnete »Waterboarding« als »eines der nützlichsten Instrumente im Krieg gegen den Terror«.[9] Erst Barack Obama stoppte die umstrittene Verhörmethode.

Trotz des deutschen Folterverbots erlaubte der damalige Bundesinnenminister Wolfgang Schäuble den Sicherheitsbehörden, Aussagen zu verwenden, die ein Beschuldigter im Ausland unter Folter gemacht hat. Dabei ist egal, wo die Aussagen erzwungen wurden: in Syrien, dem Libanon oder Guantánamo – den deutschen Rechtsstaat stört das nicht. Man könne nicht die Herkunft jeder Geheimdienstinformation daraufhin überprüfen, ob sie unter vollkommen rechtsstaatlichen Bedingungen zustande gekommen sei, argumentierte Schäuble. Wer jede Information zurückweise, die möglicherweise durch Folter erlangt worden sei, der tue nicht alles zur Verhinderung eines Verbrechens.[10]

Rechtsstaatliche Prinzipien wurden im Kampf gegen den Terror immer wieder aufgegeben, getreu dem Motto, dass der Zweck – nämlich der Schutz der Bürger und des Staates – die Mittel heilige. Ein besonders krasses Beispiel dafür ist das Gesetz zur Vorratsdatenspeicherung, welches keine originäre Idee der Bundesregierung war, sondern einer EU-Richtlinie folgte. Dieses Gesetz griff unter dem Vorwand, den Terrorismus bekämpfen zu wollen, tief in den Alltag ein, es schuf den »gläsernen Bürger«, über den der Staat fast alles in Erfahrung bringen kann: Wann er mit wem telefoniert. Wann er wem eine E-Mail schreibt. Wann er wo mit seinem Handy unterwegs ist und mit wem er telefoniert. Wann er welche Internetseite besucht und wie lange er dort verweilt.

All dies mussten die Telekommunikationsfirmen sechs Monate lang speichern – ohne jeden Anlass, ohne jeden konkreten Verdacht, einfach so. Eben auf Vorrat. Die Telefon-, Mobilfunk- und Internetdienstleister mussten die Datenflut sauber sortieren; sie mussten, wenn es sich um ein Handygespräch handelte, die Telefonnummer und die Gerätekennung des Anrufenden ebenso speichern wie die Nummer und die Gerätekennung des Angerufenen; auch die genaue Bezeichnung der jeweiligen Funkzelle, also den Standort von Anrufer und Angerufenem, mussten sie aufzeichnen. Es könnte ja sein, dass sich unter den Milliarden von Mails und Anrufen auch der Kontakt von zwei al-Kaida-Terroristen ausmachen lässt; es könnte ja sein, dass der Staat, indem er alles kontrolliert, einen Anschlag verhindert.

Der Staat legte fest, dass die Sicherheitsbehörden auf diese Daten jederzeit zugreifen können, um Gefahren für die öffentliche Sicherheit abzuwehren und Straftaten zu verfolgen. Auch die Geheimdienste durften die Daten durchforschen. So weitgehend war der Eingriff, dass schon bei der Abstimmung im Bundestag im November 2007 zahlreiche Abgeordnete der Großen Koalition gegen das Gesetz stimmten. Das Bundesverfassungsgericht kippte das Gesetz schließlich im Mai 2010. Seither streiten die Parteien darüber, wie eine mildere Form der Datenspeicherung aussehen könnte.

In anderen EU-Ländern waren die Skrupel nicht so groß. In Frankreich, den Niederlanden und Großbritannien beschlossen die Parlamentarier, dass Telefon- und Internetdienste die Verbindungsdaten nicht bloß sechs Monate speichern müssen, sondern zwölf. In Großbritannien wurde gar erwogen, die Speicherung auf soziale Netzwerke wie Facebook auszuweiten. In Ungarn dürfen die Ermittler sogar ohne jeden Anlass den Datenwust durchsuchen.

Was schert schon einen überzeugten Sicherheitspolitiker, wenn

Bürger zu Zehntausenden dagegen protestieren, dass der Staat sich in ihr Leben schleicht? Die Terroristen haben all jenen, die die Sicherheitsgesetze schon immer verschärfen wollten, einen wunderbaren Vorwand geliefert. Die Terroristen haben sich dadurch zu heimlichen Gesetzgebern aufgeschwungen: Sie haben die westlichen Demokratien genötigt, ihre rechtsstaatlichen Prinzipien zu schleifen und auch einzureißen. Aus der Unschuldsvermutung, die früher bis zur Verurteilung eines Verdächtigen galt, ist im Kampf gegen den Terror eine Schuldvermutung geworden. Als Reaktion auf den Terror ist im Jahrzehnt der Furcht eine Politik erwachsen, die die Bürgerrechte mit Füßen tritt und das wichtigste Gut der Demokratie untergräbt: die Freiheit.

Die Globalisierung stockt

Wenn aber die Idee der Freiheit nicht mehr verfängt und alles Fremde verdächtig erscheint, wenn ein Staat sich schützt und abschottet, wenn dieser Staat neue Grenzen errichtet, die Zuwanderung erschwert und sich größere Eingriffsmöglichkeiten verschafft, dann hat dies üblicherweise Auswirkungen auf alle Felder der Politik, nicht bloß auf die Rechtspolitik. Dann überträgt sich die Grundhaltung des beschützenden, intervenierenden Staats auch auf jenen Bereich der Politik, der unseren Wohlstand prägt: die Wirtschaftspolitik. Auf diesem Feld vertraten bis zum 11. September – und einige Jahre darüber hinaus – die meisten Politiker in Europa und Amerika die Auffassung, dass ein freier Waren- und Kapitalverkehr den größtmöglichen Wohlstand bringe. Doch die Idee von der freien Marktwirtschaft wurde im Gefolge der Attentate zunehmend in Zweifel gezogen.

Erst schleichend, und nach dem Zusammenbruch der Kapitalmärkte im Jahr 2008 mit Wucht, setzte sich die Auffassung durch, dass der Staat nicht nur in der Außenpolitik oder der inneren Sicherheit stärker eingreifen muss, sondern auch in der Wirtschaft. Und was auf dem Feld der Finanzmarktregulierung ja durchaus richtig ist, weil Banken und obskure Fonds zu viel Einfluss gewonnen hatten und vielfach unkontrolliert spekulieren konnten, wuchs sich in der realen Wirtschaft, beim Austausch von Gütern und den grenzüberschreitenden Investitionen in Unternehmen und Fabriken, zu einem echten Problem aus – zu einer Gefahr für Wohlstand und Wachstum.

Denn durch die Anschläge des 11. September geriet jener Prozess ins Stocken, der in den Jahrzehnten zuvor entscheidend war für das Voranschreiten der Globalisierung: die Öffnung des Welthandels. Verflüchtigt hat sich jene Idee, die seit dem ersten Zollhandelsabkommen »General Agreement on Tariffs and Trade« (GATT), geschaffen 1947 in Genf, immer mehr Anhänger fand: dass durch den Abbau von Zöllen und anderen Handelshemmnissen der internationale Handel gefördert werden kann; dass große Nationen davon ebenso profitieren wie kleine. Aus dem GATT, dem Allgemeinen Zoll- und Handelsabkommen, erwuchs später die WTO, die World Trade Organization. Und auch unter deren Dach gelang es nach mühseligen Verhandlungen immer wieder, Hürden für den Handel abzubauen.

Diesem Ziel folgend, wurde acht Wochen nach den Anschlägen des 11. September in Doha, der Hauptstadt von Katar, der Startschuss für die nächste Welthandelsrunde geben: Unter dem Schutz von amerikanischen Militärschiffen, die im Fall eines terroristischen Angriffs alle amerikanischen Unterhändler schnell in Sicherheit hätten bringen können, begann unweit des Hafens von Doha das Ringen um neue, lockere Regeln für den Welthandel. Vor allem die Amerikaner und Europäer sagten sich trotzig: Jetzt erst recht! Wir lassen uns von den Terroristen nicht unterkriegen! Die WTO-Runde sollte demonstrieren, dass die Welt trotz der Anschläge weiterhin an die Freiheit der Märkte glaubte.

Nach sechs Tagen voll müheseliger Gespräche einigten sich die Unterhändler aus 142 Staaten schließlich auf ein erstes Grundgerüst für das künftige Welthandelsabkommen. Jeder gab ein wenig nach, sodass am Ende alle zufrieden waren: die Afrikaner, weil sie sich dank sinkender Zölle einen besseren Marktzugang im Norden versprachen und zudem billigere Medikamente gegen Aids, Malaria oder Tuberkulose erhielten; die USA, weil sie in Zeiten des Terrors nicht nur den Weltfrieden, sondern auch die freien Weltmärkte sichern wollten; und schließlich die Europäer, weil sie einen Großteil ihrer Positionen im Abschlusskommuniqué durchsetzen konnten, die WTO ihr Handelsregime künftig auch auf Umweltfragen abklopfen und zudem über weltweite Sozialstandards verhandelt werden sollte.

Der seinerzeitige Chef der amerikanischen Investmentbank Goldman Sachs und spätere US-Finanzminister Henry Paulson verkündete damals frohgemut, die Anschläge würden der Liberalisierung des Handels keinen Einhalt gebieten: »Die weltweite Bewegung hin zur Marktwirtschaft, die sogenannte Globalisierung, hat viel für den Wohlstand der Menschen gebracht, sowohl in der industrialisierten Welt als auch in den Entwicklungsländern. Und ich glaube, dieses gemeinsame wirtschaftliche Interesse wird dazu führen, dass sich viele Länder in einer breit angelegten Allianz gegen den Terrorismus zusammenschließen, eben um diese Gefahr abzuwenden.«[11]

Doch Paulson täuschte sich: Der Kompromiss von Doha, ausgehandelt unter dem Eindruck der monströsen Anschläge in New York und Washington, trug nicht weit; die Terrorattacken hatten die Welt nur für kurze Zeit geeint. Schon in den Monaten danach, als es darum ging, die in Doha ausgehandelten Grundprinzipien in konkrete Handelsregeln zu pressen, verhakten sich die Unterhändler. Für erheblichen Zwist sorgten ausgerechnet die Amerikaner, die sich zusehends bemühten, auch ihre Wirtschaft besser zu schützen: So führte Präsident George W. Bush im März 2002 einen neuen Einfuhrzoll auf Stahl ein, was die Europäer empörte: Sie konterten mit einem Gegenzoll.

Der Streit um den Stahl ist symptomatisch für das Jahrzehnt der Furcht. Alle Versuche, sich in den nächsten Jahren auf den großen Gipfeltreffen auf ein neues Welthandelsabkommen zu einigen, scheiterten. Denn es ging allen nur noch darum, ihre eigenen Märkte zu schützen. Das Fremde: Es wurde auch im Welthandel zur Gefahr, und der Terror hat entscheidend mit dazu beitragen. Wieder und wieder beschwören die Staats- und Regierungschef seither ihren guten Willen, sich doch noch zu einigen. Doch die Bereitschaft, sich weiter für den Welthandel zu öffnen, schwindet immer mehr, und der Hang, sich abzuschotten, nimmt zu. Mal erhöht China seine Ausführzölle auf seltene Erden, mal hebt Russland seine Einfuhrzölle auf Autos an, mal führen die Vereinigten Staaten einen Sonderzoll auf chinesische Reifen ein und die Europäische Union auf Schuhe aus China und Vietnam. Weitaus häufiger und gefährlicher sind allerdings sogenannte nicht-tarifäre Handelshemmnisse: Durch technische Vorschriften oder die Auflage, die Waren innerhalb des Landes zu produzieren, wird ausländischen Unternehmen das Geschäft erschwert.

Alles in allem, rechnet das Centre for Economic Policy Research, ein unabhängiger Think-Tank in London, im November 2010 vor, seien in den beiden vorangegangenen Jahren 1 339 neue Handelshemmnisse eingeführt worden, weil die Staaten sich in einer globalen Wirtschaft, die immer mehr von Unsicherheit und Angst geprägt ist, Wettbewerbsvorteile verschaffen wollen. Ausgerechnet jene Staaten, die immer besonders intensiv auf die Vorteile des Welthandels verwiesen haben, seien hier besonders aktiv, nämlich die Industrie- und Schwellenländer der G 20.[12]

Der Drang, sich abzuschotten, ist aber nicht nur beim Handel mit Waren zu beobachten, sondern auch beim Kauf und Verkauf von Unternehmen. Hier macht sich ebenfalls eine wachsende Furcht vor dem Fremden breit. Wenn der Käufer eines Unternehmens aus dem Ausland kommt, wird er bisweilen nicht sehr viel freundlicher empfangen als eine feindliche Armee. Gerade Chinesen, Russen oder Araber gelten, wenn sie ein amerikanisches oder europäisches Unternehmen erwerben wollen, oft als unerwünschte Aggressoren – vor allem dann, wenn es sich um Technologien handelt, die auch die Sicherheitsinteressen eines Landes berühren. In solch einem Fall denken selbst Politiker, die ansonsten eher der freien Marktwirtschaft zugewandt sind, in nationalen Kategorien.

So machte zum Beispiel die deutsche Regierung den Russen klar, dass sie keinesfalls daran denke, ihnen einen bedeutsamen Anteil an der Deutschen Telekom zu überlassen, dem wichtigsten Kommunikationsdienstleister des Landes. Auch beim Luftfahrtkonzern EADS waren die Russen unerwünscht. Man billigte ihnen eine kleine Beteiligung von rund 5 Prozent zu; mehr aber bitte nicht. Denn EADS baut nicht nur Passagierjets, sondern Kampfhubschrauber, Drohnen und andere Rüstungsgüter. Eine blutige Nase holte sich auch der australische Bergbaukonzern BHP Bilton, der im Herbst 2010 den kanadischen Düngemittelhersteller Potash übernehmen wollte. 39 Milliarden US-Dollar hatten die Australier geboten, es wäre eine der größten Übernahmen in der Wirtschaftsgeschichte gewesen, doch die kanadische Regierung war dagegen.

Besonders eindrücklich ist auch, wie der amerikanische Kongress im Jahr 2006 die Übernahme von sechs amerikanischen Häfen durch Dubai Ports aus den Vereinigten Arabischen Emiraten verhinderte. Zum Verkauf stand damals die Betreiberfirma der Häfen in Baltimore, Miami, Newark, New Orleans, Philadelphia und New York City. Während Präsident Bush nichts einzuwenden hatte, waren die Abgeordneten im Kongress, aber auch die Gouverneure der betroffenen Bundesstaaten dagegen. Wie könne man, empörten sie sich, die Kontrolle über Millionen von Containern, die ins Land kommen, einem arabischen Staatskonzern in die Hände geben? Ein Gesetz müsse her, das dies verhindere.

In ihrer Aufwallung verwiesen die Abgeordneten darauf, dass einige Terroristen des 11. September über Verbindungen in die Vereinigten Arabischen Emirate verfügt und von dort Geld bezogen hätten. Am Ende durfte Dubai Ports, einer der größten Hafenbetreiber der Welt mit 49 Häfen in 31 Ländern, darunter Le Havre in Frankreich, Schanghai in China, Dschidda in Saudi-Arabien und Germersheim in Deutschland, die Häfen nicht kaufen.

Das Jahrzehnt der Furcht: Es verändert den Rechtsstaat, die Wirtschaft, die Globalisierung. Doch der islamistische Terror hat Auswirkungen auf unser Zusammenleben, die über die Fragen der inneren Sicherheit und des weltweiten Handels hinausgehen. Nicht nur die Gesetze unseres Rechtsstaats verändern sich, nicht nur die Regeln des weltweiten Warenverkehrs, nicht nur die Landkarte der militärischen Konflikte. Die Anschläge des 11. September setzten auch eine Entwicklung in Gang, die sieben Jahre später in die schwerste Wirtschaftskrise mündet, die wir seit dem Crash von 1929 erlebt haben. Die zweite Weltwirtschaftskrise wäre ohne den Terror und ohne seine Folgen nicht derart dramatisch ausgefallen.

7. Al-Kaida und die Weltwirtschaftskrise

»Der Terrorismus ist eine Herausforderung für die
bemerkenswerte Erfolgsgeschichte der Globalisierung.«[1]

Alan Greenspan, Präsident der amerikanischen
Notenbank, 24. Oktober 2001

Die Verbindung zwischen Nine Eleven und Nine Fifteen

Als die amerikanische Investmentbank Lehman Brothers im Spät-
sommer des Jahres 2008 zusammenbricht, geht ein Foto um die Welt:
Hinter den Glasscheiben der Bank in Manhattan sieht man die sche-
menhaften Umrisse eines Bankers, der nur ein paar Stunden zuvor erfahren hat, dass seine Bank bankrott ist. Er packt seine Sachen, steckt
die persönlichen Habseligkeiten in einen Karton, um ihn dann nach
Hause zu tragen, so wie es seine Kollegen schon getan haben. Denn
Lehman Brothers, die weltweit fünftgrößte Investmentbank, hat an diesem Tag praktisch aufgehört zu existieren. Sie ist pleite. Die Wall Street
hält den Atem an. Auf dem Foto sieht man, außen am Hochhaus von
Lehman Brothers, eine große Leuchtanzeige. Auf ihr ist das Datum
dieses historischen Tages zu lesen: Sep 15 – der 15. September.

Nine Fifteen: Das ist ein Datum, welches sich in die Köpfe einbrennt,
so wie sieben Jahre zuvor Nine Eleven. Der Einsturz der Zwillingstürme und der Zusammenbruch von Lehman Brothers: Beides verändert Amerika, beides verändert die Welt. Am 15. September 2008 zeigt
sich wie unter einem Brennglas, dass die Wall Street und das globale
Finanzsystem überdreht haben. Jedem, der es in den Monaten zuvor
noch nicht begriffen hat, wird nun klar, dass die Welt in der schwersten
Finanzkrise seit Jahrzehnten steckt – in einer Krise, die sich innerhalb
von nur wenigen Monaten zu einer Weltwirtschaftskrise auswächst.
Der Welthandel, die Industrieproduktion, die Aktienkurse brechen
stärker ein als acht Jahrzehnte zuvor während der ersten Weltwirt-

schaftskrise. Banken kollabieren zu Dutzenden, kleine Sparkassen im Mittleren Westen der Vereinigten Staaten ebenso wie die Landesbanken in Bayern, Sachsen und Nordrhein-Westfalen oder internationale Großbanken. Die Regierungen in Europa und Amerika schnüren riesige, noch nie dagewesene Rettungspakete, um das Finanzsystem zu stabilisieren und eine Kernschmelze zu verhindern. Die Schulden, die sie dazu machen müssen, treiben etliche Staaten in den Bankrott, darunter Griechenland, Irland und Portugal.

Es gibt in der Rückschau viele Gründe, die zu dieser zweiten Weltwirtschaftskrise geführt haben, manche sind gewichtiger, manche weniger gewichtig. Doch sie alle tauchen auf, wenn Experten zu erklären versuchen, warum es erst diesen wahnsinnigen Boom an den Finanzmärkten gab – und schließlich den Zusammenbruch:

Da waren die fahrlässigen Banker. Sie erfanden ständig neue, noch gewagtere Finanzinstrumente. Sie zockten mit komplizierten Derivaten, deren Wert wiederum vom Wert anderer Finanzinstrumente abhing. In dieser Welt der hochkomplexen Börsenwetten kannten sich am Ende nur noch einige wenige spezialisierte Händler aus, und diese spekulierten mit riesigen Beträgen, die sie sich irgendwo geliehen hatten – ohne Rücksicht auf mögliche Risiken.

Da waren die dreisten Betrüger. Sie täuschten ihre Kunden und Kollegen, sie gaben Geschäfte vor, die es gar nicht gab, oder gingen Positionen ein, die viel zu riskant waren. Sie fälschten Handelsbücher und Computerprogramme. Die Scharlatane des Geldes entlockten den Anlegern ihr Vermögen für Geschäfte, die es in Wahrheit gar nicht gab. Sie errichteten gewaltige Schneeballsysteme, die schließlich in sich zusammenfielen. Sie verkauften Wetten auf den Aufschwung, obwohl sie längst überzeugt waren vom Abschwung.

Da waren die sorglosen Aufseher. Die Kontrolleure in den Aufsichtsräten und Aufsichtsbehörden begriffen nicht, was an den Finanzmärkten eigentlich vor sich ging. Sie schauten nicht richtig hin, weil sie die komplizierten Geschäfte vielfach nicht verstanden. Sie begriffen nicht, dass die Zweckgesellschaften, die von den Banken geschaffen wurden, allein dem Zweck dienten, die wahren Risiken zu verschleiern – und einen großen Teil der Finanzwetten in obskure Fonds in den Steuerparadiesen auszulagern.

Da waren die blauäugigen Politiker. Sie ließen die Banker gewähren und versäumten es, deren riskante Geschäfte hinreichend zu regulieren; sie beließen ganze Bereiche der Finanzwelt, von den Hedge-Fonds bis zu den Credit Default Swaps, einer Art Wette auf die Pleite von Unternehmen und Staaten, weitgehend unkontrolliert. Die Politiker in Europa und den USA animierten jene Geldinstitute, die dem Staat gehören, sogar noch, in riskante Geschäfte zu investieren.

Und da waren die gierigen Anleger. Sie schauten allein auf die mögliche Rendite, nicht auf das Risiko. Sie kauften Papiere, die sie nicht verstanden, die aber einen hohen Gewinn versprachen. Weil die Kurse immer stärker stiegen, sahen sie sich in ihren Entscheidungen bestätigt und steckten noch mehr Geld in Geschäfte, die in Wahrheit viel zu gefährlich waren. Sie wollten teilhaben am gewaltigen Boom der Finanzmärkte. Und durften am Ende teilhaben am Crash.

Ein ganz wesentlicher, entscheidender Grund allerdings wird in den Analysen über die Weltwirtschaftskrise meist außer Acht gelassen: die Anschläge vom 11. September 2001. Auf den ersten Blick scheinen sie ja auch weit weg zu sein: Zwischen Nine Eleven und Nine Fifteen, zwischen World Trade Center und Lehman Brothers, zwischen diesen historischen Momenten liegen immerhin sieben Jahre. Und doch haben die monströsen Anschläge maßgeblich zu einer Entwicklung mit beigetragen, die schließlich in den Zusammenbruch der Finanzmärkte mündete. Sie haben einen Prozess in Gang gesetzt, an dessen Ende der 15. September 2008 stand, der Kollaps des westlichen Finanzsystems. Denn die Attacken der Terroristen haben die Politiker in den USA, aber auch im Rest der Welt zu einer waghalsigen Politik genötigt, die den Keim für die zweite Weltwirtschaftskrise barg.

Solch eine Verbindung herzustellen zwischen Nine Eleven und Nine Fifteen, mögen manche für verwegen halten, andere für unziemlich, und wieder andere werden behaupten, dass es solch eine Verbindung überhaupt nicht gibt. Sie werden argumentieren, dass man den Terroristen damit zu viel Einfluss unterstellt. Sie werden darauf verweisen, dass solch eine These politisch nicht korrekt ist und dadurch die islamistischen Fanatiker unnötig aufgewertet werden.

Wenn es aber, wie in diesem Buch, darum geht, die tieferen Zusammenhänge des Terrorismus zu ergründen, dann dürfen solche Einwände nicht zählen, dann muss es allein darum gehen, die tatsächlichen Wirkungsketten aufzuzeigen. Um den Zusammenhang zwischen Nine Eleven und Nine Fifteen zu verstehen, müssen wir jenes Knäuel von Ereignissen entwirren, das Historiker in der Rückschau als Geschichte bezeichnen: jene sieben Jahre zwischen 9/11 und 9/15, die die Welt dramatisch verändert haben. Wir müssen die verschiedenen Fäden auseinander sortieren, die dicken und die dünnen. Wir müssen die dünnen Fäden beiseite legen und jene zentralen Verbindungen heraussuchen, die aus der Vergangenheit in die Gegenwart hineinreichen und die für den historischen Prozess zwischen dem Angriff auf Amerika und dem Absturz der Weltwirtschaft entscheidend waren. Wenn wir dies tun, dann lassen sich gleich drei Verbindungslinien zwischen dem 11. September und dem 15. September ausmachen, drei Ketten von Ereignissen, die fundamental waren für die die Entwicklung der Weltwirtschaft und den Zusammenbruch der Finanzmärkte.

Die erste Verbindungslinie zwischen Nine Eleven und Nine Fifteen: Das ist die Politik des leichten Geldes, die Schwemme an US-Dollars und Euros, mit denen der Westen nach dem Angriff des Jahres 2001 die Wirtschaft in Gang zu halten versuchte. Weltweit senkten die Notenbanken damals die Zinsen, sie kappten diese in einem Maße, wie man es seit Jahrzehnten nicht erlebt hatte, und sie hielten die Zinsen lange auf einem extrem niedrigen Niveau. Besonders radikal ging die amerikanische Notenbank vor. Sie pumpte zwischen 2001 und 2005 ohne Unterlass billiges Geld in die Wirtschaft der USA, befeuerte damit den Immobilienmarkt, aber auch das riskante Geschäft der Hedge-Fonds und Investmentbanken und legte so die Saat für jene Krise, die seit dem Sommer 2007 die Weltwirtschaft lähmt. Ohne die Anschläge des 11. September hätte es derart viel billiges Geld niemals so lange gegeben; ohne das billige Geld hätten die amerikanischen Bürger, die amerikanischen Unternehmen und die amerikanische Regierung nicht derart ungeniert auf Pump gelebt. Und mit jedem Anschlag, der folgte – sei es in London, Madrid, Saudi-Arabien oder in den Urlaubsparadiesen –, und mit jedem Anschlag, der vereitelt wurde, die Welt aber dennoch verschreckte, erhöhte sich die Unsicherheit an den Finanzmärkten und in der Weltwirtschaft. Mit der steten Bedrohung durch den Terror stieg auch die Notwendigkeit, die Politik des billigen Geldes fortzusetzen.

Die zweite Verbindungslinie zwischen Nine Eleven und Nine Fifteen: Das sind das teure Öl und die Verwerfungen an den Rohstoffmärkten, die durch die globale Unsicherheit nach dem 11. September verstärkt wurden. Der Ölpreis ist seit Beginn des Jahrtausends immer schneller gestiegen, getrieben auch durch die Anschläge der Terroristen und die beiden Kriege, die darauf folgten: den Afghanistankrieg und den Irakkrieg. Ökonomen sprechen von einer Terrorprämie, die wir seither für Öl bezahlen müssen. Der Krieg gegen den Terror verstärkte zudem jene Spekulationswelle, die den Ölpreis und die Preise vieler anderer Rohstoffe bis zum Sommer 2008 auf nie gekannte Höhen trieb. Diese Preisexplosion war ein entscheidender Grund dafür, dass die Weltwirtschaft im Herbst 2008 abstürzte.

Die dritte Verbindungslinie schließlich zwischen Nine Eleven und Nine Fifteen: Das ist die Politik der hemmungslosen Verschuldung, in die die amerikanische Regierung sich nach den Attentaten gestürzt hat. Sie nahm Kredite ohne Unterlass auf, um den Krieg gegen den Terror zu bezahlen: die militärischen Einsätze in Afghanistan und im Irak, die Aufrüstung im Inneren bei Heimatschutz und nationaler Sicherheit. Hinzu kamen die gigantischen Konjunkturprogramme auf Pump, mit denen die USA nach dem 11. September gegen eine drohende Rezession kämpften. Die irrwitzige Haushaltspolitik der Amerikaner hat die globalen Ungleichgewichte verschärft, also jene Unwucht in der Weltwirtschaft, die sich mittlerweile zu einem gravierenden Problem entwickelt hat. Denn auf Dauer kann es nicht gut gehen, wenn verschwenderische Länder wie die USA, deren Bevölkerung den Konsum auf Pump zur Lebensform erhoben hat, jahrelang über ihre Verhältnisse leben – und zugleich andere Staaten wie China dies finanzieren, indem sie den Schuldenmachern fortwährend frisches Kapital leihen.

Als die beiden Flugzeuge am 11. September 2001 in das World Trade Center rasen und dieses zum Einsturz bringen, ahnt allerdings noch niemand, welch verhängnisvolle Entwicklung dies in Gang setzen wird. Und niemand ahnt, dass die westlichen Industrieländer mit ihrer Gegenwehr sich am Ende selbst schaden – und sie genau jenen Niedergang befördern, den sie eigentlich abwenden wollen.

»Bekämpft unsere Feinde mit den Waffen des Marktes!«

Vor allem die Amerikaner sind davon überzeugt, dass ihnen niemand etwas anhaben kann, schon gar nicht ein paar fanatische Terroristen. Voller Selbstbewusstsein stemmen sie sich gegen den Angriff. Die Politiker in Washington tun dies mit guten Worten und gewaltigen Steuersenkungen. Sie sind bestrebt, die Illusion aufrechtzuerhalten, dass ihre Wirtschaft unangreifbar ist. So verkündet Präsident George W. Bush kurz nach den Anschlägen, sein »großer Glaube« an die Wirtschaftskraft der Vereinigten Staaten sei ungebrochen: »Wir haben die beste Gesellschaft von Unternehmern in der ganzen Welt, wir haben die besten Viehzüchter und Landwirte, wir haben eine starke Basis in der Industrie.«[2] Vizepräsident Dick Cheney fordert seine Landsleute dazu auf, »den Terroristen ihren Finger ins Auge zu drücken« und so viel Geld wie möglich auszugeben: »Wir haben«, tönt er, »großes Vertrauen in unser Land und unsere Wirtschaft und werden es nicht zulassen, dass die Ereignisse hier die ökonomischen Aktivitäten aus der Bahn werfen.«[3] Ganz ähnlich klingt der Chefredakteur des Börsendienstes CBS Marketwatch: »Lasst uns unsere Feinde mit den Waffen des Marktes bekämpfen, ordert Aktien, bis die Leitungen glühen.«[4]

Welch großes Pathos, welch große Zuversicht. Oder man kann auch sagen: welch große Blauäugigkeit. Tatsächlich nämlich zeigt sich schnell, dass gute Worte allein nicht ausreichen, um den drohenden Abschwung abzuwenden, weil die Verbraucher und Anleger nun mal nicht so reagieren, wie es die Politiker wünschen. Die Menschen sind zutiefst verunsichert, nicht bloß in den USA, sondern auch in Europa. Sie haben das dumpfe Gefühl, dass die Gefahr, die von al-Kaida ausgeht, weitaus größere Dimensionen hat, als es die Politik glauben macht. Aus Furcht vor weiteren Attacken, aus Furcht vor unsicheren Zeiten halten sie ihr Geld beisammen, anstatt es auszugeben.

Auch die Anleger sind vorsichtig, verkaufen Wertpapiere und Aktien. Sie treiben so die Kurse, die nach dem Platzen der New-Economy-Blase in den vorangegangenen Monaten bereits kräftig gefallen sind, weiter nach unten. Manager und Unternehmer zeigen sich ebenfalls verstört, stellen Investitionen zurück und verschieben den Bau von Fabriken. Es geht die Angst um: die Angst vor weiteren Anschlägen, vor einem Niedergang der Börsen, vor einem Abgleiten der Wirtschaft. Und es grassiert die Angst vor der Angst, also davor, dass die Anschläge eine Abwärtsspirale in Gang setzen könnten und die Furcht, es könne eine Rezession geben, sich am Ende selber bestätigt.

Innerhalb kurzer Zeit verdüstern sich die Aussichten für die Wirtschaft. Nur drei Wochen nach den Anschlägen urteilt der renommierte Ökonom Joseph Stiglitz: »Vor dem 11. September sah es aus, als stünden die Aussichten auf eine Rezession 50 zu 50. Doch nun stecken wir mitten in einer Rezession – das Wachstum ist jetzt negativ.«[5] Denn nicht nur die Luftfahrtbranche und der Tourismus schliddern in eine Krise, nicht nur die Börsen brechen ein, sondern es schwindet auch das Vertrauen der Verbraucher, die mit ihrer Konsumlust und ihrer Bereitschaft, sich immer weiter zu verschulden, die amerikanische Wirtschaft am Leben erhalten haben. Damit fällt die letzte Stütze der Konjunktur weg, was die Zahl der Arbeitslosen so schnell steigen lässt wie seit zwei Jahrzehnten nicht mehr.

Die Terroristen hätten sich keinen besseren Zeitpunkt für ihre Anschläge aussuchen können. Sie treffen ein Land, das in den Jahren zuvor einen beispiellosen Boom erlebt hat und nun nach dem Platzen der New-Economy-Blase auf wackeligen Beinen steht. Sie stürzen die amerikanische Wirtschaft in jenen Abgrund, in den sie ohne die Anschläge niemals gefallen wäre. Das Ende der New Economy – und nun der Terrorangriff: Das sind zwei gewaltige Schläge binnen kurzer Zeit.

Das ist mehr, als die Weltwirtschaft, und insbesondere die amerikanische Wirtschaft, ertragen kann. Es ist ein Schlag zu viel.

Die Amerikaner reagieren auf diese Schläge mit größtmöglicher Entschlossenheit und dem maximalen Einsatz an Mitteln. Sie wollen sich nicht unterkriegen lassen. Tief in ihrem Innersten sind sie davon überzeugt, dass der Feind keinerlei Chance hat, und deswegen schlagen sie mit voller Wucht zurück. Ihre ökonomische Kriegsführung gegen den Terror ist ähnlich zupackend wie die militärische: Gleich nach den Anschlägen richtet die Regierung einen gewaltigen Notfallfonds ein, um den Wiederaufbau in Manhattan zu bezahlen, die Rettungseinsätze und die Hilfen für die Opfer. Allein hierfür stellt die Regierung 40 Milliarden US-Dollar bereit, weitere 15 Milliarden US-Dollar überweist sie als Nothilfe an die Airlines, denen die Passagiere wegbleiben. Zudem drückt Präsident Bush ein gewaltiges Konjunkturpaket durch den Kongress, das der amerikanischen Wirtschaft und den Bürgern innerhalb der nächsten drei Jahre Hilfen im Wert von rund 120 Milliarden US-Dollar gewährt.[6] Er will damit die Unternehmen entlasten – damit diese trotz der Anschläge weiter investieren. Und er will den Familien viel Geld zukommen lassen – damit sie weiterhin den Konsum antreiben.

Doch all dies reicht nicht aus, um den Niedergang der amerikanischen Wirtschaft wirklich zu stoppen. Und deshalb präsentiert der Präsident nur ein Jahr später, Anfang 2003, ein noch sehr viel weitreichenderes Konjunkturpaket: Er will dem Feind, der sich in das Land eingeschlichen und sich heimlich der Wirtschaft bemächtigt hat, endgültig den Garaus machen. Geld spielt keine Rolle, was zählt, ist allein der Sieg gegen den Terror: daheim in den Vereinigten Staaten ebenso wie bei den Kriegseinsätzen in Afghanistan und im Irak. Über 350 Milliarden US-Dollar pumpt George W. Bush mit seinem Konjunkturpaket in die Wirtschaft, und wie schon zu Beginn seiner Präsidentschaft entlastet er mit seinen Steuersenkungen vor allem die Reichen und Superreichen. Er reduziert die Steuern auf Dividenden und Kapitalerträge – und ermuntert damit jene, denen es ohnehin schon gut geht, noch mehr Geld an den Börsen zu investieren. Er zieht zudem einen Teil jener Steuervergünstigungen vor, die er bereits vor den Anschlägen des 11. September auf den Weg gebracht hat – auch dies ist ein Geschenk an die Wohlhabenden.[7]

Doch die Reichen tragen das geschenkte Geld nicht in den nächstgelegenen Supermarkt oder ins Kaufhaus, sondern sie nutzen es lieber, um riskante Wertpapiere zu kaufen. Den Konsum kurbelt Bush also nicht an, neue Arbeitsplätze schafft er auch nicht, sondern er befördert lediglich eine gewaltige Börsenblase, die im Herbst 2008 mit großem Getöse platzt. Der Ökonom Jeffrey Sachs warnt bereits damals, dass Bushs Steuerpolitik die Stabilität der amerikanischen Wirtschaft untergrabe.[8] Der Investor Warren Buffett bezeichnet die Geschenke, die der Mann im Weißen Haus verteilt, gar als »Voodoo-Wirtschaftspolitik«,[9] und der Spekulant George Soros schimpft: »Die Gesetze benutzen lediglich die Rezession, um Einkommen zu den Reichen umzuverteilen.«[10]

»Ist Osama bin Laden ein Teil der Natur?«

Doch den konservativen Präsidenten ficht das nicht an, denn er kann im ökonomischen Krieg gegen den Terror auf einen Verbündeten setzen, der mindestens ebenso entschlossen auftritt wie er: Alan Greenspan. Der oberste Geld- und Währungshüter der Vereinigten Staaten von Amerika tut alles, um den Feind al-Kaida niederzuringen. Seine Waffen sind nicht Panzer, F-16-Kampfflugzeuge oder martialische Propagandareden. Doch ähnlich wie der Präsident, der auch Oberbefehlshaber der Armee ist, versteht sich der Chef der amerikanischen Notenbank als »Commander-in-Chief«, der jene Waffen einsetzt, die ihm in der Geldpolitik zur Verfügung stehen.

Noch am 11. September holt Greenspan zum Gegenschlag aus: Gemeinsam mit seinen Kollegen der anderen großen Notenbanken der Welt öffnet er die Geldschleusen, um einen Zusammenbruch der Finanzmärkte zu verhindern. Innerhalb von nur 48 Stunden spülen die Federal Reserve Bank, die Europäische Zentralbank und die Notenbanken von Japan, der Schweiz und Großbritannien mehr als 120 Milliarden US-Dollar in den Markt. Sie verhindern so einen Crash und dämmen das Gefühl der Panik ein, welches sich nach dem Einsturz des World Trade Centers bei den Anlegern breitgemacht hat.

Auch Greenspan haben die Attentate in New York und Washington verstört, wie er später einräumt. Die Fernsehbilder der einstürzenden Zwillingstürme mag er sich gar nicht erst anschauen. Er habe einst erlebt, sagt er, wie das World Trade Center in Lower Manhattan gebaut worden ist, Stockwerk um Stockwerk, und er habe eine Menge Menschen gekannt, die dort getötet wurden.[11] Was ihn zudem belastet: Der amerikanische Notenbankchef ist zum Zeitpunkt des Angriffs nicht in den USA, sondern reist durch Europa. Das Flugzeug der Swissair, das ihn an diesem Tag nach Washington zurückbringen will, muss über dem Atlantik umdrehen, weil die Amerikaner ihren kompletten Luftraum gesperrt haben. Erst am nächsten Morgen findet Greenspan einen Platz in einer Militärmaschine, die ihn in die Heimat bringt.

Dem wichtigsten Notenbanker der Welt ist nach dem Angriff auf Amerika klar: Er muss alles tun, um eine Panik zu verhindern – eine Panik an den Finanzmärkten, aber auch eine Panik bei Verbrauchern und Unternehmern. In seiner Autobiografie schreibt Greenspan:

>»Die möglichen wirtschaftlichen Auswirkungen waren nicht allzu schwer zu erraten. […] Was mir tatsächlich Sorgen bereitete, war die Panik, die ein solcher Terrorakt verursachen konnte, vor allem wenn es zu weiteren Anschlägen kommen sollte. In einem Wirtschaftssystem, das so komplex ist wie das unsere, müssen Menschen fortwährend miteinander kommunizieren und Waren austauschen; die Arbeitsteilung ist so weit entwickelt, dass jeder Haushalt zur Sicherung seines Überlebens auf den Handel angewiesen ist. Wenn Menschen sich vom Markt zurückziehen, wenn Investoren ihre Aktien abstoßen, Unternehmer sich nicht an Verträge halten oder Bürger aus Angst vor Selbstmordattentätern Einkaufszentren meiden, entsteht rasch ein Schneeballeffekt. Es ist die Psychologie, die für Panik und Wirtschaftskrisen verantwortlich ist. Ein Schock wie der, den wir gerade erlebt hatten, konnte einen breiten Rückzug aus den Märkten und damit eine massive Schrumpfung der Wirtschaft zur Folge haben. Der Schaden konnte sich auf diese Weise rasch vervielfachen.«[12]

Sechs Tage nach den Anschlägen, am 17. September, greift Greenspan deshalb erneut ein, um die Finanzmärkte zu beruhigen: Ehe in New York die Börse wieder öffnet, senken die Federal Reserve, die Europäische Zentralbank und andere Notenbanken in einer konzertierten Aktion die Leitzinsen um einen halben Prozentpunkt. Niemand im Offenmarktausschuss, dem entscheidenden Gremium der Federal Reserve, zweifelt daran, dass dieser Schritt nötig ist, alle wollen in diesem so wichtigen Moment der Geschichte ihres Landes »Flagge zeigen«, wie es einer der Notenbanker in der Sitzung formuliert. Und Greenspan lässt auch in den folgenden Wochen nicht locker: Er und seine Kollegen im Offenmarktausschuss sind geradezu besessen davon, den Terroristen ihre Grenzen aufzuzeigen; sie tun alles, was in ihrer Macht steht, um den Zusammenbruch des Finanzsystems und ein Abgleiten der amerikanischen Wirtschaft in die Rezession zu verhindern. Die amerikanische Notenbank, die im Laufe des Jahres die Zinsen schon siebenmal gesenkt hat, von 6,5 auf bis dahin 3,5 Prozent, reduziert die Federal Funds Rate bis zum Ende des Jahres 2001 noch weiter – und zwar so stark wie seit Jahrzehnten nicht mehr. Mit vier kraftvollen Schritten halbieren Greenspan und seine Kollegen aus dem Offenmarktausschuss die Leitzinsen auf 1,75 Prozent. Ein Jahr später, im November 2002, reduzieren sie die Zinsen sogar auf 1,25 Prozent und im Juni 2003 schließlich auf 1 Prozent.[13]

Wenn man die Protokolle aus dem Offenmarktausschuss liest, erkennt man schnell, wie sehr der Terror die Notenbanker gefangen hält. Sie diskutieren, welche psychologischen Auswirkungen die Bedrohung durch al-Kaida hat, und erwägen, wie sehr die Anschläge das Vertrauen der Verbraucher und Unternehmer zerstört haben. Sie versuchen zu ermessen, wie stark der Krieg gegen den Terror in Afghanistan und im Irak die Wirtschaft belastet. Und sie versuchen zu ergründen, wie sehr die Unternehmen und die Finanzmärkte unter einer weiteren Attacke leiden werden.

Anfangs hoffen die Mitglieder des Offenmarktausschusses noch, dass der Schaden durch die Anschläge gering ist – auch wenn sie sich in einer ersten Telefonkonferenz am 13. September 2001 gegenseitig von den schrecklichen Auswirkungen der Anschläge erzählen. Da berichtet Michael H. Moskow, der Präsident der Federal Reserve Bank of Chicago, dass die Bürger einfach zu Hause blieben, nur noch das Allernötigste einkauften, vor allem Notvorräte an Essen und Getränken, und beispielsweise die Umsätze des Kaufhauskonzerns Sears um die Hälfte eingebrochen seien. Andere erzählen, dass Unternehmen der Nachschub ausgehe, weil die Flughäfen des Landes gesperrt seien und die Lastwagen sich an der Grenze stauten.[14]

William McDonough, der Präsident der Federal Reserve Bank of New York, schildert derweil, dass im Finanzdistrikt von Manhattan das Telefonnetz zusammengebrochen sei und ein Gebäude namens One Liberty Plaza, das sich in unmittelbarer Nähe der New Yorker Zentralbank befinde, einzustürzen drohe; niemand wisse, in welche Richtung es umkippen werde.[15] Drei Wochen später, in der Sitzung vom 2. Oktober 2001, berichtet McDonough, wie die Händler an der Wall Street unter den Anschlägen litten. Er spricht von »traumatisierten« Bankern. Deshalb sei es wichtig, die Leitzinsen noch weiter zu senken. Denn: »Traumatisierte Menschen brauchen ein Signal.« So seien beim Finanzdienstleister Cantor Fitzgerald, dessen Büros sich im World Trade Center befanden, zwei Drittel der Beschäftigten getötet worden: »Das ist keine Situation, in der jeder sich schon bald ruhig und okay fühlen wird. Das wird noch sehr lange dauern.«[16]

Wohin die Notenbanker auch blicken, überall schwächelt die Wirtschaft: Die Auswirkungen auf Fluglinien und Tourismus seien »besonders dramatisch«, klagt Michael H. Moskow. Auch Hotels, Taxifahrer und Autoverleiher litten unter den Anschlägen, ebenso der Flugzeugbauer Boeing, der seine Produktion stärker zurückgefahren habe als in der letzten Wirtschaftskrise 1990 und 1991. Viele Industriebetriebe hätten ihre Produktion gedrosselt. »Die meisten rechnen mit dem Schlimmsten und hoffen, dass es etwas besser kommt«, sagt McDonough. Also: runter mit den Zinsen.[17]

Von Anfang an ist den Notenbankern klar, dass sie Zeugen eines historischen Einschnitts sind, der von ihnen entschlossenes Handeln erfordert – und zwar nicht nur über einige Monate hinweg, sondern über Jahre. Jerry L. Jordan, der Präsident der Federal Reserve Bank of Cleveland, bringt dies in der Sitzung des Offenmarktausschusses vom 13. August 2002 auf den Punkt: Bürger, Unternehmer und Anleger seien durch die Anschläge zutiefst verunsichert, und dies rühre auch daher, dass es für die Bedrohung durch den Terror keine »klare, einfache, zeitnahe Lösung« gebe: »There will not be a VT day – victory over terrorism day – that we will mark on our calendars to celebrate in the future«, sagt Jordan: Es wird keinen Tag des Siegs über den Terrorismus geben, den wir uns in unserem Kalender anstreichen können, um ihn in der Zukunft zu feiern. Und nicht nur der Terror werde die Wirtschaft lange belasten, sondern auch der Krieg dagegen: Der Militäreinsatz in der arabischen Welt »wird Jahrzehnte dauern«, fürchtet Jordan. »Menschen, die jetzt noch gar nicht geboren sind, werden in unserer Armee im Mittleren Osten dienen.«[18]

Der Terror als jahrzehntelange Bedrohung – auch für Alan Greenspan ist dies ein unheimliches Gefühl. Und deshalb kämpft er entschlossen darum, die amerikanische Wirtschaft und die Weltwirtschaft am Leben zu erhalten. Wie sehr der oberste Notenbanker sich von den Terroristen herausgefordert fühlt, lässt er in einer Rede erkennen, die er im Herbst 2001 zweimal fast wortgleich hält. Dort wird Greenspan, der sonst meist nur in Andeutungen spricht, so deutlich wie selten: »Wenn wir erlauben, dass der Terrorismus unsere Handlungsfreiheit untergräbt, dann könnten wir mindestens einen Teil der nach dem zweiten Weltkrieg verzeichneten greifbaren Globalisierungserfolge verlieren. Es ist unsere Aufgabe, zu verhindern, dass dies geschieht.«[19]

Auch neun Monate nach den Anschlägen, in der Notenbanksitzung vom 26. Juni 2002, ist Greenspan der Schock aufgrund der Attacken noch anzumerken: »Wir warten«, sagt er, »immer noch auf den nächsten Terrorangriff, der in gewisser Hinsicht unausweichlich ist. Wir haben keine Ahnung, wo er stattfinden und welche Folgen er haben wird, aber wir müssen dies in unseren Prognosen berücksichtigen.« Und er fügt hinzu: »Wir durchleben wirklich außergewöhnliche Zeiten.«[20] Zwei Jahre später, am 29. Juni 2004, fasst er in einer Sitzung des Offenmarktausschusses die Bedrohung durch den Terror in einem einzigen Satz zusammen, als er einer Wissenschaftlerin der Federal Reserve die knappe, vielsagende Frage stellt: »Is Osama bin Ladin part of nature?« – Muss man den Chef von al-Kaida als Bestandteil der Natur sehen? Die Antwort der Wissenschaftlerin lautet: Ja.[21]

Die erste Verbindungslinie: die Politik des billigen Geldes

Die amerikanischen Notenbanker haben also letztlich keine andere Wahl: Sie müssen derart viel billiges Geld auf den Markt werfen, weil andernfalls eine schwere Rezession droht oder gar der Kollaps des Finanzsystems. Doch in ihrem redlichen Bemühen, den Terror und dessen Folgen zu besiegen, legen Alan Greenspan und seine Kollegen zugleich den Keim für eine noch viel größere Krise, die sieben Jahre später ausbricht: die zweite Weltwirtschaftskrise. Im Jahr 2008 ist jener Zusammenbruch zu besichtigen, der im Jahr 2001 ausbleibt. Diese Gefahr sieht in den Monaten nach dem 11. September allerdings niemand. Im Gegenteil: Die Börsianer feiern Greenspan wegen seines entschlossenen Einsatzes gegen al-Kaida und den Terror begeistert: Er gilt als Magier, als Maestro, als Genie, dem es dank des virtuosen Einsatzes der Geldpolitik immer wieder gelingt, das Allerschlimmste zu verhindern.

Denn was Greenspan im Gefolge der Anschläge des 11. September vollführt, ist beispiellos in der Geschichte der amerikanischen Notenbank: Er drückt die Zinsen bis zum Ende des Jahres 2001 auf den niedrigsten Stand seit der Zeit, als John F. Kennedy im Weißen Haus regierte. Kein einziges Mal in den drei Jahrzehnten zuvor sind die amerikanischen Leitzinsen unter die Marke von 3 Prozent gerutscht, zumeist lagen sie seit 1970 bei 5, 6 oder 7 Prozent, während der Inflation in den späten siebziger und frühen achtziger Jahren, sogar zeitweise bei 10 Prozent und darüber.[22] Und nun drückt Greenspan die sogenannte Federal Funds Rate auf 1,75 Prozent. Mehr noch: In den folgenden eineinhalb Jahren reduzieren die amerikanischen Notenbanker den Satz, zu dem sich die Banken bei der Federal Reserve Geld leihen dürfen, sogar auf 1 Prozent. Sie belassen ihn auf diesem Niveau bis zum Juni 2004 und heben ihn auch danach nur ganz langsam wieder an. Erst im August 2005 erreichen die amerikanischen Zinsen wieder jenes Niveau, das sie vor den Anschlägen des 11. September hatten.

Doch da ist der irrwitzige Boom am amerikanischen Immobilienmarkt schon längst in vollem Gange. Auch die Banken und Hedge-Fonds haben sich vollgesogen mit den vielen billigen Krediten, die plötzlich verfügbar sind. Sie haben jene irrwitzigen Finanzwetten aufgetürmt, die Asset Backed Securities (ABS), Collateralized Debt Obligations (CDO) oder Credit Default Swaps (CDS), die ein paar Jahre später dann wie ein Kartenhaus in sich zusammenfallen.

Eine solch lange Phase des leichten Geldes haben die Vereinigten Staaten noch nie erlebt, und es hätte diese Phase ohne die Anschläge des 11. September und ihre gewaltigen ökonomischen Folgen sicher nicht gegeben, wie Äußerungen von Greenspan und anderen wichtigen Notenbankern der Vereinigten Staaten nahelegen. So sagt zum Beispiel der Chef der Federal Reserve Bank of Philadelphia, Anthony Santomero, über den Zeitpunkt des Attentats: »Die US-Volkswirtschaft schien einen Wendepunkt erreicht zu haben, als die Terroristen zuschlugen. Die Signale aus der Wirtschaft waren zwar noch immer uneinheitlich, doch schien es so, als ob der Beginn einer Erholungsphase zu erkennen sei.«[23] Ganz ähnlich äußert sich Alan Greenspan: Vor den Terrorattacken habe sich die Wirtschaft stabilisiert, es habe »die Hoffnung auf eine Erholung« gegeben – nun aber würden sich Furcht und Unsicherheit ausbreiten.[24]

Eine Erholung der Wirtschaft, wie sie die Notenbanker vor dem 11. September 2001 erwarten, hätte jedoch bedeutet, dass weitere Zinssenkungen nicht mehr erforderlich gewesen wären. Noch in ihrer letzten Sitzung vor den Terroranschlägen sind die Mitglieder des Offenmarktausschusses davon überzeugt, dass die amerikanische Wirtschaft trotz des Platzens der New-Economy-Blase nicht in eine schwere Rezession abgleiten wird. Wenn sich die Wirtschaft in ein paar Monaten stabilisiert hätte, dann hätten sie vielleicht sogar damit beginnen können, die Zinsen wieder zu erhöhen. Nun aber erweist sich diese Hoffnung als voreilig: Statt einer Erholung bringt der 11. September den wirtschaftlichen »Ausnahmezustand«, wie es Robert McTeer, der Präsident der Federal Reserve Bank of Dallas, formuliert:

Die Zinsen steigen nicht, sondern sie fallen auf ein extrem niedriges Niveau.[25]

Und anfangs scheint es ja auch so, als würden die Milliardeninjektionen der Federal Reserve und – in abgeschwächter Form – auch der Europäischen Zentralbank dabei helfen, diese außergewöhnlichen Zeiten zu überstehen: Schon bald erlebt die Weltwirtschaft wieder einen Aufschwung, wie er schöner kaum sein könnte. Die Börsenkurse gehen wieder nach oben, die Wirtschaft wächst kräftig. Die Bürger erfreuen sich an ihrem Reichtum und stecken das Geld in den Konsum, in Immobilien und Wertpapiere. Wieder mal scheint Greenspan eine schwere Krise zu meistern. Man fühlt sich an 1987 erinnert, als die Aktien der New Yorker Börse an einem Tag beinahe ein Viertel ihres Werts verloren und es dem großen Zauberer gelang, die Finanzmärkte mit kraftvollen Zinssenkungen wieder zu beruhigen.

Dank der Milliarden aus Washington und der niedrigen Zinsen der Notenbanken berappelt sich die Wirtschaft. Der ökonomische Krieg gegen den Terror scheint zu funktionieren – auf den ersten Blick jedenfalls. Nicht nur Greenspan und seine Kollegen sind nach einiger Zeit davon überzeugt, dass die Weltwirtschaft robust genug ist, um den Schock durch die Terroranschläge hinter sich zu lassen. Politiker, Unternehmer und Ökonomen in aller Welt: Sie alle sind davon überzeugt, dass sie die Gefahr durch den islamistischen Terror mehr und mehr ausblenden dürfen. Und dass der Wohlstand des Westens, ähnlich wie während der »Roaring Nineties« zum Ende des vorhergehenden Jahrtausends, wieder kraftvoll wachsen wird.

Tatsächlich halten jedoch Staatenlenker und Notenbanker mit viel Geld etwas aufrecht, was so nicht mehr aufrechtzuerhalten ist: Sie versuchen, jene Illusion aus den neunziger Jahren zu nähren, dass fortwährendes Wachstum ohne Risiken weiter möglich ist. Und die Finanzindustrie scheint diese Illusion ja auch zu unterfüttern: Die Investmentbanker entwerfen komplexe Derivate, die angeblich in der Lage seien, Risiken besser zu verteilen – ja, eine Finanzwirtschaft ohne elementare Risiken zu schaffen. Die Händler der Banken und Hedge-Fonds nutzen das billige Geld, welches ihnen die Notenbanken bereitstellen, für ihre größenwahnsinnigen Geschäfte. Sie investieren es in obskure Wertpapiere und verleihen es in großem Stil an Hauseigentümer in Nevada oder Ohio, die damit ihren Traum vom Eigenheim erfüllen können.

Für einige Jahre können Politiker, Notenbanker und Banker sich noch einmal der Vorstellung hingeben, dass niemand dem westlichen Wohlstand etwas anhaben könne – auch nicht die Attentäter von al-Kaida. Sie mögen ihre Bomben zünden, in Saudi-Arabien, dem Irak oder auch in Europa. Aber, so ist die einhellige Meinung, was kann dies unserem Wohlstand schon anhaben? Doch im Jahr 2008 zerstiebt diese Illusion: Die Blase an den Immobilien- und Kreditmärkten platzt, das internationale Finanzsystem bricht zusammen, die Weltwirtschaft stürzt in die schwerste Krise seit acht Jahrzehnten. Das viele billige Geld hat Unternehmen, Investoren und Immobilieneigentümer verleitet, über ihre Verhältnisse zu leben. Kredite sind ja günstig zu haben gewesen: Warum also lange nachdenken? Warum die Risiken abwägen? Man hat als Erwerber eines Eigenheims, als Käufer riskanter Wertpapiere oder als Unternehmer das Geld ja fast hinterhergeworfen bekommen.

Die Banken wiederum scherten sich kaum darum, an wen sie ihr Geld verliehen. Sie ersannen in ihrem Rausch gar komplexe Wertpapiere, um die Risiken, die sie mit den Krediten eingegangen waren, gleich wieder aus ihren Bilanzen zu entfernen. Sie reichten die Kreditpakete an andere Investoren weiter, die diese wiederum weiterverkauften – wie bei einem Kettenbrief wurde das Risiko ständig an den Nächsten weitergeschoben.

Und so beginnt just nach den Anschlägen des 11. September der ungesunde Boom am amerikanischen Immobilienmarkt, der große Run auf das eigene Haus: Beflügelt durch die niedrigen Zinsen steigt die Zahl der Bauanträge ab dem Jahr 2002 rasant an und erreicht im Herbst 2005 ihren Höhepunkt.[26] Ebenso schnellt die Zahl der Kreditanträge nach oben: Die Amerikaner nutzen die günstige Gelegenheit, um sich noch höher zu verschulden und ihre Immobilien mit noch höheren Hypotheken zu belasten. Am Ende kommen auch jene Menschen in den Genuss eines Immobilienkredits, die dafür weder die notwendigen Sicherheiten noch ein ausreichendes Einkommen vorweisen können: Die Zahl der Ramschkredite namens Subprime explodiert.

Im Rückblick lässt sich klar sagen: Greenspan hat, um den Terror zu besiegen, zunächst das Richtige getan und die Zinsen kräftig gesenkt – aber er hat sie zu lange zu niedrig gehalten. Mit seiner Politik des leichten Geldes, entscheidend mit ausgelöst durch die Todespiloten des 11. September, ermöglichten der Notenbankchef und seine Kollegen die Exzesse am Immobilienmarkt, die Auswüchse am Kreditmarkt und den Boom an den Aktienbörsen. Es war plötzlich mehr billiges Geld zu haben, als für ein solides Wachstum gut war. Unternehmen und Bürger, Hedge-Fonds und Immobilienbesitzer türmten gewaltige Schuldenberge auf und befeuerten jenen irrationalen Boom, der schließlich abrupt abbrach. Und Bushs Steuersenkungen, die vor allem die Reichen und die Kapitalbesitzer begünstigten, taten ein Übriges, um die Blase aufzublähen und schließlich zum Platzen zu bringen.

Die beherzten Eingriffe der Notenbank und der Regierung in Washington waren nichts anderes als das verzweifelte Aufbäumen einer ökonomischen Supermacht, die alles tat, was ihr möglich war, um ihren Status als Supermacht zu erhalten. Ob den USA dies tatsächlich gelingen wird, darf man mit Fug und Recht bezweifeln. Drei Jahre nach dem Beginn der Finanzkrise und zehn Jahre nach den Anschlägen des 11. September leiden die Vereinigten Staaten unter einer enormen Schuldenlast. Die Zahl der Arbeitslosen ist auf den höchsten Stand seit drei Jahrzehnten gestiegen. Die Notenbank druckt Geld ohne Unterlass, um die Wirtschaft wenigstens halbwegs in Gang zu halten – und damit jene Illusion zu nähren, die sie seit Jahrzehnten genährt hat: dass der Wohlstand der Amerikaner und damit der westlichen Welt unantastbar ist.

Die zweite Verbindungslinie: die Explosion des Ölpreises

Die zweite Verbindungslinie zwischen den Anschlägen des 11. September und dem Zusammenbruch der Weltwirtschaft ist das Öl, und damit der Rohstoff, der für die westliche Welt lebenswichtig ist. Ohne das schwarze Gold aus Russland, der arabischen Welt, Afrika, der Nordsee oder dem Golf von Mexiko würden die westlichen Industrienationen schnell zusammenbrechen. Sie brauchen das Öl in Hülle und Fülle, und sie brauchen es so günstig wie möglich. Doch die islamistischen Terroristen bringen mit ihren Anschlägen beides durcheinander: die sichere Versorgung mit Öl – und die Versorgung zu einem akzeptablen Preis. Osama bin Laden, Aiman al-Zawahiri und ihre Handlanger leiteten auch beim Öl, dem wichtigsten Schmiermittel der westlichen Wirtschaft, eine Ära der Angst und Unsicherheit ein. Die Bedrohung durch al-Kaida trägt dazu bei, dass nicht nur der Ölpreis, sondern auch die Notierungen anderer Rohstoffe seit zehn Jahren kontinuierlich steigen. Innerhalb von nur sieben Jahren verfünffachte sich der Preis für ein Fass Rohöl: von 27,50 US-Dollar am 10. September 2001 auf 147 US-Dollar am 11. Juli 2008, den höchsten jemals erreichten Stand. Danach brachen die Notierungen für ein Fass Rohöl zwar kräftig ein – um zweieinhalb Jahre später, während der arabischen Revolution, jedoch wieder die Marke von 100 US-Dollar deutlich zu übersteigen.

Natürlich wird der Ölpreis nicht allein durch den Terror nach oben getrieben, sondern auch durch den Energiehunger von China und anderen aufstrebenden Schwellenländern. Doch die Bedrohung durch den Terror ist ein ganz entscheidender Beschleunigungsfaktor. Die Bomben von al-Kaida treffen ja nicht nur die Abnehmerländer in Amerika und Europa, sondern auch die Erzeugerländer in der arabischen Welt, vor allem Saudi-Arabien, den Irak und den Jemen. So macht der Ölpreis den ersten Sprung gleich nach den Anschlägen: Noch am 11. September zieht er um 13 Prozent an, weil Unternehmen und Anleger sich in wilder Panik mit Ölkontrakten eindecken. Erst als die Organisation der Erdöl exportierenden Staaten, die OPEC, erklärt, ihre elf Mitgliedsstaaten würden alles tun, um den Erdölpreis stabil zu halten, beruhigen sich die Märkte wieder.

Doch diese Beruhigung ist nur von kurzer Dauer, denn im Januar 2002 hält George W. Bush eine Rede, die dem Krieg gegen den Terror eine ganz andere Dimension gibt: Der Feind, dem sich die Vereinigten Staaten und ihre Verbündeten gegenübersehen, sei nicht mehr nur al-Kaida, verkündet Bush: »Der Feind betrachtet die gesamte Welt als Schlachtfeld, und wir müssen ihn stellen, wo immer er auch ist.« Der

Feind: Darunter versteht Bush vor allem jene Staaten, die er zur »Achse des Bösen« zählt: der Iran, der Irak und Nordkorea, die Bush zufolge »den Terror unterstützen« und atomare, chemische oder biologische Waffen besitzen. Der Kampf gegen den Terrorismus sei deshalb noch lange nicht beendet, warnt der Präsident: »Tausende gefährlicher Killer, geschult im Morden und oftmals unterstützt von verbrecherischen Regimen, sind über die ganze Welt verstreut, wie tickende Zeitbomben, die ohne Vorwarnung explodieren können.«[27]

Die martialischen Worte verfehlen ihre Wirkung nicht, sie machen deutlich: Die Welt steht, ausgelöst durch den Terror von al-Kaida, am Beginn einer neuer Ära militärischer Konflikte und globaler Unsicherheiten. Und im Zentrum steht dabei insbesondere die islamische Welt. Der Einsatz in Afghanistan ist dabei nur ein erster kleiner Schritt. Es werden weitere Kriege folgen, und zwar in jener Region am Persischen Golf, die die Welt mit Rohöl versorgt. Und so kennt der Ölpreis in den sechseinhalb Jahren nach Bushs Rede nur eine Richtung: aufwärts.

Für die Industrieländer ist dies fatal. Steigt der Ölpreis auch nur um 10 US-Dollar, kostet sie dies, so die grobe Schätzung, etwa ein halbes Prozent Wirtschaftswachstum. Vor allem die Autobranche, die Luftfahrt und die Chemieindustrie hängen am Öl, aber auch viele andere energieintensive Unternehmen. Besonders hart trifft der Preisanstieg die Entwicklungsländer, die mehr als doppelt so viel Öl wie die Industrieländer benötigen, um eine bestimmte Menge an Waren herzustellen. Doch auch Deutschland leidet unter dem Preisschock: Steigt der Preis für ein Fass Rohöl um 10 US-Dollar, kostet dies die Unternehmer und Verbraucher zum damaligen Wechselkurs etwa 10 Milliarden Euro.

Und der Ölpreis steigt und steigt. Im Gefolge des Irakkriegs überspringt er im Jahr 2003 die Marke von 30 US-Dollar, ein Jahr später erreicht er aufgrund der Furcht vor weiteren Anschlägen die Marke von 40 US-Dollar; 10 US-Dollar betrage die »Terrorprämie«, sagen Vertreter der Ölbranche damals.[28] Nichts kann seit Bushs Rede über die »Achse des Bösen« den Anstieg stoppen, keine Entscheidung der OPEC, kein Versuch der Politiker, die Märkte zu beruhigen. Getrieben wird der Preis immer wieder von der Angst vor neuen Kriegen, vor neuen Terroranschlägen, vor neuen geopolitischen Konflikten. Und ebenso vom Aufstieg Chinas und Indiens.

Es gibt daneben eine Reihe weiterer Gründe, die den steilen Anstieg verursachen. Da ist das Gezerre um das iranische Atomprogramm, verbunden mit der Furcht, die Amerikaner könnten auch hier militärisch eingreifen. Da sind die Anschläge im Irak, die das Land nach dem Sturz von Saddam Hussein nicht zur Ruhe kommen lassen. Und da sind die Spekulanten, die sich zunutze machen, dass die Welt seit dem 11. September eine Ära der Angst und Unsicherheit durchleidet. Im Laufe des Jahres 2008 treiben die Spekulanten den Ölpreis auf immer neue Höhen: Am 3. Januar durchbricht er erstmals in der Geschichte die Marke von 100 US-Dollar, doch das ist nur ein kurzer Zwischenstopp auf dem weiteren Weg nach oben.

Und so tritt schließlich ein, was Ökonomen schon viel früher erwartet haben: Die Weltwirtschaft bremst abrupt ab, als der Ölpreis im Juli schließlich einen Wert nahe von 150 US-Dollar pro Fass erreicht. Denn nun ist der Punkt erreicht, an dem Öl unerschwinglich geworden ist. Es kostet doppelt so viel wie ein Jahr zuvor. Dies würgt im Sommer des Jahres 2008 die Wirtschaft ab. Und so drehen – noch ehe im September die Investmentbank Lehman Brothers zusammenbricht – etliche Konjunkturmesswerte in den roten Bereich: Bereits im Juni stürzen in der Euro-Zone die Konjunkturindikatoren ab; im Juli geht in Deutschland die Zahl der neu zugelassen Kraftfahrzeuge kräftig zurück; in den Vereinigten Staaten steigt unterdessen die Zahl derjenigen an, die sich arbeitslos melden; im August brechen auch die amerikanische Industrieproduktion und der amerikanische Export ein.

All dies ereignet sich noch vor der Pleite von Lehman Brothers. War also der hohe Ölpreis für die Krise letztlich genauso entscheidend wie der Crash an der Wall Street? »Wer weiß?«, schreibt Thomas Fricke, der Chefvolkswirt der *Financial Times Deutschland*. »Vielleicht lief die Wirkungskette sogar umgekehrt, und der sommerliche Konjunkturschock führte erst dazu, dass es zum Finanzcrash kam. Vielleicht hätten sonst nicht so viele Banken am Rand der Pleite gestanden, die kurz zuvor noch solide wirkten.«[29]

Für diese These spricht, dass der Ölpreis – kaum dass die Konjunktur im Sommer 2008 abbremst – ebenso plötzlich wieder abstürzt: Binnen weniger Wochen fallen die Notierungen für ein Fass Rohöl von 147 US-Dollar auf unter 110 US-Dollar. Die einen erklären dies damit, dass die Spekulation sich ein Stück verflüchtigt habe, andere Ökonomen hingegen begründen dies damit, dass die Weltwirtschaft längst nicht mehr so gut läuft wie noch ein paar Monate zuvor und deshalb die Nachfrage nach Öl zurückgeht.

Festzuhalten bleibt angesichts dieser Entwicklung aber: Die Bedrohung durch den Terror und die geopolitischen Konflikte, die damit einhergehen, haben den Ölpreis mit nach oben getrieben – und der hohe Ölpreis wiederum hat die Weltwirtschaftskrise vielleicht nicht ausgelöst, sie aber entscheidend verstärkt. Und festzuhalten bleibt ferner: Es gibt eine Menge von Gründen, die zur schwersten Wirtschaftskrise seit acht Jahrzehnten geführt haben. Wenn aber der Zusammenbruch des Finanzsystems die große Explosion war, so waren die Angriffe des 11. September der entscheidende Brandbeschleuniger, welcher der Detonation diese ungeheure Wucht verliehen hat.

Natürlich konnten Osama bin Laden und die Terrorpiloten des 11. September all dies nicht voraussehen. Natürlich konnten sie nicht vorhersagen, welche komplexen Prozesse sie in Gang setzen würden – und was am Ende dieser Prozesse stehen würde. Aber dies ist im Nachhinein nicht entscheidend. Entscheidend ist, dass sie die wichtigste Wirtschaftsnation der Welt und ihre Verbündeten empfindlich treffen wollten – und zwar ökonomisch, nicht militärisch. Und dass es ihr Ziel war, den Westen finanziell auszubluten und in den Bankrott zu treiben.

Dies führt zur dritten Verbindungslinie zwischen Nine Eleven und Nine Fifteen: der Explosion der Staatschulden. Denn ebenso wie das billige Geld und der hohe Ölpreis wirken sich auch die gigantischen Schulden, die die EU-Staaten und insbesondere die Vereinigten Staaten im Krieg gegen den Terror aufgenommen haben, massiv auf die Weltwirtschaft aus. Die globalen Ungleichgewichte zwischen verschuldeten Nationen und Gläubigernationen sind ein entscheidender Auslöser der zweiten Weltwirtschaftskrise.

8. Der Krieg gegen den Terror und die Schulden

»Wir werden Amerika ausbluten!«

Man mag die 18-minütige Videobotschaft, die am 29. Oktober 2004 vom arabischen Fernsehsender al-Dschasira ausgestrahlt wurde, als üble Propaganda abtun, als dumpfe Hetze, als Worte eines religiösen Fanatikers, der seine ganze Wut gegen die »Kreuzzügler« aus dem Westen schleudert. Man mag diese Videobotschaft von Osama bin Laden negieren, kleinreden und beiseite drängen, so wie es die meisten Politiker und Medien recht schnell getan haben. Man kann das Videoband aber auch als ein Dokument der Zeitgeschichte betrachten und es genau studieren, um zu verstehen, worum es al-Kaida im Kampf gegen den Westen tatsächlich geht.[2]

In diesem Video wendet sich bin Laden wenige Tage vor der Präsidentschaftswahl zwischen dem Republikaner George W. Bush und dem Demokraten John Kerry direkt an das amerikanische Volk. Es ist eine provozierende Rede, die – wenn man die religiöse Propaganda außer Acht lässt und sich auf den Kern konzentriert – viel aussagt über die Strategie der islamistischen Terroristen. Denn bin Laden erklärt unumwunden, worum es al-Kaida geht: Das Terrornetz will die größte Wirtschaftsmacht der Welt in die Knie zwingen! Es sei das Ziel, »Amerika auszubluten bis zu dem Punkt hin, dass es bankrottgeht«. Der bisherige Krieg gegen den Westen habe dabei bereits »alle Erwartungen übertroffen«, brüstet sich der Terrorführer. Durch den »Schlamassel« im Irak – den zähen, zermürbenden Kriegseinsatz an Euphrat und Tigris – und durch die anderen Militäraktionen hätten die Amerikaner sehr viel Geld verloren. Das amerikanische Haushaltsdefizit habe »astronomische Höhen« erreicht – und dafür habe nicht allein al-Kaida, sondern vor allem Washington selbst gesorgt. »Wir müssen«, sagt bin Laden, »bloß zwei Mudschaheddin an den entferntesten Punkt im Osten schicken, wo sie ein Stück Stoff hochhalten, auf dem ›al-Kaida‹ geschrieben steht. Daraufhin rasen sofort die Generäle los und fügen Amerika menschliche, wirtschaftliche und politische Verluste zu.«

Das mag zynisch klingen – und trifft doch den Kern. Denn in wenigen Sätzen beschreibt der Terrorführer, welch heftige Reaktion die Anschläge in der amerikanischen Politik ausgelöst haben: wie Amerika mit aller Macht losschlägt und doch wenig erreicht; wie es sich in den Krieg gegen den Terror stürzt, der ungeheuer viel kostet und die Schulden nach oben treibt – aber trotz vieler hundert Milliarden US-Dollar bislang nicht dazu geführt hat, al-Kaida zu besiegen.

Und wenn man sich die Zahlen anschaut, wenn man die Zusammenhänge nüchtern analysiert, kommt man zu einem klaren Ergebnis: Zwischen den Schulden, die die USA seit dem Jahr 2001 aufgetürmt haben, und dem Terror von al-Kaida existiert eine klare Verbindungslinie. Man muss sich dazu in die Haushaltszahlen der letzten Jahre vertiefen und untersuchen, welche Etatposten aus dem Ruder gelaufen sind. Wenn man die historische Entwicklung verfolgt, erkennt man schnell, warum die Kreditaufnahme der Vereinigten Staaten seit dem 11. September 2001 emporgeschnellt ist – und warum sie seither stärker angestiegen als jemals zuvor in der mehr als 200-jährigen amerikanischen Geschichte. Man sieht dann: Auf die Explosionen der Terroristen folgte die Explosion der Staatsschulden.

Verantwortlich für diese zügellose Politik, die nur das Heute und nicht das Morgen kennt, ist in erster Linie der Krieg gegen den Terror: der militärische Teil des Krieges ebenso wie der ökonomische, die Militäreinsätze ebenso wie die Konjunkturpakete und Steuersenkungen. Eingeleitet wurde diese Politik auf Pump von jenem Mann im Weißen Haus, der den Krieg gegen den Terror begonnen hat: von George W. Bush. Kein anderer Präsident vor ihm hat derart ungeniert Kredite angehäuft. Kein anderer Präsident vor ihm hat seinen Landsleuten ein so schlechtes Beispiel gegeben wie der Sohn jenes Präsidenten, in dessen Amtszeit das Ende der Sowjetunion fiel. Der wirtschaftliche Zusammenbruch der UdSSR, die imperiale Überdehnung der anderen dominierenden Supermacht, war Bush junior nicht Mahnung, sondern eher Ansporn. Er glaubte, Amerika als einzig verbliebene Supermacht sei unverwundbar: militärisch sowieso – aber auch ökonomisch.

Dabei hätte Bush junior beste Chancen gehabt, als derjenige Staatschef in die Geschichte einzugehen, der den Kampf gegen die Schulden gewinnt. Denn von seinem Vorgänger Bill Clinton hatte er einen Haushalt geerbt, der gewaltige Überschüsse verhieß. Bush hätte, wenn er Clintons Etatentwurf fortgeführt hätte, in den nächsten zehn Jahren einen Überschuss von 5,6 Billionen US-Dollar anhäufen können.[3] Ökonomen träumten von einer Ära, in der der amerikanische Staat erstmals seit Jahrzehnten aus der Schuldenfalle hätte entwischen und seine Handlungsfreiheit zurückerlangen können. Die Prognose klang überschwänglich: Die Überschüsse würden es ermöglichen, innerhalb von fünf Jahren die gesamte Staatsschuld der USA abzutragen. Selbst Bushs Leute glaubten daran: Finanzminister Paul O'Neill behauptete nur wenige Woche nach dem Regierungswechsel im Januar 2001, das Plus im Bundeshaushalt könne sogar noch größer ausfallen, als es die Regierung Clinton vorausgesagt habe. Goldene Zeiten also.

Doch dann kommt der 11. September und verändert alles: Aus einem Präsidenten der schwarzen Zahlen wird ein Präsident der roten Zahler; aus einem Etat, der bestens sortiert ist, wird ein zerrüttetes Budget; aus dem boomenden Amerika, dessen Haushaltsüberschüsse den Europäern als Vorbild dienen, wird ein Land, das jegliche Disziplin vermissen lässt. Denn die Vereinigten Staaten sind durch die Attacke von al-Kaida bis ins Mark getroffen. Das Land kennt nur eine mögliche Antwort auf diesen ungeheuerlichen Angriff: Stärke zeigen – koste es, was es wolle! Er werde den Kampf gegen den Terror »um jeden Preis« gewinnen, tönt Bush.[4] Er wird sich, heißt dies, bis zum angestrebten Sieg nicht um den Etat scheren, nicht um das Defizit. Sondern er wird sich voll und ganz auf den Krieg konzentrieren.

Und so holt Bush nach dem 11. September zum umfassenden

Gegenschlag aus: Er schickt Amerikas Soldaten in den Krieg, er stärkt Amerikas Sicherheit im Innern, und er steckt riesige Beträge in die Wirtschaft, um sie am Leben zu erhalten. Die Regierung peitscht dazu binnen weniger Monate eine Vielzahl von Gesetzen durch den Kongress, die alle viel Geld verschlingen. Manches ist zweifellos notwendig, etwa jenes Paket, das dazu dient, die zerstörten Gebäude in Manhattan wiederaufzubauen und die Terroropfer zu entschädigen: Es kostet 40 Milliarden US-Dollar. Oder jene beiden Konjunkturpakete, mit denen die Regierung eine Rezession verhindern will: Sie kosten zusammen über 470 Milliarden Dollar. Etliche Ökonomen loben Bush damals dafür, dass er so entschlossen reagiert: Es sei, lautet ihr Argument, nun einmal die Aufgabe des Staates, mutig einzuspringen, wenn die Wirtschaft ganz unverhofft einen externen Schock erleide, wenn Verbraucher, Unternehmer und Investoren es mit der Angst zu tun bekommen und ihr Geld beisammen halten.

Kaum jemand stellt auch infrage, dass die Amerikaner und ihre Verbündeten in den Krieg gegen die Taliban in Afghanistan ziehen. Denn irgendwo in den Bergen des Hindukusch vermuten die Vereinigten Staaten ihren Staatsfeind Nummer eins: Osama bin Laden. Niemand fragt nach den Kosten des Einsatzes. Warum auch? Die meisten Amerikaner sind davon besessen, bin Laden zu fangen. Sie glauben, dass die Gefahr durch den Terror gebannt sei, wenn der Terrorführer erst einmal tot sei. Sie nehmen es deshalb hin, dass die Militärausgaben rapide steigen, dass Amerika Soldaten, Panzer und Kampfschiffe losschickt und mit B-52-Fliegern bin Ladens Felsenfestung Tora Bora bombardiert. Sie verdrängen, dass al-Kaida eben nicht nur in Afghanistan zu Hause ist, dass die Mudschaheddin sich nicht nur am Hindukusch verstecken, sondern auf der ganzen Welt.

Selbst in Zeiten des Krieges ist es allerdings alles andere als normal, wenn das Defizit – getrieben durch das Militär, getrieben durch gewaltige Programme zur Ankurbelung der Wirtschaft – derart luftige Höhen erreicht wie unter dem Oberbefehlshaber George W. Bush. Unter ihrem 43. Präsidenten türmen die Vereinigten Staaten von Amerika innerhalb von acht Jahren so viele neue Schulden auf wie unter den ersten 42 Präsidenten von George Washington bis hin zu Bill Clinton zusammen. Durch die Etats, die bis zum Ende von Bushs zweiter Amtszeit im Januar 2009 verabschiedet werden, steigt der Schuldenberg der USA um sage und schreibe 2,5 Billionen US-Dollar.[5]

Denn egal, was Bush im Kampf gegen den Terror versucht: Es verschlingt ungeheuer viel Geld. Er senkt die Steuern in einem Maße, wie es das noch nie gegeben hat. Er führt das Land in einen Krieg, den es so noch nie geführt hat. Und er kämpft gegen die schwerste Rezession, die es seit einem Jahrzehnt gegeben hat. Jeder dieser drei Punkte langt, um einen Staatshaushalt zu ruinieren; Bush junior ruiniert ihn auf dreifache Weise.

Der Präsident lässt sich dabei durch niemanden beirren: nicht durch seine Finanzminister, nicht durch seine engsten Berater, nicht durch die demokratische Opposition und auch nicht durch Medien, die wie die *New York Times* angesichts der explodierenden Staatsausgaben über eine »Achse der Ineffizienz« lästern.[6] Bush begeht damit die gleichen fatalen Fehler wie sein Vorbild Ronald Reagan zwei Jahrzehnte zuvor. Auch Reagan hat, um die Wirtschaft anzukurbeln, die Steuern massiv gesenkt; auch er hat, um die Sicherheit des Landes zu gewährleisten, die Verteidigungsausgaben gewaltig erhöht; und auch Reagan hat nicht bedacht, welche Rückwirkungen seine Politik für die Weltwirtschaft hat.

Das Geld für seine maßlose Politik muss Bush sich vor allem im Ausland leihen, denn auch die Bürger und Unternehmen der USA verschulden sich immens und haben daher kaum etwas übrig, um es dem Staat zu leihen. Wenn aber die größte Volkswirtschaft ihren Wohlstand nur aufrechterhalten kann, indem sie sich in anderen Staaten Geld borgt, wenn sie dazu gewaltige Kapitalbeträge aus dem Rest der Welt absaugt, bringt dies die globale Ökonomie aus dem Gleichgewicht. Wenn jene Nation, die rund ein Viertel der gesamten Wirtschaftleistung der Welt erbringt, auf Dauer über ihre Verhältnisse lebt, kann das nicht gut gehen. Dann bringt dies die Weltwirtschaft ins Wanken. Und dann verstärken sich jene globalen Ungleichgewichte, die die Ökonomen als eine der Ursachen der zweiten Weltwirtschaftskrise ab 2008 ausgemacht haben – und die sie als möglichen Quell einer neuerlichen Krise in der Zukunft sehen.

Natürlich lässt sich einwenden, dass die Amerikaner keine andere Wahl hatten, als sich entschlossen gegen den Terror zu stemmen. Und dass es nun mal die Aufgabe des einzig verbliebenen Weltpolizisten sei, für Ordnung zu sorgen. Es ließe sich zudem einwenden, dass die ökonomischen Lehrbücher von John Maynard Keynes genau das verlangen, was Bush getan hat: in Krisenzeiten die staatlichen Ausgaben zu erhöhen und dies mit Krediten zu finanzieren. »Deficit Spending« nennt man diese Politik, die dazu dient, die Konjunktur zu stabilisieren.

Doch in seinem unbändigen Bestreben, den Feind zu vernichten, überzieht Bush maßlos. Der Präsident und seine Mannschaft haben allein das Ziel vor Augen, einen überwältigenden Sieg gegen al-Kaida und den islamischen Terror zu erlangen. Sie glauben, dieser Sieg lasse sich mit dem Einsatz von vielen Soldaten und sehr viel Geld geradewegs erzwingen. Was kümmert den Oberbefehlshaber Bush da schon das Defizit? Sein Haushalt, verkündet er, sei mehr als eine Aufzählung von Zahlen: »Es ist ein Plan, um einen Krieg zu gewinnen, den wir nicht wollten; einen Krieg, den wir aber entschlossen sind zu gewinnen.«[7]

Bush – der maßlose Präsident

Diesen Krieg will Bush zum einen im Innern gewinnen: Deshalb beschließt seine Regierung gleich nach den Anschlägen, die Zahl der Ermittler bei der Bundespolizei FBI kräftig aufzustocken; den Einsatz der Nationalgarde zu verstärken; und eine neue Behörde namens Transportation Security Agency zu errichten, mit fast 60 000 Mitarbeitern, die die Sicherheit an den 450 Flughäfen des Landes, an Bahnhöfen, Highways und in Zügen und U-Bahnen überwachen sollen. Die Regierung Bush gründet zudem das Heimatschutzministerium, das Department of Homeland Security, das sich um die Terrorabwehr kümmert und mit über 200 000 Mitarbeitern das drittgrößte Ministerium nach dem Pentagon und dem Kriegsveteranen-Ministerium ist.

Den Krieg gegen den Terror will Bush aber auch im Äußeren gewinnen: Die Verteidigungsausgaben steigen deshalb drastisch. Allein in den ersten drei Monaten nach dem 11. September gibt er ein Fünftel mehr aus als im Jahr zuvor. Dabei hatte Verteidigungsminister Donald Rumsfeld noch einen Tag vor den Anschlägen, am 10. September 2001, angekündigt, das Militärbudget müsse sinken. Einen Tag später gilt diese Losung nicht mehr. Stattdessen erhöhen Bush und Rumsfeld die Ausgaben so stark wie seit dem Vietnamkrieg nicht mehr. Und dies ist erst der Anfang einer neuen, raumgreifenden Militärpolitik: Auf den Afghanistankrieg folgt der Irakkrieg, auf die Ära der Abrüstung in den neunziger Jahren folgt eine neue Ära der Aufrüstung. Bush und Rumsfeld dehnen die Ausgaben für Army, Air Force, Navy und die Marines immer weiter aus. Sie stecken bis zum Jahr 2009 – so die Kalkulation, basierend auf der amtlichen Regierungsstatistik – fast eine Billion US-Dollar in die Kriege in Afghanistan und im Irak, in den zusätzlichen Sold, in die Einsatzkosten vor Ort, in Nachrichtenbeschaffung und Propaganda.[8] Und damit weit mehr, als Vertreter der amerikanischen Regierung vorausgesagt haben; sie gingen anfangs davon aus, dass der Irakkrieg nicht mehr als einhundert oder zweihundert Milliarden US-Dollar kosten werde, nicht eine Billion US-Dollar.

Und eine Billion US-Dollar: Das sind lediglich die offiziellen Kosten, die die Regierung selber nennt. Tatsächlich jedoch dürften die Ausgaben für den Irakkrieg dreimal so hoch sein, wie der Nobelpreisträger für Wirtschaftswissenschaften, Joseph Stiglitz, vorgerechnet hat. Denn in der Kalkulation der Regierung in Washington tauchen zahlreiche Punkte nicht auf: Veteranen müssen versorgt, zerstörte Panzer und Flugzeuge ersetzt, die Familien von toten Soldaten entschädigt werden. Zudem lähmen die Schulden, die die Regierung aufgenommen hat, um den Krieg zu finanzieren, die Wirtschaft. Und auch der Ölpreis, der durch den Irak kräftig gestiegen ist, fordert seinen Tribut »Die Vereinigten Staaten«, prophezeit Stiglitz, »werden auf Jahrzehnte hin für diesen Krieg bezahlen. Und der Preis wird umso höher sein, weil wir die grundlegenden Gesetze der Wirtschaft ignoriert haben.«[9]

Doch nicht nur die Kriege, die Bush in seinem blindwütigen Kampf gegen al-Kaida anzettelt, kosten sehr viel Geld. In seiner Amtszeit kauft das Pentagon, das vor dem 11. September viele Rüstungsprojekte zurückgestellt oder gestrichen hatte, für mehrere hundert Milliarden US-Dollar neue Waffen, darunter Kriegsschiffe und U-Boote, Kampfflugzeuge sowie jene Kommunikationstechnologien und Satellitensysteme, die man in neuzeitlichen Kriegen benötigt. All dies schlägt sich in einem gewaltigen Anstieg der Militärausgaben nieder: Innerhalb von acht Jahren verdoppelt sich das Budget des Pentagon von 290 Milliarden auf 594 Milliarden US-Dollar. Und unter Barack Obama ändert sich daran nichts. Ja, der Demokrat gibt für die amerikanischen Truppen sogar noch mehr aus als sein republikanischer Vorgänger. Allen Wahlversprechen zum Trotz, er werde *change* – den Wandel – bringen, steigen die Militärausgaben unter Obama weiter rasant an. Armee und Rüstung werden im Jahr 2011 mehr als 700 Milliarden US-Dollar verschlingen. 700 Milliarden US-Dollar – das ist fast doppelt so viel, wie die deutsche Regierung in einem Jahr insgesamt ausgibt: nicht bloß für die Bundeswehr, sondern für Renten- und Krankenversicherung, Arbeitslose und Schuldendienst.

Keine Nation wendet auch nur annähernd so viel Geld für Armee und Rüstung auf: Die Amerikaner stecken doppelt so viel ins Militär wie alle zwanzig Staaten zusammen, die dahinter liegen, und fast siebenmal so viel wie China, die Nummer zwei der Militärnationen. Doch auch andere Staaten rüsten auf und versuchen, sich für den Krieg gegen den Terror und die neue Unsicherheit zu wappnen. Die Briten erhöhen ihren Verteidigungsetat so stark wie seit zwei Jahrzehnten nicht mehr, die Franzosen vermelden gar den kräftigsten Anstieg seit Ende des Zweiten Weltkriegs. Und auch die Bundesrepublik gibt viel Geld für den Antiterrorkrieg aus: Allein der Krieg in Afghanistan kostet nach offiziellen Angaben der Regierung 1 Milliarde Euro pro Jahr. Nach Schätzungen des Deutschen Instituts für Wirtschaftsforschung (DIW) belaufen sich die Kosten sogar auf bis zu 3 Milliarden Euro pro Jahr, wenn man neben den offiziellen Ausgaben des Verteidigungsministeriums auch die Ausgaben anderer Ministerien für Afghanistan hinzurechnet, etwa für die Entwicklungshilfe und die Polizeiausbildung.

Hinzurechnen muss man laut DIW zudem die Kosten der Finanzierung oder die Verluste durch den Tod und die Verletzungen von Bundeswehrsoldaten.[10]

Alles in allem geht das Jahrzehnt der Furcht also mit einer gewaltigen Aufrüstung einher. Rechnet man die Militärbudgets aller Nationen zusammen, dann steigen die Ausgaben zwischen dem Jahr 2000 und dem Jahr 2010 von gut 1 Billion US-Dollar auf 1,6 Billionen US-Dollar jährlich, wie das Stockholmer Friedenforschungsinstitut SIPRI errechnet hat.[11] Für die Welt ist dies nach einem Jahrzehnt des »wilden Friedens« eine neue Erfahrung. Bis zum 11. September 2001 hatten praktisch alle Staaten die »Friedensdividende« genossen, die das Ende des Kalten Krieges ihnen eingebracht hatte: Weil die militärische Gefahr sich verflüchtigt hatte, mussten sie nicht mehr so viel Geld für Panzer, Raketen, Kampfjets und Soldaten ausgeben – und konnten dafür umso mehr in viel produktivere Investitionen stecken, in Straßen, Flughäfen, Datennetze, Schulen, Universitäten und Forschung, in Projekte also, die langfristig das Wachstum fördern, aber auch in Steuersenkungen. Doch das Jahrzehnt der Abrüstung ist mit dem Angriff auf Amerika vorbei – ebenso abrupt, wie es mit dem Fall der Mauer begonnen hat.

Doch nicht nur die Militärausgaben steigen rasant an, Bush treibt auch andere Etats in die Höhe. Er schickt dem ersten Konjunkturpaket, das direkt nach den Anschlägen verabschiedet wurde, ein Jahr später ein zweites, noch teureres hinterher. Er senkt direkt nach seiner Wahl im Jahr 2001 die Steuern um mehr als 1 Billion US-Dollar und entlastet vor allem jene, die ohnehin gut verdienen. Und dann fegt auch noch die zweite Weltwirtschaftskrise über Amerika hinweg: so unerwartet wie die Terrorangriffe des 11. September – und nicht minder gefährlich für den Wohlstand der Amerikaner. Bush stemmt sich mit Wucht gegen die Krise und schnürt in den letzten Monaten seiner achtjährigen Amtszeit gewaltige Rettungspakete, kann aber den Absturz der Wirtschaft damit nicht abwenden.

Die Bilanz nach acht Jahren Bush, nach acht Jahren Krieg gegen den Terror ist fürchterlich: Der Präsident verdoppelt nahezu den Schuldenberg. Als er im Jahr 2009 das Weiße Haus verlässt, steht die Regierung

Washington mit rund sechs Billionen US-Dollar in der Kreide. Rechnet man die Kredite anderer Bundesbehörden und der Notenbank Federal Reserve hinzu, beträgt die Schuldenlast des amerikanischen Staates sogar weit über 10 Billionen US-Dollar. Ökonomen wie der Nobelpreisträger Paul Krugman ätzen, Bush habe aus lauter Unfähigkeit die Staatsfinanzen ruiniert; ihnen schwant, dass das Geschäftsmodell der USA, auf Kosten anderer zu leben, nicht mehr lange trägt.

Obama – nicht besser als Bush

Doch Barack Obama, dem mit viel Hoffnung erwarteten neuen Mann im Oval Office, gelingt es nicht, die Schuldenpolitik zu durchbrechen. Er ist zu schwach, zu mutlos, und bisweilen ist er auch einfach orientierungslos. Obama zeigt keinerlei Gespür dafür, wie gefährlich die Schuldenbombe für die Vereinigten Staaten ist. In seiner Amtszeit wachsen Ausgaben und Schulden noch schneller als unter Bush. »Yes, we can« – mit diesem Slogan gewinnt Obama die Wahlen. Doch ihm gelingt es nicht, die Löcher zu stopfen, die der Krieg gegen den Terror und die zweite Weltwirtschaftskrise in den amerikanischen Haushalt gerissen haben. Allein für den Haushalt des Jahres 2009 muss Obama sich die unglaubliche Summe von 1,41 Billionen US-Dollar leihen und im Jahr drauf fast genauso viel, nämlich insgesamt 1,29 Billionen US-Dollar. Für das Jahr 2011 rechnet die Regierung in Washington gar mit einem Minus von 1,65 Billionen US-Dollar, der höchsten Neuverschuldung, die Amerika je erlebt hat.[12]

Wendet man die strengen Schuldenregeln des europäischen Stabilitätspakts an, würde der Regierung in Washington ein Strafverfahren drohen: Die Kreditaufnahme des Jahres 2011 dürfte etwa 11 Prozent der Wirtschaftsleistung betragen – ein Wert, der in der Europäischen Union nur von Ländern wie Griechenland oder Irland übertroffen wird.[13] Schon jetzt ist der Schuldenberg der US-Amerikaner höher als jener aller EU-Staaten zusammen. Obama kann den Fehlbetrag nur deshalb stemmen, weil die Notenbank in großem Stil amerikanische

Staatsanleihen kauft. Durch den Druck von neuem Geld finanziert die Notenbank mittlerweile mehr als die Hälfte jener Schulden, die die Regierung in Washington neu aufnimmt.

Doch wie lange kann diese zügellose Politik noch gutgehen? Wie lange kann die größte Wirtschaftsmacht der Erde es sich leisten, derart über ihre Verhältnisse zu leben? Laufen die USA nicht irgendwann Gefahr, dass genau das eintritt, was die Strategen von al-Kaida ihnen vorausgesagt haben: dass sie Bankrott gehen?

Sollten sich die düsteren Prognosen des Haushaltsbüros des Kongresses bewahrheiten, wird die Regierung sich in den nächsten Jahren jedenfalls ein gutes Stück auf den Bankrott zubewegen. So wird Obama den Schuldenstand der USA bis zum Ende seiner Amtszeit im Jahr 2013 gegenüber der Ära Bush nahezu verdoppeln, von knapp 10 auf beinahe 18 Billionen US-Dollar. Der Bestand an Krediten würde sich dann auf rund 100 Prozent der Wirtschaftsleistung belaufen. So tief in den roten Zahlen steckte der Haushalt der USA zuletzt während des Zweiten Weltkriegs, als die Militärausgaben mehr als zwei Drittel des Budgets ausmachten.[14]

Selbst der Internationale Währungsfonds (IWF), dessen Zentrale sich in Washington, D. C., nur wenige Blocks vom Weißen Haus entfernt befindet und der meist sehr vorsichtig mit seinem größten Anteilseigner umgeht, sieht die Staatsfinanzen der Amerikaner bedroht. Der IWF sortierte die Vereinigten Staaten im September 2010 in der gleichen Risikoklasse wie Irland ein, das nur wenige Wochen später ein Rettungspaket der Europäischen Union in Anspruch nehmen musste.

Obama kündigt zwar immer wieder an, er wolle entschlossen sparen. Doch bislang fehlt es an entsprechenden Taten. Auch bei den Militärausgaben will der Präsident Einschnitte vornehmen: Deshalb hat er im Sommer 2010 die letzten Kampfeinheiten aus dem Irak zurückgeholt. Doch noch immer stehen Zehntausende US-Soldaten an Euphrat und Tigris, die sich um den Wiederaufbau und die Sicherheit kümmern. Zugleich haben die Vereinigten Staaten einen neuen Krieg begonnen: gegen Libyen. Die klamme Supermacht stürzt sich – auch wenn sie sich dies eigentlich gar nicht leisten kann – in ein neues militärisches und finanzielles Abenteuer.

Es mag sein, dass Obama sich der Gefahr der imperialen Überdehnung bewusst ist. Nur: Sein Handeln lässt dies nicht erkennen. Wenn man alle Auslandseinsätze zusammenzählt, steht er als Oberbefehlshaber am Ende des Jahres 2010 nicht sehr viel besser als George Bush senior da, der letzte Oberbefehlshaber vor dem Fall der Mauer: Unter dem neuen Präsidenten haben die Amerikaner, wie die offiziellen Zahlen des Verteidigungsministeriums zeigen, fast genauso viele Soldaten in fremden Ländern stationiert wie während des Kalten Krieges 1987 – alles in allem rund 490 000 Mann. Allein im Rahmen der »Operation Enduring Freedom«, die dem Kampf gegen den Terror dient, haben die Amerikaner rund 100 000 Soldaten nach Afghanistan, Afrika oder auf die Philippinen entsandt, 86 000 Soldaten sind im Rahmen der »Operation New Dawn« im Irak stationiert, 80 000 stehen in Europa, vor allem in Deutschland, 35 000 in Japan.[15]

Doch wie lange können sich die Amerikaner solch eine riesige Streitmacht noch leisten? Muss Washington nicht die Präsenz im Ausland drastisch reduzieren? Der Historiker Paul Kennedy hat dies schon 1987 nahegelegt. Er schrieb damals in seinem Buch:

»Obwohl die Vereinigten Staaten momentan wirtschaftlich und vielleicht sogar militärisch eine Klasse für sich sind, können sie den beiden Prüfungen, an denen die Langlebigkeit jeder großen Macht, die in der Welt den ›ersten Platz‹ einnimmt, gemessen werden, nicht ausweichen. Erstens: Kann das Land im militärisch-strategischen Bereich ein vernünftiges Gleichgewicht finden zwischen seinen selbst auferlegten Verteidigungspflichten und den verfügbaren Mitteln, um diesen Verpflichtungen nachzukommen? Und kann es zweitens, was eng damit zusammenhängt, das technologische und ökonomische Fundament seiner Macht angesichts der sich ständig wandelnden Strukturen der Weltwirtschaft vor dem Verfall bewahren? Diese Prüfung der amerikanischen Fähigkeiten ist umso härter, als die Vereinigten Staaten – wie das Spanische Reich um 1600 oder das Britische Empire um 1900 – eine enorme Reihe von strategischen Verpflichtungen geerbt haben, die sie Jahrzehnte zuvor übernahmen, als die politischen, wirtschaftlichen und militärischen Fähigkeiten der Nation so viel gesicherter erschienen. (…) Die Entscheidungsträger in Washington müssen nun der unangenehmen Tatsache ins Auge sehen, dass die Gesamtsumme der globalen Interessen und Verpflichtungen der Vereinigten Staaten heutzutage weit größer ist als die Kraft des Landes, sie alle gleichzeitig zu erfüllen.«[16]

Überträgt man Kennedys Analyse in die heutige Zeit, wird deutlich: Die Vereinigten Staaten sind eine Weltmacht auf Abruf – getroffen vom Terror, gebeutelt von der zweiten Weltwirtschaftskrise, gelähmt durch Schulden, bedrängt von Aufsteigerstaaten wie China. Mit dem geborgten Geld haben die Amerikaner in den letzten Jahrzehnten ein potemkinsches Dorf geschaffen, mit glitzernden Fassaden an der Main Street, mit prall gefüllten Schaufenstern. Doch hinter den Häuserfronten ist es trist und leer. Amerika – das ist eine Weltmacht, die versucht, zu viele Konflikte auf der Welt zugleich lösen zu wollen. Amerika – das ist eine Gesellschaft, deren Sozialsystem der Kollaps droht, weil die Bevölkerung immer älter wird und die geburtenstarken Jahrgänge in Rente gehen. Amerika – das ist eine Volkswirtschaft, die mehr denn je gefährdet ist durch Terroranschläge, weil das Land einem neuen Angriff kaum noch etwas entgegenzusetzen hätte.

So besehen durchlaufen die Vereinigten Staaten einen Prozess des schleichenden Verfalls: Die politische Macht langt noch aus, um die 48 verbündeten Nationen in einen Krieg im Irak zu treiben oder die internationalen Verhandlungen zum Klimaschutz zu beherrschen. Aber die Wirtschaft der USA befindet sich in einem allmählichen Niedergang, der derzeit nur durch immer neue Kredite und das viele billige Geld der Federal Reserve gebremst wird. Das Land versinkt in einem Morast von Schulden – und wird irgendwann seine Vormachtstellung in der Weltwirtschaft verloren haben.

Solche Prozesse vollziehen sich nicht von heute auf morgen, der Niedergang kann sich über Jahrzehnte erstrecken – so wie ja auch die Terroristen in Jahrzehnten rechnen, um ihr Ziele zu erreichen. Wie groß aber die Not der Amerikaner inzwischen ist, wird im Frühjahr des Jahres 2011 deutlich, als sich die Regierung genötigt sieht, mit einem Staatsbankrott zu drohen, weil sie die vom Kongress vorgegebene Schuldenobergrenze von 14,3 Billiarden US-Dollar erreicht hat. Sollten die Abgeordneten nicht mehr Geld bewilligen, um die Ausgaben des Staates zu bezahlen, fürs Soziale, die Bankenrettung oder das Militär, dann sei ein Kollaps des gesamten Finanzsystems zu befürchten, und zwar mit schlimmeren Folgen als bei der gerade überwundenen Wirtschaftskrise, warnt Präsident Barack Obama.[17]

Nur mit Müh und Not und allerlei Tricks vermag es die Regierung im Frühjahr, die drohende Zahlungsunfähigkeit abzuwenden und sich Luft bis zum Sommer zu verschaffen. Doch das kann manche Investoren nicht beruhigen. So kündigt die Fondsgesellschaft Pimco, die den größten Rentenfonds der Welt betreibt, an, dass sie keine amerikanischen Staatsanleihen mehr kaufen werde, sogenannte Treasuries, weil die Regierung ein »dreistes Schneeballsystem« betreibe und sich ihre Schulden im Wesentlichen durch die Notenbank finanzieren lasse.[18] Auch andere Investoren überlegen, ob sie weiterhin Treasuries erwerben sollen.

Wenig später stellt die Rating-Agentur Standard & Poor's die Kreditwürdigkeit der Vereinigten Staaten infrage und senkt den langfristigen Ausblick für US-Staatsanleihen auf »negativ«. Dies ist eine klare Warnung: Ändert die Regierung ihre Politik nicht, dann wird sie in spätestens zwei Jahren die Bestnote bei der Kreditwürdigkeit, das »AAA«, verlieren – zum ersten Mal seit sieben Jahrzehnten. An den Börsen geht daraufhin die Angst vor einer Schuldenkrise wie in Griechenland oder Portugal um. »Wir sind griechischer als die Griechen«, warnt Pimco-Chef Bill Gross.[19]

Aber wie katastrophal wäre solch eine Schuldenkrise tatsächlich? Würde sie nur die amerikanische Wirtschaft treffen? Oder auch den Rest der Welt? Oder anders gefragt: Wie sehr leidet die Weltwirtschaft schon jetzt darunter, dass im Gefolge des islamistischen Terrors die Schulden der Vereinigten Staaten derart rasant gestiegen sind?

Der Teufelspakt der Weltwirtschaft

Die Welt könnte mit den Schulden der USA gut leben, wenn die Amerikaner in der Lage wären, diese selber zu finanzieren. Doch das sind sie nicht. Denn nicht nur die Regierung in Washington lebt seit Jahrzehnten auf Pump, auch die Bürger und die Unternehmen finanzieren ihren Wohlstand ungeniert auf Kredit. Sie kaufen sich die Zukunft – ohne zu bedenken, dass sie irgendwann dafür bezahlen müssen. Wenn aber Staat, Bürger und Wirtschaft sich ständig verschulden und es nicht genügend Amerikaner gibt, die dies mit ihren Ersparnissen finanzieren, bleibt nur ein Weg: Die Vereinigten Staaten müssen sich das Geld im Ausland borgen und Kapital importieren. Dadurch wird das Loch im Staatshaushalt zu einem globalen Problem.

Denn die Amerikaner müssen fortlaufend neue Geldgeber finden, die bereit sind, ihren maßlosen Lebensstil zu finanzieren. Wie groß der Kapitalhunger der USA ist, lässt sich daran ablesen, dass sie in den Jahren 2003 und 2004, als die Politik der Verschuldung begann, fast drei Viertel der weltweiten Kapitalzuflüsse aufsogen. Auch später landete noch zwischen der Hälfte und zwei Dritteln dessen, was an Geld rund um den Globus verschoben wurde, in den Vereinigten Staaten.[20] Amerikas Auslandsschulden wuchsen dadurch rapide an, sie verdoppelten sich zwischen dem Juni 2003 und dem Dezember 2010 auf beinahe 15 Billionen US-Dollar.[21]

Hinter dieser gewaltigen Zahl verbirgt sich zugleich eine gewaltige Verschiebung innerhalb der Weltwirtschaft: Während es in den achtziger und neunziger Jahren vor allem Japaner und Deutsche waren, die den Amerikanern ihr Leben auf Pump finanzierten, sind es seit den Anschlägen des 11. September vor allem die Chinesen. Sie tun dies nicht aus purer Nächstenliebe, sondern die Volksrepublik ist, wenn man so will, mit den Vereinigten Staaten einen Teufelspakt eingegangen. Und der funktioniert im Prinzip so: Die Amerikaner frönen, befördert durch die niedrigen Zinsen der Notenbank, ihrem exzessiven Lebensstil und kaufen ein, was ihnen gefällt, auch wenn sie dafür eigentlich nicht genug Geld haben. Die Chinesen wiederum verdienen prächtig an der Einkaufswut der US-Bürger und liefern ihnen, was sie brauchen: Spielzeug, Textilien, DVD-Spieler, Handys oder Computer.

China profitiert davon auf doppelte Weise: Zum einen ist die Volksrepublik zur größten Exportnation der Erde aufgestiegen, noch vor Deutschland; zum anderen verfügt das Land inzwischen über den größten Devisenschatz der Welt – alles in allem mehr als 3 Billionen US-Dollar. Einen Teil davon halten die Chinesen in Euro, einen kleineren Teil auch in Schweizer Franken, aber weit mehr als die Hälfte in US-Dollar. Die Chinesen waren zugleich klug genug, die Devisen nicht zu horten, sondern dort zu investieren, wo sie ihnen den größten Nutzen brachten: in den Vereinigten Staaten. Sie ermöglichten den Amerikanern dadurch, noch mehr Schulden aufzunehmen – mit fatalen Folgen: Ohne die Milliarden aus China wäre der irrwitzige Boom in den USA, der in den Crash des Jahres 2008 mündete, nicht möglich gewesen. Ohne die Milliarden aus der Volksrepublik wäre die Wall Street nicht so rasant gewachsen. Und ohne die US-Dollars, die Peking zurück in die USA schickte, hätte sich die Blase am amerikanischen Immobilienmarkt nicht derart prall aufgebläht. Im Jahr 2008 ist diese Blase geplatzt, die Weltwirtschaft rutschte in eine gewaltige Krise.

Die Chinesen haben die Schwäche der Vereinigten Staaten eiskalt ausgenutzt, um ihren Aufstieg voranzutreiben, zumal sie einen großen Vorteil haben: Sie wurden von al-Kaida weitestgehend verschont. Zwar hat das Terrornetzwerk zuletzt einige Drohungen gegen die Volksrepublik ausgestoßen, um die muslimische Minderheit der Uiguren im Kampf um mehr Unabhängigkeit zu unterstützen, doch Anschläge wie in New York, London oder Madrid folgten bislang nicht. So drohte zum Beispiel der al-Kaida-Ableger im Maghreb im Juli 2009 damit, chinesische Arbeiter in Algerien zu attackieren, nachdem zuvor bei Unruhen in der westchinesischen Provinz Xinjiang 184 Uiguren getötet und etwa 1 700 verletzt worden waren. Nur ein paar Wochen später rief Abu Jahja al-Libi, einer der führenden Köpfe von al-Kaida, zum Heiligen Krieg gegen China auf, weil Peking die muslimische Bevölkerung unterdrücke und ihren Reichtum plündere. Glaubt man den Angaben der chinesischen Sicherheitsbehörden, dann sollen mehr als 1 000 Uiguren in den afghanischen und pakistanischen Terrorcamps von al-Kaida ausgebildet worden sein. Der Weg in die Terrorcamps ist jedenfalls nicht weit: Die Provinz Xinjiang, in der die Mehrzahl der rund 30 Millionen chinesischen Muslime leben, grenzt an Afghanistan und Pakistan.

Bislang allerdings ist der islamistische Terror in China, wenn überhaupt, nur ein lokales Phänomen. Zudem leidet die Volksrepublik, anders als die Vereinigten Staaten, nicht unter solch einer gigantischen Staatsverschuldung, sondern sie profitiert von den gewaltigen Exporteinnahmen. Im Wettlauf der Staaten um Macht und Marktanteile ist beides ein entscheidender Vorteil und hat das Fortkommen der Chinesen erleichtert: Anfang des Jahres 2010 lösten sie Deutschland als größte Exportnation ab, wenige Monate später überholten sie auch Japan als zweitgrößte Wirtschaftsnation. Jetzt rangieren nur noch die Vereinigten Staaten vor ihnen. Doch sollte die Wirtschaft weiterhin in derart atemberaubendem Tempo expandieren, wird das Riesenreich innerhalb von zwei Jahrzehnten die bisherige Nummer eins vom Thron stoßen: Die amerikanische Bank Goldman Sachs erwartet, dass dies bereits im Jahr 2027 der Fall sein wird.

Der Aufstieg der Chinesen hat viele Gründe, und es wäre falsch, den Blick allein darauf zu verengen, dass die USA unter den vielfältigen Folgewirkungen des Terrors leiden und die Volksrepublik davon verschont blieb. Wenn aber Historiker irgendwann auf den Beginn des 21. Jahrhunderts zurückblicken werden, wenn sie zu ergründen suchen, warum die Volksrepublik, gesteuert von einer kommunistischen Partei, mit ihrem gelenkten Kapitalismus so erfolgreich ist und die Vereinigten Staaten, beseelt vom Glauben an den Markt, plötzlich an Kraft verloren haben, wird in den Geschichtsbüchern als ein zentraler Grund auch der islamistische Terror stehen. Er hat dazu beigetragen, die Kräfte innerhalb der Weltwirtschaft zu verschieben; er hat einen Prozess beschleunigt, der ohnehin in Gang war, aber ohne den Terror nie diese gewaltige Dynamik erlangt hätte.

Die Krise der Europäer

Die Wucht dieser Veränderungen, die Wucht der zweiten Weltwirtschaftskrise trifft auch die Europäer. Ebenso wie die Amerikaner bekommen sie die weltwirtschaftlichen Verwerfungen zu spüren, die die Anschläge des 11. September ausgelöst haben. Ebenso wie die Amerikaner leiden sie unter den gewaltigen Kosten, die der Kampf gegen al-Kaida und die Rezession verursacht haben. Denn auch Deutschland, Frankreich, Italien oder Großbritannien haben versucht, mit zusätzlichem Geld zunächst den Krieg gegen den Terror zu gewinnen – und später dann den Zusammenbruch der Finanzmärkte zu verhindern. Sie haben Soldaten nach Afghanistan geschickt und teils auch in den Irak; sie haben sich wie die USA mit Steuersenkungen und Konjunkturprogrammen gegen den Absturz gestemmt; und sie haben riesige Beträge eingesetzt, um die Schockwellen des Finanzbebens im Herbst 2008 zu dämpfen.

Dabei zeigt sich in der Rückschau: Ausgerechnet die großen Länder im Herzen der Union, Deutschland und Frankreich, haben nach dem Einsturz des World Trade Centers und dem nachfolgenden Abschwung besonders kräftig ihre Schulden erhöht. Allein Deutschland verstieß zwischen 2002 und 2005 viermal in Folge gegen die europäische Schuldenregel. Denn die Deutschen litten als Exportnation stärker als andere unter dem Abbremsen der Weltwirtschaft nach dem 11. September.

Noch härter traf die Europäer jene gewaltige Krise, die durch den Terror und seine Folgen mit befördert wurde: die zweite Weltwirtschaftskrise. Um einen Crash der Finanzmärkte zu verhindern, sahen sich die EU-Staaten genötigt, ihre Banken zu stützen und deren Schulden zum Teil zu übernehmen. Aus privaten Schulden wurden so staatliche Schulden. Deshalb stieg plötzlich auch in Ländern wie Irland, die kurz zuvor noch als solide gegolten hatten, die Verschuldung rasant an. Europa stürzte in eine Schuldenkrise: Griechenland, Irland und Portugal sind bereits unter den Rettungsschirm der EU geflüchtet, und die Wahrscheinlichkeit ist groß, dass weitere Euro-Staaten diesen Schutz in Anspruch nehmen, um einen Staatsbankrott abzuwenden.

Die Schuldenkrise in Amerika und Europa folgt historischen Vorbildern, wie die Wirtschaftswissenschaftler Kenneth Rogoff und Carmen Reinhart in ihrem Buch *Dieses Mal ist alles anders* zeigen.[22] Die Weltmacht Spanien war zwischen 1557 und 1647 sechsmal pleite; Frankreich erklärte sich zwischen 1558 und 1788 achtmal für zahlungsunfähig. Solche Staatspleiten kann es auch diesmal geben. So prophezeit der Internationale Währungsfonds, dass die durchschnittliche

Staatsverschuldung der Industriestaaten von 78 Prozent des Bruttoinlandsprodukts im Jahr 2007 bis zum Jahr 2014 auf 118 Prozent steigen wird – ein Niveau, das sonst nur in Kriegszeiten erreicht wird. Die Ökonomen der Investmentbank Morgan Stanley meinen sogar: »Aus fiskalpolitischer Sicht sind die Volkswirtschaften in einer Situation, als ob sie gerade den dritten Weltkrieg überstanden hätten.«[23]

Allerdings führen Europa und die Vereinigten Staaten diesmal keinen klassischen Krieg, sondern einen Krieg gegen den Terror. Und sie haben das Problem, dass sie den Feind in diesem zermürbenden Kampf so schnell nicht besiegen können; dass also die Angst vor Anschlägen allgegenwärtig bleibt; und dass die Last der Schulden sie regelrecht erdrückt. Es ist schon bitter: Genau jene Politik, die dazu dienen soll, den Terror zu bekämpfen, trägt dazu bei, dass die Terroristen ihrem Ziel am Ende näher kommen. Oder wie es bin Laden in seiner Videoansprache vom 29. Oktober 2004 formulierte: »Manche Analysten und Diplomaten haben den Eindruck, dass das Weiße Haus und wir in einem Team zusammenspielen und dieselben wirtschaftlichen Ziele haben – auch wenn die Absichten dahinter natürlich andere sind.«[24]

Die bankrotte Supermacht

Den 11. September 2001 werden die Historiker in der Rückschau daher nicht nur als einen politischen Wendepunkt ausmachen, sondern auch als Wendepunkt der Weltwirtschaft. Und vielleicht werden sie dann auch auf einen Text zurückgreifen, den Nouriel Roubini am 13. August 2008 veröffentlicht, einen Monat vor dem Zusammenbruch von Lehman Brothers. Roubini gilt als Krisenprophet, er zählt zu den wenigen Ökonomen, die die Wirtschafts- und Finanzkrise in aller Klarheit vorausgesehen haben. Und auch in seinem Essay mit dem Titel *The Decline of the American Empire* geht es um eine düstere Prognose: Roubini beschwört den Niedergang Amerikas herauf.[25]

Der New Yorker Ökonom vergleicht dazu das Schicksal Amerikas mit jenem des britischen Empire. Auch das britische Weltreich habe so lange gehalten, wie die Briten nicht nur militärisch stark waren, sondern auch genug Geld hatten, um es dem Rest der Welt zu leihen. Auf diese Weise konnte das Vereinigte Königreich sich Macht und Einfluss sichern. Im Zweiten Weltkrieg, diesem teuren Waffengang, allerdings verwandelten sich die Briten von Geldgebern zu Schuldnern: Sie mussten sich gewaltige Beträge im Ausland leihen, um den Krieg gegen Deutschland zu finanzieren. Und die Briten borgten sich das Geld ausgerechnet bei jenem Land, das anschließend die Führungsrolle als Weltmacht übernahm: bei den Vereinigten Staaten. Ergeht es den Amerikanern also wie den Briten? Werden sie ihre Position als Supermacht verlieren, weil sie vom Geld der anderen Nationen abhängig sind? Roubini meint: Ja.

Und auch Paul Kennedy prophezeit den Vereinigten Staaten den Niedergang, weil sie sich militärisch und finanziell übernommen haben:

»Eine Regierung, die in einen Krieg zieht, gleichzeitig massiv die Steuern senkt, ein dramatisches Haushalts- und Außenhandelsdefizit anhäuft und sich außerdem mit fast allen überworfen hat, die normalerweise ihre Partner sind, spielt ein gefährliches Spiel. So etwas kann in einem Debakel enden. (...) Militärisch kann uns auf absehbare Zeit niemand einholen. Aber wirtschaftlich sieht die Lage ganz anders aus.«[26]

Offenkundig ist: Die Welt erlebt gerade eine dramatischen Prozess, in dem die Macht neu verteilt wird. Dabei geht es um wirtschaftliche Macht, aber in einem zweiten Schritt auch um politische und militärische Macht. Die bisherige Supermacht, die USA, wird ihre alleinige Führung einbüßen – ja, sie möglicherweise sogar ganz abgeben. Sie wird Opfer ihrer eigenen imperialen Überdehnung.

Wenn allerdings Ökonomen und Terrorexperten zu ergründen suchen, welche Folgen der Terror hat, spielen diese Machtverschiebungen in der Regel keine Rolle. Stattdessen widmen sie sich lieber einem anderem Problem, das die Bedrohung durch al-Kaida mit sich bringt: den hektischen und bisweilen hilflosen Versuchen des Staats, die Wirtschaft durch neue Sicherheitsvorschriften und Gesetze vor dem Terror und dessen Folgen zu bewahren. Doch wenn die Politik, um Schlimmeres zu verhindern, zu sehr in die Wirtschaft eingreift, dann hat dies womöglich noch gravierendere Konsequenzen für unseren Wohlstand als der Terrorismus selbst.

9. Der Staat rüstet auf, die Wirtschaft erschlafft

»Es kommt immer darauf an, eine angemessene Balance zwischen Sicherheitsanforderungen einerseits und berechtigten Handelsinteressen andererseits zu finden. Bei allen Maßnahmen zur Bekämpfung des Terrorismus ist deshalb zu fragen, ob sie wirklich geeignet, notwendig und verhältnismäßig sind, unsere Sicherheit und die unserer Partner zu gewährleisten.«[1]

Anton Börner, Präsident des Bundesverbandes Großhandel, Außenhandel, Dienstleistungen, 28. Juli 2005

Die Bombe in der Unterhose und ihre Folgen

Als Umar Farouk Abdulmutallab am ersten Weihnachtsfeiertag des Jahres 2009 seine Bombenutensilien durch die Kontrollen am Amsterdamer Flughafen Schiphol schleust, fallen diese niemandem auf. Der 23-jährige Nigerianer hat etwa 80 Gramm Pentaerythrityltetranitrat, kurz PETN, in seine Unterhose genäht, auch eine Spritze mit einem Brandbeschleuniger hat er im Handgepäck, als er für den Northwest-Airlines-Flug 253 nach Detroit eincheckt.

Die Bauteile für seine Bombe stammen aus dem Jemen, dort hat Umar Farouk Abdulmutallab, Sohn eines früheren Ministers und Bankenchefs, in den Monaten zuvor ein Ausbildungslager von al-Kaida besucht. Zwanzig Minuten vor der Landung will er seinen Sprengsatz zünden. Doch als Adulmutallab unter einer Decke, die er sich über seinen Schoß gelegt hat, ein wenig ungeschickt mit seinen Bombenbauteilen hantiert und Geräusche zu hören sind, die an Knallfrösche erinnern, werden andere Fluggäste auf ihn aufmerksam. Die Wandverkleidung des Flugzeugs und die Hose des Nigerianers fangen Feuer, doch ein Passagier stürzt sich auf den Attentäter und überwältigt ihn.

Wenn der Sprengstoff richtig angewendet worden wäre, hätte er ein gewaltiges Loch in den Rumpf des Airbus A330–300 gerissen. Die Maschine wäre abgestürzt und hätte möglicherweise nicht nur die 289

Passagiere mit in den Tod gerissen, sondern auch Dutzende oder gar Hunderte von Menschen am Boden. Deshalb setzt, kaum dass der Airbus in Detroit gelandet ist und Abdulmutallab festgenommen wurde, sofort die übliche Debatte ein, die nach jedem gelungenen und misslungenen Anschlag von al-Kaida anhebt. Politiker, Medien und Behörden fordern zusätzliche Anstrengungen in der Sicherheit. Sie machen sich stark für einen starken Staat, für schärfere Gesetze, strengere Auflagen, mehr Personal. Sie erwarten, dass der Staat alles unternimmt, um die Sicherheit zu erhöhen. Wie üblich mischen sich auch Politiker jener Länder in die Debatte ein, die von dem Anschlagsversuch überhaupt nicht betroffen waren. Wieder einmal also haben es die Terroristen geschafft, rund um den Globus für Angst und Schrecken zu sorgen – und zwar selbst mit einem missglückten Anschlag.

Ins Zentrum der hysterischen Debatte rückt dabei ein Gerät, das in der Lage sein soll, Flugpassagiere bis auf die Haut zu untersuchen: der sogenannte Körperscanner, von der Presse bald nur noch Nacktscanner genannt. Dieser ermöglicht es, durch die Kleidung von Menschen hindurchzuschauen und darunter Waffen oder Zutaten für Bomben zu entdecken. Mittels elektromagnetischer Wellen erzeugt der Nacktscanner Bilder, die Röntgenaufnahmen ähneln. Dadurch sollen auch nicht-metallische Gegenstände sichtbar werden, die dicht am Körper getragen werden, etwa Plastiksprengstoff oder Keramikmesser.

Ob der Körperscanner auch in der Lage gewesen wäre, die Sprengstoffutensilien des Unterhosenbombers von Amsterdam zu entdecken, ist umstritten. Aber das interessiert kaum jemanden. Auch der damalige Bundesinnenminister Thomas de Maizière zeigt Sympathie für den Einsatz jener Geräte, die sein Vorgänger Wolfgang Schäuble eineinhalb Jahre zuvor noch als »Unfug« abgelehnt hat.[2] Die EU-Kommission drängt ebenfalls darauf, die Nacktscanner an Europas Flughäfen zu installieren. Doch wie jedes Mal, wenn die Sicherheitspolitiker neue Maßnahmen verkünden, erheben sich Kritiker, denen der Eingriff des Staates zu weit geht. Und so entflammt auch diesmal ein Streit entlang der üblichen Fronten.

Auf der einen Seite stehen jene, die um den Datenschutz fürchten, um die Intimsphäre der Kontrollierten: Die Geräte würden, so ihre Sorge, auch bei Menschen Alarm schlagen, die eine Prothese tragen, ein Piercing, einen Urinbeutel oder einen künstlichen Darmausgang. Viele Fluggäste könnten es als unangenehm empfinden, wenn sie vor wildfremden Sicherheitskräften nackt dastünden, durch elektromagnetische Strahlen entkleidet bis auf die Haut. Kirchen, Gewerkschaften, Datenschützer und liberale Politiker sprechen sich gegen die Nacktscanner aus: Der Sicherheitsgewinn sei minimal, der Eingriff in die Persönlichkeitsrechte maximal. Es wird auch auf die Gefahr verwiesen, dass Bilder von gescannten Personen später im Internet auftauchen oder, wenn es sich um Prominente handelt, an Medien weiterverkauft werden könnten – ein Risiko, das real ist: Im Herbst 2010 kursieren in den Vereinigten Staaten Hunderte von Scannerbildern im Internet.

Auf der anderen Seite stehen jene, die vor den vielfältigen Gefahren des Terrors warnen und jedes noch so kleine Risiko ausschließen wollen. Sie verweisen darauf, dass sich durch den Einsatz der Geräte Sprengsätze finden lassen, die bei den normalen Kontrollen, auch beim Abtasten per Hand, wahrscheinlich unentdeckt blieben. Zudem ließen sich die Geräte so einstellen, dass nicht alle Details des Körpers, sondern nur ein Schema zu erkennen sei. Es sei auch möglich, den Intimbereich nur im Verdachtsfall abzubilden. Außerdem könnten jene Wachkräfte, die die Scannerbilder auswerten, in einem getrennten Raum untergebracht werden, damit sie nicht wissen, wie der Mensch in Wirklichkeit aussieht, den sie da gerade entblößt betrachten.

Doch am Ende kommt es so wie jedes Mal, wenn die Terroristen zuschlagen: Jene, die mehr Sicherheit fordern, mehr staatlichen Schutz, setzen sich durch. Sie dürfen sich über all die Bedenken hinwegsetzen, die immer auftauchen: Sind die Geräte tatsächlich in der Lage, alle Waffen zu entdecken? Sind die Strahlen, die die Scanner aussenden, unbedenklich für die Gesundheit? Und sind die Kosten der Geräte gerechtfertigt? Die Niederlande ordnen nur vier Tage nach dem vereitelten Anschlag an, dass alle Passagiere, die von Amsterdam in die Vereinigten Staaten fliegen, sich der Kontrolle durch einen Körperscanner unterwerfen müssen. Ähnlich schnell reagiert die britische Regierung, die für den Flughafen Heathrow den Einsatz der Scanner vorschreibt. Auch die deutsche Regierung lässt seit dem Herbst 2010 in Hamburg zwei Nacktscanner testen. Auf dem Flughafen Zürich in der Schweiz werden die Geräte ebenfalls erprobt. Und in den Vereinigten Staaten ist der Einsatz der Nacktscanner ohnehin seit Längerem üblich: Im Herbst 2010 waren 450 Körperscanner an 65 Flughäfen im Einsatz, bis Ende des Jahres 2011 will die amerikanische Transportation Security Agency die Zahl verdoppeln.

Die Sicherheitspolitiker wissen die Mehrheit der Bevölkerung hinter sich. Denn immer dann, wenn die Terroristen zuschlagen, ist die Bereitschaft der Menschen groß, ein Stück ihrer Freiheit aufzugeben und sie gegen ein Mehr an Sicherheit einzutauschen. So halten 80 Prozent der Amerikaner die Einführung von Nacktscannern für richtig, nur 20 Prozent stoßen sich an dem Sicherheitswahn. Auch in Deutschland befürworten fast zwei Drittel aller Bürger den Einsatz der Geräte. In anderen europäischen Ländern gibt es ähnliche Zustimmungsquoten. Daher dürften die Nacktscanner schon bald zum gewohnten Bild an allen Flughäfen der Welt gehören.

Für die Hersteller dieser Geräte ist das ein lukratives Geschäft. Ihre Scanner kosten mehr als 100 000 Euro, manche sogar bis zu 300 000 US-Dollar – und damit deutlich mehr als die klassischen Metalldetektoren, die schon für 10 000 Euro zu haben sind. Der Umsatz der Scanner-Hersteller dürfte auch nicht darunter leiden, dass die Geräte häufiger nicht funktionieren. Am Flughafen Dallas/Fort Worth gelangte eine Undercover-Agentin der Transportation Security Agency mit einer Pistole, die sie direkt am Körper trug, fünfmal unentdeckt durch die Kontrollen – der Nacktscanner zeigte die Waffe nicht an. Auch mit Plastiksprengstoff lassen sich die Scanner austricksen, wie kalifornische Wissenschaftler gezeigt haben; der potenzielle Attentäter muss sich die Ladung zum Beispiel in einer dünnen Schicht auf den Bauch kleben. Am Hamburger Flughafen dagegen schlagen die Geräte vielfach auch Alarm, wenn dafür kein Grund besteht; bisweilen reicht der Faltenwurf eines Hemdes dafür aus.

Politiker und Behörden können solche Mängel nicht beirren. Im

Gegenteil: Sie fordern deswegen noch bessere Technologien, sie wollen noch mehr ausgeben für hochgezüchtete Überwachungsgeräte und qualifiziertes Personal, um jedes Risiko auszuschließen. Kein Preis scheint ihnen zu hoch zu sein, keine Technologie zu teuer. Sicherheit ist für sie alles – denn die Furcht vor dem Terror ist auf ihrer Seite.

Doch der Sicherheitswahn hat auch Schattenseiten. Völlig außer Acht gelassen wird, wie die Wirtschaft unter der wachsenden Zahl an Kontrollen und Auflagen leidet. Allein die Nacktscanner: Die Flughäfen müssen die Geräte für viel Geld erwerben, sie warten und zusätzliches Personal anheuern. Die Kosten bürden sie den Fluggesellschaften auf, die diese an die Passagiere weiterreichen: Sie müssen beim Kauf ihrer Tickets entsprechende Sicherheitszuschläge zahlen.

Noch gravierender ist die Zeit, die verloren geht, weil die Warteschlangen an den Flughäfen länger und die Kontrollen aufwändiger geworden sind. Fluggäste müssen dafür inzwischen doppelt so viel Zeit einkalkulieren wie vor dem 11. September – nicht nur wegen der Nacktscanner. So ist es inzwischen Usus, dass Passagiere ihre Laptops auspacken und bisweilen auch hochfahren müssen, um sie auf Bomben zu überprüfen; Schuhe müssen ausgezogen, Gürtel abgelegt werden; Flaschen und Behältnisse mit Flüssigkeiten muss man in einen separaten, durchsichtigen Beutel packen; doch das wird – teils aus Nachlässigkeit, teils aus Unwissenheit – oft nicht beachtet und führt zu Verzögerungen bei der Abfertigung.

An vielen Flughäfen werden Passagiere zudem intensiv mit der Hand abgetastet – bisweilen selbst im Intimbereich. Besonders rüde sind in der Vergangenheit offenbar Mitarbeiter der amerikanischen Tranportation Security Administration (TSA) bei Passagieren vorgegangen, die sich nicht mit dem Körperscanner durchleuchten lassen wollten. Da berichten Fluggäste von einem Jungen im Vorschulalter, der seinen Oberkörper komplett entkleiden musste. Oder von einem Mann, dessen Urinbeutel die Kontrolleure trotz mehrfacher Warnung beim Abtasten zerstört und den sie danach mit durchtränkter Kleidung davongeschickt haben. Oder von einer gepierceten Frau, die ihre Ringe in den Brustwarzen mit einer Zange entfernen musste.[3]

Die Antiterrorsteuer

All die Sicherheitsmaßnahmen mögen, für sich genommen, kleine Veränderungen sein, die der globalen Wirtschaft auf den ersten Blick wenig schaden: Hier eine neue Vorschrift, dort ein neuer Paragraf, dort eine neue Kontrolle. Doch in der Summe sind die Eingriffe, die der Staat seit dem 11. September 2001 vorgenommen hat, gewaltig; das Wirken der Wirtschaft wurde dadurch entscheidend verändert. So gelten nicht nur für normale Flugpassagiere inzwischen ganz andere Kontrollen und höhere »Security Charges«, auch in der Luftfracht wurden die Überwachungen verschärft. Allein deutsche Frachtfirmen müssen deshalb jedes Jahr mehrere hundert Millionen Euro zusätzlich für die Sicherheit aufwenden. Ähnlich sieht es in den Seehäfen aus: Die Reedereien mussten ihre Verladeanlagen und Containerterminals besser sichern und zusätzliches Personal einstellen. Die Grenzkontrollen für den Güterverkehr wurden ebenfalls verstärkt, weshalb Waren länger unterwegs sind. Etliche Staaten haben zudem ihre Einwanderungsbestimmungen verschärft, was das Anwerben von ausländischen Fachkräften erschwert.

Das Jahrzehnt der Furcht: Es hat zur Folge, dass der Staat immer mehr aufrüstet – und die Wirtschaft dadurch zusehends an Spannkraft verliert: Sie erschlafft. Allen voran die Vereinigten Staaten haben seit dem 11. September 2001 eine Vielzahl von neuen Vorschriften erlassen, die das Land schützen sollen, aber die Unternehmen und Bürger belasten. Wer heute in die Vereinigten Staaten einreisen will, der muss vorher eine Vielzahl von privaten Dingen offenbaren und damit leben, dass amerikanische Fahnder ungeniert auf die Daten der Fluggesellschaften zugreifen: Sie erfassen die Kreditkartennummer, die Handynummer, die Anschriften oder auch die Vorlieben bei der Bordverpflegung und speichern diese Daten für 15 Jahre – und wenn es nach der Regierung in Washington geht, demnächst sogar für 22 Jahre. Seit dem Jahr 2003 dürfen amerikanische Behörden dazu auch auf den Rechner das Reisebuchungszentrums Amadeus in Aufhausen im Landkreis Erding bei München zugreifen. Über die Datenbank wickeln mehr als 480 Fluggesellschaften, 322 Hotelketten und 47 Mietwagengesellschaften ihre Buchungen ab.

Wer schließlich in die USA einreisen will, muss sich einer Prozedur unterziehen, deren Gründlichkeit an das Vorgehen der DDR-Grenzpolisten an der deutsch-deutschen Grenze erinnert: Nach dem Verlassen des Flugzeugs muss man sich durch riesige Kontrollanlagen schieben, sich von den Grenzern detailliert ausfragen lassen und zudem sämtliche zehn Fingerabdrücke scannen lassen. All dies soll einem höheren Ziel dienen: der Sicherheit.

Die Kontrollwut der Amerikaner begann unmittelbar nach den Anschlägen des 11. September. So peitschte die Regierung in Washington damals binnen sechs Wochen den »Patriot Act« durch den Kongress, ein mehrere hundert Seiten dickes Gesetz, welches den Sicherheitsbehörden noch nie da gewesene Möglichkeiten an die Hand gibt, um nicht nur Terrorverdächtige, sondern auch Menschen, die eigentlich nicht verdächtig sind, zu überwachen und zu verfolgen. Der »Patriot Act« betrifft auch die Unternehmen, vor allem die Banken: Alle Geldhäuser, die in den Vereinigten Staaten zu Hause sind oder mit US-Banken Geschäfte machen, müssen den Behörden detaillierte Auskünfte über Kunden- und Kontenbeziehungen gewähren – und zwar selbst ausländische Banken, die keinerlei Niederlassung in den Vereinigten Staaten besitzen. Um den Kampf gegen die Geldwäsche und die Terrorfinanzierung zu erleichtern, werden die Institute zudem dazu gezwungen, ihre Unterlagen länger aufzubewahren.

Doch dieses Gesetz war nur ein Anfang. Zehn Tage später wurde vom amerikanischen Zoll eine Initiative namens »Customs-Trade Partnership Against Terrorism« gegründet, der sich mittlerweile 10 000 Logistikunternehmen, Handelsfirmen, Häfen, Flughäfen, Speditionen und Eisenbahnen angeschlossen haben. Die Unternehmen verpflichten sich, gemeinsam mit Experten der Grenzschutzbehörde U.S. Customs and Border Protection dafür zu sorgen, dass sie und ihre Lieferanten in aller Welt scharfe Sicherheitsvorkehrungen einhalten und ihre Mitarbeiter für Antiterrormaßnahmen schulen; im Gegenzug behandelt der Zoll die Unternehmen bei Grenzkontrollen bevorzugt.

Auch mit dem »Bioterrorism Act« versuchen die Amerikaner, der Terrorgefahr vorzubeugen: Um zu verhindern, dass Nahrungsmittel durch biologische Waffen verseucht werden, müssen sich alle Lebensmittelhersteller seit dem Herbst 2003 bei der U.S. Food and Drug Administration, der amerikanischen Lebensmittelbehörde, registrieren. Dabei ist egal, ob die Unternehmen aus den USA oder dem Ausland stammen, ob sie die Lebensmittel selbst herstellen, bloß verpacken oder an Endkunden verkaufen. Auch ausländische Unternehmen müssen der Lebensmittelbehörde sämtliche Produktionsstätten melden, sie müssen einen eigenen Beauftragten in den Vereinigten Staaten benennen und zudem jede Einfuhr von Lebensmitteln vorher anmelden, seines italienischer Wein, belgische Schokolade, Schwarzwälder Schinken oder französische Trüffel.

Was die Amerikaner mit ungeheurem Aufwand vormachen, findet seit dem 11. September rund um die Welt Nachahmer. So betätigt sich auch die EU-Kommission als eifriger Gesetzesmacher, der mit allerlei Auflagen die Wirtschaft traktiert. Mit der EU-Verordnung 2320/2002 hat Brüssel zum Beispiel neue Sicherheitsnormen für Flughäfen, Airlines und Versender geschaffen, die Luftfracht verladen; mit der EU-Verordnung 725/2004 haben die Europäer neue Vorschriften für Häfen und Schiffe erlassen und unter anderem die Zugangskontrollen und die Güterverladung neu geregelt; und mit der EU-Verordnung 1875/2006 hat die Kommission allen Unternehmen, die Waren aus Ländern außerhalb der Europäischen Union per Flugzeug oder Schiff importieren, vorgeschrieben, diese vorab elektronisch beim Zoll anzumelden, damit verdächtige Lieferungen herausgefischt werden können.

Im Rahmen der »Container Security Initiative« haben die Europäer zudem mit dem amerikanischen Heimatschutzministerium vereinbart, dass deren Beamte Frachtschiffe mit dem Ziel USA auf europäischem Boden kontrollieren dürfen, etwa in den großen Häfen von Rotterdam, Antwerpen, Zeebrugge, Le Havre, Marseille, Bremerhaven und Hamburg. Hinzu kommen in Europa zahlreiche weitere Verordnungen und eine Flut nationaler Gesetze, die entweder diese EU-Verordnungen in das jeweilige Landesrecht überführen oder aber von der jeweiligen Regierung selbst in Auftrag gegeben wurden.

Man könnte diese Liste neuer Antiterrorgesetze, die die Wirtschaft betreffen, beinahe beliebig lang fortführen – für die Vereinigten Staaten ebenso wie für Europa oder Asien. Denn der Erfindungsreichtum der Sicherheitspolitiker und Sicherheitsfirmen kennt fast keine Grenzen. Ökonomen glauben, dass hier die eigentliche Gefahr des islamistischen Terrors liegt: im teuren Bestreben, ständig neue Vorschriften, Auflagen und Kontrollen zu erlassen. Sie warnen, dass der wirtschaftliche Schaden, der durch die staatlichen Gegenmaßnahmen verursacht wird, bereits jetzt sehr viel größer ist als der wirtschaftliche Schaden, der durch die Anschläge selbst ausgelöst wird. Wenn der Staat sich zu sehr erhebt, wenn er sich aus Sorge um die Sicherheit zu sehr einmischt, lähmt dies die Wirtschaft. Die Kosten, die der Sicherheitswahn den Unternehmen und Verbrauchern auferlegt, führen dazu, dass das Wachstum erschlafft: Sie kosten Wachstum, Jobs und damit Wohlstand. Sie wirken wie eine Steuer – wie eine Antiterrorsteuer.

Welch beträchtliche Höhe diese Antiterrorsteuer erreicht, hat vor nicht allzu langer Zeit der Bundesverband des Groß- und Außenhandels ausgerechnet: Demnach belaufen sich die jährlichen Sicherheitsausgaben, die die Wirtschaft seit dem 11. September weltweit schultern muss, auf 100 Milliarden Euro. Allein 10 Milliarden Euro entfallen dabei auf Deutschland und seine exportorientierte Wirtschaft. 100 Milliarden Euro – dies bedeutet, dass ein Zehntel der Transport- und Logistikkosten auf den Schutz vor dem Terror und anderen Gefahren entfällt. »Der internationale Terrorismus ist ein neues Problem für den Welthandel und stellt die Unternehmen vor bisher nicht gekannte Herausforderungen«, sagt Verbandspräsident Anton Börner.[4]

Doch nicht nur die Sicherheitsauflagen kosten Geld. Auch verschärfte Einreisebestimmungen, die aus Furcht vor Terroristen erlassen wurden, erschweren vielen Unternehmen das Geschäft. Wenn sie nicht mehr – oder nur noch in geringerer Zahl – hoch qualifizierte Mitarbeiter aus dem Ausland anheuern können, bekommen dies internationale Industriekonzerne ebenso zu spüren wie Dienstleistungsfirmen, Forschungsstätten und Universitäten. Wie hoch der Schaden hierdurch ist, lässt sich schwer sagen. Es gibt nur grobe Schätzungen: Nach Berechnungen der Unternehmensberatung Deloitte verloren allein amerikanische Unternehmen durch die rigide Handhabung der Visavergabe an ausländische Geschäftspartner und Mitarbeiter in den Jahren 2003 und 2004 rund 30 Milliarden US-Dollar.

Doch was wäre die Alternative? Soll der Staat sich stärker zurückhalten, obwohl die Terrorgefahr offenkundig ist? Soll er weniger Gesetze, Auflagen, Vorsichtsregeln schaffen? Oder wächst dann nicht das Risiko, dass uns ein verheerender Anschlag trifft? Und droht dann nicht erst recht die Gefahr, dass die Wirtschaft leidet?

Wenn der Staat zu entscheiden hat, was er gegen den Terror unternehmen soll, muss er eine schwierige Abwägung treffen. Denn er muss Vorkehrungen treffen für Ereignisse, deren Zeitpunkt und Dimension nicht absehbar sind, er muss auf eine diffuse Bedrohungslage reagieren, ohne ermessen zu können, ob – wenn er nicht handelt – die Terroristen tatsächlich zuschlagen. Andererseits lassen sich die Kosten, die bestimmte Sicherheitsmaßnahmen hervorrufen, genau beziffern. Unternehmen wissen, wie viel sie für Kontrollen, Auflagen und zusätzliches Personal ausgeben müssen. Sie können dem Staat vorrechnen, was ihnen an Gewinnen verloren geht, während der Staat ihnen nicht vorrechnen kann, welche Kosten er ihnen durch die Sicherheitsmaßnahmen möglicherweise erspart: Es sind die Kosten eines oder mehrerer Terrorangriffe, die – wenn sie über entsprechende Wucht verfügen – die Wirtschaft lähmen und in eine Rezession stürzen könnten.

Die Bombe im Frachtflugzeug und ihre Folgen

Wie schwierig dieser Abwägungsprozess ist, wird am 29. Oktober 2010 deutlich, als zwei Paketbomben auf den Flughäfen in Dubai und im britischen East Midlands entdeckt werden. Al-Kaida-Terroristen im Jemen haben sie aufgegeben, um in zwei Frachtmaschinen, die sich auf dem Weg in die Vereinigten Staaten befinden, ein gewaltiges Loch zu sprengen und sie zum Absturz zu bringen. Kaum dass die Nachricht über diesen Anschlagsversuch bekannt wird, setzt eine Debatte über Sicherheitslücken bei der Luftfracht ein. Wie könne es angehen, lautet eine der entscheidenden Frage, dass jeder Passagier an Bord eines Linienflugs sich einer intensiven Kontrolle unterziehen muss, während im Bauch derselben Maschine Pakete unterwegs sind, die durch kein Röntgengerät, keinen Scanner gelaufen sind und von keinem Sicherheitsbeamten durchsucht wurden? Und warum werden Frachtmaschinen nachlässiger kontrolliert als Passagierjets? Wieso wird hier mit zweierlei Maß gemessen?

Bislang gibt es in den Frachtbereichen der Flughäfen nur stichprobenartige Kontrolle. In Europa wird etwa jede zehnte Sendung kontrolliert, in den Vereinigten Staaten jede zweite (erst seit dem August 2010 wird in den USA zumindest bei Passagiermaschinen jedes Frachtstück untersucht).[5] In Afrika, in der arabischen Welt oder gar in einem zerfallenden Staat wie dem Jemen sind die Kontrollen noch laxer. Besonders beunruhigend ist, dass knapp die Hälfte der weltweiten Luftfracht nicht in Frachtmaschinen unterwegs ist, sondern in Beipack-Containern, im Bauch von normalen Linienmaschinen. Oben im Passagierraum ist also jedes Handgepäck, jeder Fluggast akribisch kontrolliert worden – und unten im Frachtraum fliegen Waren mit, über deren genaue Substanz und über deren genauen Ursprung man nicht so genau Bescheid weiß.

Es verwundert nicht, dass Terroristen diese Lücke ausnutzen. Die Bomben, die sie an Bord der Frachtmaschinen von UPS und FedEx mit dem Ziel Chicago platzierten, enthielten denselben schwer erkennbaren Sprengstoff namens PETN, den schon der Unterhosen-Bomber Umar Farouk Abdulmutallab verwendet hatte. Nur dank eines Tipps des saudischen Geheimdienstes wurden die Bomben entdeckt. Zuvor hatten die Terroristen ihre Anschläge auf verschiedene Arten getestet: So stürzte Anfang September 2010 eine Boeing 747–400F des Paketdienstes UPS ab, die kurz vorher vom Flughafen Dubai gestartet war. Die Behörden bestritten zwar, dass sie Spuren einer Explosion gefunden hätten, aber al-Kaida behauptete, dass man hier eine Paketbombe getestet habe. Ebenfalls im September 2010 schickte al-Kaida aus dem Jemen probeweise drei Pakete an zufällig ausgewählte Adressen in

Chicago. Die Sendungen enthielten religiöse Bücher, CDs und andere unverdächtige Dinge und dienten offenbar dazu, den Versandweg auszukundschaften – denn der Status der Sendungen lässt sich auf den Internetseiten der Versender einigermaßen zeitnah verfolgen. Dank eines Tipps, den ein Geheimdienst gab, konnten die Pakete abgefangen werden. Ende Oktober folgten dann die eigentlichen Bomben.

In Deutschland war die Aufregung deswegen besonders groß. Dies lag zum einen daran, dass eines der Päckchen auf dem Flughafen Köln/ Bonn umgeladen wurde; es lag aber auch daran, dass die Bundesrepublik eine Drehscheibe im internationalen Luftfrachtverkehr bildet. Nicht nur die DHL, das Tochterunternehmen der Deutschen Post, und Lufthansa Cargo betreiben hier Umschlagzentren, auch amerikanische Luftfrachtspezialisten wie FedEx und UPS schleusen durch ihre Sortieranlagen Pakete aus dem Mittleren und dem Fernen Osten, aus Afrika und der arabischen Welt, aus Süd- und Nordamerika. Hinzu kommen große Spediteure wie Fiege, Kuehne+Nagel und Dachser und außerdem die Deutsche Bahn. Nimmt man die Zahlen der Weltbank zur Hand, ist die deutsche Logistikbranche mit einem Umsatz von 200 Milliarden Euro pro Jahr führend in der Welt. Entsprechend empfindlich würde die deutsche Wirtschaft reagieren, wenn ein Frachtflugzeug von Terroristen zerstört würde.[6]

Deshalb werden nach den vereitelten Anschlägen weit reichende Forderungen erhoben, um solche Attentate künftig zu verhindern. Die Pilotenvereinigung Cockpit verlangt, dass jede Sendung gescannt wird, die in ein Flugzeug verladen wird. Einzelne Politiker der Union fordern sogar, dass die Bundeswehr Frachtmaschinen mit Bombenpaketen an Bord abschießen darf. Eine lückenlose Kontrolle aller Pakete erscheint aber kaum möglich – oder sie würde die Kosten für den internationalen Warentransport erheblich erhöhen. Denn neben dem Schiff ist das Flugzeug das entscheidende Transportmittel der Globalisierung: Alles in allem wurden pro Jahr zuletzt Waren mit einem Gesamtgewicht von 26 Millionen Tonnen um die Welt geflogen; bis zum Jahr 2014 dürfte die Menge nach Schätzungen des Weltluftfahrverbandes IATA auf 38 Millionen Tonnen steigen.[7]

Zur Luftfracht zählen vor allem hochwertige Produkte wie Elektronikartikel oder Medikamente, aber auch Ersatzteile für Autos und Maschinen. Verderbliche Waren wie Obst, Blumen oder Fisch kommen ebenfalls vor allem auf dem Luftweg ins Land. Der Frankfurter Flughafen zum Beispiel ist einer der größten Umschlagplätze für Frischfisch in ganz Europa. Aber jede Fischkiste zu kontrollieren: Das halten die Logistikfirmen für nicht machbar. Und außerdem: Wie will man in einem Eisblock eine Bombe entdecken? Selbst ausgefeilte Durchleuchtungstechniken würden da vermutlich versagen.

Dabei geben die Frachtfluggesellschaften pro Jahr schon jetzt rund 6 Milliarden US-Dollar für die Sicherheit aus. Allein Lufthansa Cargo hat seine Aufwendungen in diesem Bereich seit dem 11. September verzehnfacht. Einen Teil der Kosten geben die Airlines an ihre Kunden weiter: Diese müssen einen Sicherheitsaufschlag für jedes Kilogramm Fracht bezahlen. Der Aufschlag könnte sich vervier- oder verfünffachen, wenn künftig alle Frachtstücke von einem Röntgengerät gescannt werden sollten. So verlangte die Lufthansa unmittelbar nach den Anschlägen vom 11. September einen Sicherheitszuschlag von 15 Eurocent pro Kilogramm, mittlerweile hat sie diese Prämie auf 23 Eurocent pro Kilogramm erhöht. Sollten tatsächlich alle Waren gescannt werden, könnten manche Airlines wohl bis zu 1 Euro pro Kilogramm verlangen, schätzen Experten.[8]

Am Ende müssen für die Sicherheitskosten die Verbraucher und Unternehmen zahlen, die die Produkte erwerben. Die Lieferzeiten würden sich zudem erheblich verlängern. »Sollten wir zu einer hundertprozentigen Inhaltskontrolle kommen, werden sich die Versandzeiten um 24 bis 48 Stunden verlängern«, sagt Rico Back, Chef des Paketversenders GLS. Er glaubt daher: »Die absolute Sicherheit im Versand ist eine Illusion.«[9]

Die Frachtversender sperren sich vehement gegen allzu rigide Auflagen, sie fürchten um ihr Geschäft. Deshalb belassen es die EU-Verkehrsminister nach den Bombensendungen aus dem Jemen zunächst bei einem ersten Schritt: Sie geben eine Schwarze Liste unsicherer Flughäfen in Auftrag und wollen alle Frachtflüge nach Europa, die ihren Ursprung in zweifelhaften Weltgegenden haben, entweder verbieten oder es sollen zumindest sämtliche Waren kontrolliert werden, ehe sie geladen werden. Man kann aber davon ausgehen: Sollte es den Terroristen trotzdem gelingen, ein Paket an Bord eines Flugzeuges zu schleusen, wird die Debatte wieder von vorn losgehen. Und die Front der Hardliner in Sachen Sicherheit wird es leichter haben als beim ersten Mal.

Die Bombe im Schiffscontainer und ihre Folgen

Noch gewaltiger wäre die Kostenexplosion, wenn nicht nur die gesamte Luftfracht, sondern auch der komplette Güterverkehr zu Lande und zu Wasser kontrolliert würde – ein Szenario, das die EU-Kommission in einer 239 Seiten umfassenden Studie mit dem Titel »Study on the Impacts of Possible European Legislation to Improve Transport Security« durchspielen ließ.[10] Das Papier zeigt, dass die europäischen Verkehrswege und Logistikzentren verwundbarer sind als gedacht. Vor allem Häfen, Flughäfen und Tunnel sind gefährdet. Ein Anschlag, der diese Nachschubwege über einen längeren Zeitraum unterbricht, würde die Europäer viele Milliarden Euro kosten.

Besonders drastisch wären die Folgen bei einem nuklearen Angriff auf einen Hafen oder ein anderes Verkehrszentrum. Dieser hätte »bedeutsame negative Auswirkungen über den Transportbereich hinaus auch auf angrenzende und unterstützende Sektoren«, schreiben die Autoren der Studie. Dabei könnte es zwischen 50 000 und einer Million Tote und Verletzte geben; die Schäden könnten sich auf 50 bis 500 Milliarden US-Dollar belaufen; die Beeinträchtigungen für Handel und Unternehmen würden 100 bis 200 Milliarden US-Dollar kosten. Bei einem Terroranschlag mit Biowaffen könnten sogar bis zu drei Millionen Menschen erkranken oder sterben; die unmittelbaren Zerstörungen würden bis zu 10 Milliarden US-Dollar kosten; und die indirekten Schäden für die Wirtschaft würden sich auf bis zu 200 Milliarden US-Dollar belaufen. Die Autoren warnen vor einem »Untergangsszenario mit kaum vorstellbaren Schäden für die Wirtschaft«.[11]

Doch selbst wenn die Terroristen weniger drastische Mittel einsetzen würden, um die Lieferketten der europäischen Wirtschaft zu zerstören, wären die EU-Staaten darauf nicht hinreichend vorbereitet: »Die meisten Mitgliedsländer«, heißt es in der Studie, »haben bislang noch keine umfassende Sicherheitspolitik für den Verkehr geschaffen, und sie haben es bisher auch versäumt, die wirkungsvollsten Maßnahmen zu identifizieren, um den Sicherheitsrisiken zu begegnen, die durch Terroranschläge im Transportsektor drohen.«[12]

Eine solche umfassende Sicherheitspolitik für den Verkehr wäre immens teuer: Ihre Einführung würde die 4,7 Millionen Unternehmen in Europa betreffen und diese im ersten Jahr rund 60 Milliarden Euro kosten; sie aufrechtzuerhalten würde jedes Jahr weitere 36 Milliarden Euro kosten.[13] Die Autoren der Studie empfehlen, vor allem den Zugang zu sensiblen Bereichen, in denen Waren gelagert oder umgeladen werden, scharf zu kontrollieren und allen den Zutritt zu untersagen, die dort nicht arbeiten; auch sollen die Unternehmen einen Supply Chain Manager einsetzen, der stets dies gesamte Lieferkette auf Sicherheitslücken überprüft, vom Vorlieferanten bis zum Endkunden. Zudem sollen die Unternehmen ihre Mitarbeiter regelmäßig schulen, damit sie verdächtige Personen schnell erkennen. Letztlich geht es darum, jedes Gelände, auf dem Waren umgeschlagen werden, in eine Art Sperrgebiet zu verwandeln. Entsprechend scharf protestierten die Lobbyisten der Logistikbranche gegen die Vorschläge.

Die Amerikaner sind da weniger zimperlich, wie ihr beherzter Eingriff in die Containerschifffahrt zeigt, also in jene Branche, die für die Globalisierung noch wichtiger ist als die Luftfahrt. Seit den sechziger Jahren werden Waren per Container verfrachtet und nicht mehr in Säcken, Netzen und Fässern. Ohne die standardisierten Metallboxen hätte es den gewaltigen Aufschwung der globalen Wirtschaft niemals gegeben. Schiffe werden seither weitaus schneller be- und entladen. Doch der islamistische Terror bremst nun die Import- und Exportströme wieder ab. Denn Container könnten als schwimmende Bomben missbraucht werden.

Auf amerikanisches Drängen hin wurden deshalb die etwa 600 Seehäfen in aller Welt nach dem 11. September in Hochsicherheitstrakte umgebaut: umgeben von Stacheldraht und Zäunen, bestens kontrolliert. Im Hamburger Hafen mussten die rund 50 Unternehmen, die dort tätig sind, Sicherheitskameras, Absperrungen und Drehkreuze errichten. Jeder Mitarbeiter bekam einen maschinenlesbaren Ausweis, zusätzliche Sicherheitskräfte wurden angeheuert. Und wenn ein Kreuzfahrtschiff wie die *Queen Mary 2* festmacht, muss eine Sicherheitszone errichtet werden: Für die Passagiere der Luxusliner gelten Kontrollen, wie man sie früher nur von Flughäfen kannte.

Doch die Reedereien müssen auch ihre Frachtschiffe schützen, Dafür sorgt seit dem Jahr 2004 der »International Ship and Port Facility Security Code«, kurz: ISPS, ein Regelwerk für Häfen, Reedereien und Schiffe, selbst für bewegliche Bohrinseln. Entwickelt wurde dieser Kodex von der Internationalen Seeschifffahrtsorganisation IMO, die zu den Vereinten Nationen zählt. Verabschiedet wurde er von 109 Nationen; diktiert wurden die Regeln aber vor allem von den USA. Die amerikanische Regierung ließ – kaum dass der neue Kodex in Kraft getreten war – Inspektoren in alle Welt ausschwärmen, um zu überprüfen, ob die neuen Sicherheitsstandards eingehalten werden und Terroristen der Zutritt zu den Hafenanlagen unmöglich gemacht wurde. Die OECD schätzt, dass die Reedereien weltweit rund 1,3 Milliarden US-Dollar ausgegeben haben, um den ISPS-Kodex für ihre Schiffe einzuführen; und dass sie jährlich weitere 730 Millionen US-Dollar aufwenden müssen, um das Regelwerk umzusetzen. Für die Häfen dürften die Kosten um ein Vielfaches höher liegen. Allein Japan kalkulierte für seine Häfen in Tokyo, Yokohama, Nagoya oder Kobe mit Einführungskosten von 2,5 Milliarden US-Dollar.[14]

Den kontrollwütigen Amerikanern reichen diese Maßnahmen aber nicht aus, um die Containerschifffahrt zu sichern. Zusätzlich verlangt die US-Regierung, dass alle Containerfrachter, die einen amerikanischen Hafen ansteuern, bereits im Verladehafen kontrolliert werden. Washington sendet dafür eigene Sicherheitsbeamte aus, die in Hamburg, Schanghai, Dubai oder Colombo verdächtige Metallboxen inspizieren, auf dass sich nicht irgendwo ein Terrorist oder eine Bombe versteckt. Denn mehr als die Hälfte aller Waren, die die Amerikaner importieren, kommen auf dem Seeweg, alles in allem etwa sieben Millionen Container jährlich. Diejenigen, die einen Container in Richtung der Vereinigten Staaten verschiffen wollen, müssen dies seit dem 11. September mindestens 24 Stunden vorher bei den US-Behörden anmelden und eine detaillierte Frachtliste einreichen. In letzter Minute eine eilige Sendung verladen: Das geht nicht mehr.[15]

Die Kontrollen, die der amerikanische Zoll in ausländischen Häfen verlangt, sind äußerst aufwändig: Zwanzig Minuten nimmt es in Anspruch, inklusive Auswertung, um einen einzigen Container mit Röntgengeräten zu durchleuchten. Bis zu 2 Millionen Euro kostet ein Röntgengerät, mit dem sich die Fracht durchleuchten lässt. Hundertprozentige Sicherheit, sagt Hans-Jürgen Roos, der als Antiterrorexperte für die Sicherheit der Häfen in Bremen und Bremerhaven zuständig ist, könne es dennoch nicht geben: »Wir können nicht jeden Container im Hafen auspacken.« Die 28 Beamten, die in Bremerhaven im Drei-Schicht-Betrieb im Einsatz sind, schaffen in der bisherigen Container-Prüfanlage etwa 200 Boxen am Tag. Tatsächlich jedoch werden in Bremerhaven etwa 2 000 Container mit Ziel Amerika verladen, mithin sind bislang nur Stichproben möglich.[16]

Vom Jahr 2012 an aber kennen die amerikanischen Zollbehörden keine Gnade mehr. Von diesem Zeitpunkt an verlangen sie, dass jeder für die Vereinigten Staaten bestimmte Container im Verschiffungshafen geöffnet und gescannt werden muss. Der Verband der Deutschen Reeder bezweifelt, dass dies möglich ist; er rechnet vor den Containerhäfen von Hamburg und Bremerhaven mit langen Staus von Lastwagen, die nicht rechtzeitig vor der Abfahrt eines Schiffs abgefertigt werden können. Das amerikanische Gesetz sei schlicht »nicht praktikabel«.[17]

Der nukleare Angriff und seine Folgen

Doch nicht nur Flughäfen und Fluggesellschaften, Seehäfen und Reedereien müssen Milliarden für den Schutz vor dem Terror ausgeben, auch andere Branchen sind davon betroffen. Vor allem die Energiekonzerne. Denn seit den Anschlägen des 11. September erscheint selbst das Undenkbare möglich: dass Terroristen ein Flugzeug auf ein Atomkraftwerk abstürzen lassen. Die Betonkuppeln der meisten deutschen Atomkraftwerke würden solch einem Angriff nicht standhalten, warnen Experten der Gesellschaft für Reaktorsicherheit nach dem 11. September 2001 in einem geheimen Prüfbericht, der bis heute unter Verschluss gehalten wird.[18] Zu einem ähnlichen Ergebnis kommt fast zehn Jahre später, im Mai 2011, auch die Reaktorsicherheitskommission der Bundesregierung.[19]

Mindestens ebenso schockierend wie ein gezielter Flugzeugabsturz ist die Vorstellung, dass sich Terroristen in einem Atomkraftwerk oder einer Wiederaufbereitungsanlage das Material für eine schmutzige Bombe beschaffen. Denkbar wäre dies in Ländern mit laxen Sicherheitsvorschriften und zweifelhaften Regierungen. Vor allem die ehemaligen Sowjetrepubliken gelten als mögliche Quellen. Der Albtraum westlicher Geheimdienste ist es, dass Mitarbeiter einer Atomanlage spaltbares Material verkaufen. Oder, schlimmer noch: dass sich ein versierter Wissenschaftler hergibt, um den Terroristen bei der Konstruktion einer nuklearen Bombe zu helfen. Denn vor allem die zivilen Vorräte gelten als nicht hundertprozentig sicher. Insgesamt existieren auf der Welt etwa 1 500 Tonnen hoch angereichertes Uran und etwa 600 Tonnen Plutonium – mithin genug, um daraus bis zu 100 000 Atombomben zu bauen.[20]

Wie wahrscheinlich aber ist ein nuklearer Terrorangriff? Wie groß ist die Gefahr, dass die islamistischen Terroristen eine Attacke mit atomaren Massenvernichtungswaffen vorbereiten? Die Mitglieder von al-Kaida hätten »keine Hemmungen«, solche Waffen einzusetzen, wenn sie ihnen in die Hände fielen, warnt der amerikanische Präsident Barack Obama im Frühjahr 2010, als er die Staaten der Welt zu einem Gipfel für Nuklearsicherheit nach Washington einlädt.[21] Sein Sicherheitsberater berichtet am Rande des Treffens, dass al-Kaida seit eineinhalb Jahrzehnten nach Material für eine Atombombe suche – und dass es in den letzten acht, neun Jahren mehrere ernsthafte Versuche gegeben habe, sich solches Material zu beschaffen.

Über einen dieser Versuche weiß man relativ genau Bescheid. Im August 2001 soll sich Osama bin Laden in einem Haus am Stadtrand der afghanischen Hauptstadt Kabul mit den beiden pakistanischen Atomexperten Bashiruddin Mahmood und Abdul Majeed getroffen haben, um abzuklopfen, ob diese ihm waffenfähiges Material liefern und beim Bau einer Atombombe behilflich sein können. Auch in den folgenden Jahren soll bin Laden, wie der *Spiegel* berichtet, immer wieder Kontakt zu Mahmood aufgenommen haben, wie westliche Geheimdienste von dessen Sohn Asim erfuhren. In Telefonaten, die der amerikanische Geheimdienst CIA abgefangen hat, sollen al-Kaida-Mitglieder von einem »amerikanischen Hiroshima« geredet haben.[22]

Überliefert sind auch mehrere Aussagen bin Ladens, die zeigen, dass al-Kaida bestrebt ist, in den Besitz von Atomwaffen zu gelangen. Bereits 1998 erklärte der Terrorchef, es sei das Recht der Mudschaheddin, sich Atomwaffen zu beschaffen, denn auch der Feind verfüge ja über Atomwaffen.[23] Einem Reporter des amerikanischen *Time Magazine*, der ihn nach seinen Ambitionen befragte, sagte er wenige Monate später: »Es wäre eine Sünde für Muslime, nicht zu versuchen, jene Waffen zu beschaffen, die verhindern würden, dass die Ungläubigen den Muslimen Schaden zufügen.«[24]

Manche Experten halten die Gefahr dennoch für äußerst gering, dass die islamistischen Terroristen in der Lage seien, eine nukleare Bombe zu bauen. Ihnen fehle, so argumentieren diese Skeptiker, das notwendige Know-how und das spaltbare Material. Andere Experten hingegen fürchten, dass ein atomarer Anschlag geradezu zwangsläufig sei. Zu ihnen zählt Graham Allison, der unter dem amerikanischen Präsidenten Bill Clinton als Unterstaatssekretär im Verteidigungsministerium gearbeitet hat. Heute lehrt er an der Universität Harvard und leitet dort das Belfer Center for Science and International Affairs an der John F. Kennedy School of Government. Allison glaubt, dass die Wahrscheinlichkeit, dass Terroristen die Vereinigten Staaten in den nächsten zehn Jahren mit einem nuklearen Angriff überziehen werden, höher sei als die Wahrscheinlichkeit, dass eine solche Attacke unterbliebe – vorausgesetzt, dass die Regierung die Sicherheitsvorkehrungen nicht verschärft. Der Nuklearexperte verweist darauf, dass die Pläne für den Bau einfacher Atombomben frei zugänglich seien und es keinerlei Problem sei, eine nukleare Bombe mit einem Schiffscontainer in die Vereinigten Staaten zu transportieren, solange nicht alle Container genauestens untersucht und durchleuchtet werden.[25]

Schon kurz nach dem 11. September ging in der Regierung in Washington die Angst um, dass dies den Terroristen gelungen sei. Am 11. Oktober 2001 berichtet Geheimdienstchef George Tenet dem amerikanischen Präsidenten George W. Bush, al-Kaida habe eine Atombombe per Container in die Vereinigten Staaten geschmuggelt. Dies habe ein US-Agent mit dem Decknamen »Dragon Fire« berichtet. Die Terroristen hätten sich demnach eine 10-Tonnen-Atombombe aus russischen Beständen beschafft, die nun bereits in New York sei. Sofort rückt das Nuclear Emergeny Support Team aus, eine Spezialtruppe, die eigens für solche Fälle geschaffen wurde, doch sie finden keine Kernwaffen. Die Öffentlichkeit erfährt davon nichts: weder von der Warnung des CIA noch vom Einsatz der Spürtrupps. Und sie erfährt auch nicht, dass Bush seinen Stellvertreter Dick Cheney und mehrere Hundert Mitglieder eines Ersatzregierungsteams in einen Atombunker außerhalb Washingtons beordert – aus Furcht, der nukleare Sprengsatz könne in der Hauptstadt hochgehen und weite Teile des Regierungsapparats auslöschen.[26]

Nach zwei Wochen ist klar: Es handelt sich um blinden Alarm. Doch die Gefahr, dass in einem Container oder Frachtpaket eine nukleare Bombe ins Land gelangt, ist nach wie vor groß. Es sei, warnt der ehemalige amerikanische Vier-Sterne-General Eugene Habiger, »keine Frage, ob wir Nuklearterrorismus erleben werden. Es ist nur eine Frage, wann.«[27]

Der Terrorexperte Graham Allison, der die Geschichte über »Dragon Fire« aufgedeckt hat, sieht dies ähnlich. Er fordert deshalb, die Sicherheitsvorkehrungen an sämtlichen Atomanlagen der Welt drastisch zu verschärfen. Alle Nationen müssten sich verpflichten, genau Buch zu führen, wo sich ihr Uran und Plutonium befindet. »Die wichtigste, bisher wenig wahrgenommene gute Nachricht ist: Der nukleare

Terrorismus kann verhindert werden«, meint Allison. »Der strategische Knackpunkt dabei ist, Terroristen daran zu hindern, Atomwaffen oder das Material, aus dem sie hergestellt werden können, zu erwerben.« Notwendig sei daher »die möglichst rasche Sicherung aller atomaren Waffen und allen waffentauglichen Materials nach einem neu eingeführten ›goldenen Standard‹«.[28] Dann, so glaubt er, lasse sich die »ultimative Katastrophe« verhindern.

Die ultimative Katastrophe verhindern – das will auch Barack Obama. Denn der amerikanische Präsident weiß: »Wenn es jemals eine (atomare) Detonation in New York, London oder Johannesburg geben sollte, wären die Konsequenzen für Wirtschaft, Politik und Sicherheit verheerend.«[29] Deshalb vereinbaren die Amerikaner und die 47 Staaten, die im Frühjahr 2010 an der Konferenz zur Nuklearsicherheit teilnehmen, dass sie gemeinsam mit ihren Energiekonzernen und Militärs innerhalb von vier Jahren sämtliches Atommaterial sichern und registrieren. So wollen die Staats- und Regierungschefs verhindern, dass irgendwo auf der Welt Uran oder Plutonium vagabundiert, welches in den Besitz von islamistischen Terroristen gelangen könnte.

Der gezielte Absturz und seine Folgen

Darüber hinaus sind Vorkehrungen notwendig, um das zweite Szenario für einen nuklearen Anschlag zu verhindern: den Angriff auf ein Atomkraftwerk. Welche Folgen solch eine Attacke haben könnte, zeigt die Atomkatastrophe in Japan im März 2011. Die Atommeiler des Landes galten bis dahin als absolut sicher. Dennoch erlebte die drittgrößte Industrienation nach dem verheerenden Erdbeben und dem Tsunami den Super-GAU: Im Atomkraftwerk Fukushima I explodierten mehrere Kraftwerksblöcke, eine riesige radioaktive Wolke wurde freigesetzt, Hunderttausende von Menschen im Umkreis wurden evakuiert, riesige Mengen radioaktiv verseuchtes Wasser ins Meer geleitet. Tausende, wenn nicht Zehntausende von Menschen dürften durch die Strahlendosis, der sie ausgesetzt waren, sterben oder schwer erkranken – auch wenn dies, wie schon nach der Reaktorkatastrophe von Tschernobyl, noch niemand zugeben will.

Solch ein Super-GAU ließe sich auch durch den gezielten Absturz eines Flugzeugs auf einen Atomreaktor herbeiführen. Die Bundesregierung drängt deshalb seit Jahren darauf, die Sicherheitsstandards der Atomkraftwerke zu verbessern. Schon während der Verhandlungen über längere Laufzeiten für den deutschen Kraftwerkspark hatte Kanzlerin Angela Merkel im Sommer 2010 darauf bestanden, dass die Energieversorger ihre Meiler nachrüsten und die Reaktorkuppeln gegen mögliche Terrorangriffe schützen. Eine Milliarde Euro dürfte das pro Reaktor kosten – eine Investition, die die Kraftwerksbetreiber scheuen, weil dies ihre Gewinne erheblich schmälert. Lieber installieren sie rund um ihre Reaktoren Nebelwerfer, die im Fall einer Flugzeugattacke die Sicht auf das Kraftwerk versperren sollen. Die Nebelanlagen kosten nur einen Bruchteil dessen, was die Atomkonzerne für eine neue Betonhülle ausgeben müssten. Aber ob sie einen Piloten, der den Instrumentenflug beherrscht, wirklich abhalten können? Das ist eher fraglich.

Im Herbst 2010, als die schwarz-gelbe Koalition die Laufzeiten der Reaktoren verlängerte, wurde die Forderung der Regierung zunächst still und leise beerdigt. Doch die Katastrophe von Fukushima hat dazu geführt, dass die Atombranche sich dem Willen der Regierung beugen muss: Sieben Atomkraftwerke, deren Schutzhüllen einem Flugzeugabsturz größtenteils nicht standhalten würden und deren Sicherheitsrisiko auch sonst zu groß ist, mussten die Betreiber im März 2011 sofort abschalten. Alle 17 deutschen Kernkraftwerke wurden anschließend von der Reaktorsicherheitskommission einem harten Test unterzogen, sieben Reaktoren sind dabei durchgefallen – ein Ergebnis, das nicht allzu überraschend ist: Es deckt sich weitestgehend mit jenen Erkenntnissen, die Atomexperten bereits unmittelbar nach den Anschlägen des 11. September gewonnen haben.[30]

So monierte die Reaktorsicherheitskommission, dass die älteren Meiler Brunsbüttel, Biblis A und B sowie Philippsburg 1 nicht einmal den Aufprall eines Starfighter-Bundeswehrjets überstehen würden, auch das brennende Kerosin könne nach einem Absturz zur Gefahr für die Kraftwerkshülle werden. Die Außenhaut der Reaktoren Isar 1, Neckarwestheim 1 und Unterweser ist etwas stabiler: Dem Absturz eines Starfighters würde sie wohl standhalten, nicht jedoch der Wucht eines mittleren Verkehrsflugzeugs, das Terroristen auf den Reaktor abstürzen lassen. Und was ist, wenn ein Jumbojet auf ein Atomkraftwerk stürzt? Was ist, wenn ein Flugzeug die Reaktorhülle trifft, das ein paar dutzendmal mehr Kerosin als ein Militärjet getankt hat? Droht dann ein Inferno wie in Fukushima?[31]

Bereits im Jahr 2002 warnte die Internationale Länderkommission Kerntechnik, ein Gremium der Bundesländer Bayern, Hessen und Baden-Württemberg, in einer vertraulichen Studie vor diesem Risiko. Die Fachleute urteilten damals, dass nur drei der damals 19 deutschen Kernkraftwerke einen Flugzeugabsturz überstehen würden, ohne dass größere Mengen Radioaktivität freigesetzt würden. Bei allen anderen Kraftwerken wäre »bei einem Aufprall auf das Reaktorgebäude mit schweren bis katastrophalen Freisetzungen radioaktiver Stoffe zu rechnen«. Eine Nachrüstung, urteilten die Sicherheitsexperten in ihrem Geheimpapier, sei technisch und wirtschaftlich nicht machbar.[32]

Auch deshalb will die Bundesregierung die deutschen Kernkraftwerke nun bis zum Jahr 2022 abschalten. Doch ganz ohne zusätzlichen Schutz der Meiler vor Terroranschlägen wird es bis dahin nicht gehen – und dafür zahlen müssen am Ende nicht die Kraftwerksbetreiber, sondern die Kunden. Die Atomkonzerne werden die Kosten der Terrorabwehr auf ihre Stromrechnung aufschlagen und dadurch auf Unternehmen und Verbraucher abwälzen. Am Ende mögen die Kosten im Vergleich zu den Schäden, die ein geglückter Anschlag auf einen Atomreaktor verursachen würde, gering sein. Aber dennoch gilt die Aussage, die in diesem Kapitel schon mehrfach getroffen wurde: Die vielen Sicherheitsauflagen, die seit dem 11. September geschaffen wurden, fordern ihren Preis.

Denn in dem Maße, in dem der Staat erstarkt und der Wirtschaft zusätzliche Kosten auferlegt, erschlafft auch das Wachstum. Wir mögen dies als gegeben hinnehmen, aber wir müssen uns dies zumindest bewusst machen. Wir können, wenn wir das Für und Wider von Antiterrormaßnahmen abwägen, zu dem Ergebnis kommen, dass all diese Eingriffe erforderlich sind. Und dass sich die Kosten nicht vermeiden lassen. Aber wir müssen uns darüber im Klaren sein, dass der Terror auch auf diese Weise seinen Tribut fordert und auch die Gegenmaßnahmen – und nicht bloß die Attacken der Terroristen – unseren Wohlstand schmälern.

Unsere Wirtschaft und damit unser Wohlstand sind aber auch deswegen in Gefahr, weil wir weiterhin in starkem Maße auf jenen Rohstoff setzen, der in den letzten Jahrzehnten das alles entscheidende Schmiermittel der Weltwirtschaft war: auf das Öl. Die islamistischen Terroristen nutzen dies eiskalt aus. Und setzen – auch wenn dies von der Ölindustrie gern heruntergespielt wird – das Öl als Waffe ein.

10. Öl als Waffe

»Über die Einschätzungen der Experten, die sich mit möglichen Anschlägen auf Einrichtungen der saudi-arabischen
Ölindustrie beschäftigen, wurde meistens der Deckmantel
des Schweigens gebreitet. Man befürchtete, dass sonst die
Ölmärkte auf der ganzen Welt erschüttert würden.«[1]

Robert Baer, ehemaliger CIA-Agent in Saudi-Arabien

Despoten und Kreuzzügler

Die luxuriöse Wohnanlage in der Stadt Al-Chobar, einem der wich-
tigsten Erdölzentren Saudi-Arabiens, trägt einen vielversprechenden
Namen: »Oasis«. Diese gut abgeschirmte Oase bietet den Experten der
internationalen Konzerne, die hier mit ihren Familien wohnen, viele
Annehmlichkeiten. Selbst eine Eislaufbahn gibt es. In einem Teil der
Anlage wohnen Mitarbeiter des britisch-niederländischen Ölkonzerns
Shell sowie der amerikanischen Konzerne Honeywell und General
Electric. In einem anderen Quartier leben Mitarbeiter des französi-
schen Ölkonzerns Total und des russischen Ölkonzerns Lukoil.

Al-Chobar, eine glitzernde Stadt mit vielen Fast-Food-Restaurants
amerikanischer Ketten und riesigen Einkaufszentren, befindet sich
im Osten des Landes, direkt am Persischen Golf. Durch einen 25 Kilometer langen Damm ist Al-Chobar mit der Halbinsel von Bahrain
verbunden. Im Jahr 1938, sechs Jahre nach der Gründung des Staates
Saudi-Arabien, wurde hier in der Gegend Öl gefunden wurde. Damit
begann der Aufstieg Saudi-Arabiens zu einem der reichsten Länder der
Welt – und zum wichtigsten Nachschubland der globalen Wirtschaft.
Denn nirgendwo gibt es derart reiche Ölreserven: Ein Viertel aller Vorkommen, die bekannt sind, liegt in den Händen der Saudis.

Am Morgen des 29. Mai 2004 ist das angenehme Leben in der
Wohnanlage »Oasis« jedoch vorbei. Gegen 7:30 Uhr dringen vier bewaffnete Angreifer in das Quartier ein, schießen wild um sich und
zünden Handgranaten. »Bist du Muslim?«, fragen sie die Bewohner.

Wer dies bejaht, kommt lebend davon. Wer es verneint, wird erschossen. Die Angreifer tragen Militäruniformen, sie sind in Wagen mit Militärkennzeichen vorgefahren, doch in Wahrheit gehören sie dem Terrornetzwerk al-Kaida an. Die Terroristen planen offenbar, die Anlage in die Luft zu sprengen. Doch das Vorhaben scheitert, weil die Attentäter mit dem mit Sprengstoff beladenen Wagen nicht auf das Gelände vordringen können. Die Terroristen klettern stattdessen über die Umzäunung und verschanzen sich mit etwa 50 Geiseln.

Am nächsten Morgen stürmen saudische Sicherheitskräfte die Wohnanlage »Oasis«. Ihnen gelingt es, die Geiseln zu befreien. Die Bilanz des Anschlags ist dennoch schrecklich: 22 Menschen sterben, darunter acht Inder, drei Philippiner, drei Saudis, zwei Sri-Lanker, ein Amerikaner, ein Brite, ein Italiener, ein Schwede, ein Südafrikaner und ein ägyptischer Junge, der in einem Auto auf dem Weg zur Schule war. Noch am gleichen Tag bekennt sich »al-Kaida auf der arabischen Halbinsel« im Internet zu dem Anschlag: »Mit der Gnade Gottes hat heute ein Kommando unserer heldenhaften Mudschaheddin amerikanische Unternehmen gestürmt, die auf Öl spezialisiert sind und die Muslime ihres Reichtums berauben.« Mehrere Ausländer seien »geschlachtet« worden, heißt es in der Erklärung.[2]

Nur eine Woche zuvor hatte Abdelasis al-Mukrin, der neue al-Kaida-Chef auf der arabischen Halbinsel, seine Kämpfer dazu aufgefordert, mit kleinen, höchstens vierköpfigen Gruppen in saudischen Städten Anschläge zu begehen. Der 31-jährige al-Mukrin hat schon als Mudschahid in Bosnien, Afghanistan und Algerien gekämpft. Er und seine Leute wollen die 30 000 Ausländer, die als Experten in der saudischen Ölbranche arbeiten, aus dem Königreich verjagen. Sie wollen »die arabische Halbinsel von den Ungläubigen säubern« und das »Land der Muslime befreien«.[3]

Hinter der religiösen Propaganda verbergen sich jedoch auch knallharte ökonomische Interessen. Denn den Terroristen geht es zugleich darum, die Wirtschaft des Königreichs zu treffen, und die saudische Wirtschaft – und damit der Reichtum des Landes – gründet sich in erster Linie auf die Ölindustrie. Das Öl bringt dem Land seit Jahrzehnten einen gewaltigen Zustrom an Petro-Dollar ein: Etwa 90 Prozent dessen, was die Saudis durch Exporte verdienen, stammt aus dem Ölgeschäft – nicht zuletzt aus dem Geschäft mit dem Westen. Doch den Terroristen von al-Kaida ist dies zuwider: Sie beklagen, dass die meisten arabischen Länder, und allen voran Saudi-Arabien, ihren Öl- und Gasreichtum ohne große Bedenken an den Westen verschleudern. Ihnen missfällt, dass die Despoten in Saudi-Arabien und anderen Staaten sich dank der sprudelnden Öleinnahmen ein luxuriöses Leben gönnen, dass sie aus reiner Geldgier die Interessen der eigenen Völker verraten und die Abnehmerländer nach deren Belieben versorgen.

Vor allem die Vereinigten Staaten haben, seit in Saudi-Arabien vor mehr als sieben Jahrzehnten die riesigen Ölvorkommen entdeckt wurden, alles getan, um das Königreich und andere arabische Länder an sich zu binden. Sie versprachen dem Herrscherhaus in Riad Sicherheit – und bekamen im Gegenzug den Zugriff auf das schwarze Gold. So erhielten die Amerikaner bereits in den dreißiger Jahren des vorigen Jahrhunderts die Erlaubnis, in Saudi-Arabien nach Öl zu suchen. Sie gründeten eine eigene Ölgesellschaft, die 1938 die ersten großen Vorkommen in Saudi-Arabien entdeckte und ausbeutete und später als Arabian American Company, kurz: Aramco, firmierte.

Während des Zweiten Weltkriegs schickten die Vereinigten Staaten dann auf Bitten des saudischen Königshauses erstmals Truppen nach Saudi-Arabien, um die Ölanlagen am Persischen Golf zu sichern. Die Verteidigung des Königsreichs sei »entscheidend« für die Sicherheit der Vereinigten Staaten, erklärte der amerikanische Präsident Franklin D. Roosevelt im Jahr 1943 in einer Rede, die noch heute in jedem Beitrag über die saudisch-amerikanischen Beziehungen zitiert wird.[4] Zwei Jahre später, nach der Konferenz von Jalta, schlossen Roosevelt und König Abdul al-Aziz Ibn Saud einen Pakt, der noch heute gilt: Amerika versprach den Saudis Schutz, wenn im Gegenzug amerikanische Ölkonzerne Zugang zum saudischen Öl erhalten.

Dieser Pakt zwischen dem größten Ölabnehmerland der Welt und dem wichtigsten Ölförderland der Welt besteht trotz zahlreicher Konflikte bis heute: Die Amerikaner schickten immer mehr Soldaten nach Saudi-Arabien. Sie lieferten der saudischen Armee Flugzeuge, Panzer und Schiffe und halfen, Militärbasen aufzubauen. Auch die Anschläge des 11. September, geplant vom Saudi bin Laden und ausgeführt von 19 jungen Männern, die zum größten Teil aus Saudi-Arabien stammten, vermochten die Beziehungen zwischen den beiden Ländern nur zeitweise zu beeinträchtigen. Doch je stärker sich das Herrscherhaus und das Weiße Haus aneinander banden, umso mehr wuchs der Unmut in weiten Teilen der Bevölkerung, die nicht vom Ölgeschäft profitierten. Und umso mehr schwoll die Wut der Terroristen über die Macht der »Kreuzzügler« und ihre Gier nach jenen Schätzen an, die den Reichtum der islamischen Welt ausmachen. Deshalb zünden sie Bomben, deshalb sprengen sie Pipelines, deshalb schießen sie in den Wohnquartieren westlicher Unternehmen um sich.

Der brutale Angriff auf die Wohnanlage »Oasis« ist dabei Teil einer ganzen Serie von Anschlägen, die im Frühjahr 2004 Saudi-Arabien erschüttert – und die vor allem die Mitarbeiter ausländischer Unternehmen trifft. Diese Mitarbeiter sind, so sehen es die Terroristen, feindliche Besatzer, die nicht nur ihre Unternehmen, sondern auch das Herrscherhaus reich machen.

Die Anschläge in Saudi-Arabien sollen aber nicht nur das Königshaus schwächen, sondern auch die westliche Wirtschaft. Die Terroristen wollen den Industrieländern vor Augen führen, dass die Versorgung mit dem allerwichtigsten Rohstoff, den ihre Volkswirtschaften benötigen, keineswegs so sicher ist, wie diese es gerne hätten. Um dies zu demonstrieren, schlagen die Terroristen nicht nur in den Metropolen des Westens zu, sondern direkt an der Quelle des Öls. Die Reaktion an den internationalen Rohstoffbörsen lässt nach dem Gemetzel von Al-Chobar nicht lange auf sich warten: Der Ölpreis schnellt von 30 auf über 40 US-Dollar. Die Kunden in aller Welt müssen eine »Terrorprämie« von etwa 10 US-Dollar bezahlen, wie Ölexperten den Aufschlag nennen.

»Der größte Diebstahl der Geschichte«

Die Attentäter handeln dabei ganz im Sinne von Osama bin Laden, dem gebürtigen Saudi, der sich mit Abscheu von der herrschenden Klasse seines Heimatlandes abgewandt hat. In einer Audiobotschaft, die im November 2004 publik wird, erklärt bin Laden den Kampf ums Öl zu einer zentralen Aufgabe des Terrornetzwerks. Er fordert die Mitglieder von al-Kaida dazu auf, Anschläge gegen Öleinrichtungen zu verüben, »vor allem im Irak und in der Golf-Region«, um die Abnehmerländer in Nordamerika und Europa ökonomisch »auszutrocknen«. Er will damit zugleich den »größten Diebstahl in der Geschichte« stoppen, wie er es nennt: den Diebstahl des arabischen Öls. »Ihr rafft unseren Reichtum und unser Öl zu Schleuderpreisen an euch, denn ihr verfügt über internationalen Einfluss und droht mit eurer Militärmacht. Dieser Diebstahl hat in der Weltgeschichte nicht seinesgleichen«, schimpft er.[5]

Wie sehr der al-Kaida-Führer von dieser Schlacht um das Öl beseelt war – und wie sehr er den seiner Ansicht nach »größten Diebstahl der Geschichte« rächen wollte, geht auch aus einem Interview hervor, das er 1998 dem Fernsehsender al-Dschasira gab. In diesem Interview verlangt bin Laden, die arabischen Staaten dürften ihr Erdöl nicht länger verschleudern, sondern sie müssten es zu einem »gerechten Preis« verkaufen. Und dieser gerechte Preis: Das sind nach seiner Berechnung exakt 144 US-Dollar – und damit in etwa jener Rekordpreis, der im Juli 2008 für kurze Zeit erreicht wurde.

Diesen gerechten Preis, fordert der Terrorchef, müssten die Ungläubigen auch für das Öl nachträglich bezahlen, das sie schon bekommen haben. Bin Laden stellt dazu eine eigenwillige Kalkulation auf, bei der er ohne ersichtlichen Grund unterstellt, dass der Ölpreis eigentlich das Vierfache dessen hätte betragen müssen, was in den achtziger Jahren normal war, nämlich 36 US-Dollar – und nicht bloß 9 US-Dollar wie im Jahr des Interviews. Er rechnet dem Interviewer vor:

> »In den achtziger Jahren hatten wir einen Preis von 36 US-Dollar für das Barrel. Darauf reagierten die Amerikaner mit ihrer Politik der Besetzung und Druckausübung auf die Golfstaaten. Sie wurden gezwungen, ihre Produktion zu erhöhen und die Märkte zu fluten. Das ist der größte Diebstahl, den die Menschheit je erlebt hat. Ein Rechenbeispiel verdeutlicht dies. Der Erdölpreis müsste heute sein: 36 US-Dollar mal vier gleich 144 US-Dollar. Der Erdölpreis beträgt heute: 9 US-Dollar Also stehen

die Amerikaner: 144 US-Dollar minus 9 US-Dollar gleich 135 US-Dollar. Die islamischen Länder produzieren täglich: 30 000 000 Barrel. Also klauen die Amerikaner täglich 135 US-Dollar mal 30 000 000 gleich 4 050 Millionen US-Dollar. Dies bedeutet, dass sie im Jahr 4 050 Millionen US-Dollar mal 365 gleich 1 478 250 Millionen US-Dollar stehlen. Sie haben also in den letzten 25 Jahren 1 478 250 Millionen US-Dollar mal 25 gleich 36 Billionen US-Dollar geklaut. Die USA schulden damit jedem Muslim: 36 Billionen US Dollar geteilt durch 1 200 Millionen Muslime gleich 30 000 US-Dollar.«[6]

Dies ist eine krude, eigenwillige Berechnung, gewiss. Aber sie sagt einiges aus über die Motivation von al-Kaida. Und sie verdeutlicht, warum der Kampf ums Öl zum zentralen Teil jener langfristigen Strategie gehört, die das Terrornetzwerk verfolgt: Das Öl dient al-Kaida als Waffe, um einerseits die arabischen Regime zu schwächen – und andererseits den Westen.

Bin Ladens Haltung lässt sich dabei vor allem mit den Erfahrungen erklären, die er selbst in Saudi-Arabien gemacht hat: Er hat erlebt, wie das Königshaus den Amerikanern das Öl des Landes zu Schleuderpreisen verkauft hat. Er hat die Herrscherfamilie deswegen wiederholt kritisiert und sich in seinen Reden und in Briefen, die er an den König geschickt hat, darüber erregt Es hat ihn erst recht erzürnt, dass das Hause Saud einen beträchtlichen Teil der Öleinnahmen dazu genutzt hat, den Amerikanern teure Waffen abzukaufen und sich selber ein Leben in Prunk und Pomp zu gönnen. Prunk und Pomp übrigens, der zu einem beträchtlichen Teil auch vom Bauunternehmen seines Vaters für das Herrscherhaus geschaffen wurde.

Nur anfangs hat bin Laden Bedenken, Ölanlagen zu attackieren. In seiner Kriegserklärung gegen die Amerikaner aus dem Jahr 1996 warnt er die Mudschaheddin noch, das Öl als Waffe zu benutzen. Es bestehe »die Gefahr, dass der Ölreichtum in Flammen aufgeht«, und dies wiederum gefährde die ökonomischen Interessen der Staaten am Persischen Golf und von Saudi-Arabien. Bin Laden schreibt: »Ich möchte hiermit meine Brüder, die Mudschaheddin, die Söhne unserer Nation, darauf hinweisen, dass sie den Ölreichtum schützen und ihn nicht in die Schlacht mit einbeziehen sollen, weil es ein wichtiges islamisches Vermögen ist und zu dem ein großer, wichtiger Wirtschaftsfaktor für den islamischen Staat! (…) Wir warnen außerdem den Aggressor, die USA, davor, dieses islamische Vermögen in Flammen aufgehen zu lassen (ein Verbrechen, das sie möglicherweise begehen werden, damit dieser Reichtum am Ende des Kriegs nicht in die Hände der legitimen Eigentümer fällt).«[7]

Diese Bedenken allerdings verflüchtigen sich im Laufe der Jahre, und sie verflüchtigen sich endgültig, als die Vereinigten Staaten und ihre Verbündeten selbst die Schlacht ums Öl eröffnen. Denn im Frühjahr 2003 marschiert die »Koalition der Willigen«, eine Streitmacht, unterstützt tvon 48 Nationen, in den Irak ein und stürzt Saddam Hussein. Angeblich wollten die Amerikaner dem Irak seine Massenvernichtungswaffen abnehmen und Saddams Hilfen für das Terrornetzwerk al-Kaida stoppen. Tatsächlich jedoch ist offenkundig, worum es den Amerikanern vor allem geht: um den Zugriff auf das irakische Öl.

Der Lebensnerv des Westens

Auch deshalb ruft al-Kaida ein Jahr später dazu auf, den »größten Diebstahl der Geschichte« zu stoppen. Die Führer des Terrornetzwerks haben erkannt: Wenn al-Kaida seine Strategie, die Vereinigten Staaten und ihre Verbündeten wirtschaftlich auszubluten, erfolgreich umsetzen will, dann reicht es nicht aus, Anschläge auf deren Boden zu verüben – sondern dann ist es logisch, den Preis für jenen Rohstoff in die Höhe zu treiben, der für das Florieren der westlichen Wirtschaft entscheidend ist. Seither dient das Öl den islamistischen Terroristen als Waffe, seither nutzen sie auch diesen Weg, um unseren Wohlstand zu sprengen. Sie bomben gegen Pipelines und Förderanlagen, gegen Raffinerien und Gebäude; gegen Mitarbeiter und Lastwagen; gegen kleine Zulieferfirmen und große Konzerne.

Nicht immer unterscheiden die al-Kaida-Terroristen dabei sauber, ob die Opfer für einen Ölkonzern arbeiten oder für ein Unternehmen, das dem Ölgeschäft nahesteht. So stürmen am 1. Mai 2004 vier bewaffnete

Männer in der saudischen Hafenstadt Janbu das Büro von ABB Lummus, einem aus Houston stammenden Unternehmen für Ölfördertechnik. Sie metzeln einen Saudi und sechs Beschäftigte aus den USA, Großbritannien, Australien und Kanada nieder. Am 22. Mai 2004 erschießen Unbekannte vor einem Geldautomaten in Riad einen Deutschen aus dem Landkreis Erding bei München, der für eine saudische Fluggesellschaft als Küchenchef arbeitet; wenig später bekennt al-Kaida sich zu dem Mord.

Nur wenige Wochen später, am 7. Juni 2004, verkündet al-Kaida, man habe auch einen amerikanischen Staatsbürger getötet. Und noch am gleichen Tag geben die Terroristen bekannt, dass sie einen weiteren Amerikaner als Geisel genommen haben: den 49-jährigen Paul Johnson, der als Systementwickler des Rüstungskonzerns Lockheed Martin am Bau des Kampfhubschraubers Apache beteiligt ist, also an jenen Hubschraubern, die die amerikanische Armee im Krieg gegen die Taliban in Afghanistan eingesetzt hat. Eineinhalb Wochen später ist der Manager tot. Seine Entführer köpfen ihn und stellen Bilder der Enthauptung ins Internet.

Doch die Terroristen belassen es nicht beim Morden. Im Februar 2006 attackieren sie erstmals auch eine der hochsensiblen Anlagen, über die das saudische Öl ins Ausland gelangt: das größte Ölverarbeitungszentrum der Welt in Abqaiq. Hier, im Osten Saudi-Arabiens, werden jeden Tag bis zu sieben Millionen Barrel Öl raffiniert und an die Verladehäfen gepumpt, das sind etwa 8 Prozent der weltweiten Ölproduktion. Den Sicherheitskräften gelingt es, das mit Sprengstoff beladene Fahrzeug der Angreifer zu stoppen; sie töten zwei Terroristen und verhindern so Schlimmeres. Dennoch schnellt der Ölpreis sofort um 4 Prozent nach oben.

Meist ist über die Anschläge auf arabische Öleinrichtungen nicht viel in den westlichen Medien zu lesen. Denn die Ölindustrie und die Förderländer haben kein Interesse daran, die Nachrichten darüber zu verbreiten. Sie wollen den Eindruck vermeiden, die globale Ölversorgung sei nicht mehr sicher; denn dies würde die Märkte nur verunsichern und den Preis für den so wichtigen Rohstoff nach oben treiben. Gelegentlich findet sich aber doch eine Meldung in westlichen Tageszeitungen, etwa nach einem Anschlag am 12. Juni 2010. An jenem Tag sprengen Mitglieder von al-Kaida im Jemen die einzige Ölpipeline in die Luft, die Öl aus der östlichen Provinz Maarib ans Rote Meer bringt. Fünf Monate später zerstören jemenitische Terroristen erneut eine Pipeline, diesmal zünden sie unweit der Ortschaft Jubeika in der Provinz Jabwa zwei Sprengsätze.

Besonders häufig schlagen die Terroristen im Irak zu, wie Statistiken zeigen. Seit dem Einmarsch der Amerikaner führt das Institute for the Analysis of Global Security Buch über die Anschläge, die auf Öl- und Gasanlagen in dem Land verübt wurden, nachzulesen ist dies auf einer Internetseite des Institute for the Analysis of Global Security mit dem Titel »Iraq Pipeline Watch«.[8] Demnach werden im Irak jedes Jahr rund 100 Anschläge auf die Ölindustrie verübt: Mal fliegt die nördliche Pipeline, die durch die Provinz Kirkuk bis in die Türkei führt, in die Luft und kann zwölf Tage lang nicht benutzt werden. Mal sprengen Selbstmordattentäter drei Boote in der Nähe des Verladeterminals von Basra. Mal reißt eine Bombe ein Loch in die Pipeline zwischen Basra und der Halbinsel Faw, was etwa 90 Prozent der irakischen Ölexporte zum Erliegen bringt. Manche der etwa zwei Anschläge pro Woche, die den Irak erschüttern, gehen auf das Konto von kurdischen Rebellen im Norden des Landes, andere auf lokale Konflikte im Süden, etliche aber eben auch auf das Konto des Terrornetzwerks al-Kaida und seiner Sympathisanten.

Der Kampf ums Öl ist damit einer der bestimmenden Faktoren des islamistischen Terrors. Die Wohlstandskrieger von al-Kaida wissen, dass sie damit einen Lebensnerv der westlichen Gesellschaft treffen. Denn Erdöl ist – allen Versuchen, auf erneuerbare Energien umzustellen, zum Trotz – nach wie vor das wichtigste Schmiermittel der Weltwirtschaft. Natürlich halten alle Industrieländer Reserven bereit, falls der Nachschub einmal ausbleiben sollte; dies ist eine der Lehren aus den beiden Ölkrisen, die die Welt in den siebziger Jahren erlebt hat. Aber die Reserven reichen allenfalls für ein paar Wochen, und sie sind zu gering, um im Fall eines gewaltigen Attentats auf die Ölindustrie einen steilen Anstieg des Ölpreises zu verhindern.

Wenn zum Beispiel Saudi-Arabien für längere Zeit als Lieferant ausfiele, müssten die USA rund ein Drittel ihrer Importe ersetzen, hat das angesehene Forschungsinstitut Cambridge Energy Research Associates ausgerechnet. Rohöl würde sich erheblich verteuern, der Schock für die Weltwirtschaft wäre größer als während der Ölkrise 1974. »Erst nach zwei Jahren würden sich die Märkte erholen«, prophezeit das Institut.[9] Denn Saudi-Arabien ist der einzige OPEC-Staat, der für den Krisenfall zusätzliche Kapazitäten bereithält und einspringen könnte, wenn aus anderen Regionen der Welt der Nachschub ausbleibt – oder wenn es gilt, den Ölpreis durch Verknappung oder Ausweitung des Angebots in die gewünschte Richtung zu lenken. Zum Beispiel haben die Saudis während des ersten Golfkriegs, als sich Irak und Iran gegenüberstanden, bereitwillig die Ventile ihrer Förderanlagen aufgedreht und zusätzliches Öl geliefert. So sind sie auch während des zweiten Golfkriegs 1990/1991 eingesprungen, als Kuwait plötzlich kein Öl mehr liefern konnte. Und so haben es die Saudis auch unmittelbar nach den Anschlägen des 11. September gehalten, als der Ölpreis zu explodieren drohte.

Das Problem ist nur: Wirklich schützen lassen sich Fördertürme, Pipelines und Ölförderanlagen nicht. Man kann Zäune errichten, aber die lassen sich mit einem sprengstoffbeladenen Lastwagen durchbrechen. Man kann Rohre in der Erde verlegen, aber leichter noch als eine Bombe lässt sich ein Bagger beschaffen. Man kann das Sicherheitspersonal aufstocken – aber wie sollen selbst Tausende von Kräften eine mehrere tausend Kilometer lange Pipeline Tag und Nacht lückenlos bewachen? Und natürlich man kann um die großen Raffinerien zusätzliche Sperrgürtel einrichten. Oder man kann an den Verladezentren Boden-Luft-Raketen installieren oder die Luftwaffe patrouillieren lassen – aber was nützt dies schon, wenn die Terroristen ein Verkehrsflugzeug auf eine der Anlagen abstürzen lassen?

Robert Baer, ein ehemaliger CIA-Agent, hält die saudische Ölindustrie trotz all der Vorkehrungen und des Einsatzes von Zehntausenden von Wachkräften nicht für gesichert. In seinem Buch *Die Saudi-Connection* listet er einige Möglichkeiten auf, wie Terroristen die Ölindustrie treffen könnten. Sie könnten zum Beispiel einen Teil jener zehn Türme in die Luft sprengen, die das Herz der Ölverarbeitungsanlage

Abqaiq bilden. In den sogenannten Stabilisierungstürmen wird das Schwefel vom Erdöl getrennt. Wenn sie durch einen Anschlag zerstört würden, wäre nicht bloß die Raffinerie über Monate hinweg lahmgelegt, sondern es würde auch giftiger Schwefelwasserstoff entweichen, der die Arbeiter in der Nähe töten würde.[10]

Relativ leicht ließen sich in Saudi-Arabien auch die Pipelines lahmlegen, die das Öl über Hunderte von Kilometern befördern: vom östlichen Teil des Landes bis an die Wüste des Persischen Golfs. Oder von dort quer über die arabische Halbinsel hinweg bis nach Janbu am Roten Meer. Die Terroristen könnten mehrere Pumpen außer Gefecht setzen und so den Ölfluss stoppen, sie könnten Löcher in die Leitungen sprengen. Ein einzelner Anschlag würde wenig ausmachen – aber viele Dutzend Anschläge in kurzer Zeit könnten dazu führen, dass die Ölförderung gedrosselt werden muss.

Weitaus gravierendere Folgen hätte ein Anschlag auf jene Verladestationen am Persischen Golf, über die der größte Teil des saudischen Öls in alle Welt verschifft wird. Ein kleines U-Boot oder Schiff voller Sprengstoff könnte sich dem Terminal von Juaymah nähern, einem der wichtigsten Ölhäfen der Welt, und die Piers mit ihren Betankungsvorrichtungen für viele Wochen lahmlegen; das Gleiche gilt für die Verladestation in Ras Tanura; Terroristen könnten auch ein gekapertes Passagierflugzeug auf die Ölverarbeitungsanlage in Abqaiq abstürzen lassen und damit auf Monate hin etwa die Hälfte des Erdölnachschubs aus Saudi-Arabien stoppen. »Ein einziger Jumbojet, den man beim Start in Dubai entführte und mit einem Selbstmordattentäter am Steuerknüppel mitten in das Herz von Ras Tanura stürzen ließe, würde ausreichen«, schreibt Baer, »um die vom Erdöl abhängigen Wirtschaften vieler Länder in die Knie zu zwingen.«[11]

Der Irakkrieg – ein Krieg der Lügen

Weil aber Öl lebenswichtig ist für die Industrieländer, haben diese ein außerordentlich hohes Interesse daran, ihre Ölversorgung dauerhaft zu sichern. Daher verwundert es nicht, dass die Amerikaner im Jahr 2003 einen Krieg anzetteln, in dem es ausschließlich ums Öl geht: den Irakkrieg. Auch hier dient wie in Afghanistan der Kampf gegen den Terror als Vorwand. Doch tatsächlich haben es die Amerikaner vor allem auf die Ölquellen des Zweistromlandes abgesehen, sie wollen die Versorgung der Welt mit billigem Öl sichern. Denn die Iraker hocken auf über 9 Prozent der weltweiten Vorkommen, auf etwa 115 Milliarden Barrel. Aber diese Vorräte kommen, seit das Land einem Embargo unterliegt, der Weltwirtschaft kaum noch zugute. Bis zum Einmarsch in Kuwait 1990 holte der Irak jeden Tag etwa drei Millionen Barrel aus der Erde; seither ging die Fördermenge deutlich zurück.

Das Kalkül der Vereinigten Staaten ist klar: Wenn sie Saddam Hussein die Ölquellen entreißen, wenn eine neue, amerikatreue Regierung die Förderanlagen modernisiert und westliche Mineralölkonzerne ins Land lässt, wird dies die Versorgung mit Öl verbessern. Es käme ein entscheidendes Förderland hinzu – und dies würde den Ölpreis stabilisieren. Ähnlich sehen dies die Briten, die in diesem Krieg treu an der Seite Washingtons stehen. Schon vor Einmarsch in den Irak berät die Regierung in London mit den britischen Energiekonzernen darüber, wie die Ölvorkommen nach dem Sieg über Saddam Hussein aufgeteilt werden.[12]

Die Vereinigten Staaten und die Briten setzen damit konsequent jene Interessenpolitik ums Öl fort, die die Staaten des Westens seit neun Jahrzehnten in der arabischen Welt betreiben. Schon während des Ersten Weltkriegs, vor allem aber nach dem Untergang des Osmanischen Reichs 1923 versuchten die Nationen der westlichen Welt, die neu entstehenden arabischen Staaten auf ihre Seite zu ziehen. Sie förderten die ihnen gewogenen Potentaten und Herrscherhäuser nach Kräften, sie gewährten Sicherheit und erwarteten im Gegenzug, dass die Länder ihnen entsprechend viel von ihren wertvollen Bodenschätzen zur Verfügung stellten. Der Westen scherte sich dabei nicht sonderlich um Fragen der Demokratie; was zählte, war das Öl.

Und so konnten unter dem Schutz der Briten, Amerikaner oder Franzosen die korrupten Regime jahrzehntelang gedeihen. Die Saudis, die Kuwaitis oder die Ägypter: Sie alle suchten die Nähe zum Westen. Auch Reza Pahlewi, der Schah von Persien, tat dies, ehe er von der islamischen Revolution aus dem Amt gefegt wurde. Und wenn jemand über Jahre hinweg ausscherte, so wie Saddam Hussein, machte er sich zum natürlichen Feind der ölhungrigen Amerikaner und Europäer.

Der Irakkrieg – ein Ölkrieg: Offiziell mochte die Regierung in Washington dies allerdings nie einräumen. Stattdessen wurden für den Einmarsch im Irak eine Vielzahl von Gründen genannt, die alle nur einen Teil der Wahrheit enthielten: Mal ging es darum, den Irakern die Demokratie zu bringen; mal darum, mit Saddam Hussein einen gefährlichen Despoten zu stürzen, der andere Länder attackieren könnte; mal darum, den Irakern deren Massenvernichtungswaffen zu entreißen. Dass es diese Massenvernichtungswaffen nicht gab, ja, dass die öffentlich präsentierten Belege dafür zum Teil von den Geheimdiensten gefälscht worden waren, gehört zu den Eigentümlichkeiten dieses Krieges.[13]

Mit ihrer Mischung aus Halbwahrheiten und Lügen verstand es die Regierung in Washington geschickt, die Weltöffentlichkeit über ihre wahren Beweggründe hinwegzutäuschen. Nur gelegentlich schimmerte das eigentliche Motiv des Irakkriegs durch, etwa in jener Aussage, die von Lawrence Lindsey, dem wichtigsten Wirtschaftsberater des amerikanischen Präsidenten, überliefert ist. Wenige Tage vor der Invasion sagte er: »Wenn es einen Regimewechsel im Irak gibt, kommen täglich drei bis fünf Millionen Barrel Erdöl zusätzlich auf den Markt. Eine erfolgreiche Durchführung des Krieges würde der Ökonomie guttun.«[14] So ehrlich war die Regierung in Washington sonst nicht. Stattdessen führten George W. Bush und seine engsten Mitarbeiter, die früher fast allesamt in der Ölindustrie tätig gewesen waren, die ganze Welt an der Nase herum.

Tatsächlich jedoch finden sich Belege zuhauf, die zeigen, worauf die Amerikaner es im Irak tatsächlich abgesehen hatten: »It's the oil, stupid!« – »Es ist das Öl, Dummkopf!«, wie es der Nahostexperte der Brookings Institution, Kenneth Pollack, formuliert. Pollack liefert die Begründung gleich mit: »Die Weltwirtschaft«, schreibt er, »wurde in den vergangenen 50 Jahren auf dem Fundament des billigen, reichlich vorhandenen Öls errichtet, und wenn dieses Fundament entfernt würde, dann würde die Weltwirtschaft zusammenbrechen.«[15]

Belege für den wahren Grund des Irakkriegs finden sich auch in Büchern von Zeitzeugen, die damals zum engsten Machtzirkel in Washington zählten und Jahre später aufdeckten, worum es Bush ging. So berichtete Paul O'Neill, der unter Bush bis zum Dezember 2002 als Finanzminister diente: Schon in der ersten Sitzung des Nationalen Sicherheitsrats im Januar 2001 sei über die Invasion im Irak gesprochen worden: »Alles drehte sich darum, wie man es machen könnte«, erinnert sich O'Neill. Bush habe seinen Ministern und Sicherheitsberatern gesagt: »Findet mir einen Weg, es zu tun!«[16]

Noch deutlicher wird Alan Greenspan, der ehemalige Präsident der amerikanischen Notenbank. In seinen Memoiren schreibt der einst zweitmächtigste Mann Washingtons: »Es ist bedauerlich, dass man aus politischen Gründen besser nicht aussprechen sollte, was jeder weiß: Im Irakkrieg geht es im Wesentlichen um das Öl der Region.«[17] Greenspan räumt ein, dass er Bush, Vizepräsident Dick Cheney und anderen Regierungsmitgliedern wiederholt geraten habe, in den Irak einzumarschieren, um den Ölmarkt zu stabilisieren. Saddam Hussein hätte sich andernfalls die Kontrolle über die Straße von Hormus sichern können, jene Meerenge im Persischen Golf, durch die die Supertanker jeden Tag knapp 20 Millionen Barrel Öl transportieren. Wenn lediglich drei bis vier Millionen Barrel Öl pro Tag ausfielen, könne der Ölpreis explodieren, warnte der Notenbankchef. Der Verlust einer noch höheren Menge hätte »Chaos« in der Weltwirtschaft bedeutet. Es sei daher »entscheidend gewesen, Saddam Hussein zu entfernen«, schreibt Greenspan. Ein Regierungsmitglied, dessen Namen er nicht nennen mag, habe ihm damals jedoch gesagt: »Unglücklicherweise können wir nicht (öffentlich) über Öl reden.«[18]

Welch strategische Bedeutung die irakischen Ölvorkommen haben, wird sieben Jahre nach der Invasion deutlich, als die Regierung in Bagdad im Jahr 2009 die Förderrechte für ihre Ölquellen versteigert. Alle Ölkonzerne der Welt, von BP und Shell über Petronas und Statoil bis zur

China National Petroleum Company, bemühen sich um den Zuschlag; alle wollen auf jene Vorkommen zugreifen können, die ausländischen Konzernen vier Jahrzehnte lang nicht offenstanden; keiner lässt sich abschrecken durch die vielen Anschläge, bei denen immer wieder Mitarbeiter von Ölkonzernen ums Leben kommen. Die Amerikaner hätten es natürlich am liebsten gehabt, wenn die Förderrechte ohne jede Ausschreibung direkt an US-Konzerne vergeben worden wären. Doch das lehnen die Iraker ab. Sie haben noch in unguter Erinnerung, wie Briten, Franzosen und Amerikaner bis 1972 die nationale Erdölgesellschaft kontrollierten, ehe das Unternehmen verstaatlicht wurde.

Das Ölministerium in Bagdad diktiert den ausländischen Unternehmen deshalb knallhart die Bedingungen, es billigt ihnen für jedes Fass Rohöl, das sie aus der Erde holen, eine Gewinnbeteiligung von lediglich 2 US-Dollar zu; der Rest soll in die Kassen des irakischen Staates fließen. Doch die Ölmultis kann das nicht schrecken, Unternehmen wie Shell, Lukoil oder Statoil sind bereit, auch für deutlich weniger als 2 Euro Gewinn pro Fass die Ölfelder anzubohren. Gleichwohl rechnen die ausländischen Unternehmen mit satten Erträgen. Denn die Regierung in Bagdad will die Förderung, die Anfang 2011 noch bei 2,5 Millionen Barrel pro Tag lag, bis 2017 auf zwölf Millionen Barrel erhöhen – und damit mehr als vervierfachen. Auf diese Weise würde der Irak mit Saudi-Arabien gleichziehen, dem wichtigsten Ölproduzenten der Welt.

Allerdings lockt der Ölreichtum im Irak nicht nur die ausländischen Ölkonzerne an, sondern auch al-Kaida. Das Terrornetzwerk stürzt mit einer Vielzahl von Anschlägen das Land ins Chaos. Bin Ladens Vasallen zünden ihre Bomben auf Marktplätzen und in Moscheen, sie sprengen ein halbes Dutzend Ministerien in die Luft, zerstören Hotels, Polizeigebäude, ausländische Militärbasen und Botschaften, sie entführen Dutzende von Ausländern und töten die meisten. Und sie jagen immer wieder auch die Öleinrichtungen des Landes in die Luft: Pipelines und Verladeeinrichtungen, Förderanlagen und Verwaltungsgebäude.

So attackieren Terroristen von al-Kaida zu Beginn des Jahres 2011 binnen weniger Wochen mehrmals die größte Ölraffinerie des Landes in Baiji, nördlich von Bagdad, und legen diese für mehrere Tage lahm.

In regelmäßigen Abständen reißen sie mit ihren Bomben auch Löcher in die wichtigste Ölpipeline des Landes. Und sie planen weitere Anschläge. Denn die Terroristen wissen: Die Ölanlagen lassen sich nicht schützen, weder mit den derzeit 40 000 Sicherheitskräften, noch mit den geforderten 52 000 Kräften, die der Chef der irakischen Oil Protection Force gerne hätte.

Der al-Kaida-Ableger im Irak setzt dabei nicht nur lokale Kämpfer ein, sondern auch zahlreiche Freiwillige aus anderen arabischen Ländern sowie aus Europa und Amerika. Die Terroristen gehen im Irak mit unglaublicher Brutalität vor, sie morden ohne Rücksicht und stellen Videos, auf denen sie westliche Geiseln köpfen, voller Genuss ins Internet. Damit entwickelt sich ausgerechnet jenes Land, das die Amerikaner mit ihrem Krieg befrieden wollten, zu einer Brutstätte des islamistischen Terrorismus. Wie schon in Afghanistan erreichen die Vereinigten Staaten mit ihrem Krieg genau das Gegenteil dessen, was sie bezweckt hatten: Sie stärken al-Kaida, anstatt das Netzwerk zu schwächen; sie treiben junge Islamisten geradewegs in die Arme der Terrororganisation. Mit ihrem brutalen Vorgehen, mit Folterungen wie im Gefängnis Abu Ghraib liefern sie den Terroristen Anlässe zuhauf, um sich gegen die Vereinigten Staaten aufzulehnen.

Mit ihren Attacken versuchen die al-Kaida-Terroristen aber nicht nur, den Irak in einen Bürgerkrieg zu stürzen (und damit politisch zu destabilisieren), sondern sie wollen auch das ursprüngliche Kriegsziel der Amerikaner unterlaufen: die bessere Versorgung der Welt mit Öl. Bin Laden hat es einmal so formuliert: »Die Amerikaner im Irak anzugreifen, um ihre Wirtschaft zu schädigen und ihnen Verluste an Menschenleben zuzufügen, ist eine goldene und einzigartige Möglichkeit.«[19]

Die arabische Revolution – eine goldene Möglichkeit?

Als goldene und einzigartige Möglichkeit verstehen die islamistischen Terroristen aber auch die arabische Revolution, deren Wucht anfangs nicht nur den Westen überrascht hat, sondern auch die führenden

Köpfe von al-Kaida. Binnen weniger Wochen wird im Frühjahr 2011 ein Land nach dem anderen von der Revolutionsbewegung erfasst: Auf Tunesien folgt Ägypten, auf den Jemen folgen Bahrain, Syrien und Marokko. In fast allen Ländern der arabischen Welt kommt es zu Protesten gegen die autokratischen Machthaber. Nur dem saudischen Königshaus gelingt es mit einer Politik des großzügigen Geldes, den Unmut in der Bevölkerung zunächst zu besänftigen.

Die Revolution lässt sich durchaus mit einem gewissen Zwiespalt betrachten: In den ersten Wochen schien es so, als entstünde hier eine breite, mächtige Demokratiebewegung, wie sie zwei Jahrzehnte zuvor nach dem Fall der Mauer auch in Mittel- und Osteuropa zu erleben war. Im Westen keimte die Hoffnung auf, dass die arabischen Regime, von denen viele mit dem Westen verbandelt sind, durch demokratische Regierungen ersetzt würden, die dem Volk eine Stimme geben – und den Industrieländern weiterhin Einfluss sichern, und natürlich den Zugang zu Öl und Gas.

Al-Kaida schien in dieser Revolution anfangs keine Rolle zu spielen. Ein wenig hilflos, so machte es den Eindruck, verfolgte das Terrornetzwerk die Umstürze in Tunesien und Ägypten. Denn die Demonstranten in den Straßen von Tunis und auf dem Tahrir-Platz in Kairo waren keine Mudschaheddin, sie waren nicht mit der Kalaschnikow oder dem Koran bewaffnet, sondern vor allem mit Handys und Smartphones. Sie forderten mehr Macht für das Volk, nicht für die religiösen Führer oder gar für al-Kaida. Sie glaubten an die Redefreiheit, nicht an die Scharia. Die arabischen Revolutionäre schienen vor allem dem westlichen Lebensstil zugewandt zu sein und weniger den radikalen Botschaften der Terroristen.

Doch die arabische Revolution ist, während dieses Buch entsteht, noch immer in vollem Gange, und was aus ihr wird, ist offen – zumal die Lage in jedem der betroffenen Staaten eine andere ist. Manchen Ländern mag der Übergang zur Demokratie gelingen, andere wiederum könnten, wie der Iran nach dem Sturz des Schahs, in die Hände religiöser Fanatiker fallen und sich zu islamischen Gottesstaaten entwickeln.

Und dann gibt es noch jene Staaten, denen das gleiche Schicksal wie dem Irak oder Afghanistan droht: und Chaos. Der Jemen zum Beispiel, die derzeit wichtigste Basis von al-Kaida, könnte nach dem Rücktritt von Staatschef Ali Abdullah Saleh, der seit 33 Jahren herrscht, wieder in zwei Teile zerfallen. Oder aber das Land bleibt zwar vereint, aber wird unbeherrschbar. Dies würde den Terroristen, die sich ohnehin schon im Nordosten des Landes breitgemacht haben, zu noch mehr Macht und Einfluss verhelfen; sie könnten die Gesetzlosigkeit im Jemen für ihre Zwecke nutzen. Mit einem spektakulären Anschlag am 28. März 2011 ließen die al-Kaida-Kämpfer schon einmal erahnen, welche Erschütterungen dem zerrissenen Land bevorstehen: Eine Gruppe Mudschaheddin stürmte eine Munitionsfabrik in der Stadt Jaar und tötete durch eine Explosion 150 Menschen – eine Opferzahl, wie man sie seit Jahren von schweren Anschlägen aus dem Irak kennt.

Der Jemen könnte sich zugleich aber auch zum Ausgangspunkt für Terroranschläge in aller Welt entwickeln. So berichtete die *Washington Post* im Frühjahr 2011, dass jemenitische al-Kaida-Terroristen einen gewaltigen Anschlag im Westen planten: Die Vorbereitungen seien amerikanischen Regierungsbeamten zufolge weit gediehen, es gehe um mehr als einen der üblichen Anschläge – und es sei schwer, dagegen vorzugehen. Denn die Zusammenarbeit der örtlichen CIA-Agenten mit den Sicherheitskräften sei wegen der Unruhen erheblich komplizierter geworden.[20] Kurz darauf warnt der amerikanische Verteidigungsminister Robert Gates, der »aktivste und derzeit wohl aggressivste Zweig von al-Kaida«, al-Kaida auf der arabischen Halbinsel, operiere aus dem Jemen heraus.[21]

Dies alles zeigt, welche großen Gefahren der Umsturz in der arabischen Welt birgt – und warum der Glaube, dass hier am Ende allein dem Westen gewogene Demokraten obsiegen werden, illusorisch ist. Al-Kaida bemüht sich jedenfalls nach Kräften, die Revolution in einzelnen Ländern zu kapern: im Bürgerkrieg auf den Straßen, aber auch im Propagandakrieg in den Medien. So versuchte al-Kaida im März 2011 zum Beispiel mit einer neuen Ausgabe seines Online-Magazins *Inspire* die Deutungshoheit über den »arabischen Frühling« zu erlangen. Das Terrornetzwerk sei davon überzeugt, behauptet einer der Autoren, »dass die Revolutionen, die die Throne der Diktatoren zum Wanken bringen, gut sind für die Muslime, gut für die Mudschaheddin und schlecht für die Imperialisten des Westens und ihre Handlanger in der muslimischen Welt.« Ein anderer Autor schreibt: »Westliche Führer behaupten, weil die Proteste friedlich waren, würden sie beweisen, dass al-Kaida falsch liegt.« Das sei ein Trugschluss: »Al-Kaida ist nicht gegen einen Regimewechsel durch Proteste, sondern gegen die Idee, dass der Regimewechsel nur durch friedliche Mittel stattfinden sollte.«[22]

Libyen – das neue Afghanistan, der neue Irak

Ein echtes Problem – nicht bloß für die Amerikaner, sondern auch für die Europäer – ist dabei der Umsturz in Libyen. Denn in dem nordafrikanischen Land vor den Toren Europas geht es nicht bloß um den Sturz eines Diktators, sondern vor allem auch um Öl und Gas. Muammar al-Gaddafi war hier in den vergangenen Jahrzehnten ein durchaus schwieriger Partner: Der libysche Machthaber hat zwar große Mengen Öl und Gas geliefert, aber sein Geheimdienst wurde auch hinter etlichen Anschlägen im Ausland vermutet, etwa dem Absturz von Lockerbie oder dem Anschlag in der Berliner Discothek »La Belle«. Dass Gaddafi durch den Bürgerkrieg und den Einsatz der NATO seine Macht nach über vier Jahrzehnten verlieren könnte, ist für den Westen daher einerseits eine Chance. Andererseits aber birgt dies auch eine Gefahr.

Denn wer kommt danach? Obsiegen im Bürgerkrieg demokratische Kräfte? Oder gelingt es radikalen Islamisten, die Revolution zu unterwandern? Aus dem Osten Libyens, so viel weiß man, sind in den vergangenen Jahren mehr Mudschaheddin in Richtung Irak aufgebrochen, um sich al-Kaida anzuschließen, als aus jedem anderen arabischen Land. Und nun kehrt ein Teil dieser Kämpfer zurück, um sich den Rebellen in ihrer Heimat anzuschließen. Der Führer der libyschen Rebellen, Abdel-Hakim al-Hasidi, räumte in einem Interview ein, dass er auch al-Kaida-Mitglieder für seine Truppe rekrutiert habe.[23] Aus dem Grenzgebiet zu Algerien und Mali sickern zudem Mitglieder von »al-Kaida im islamischen Maghreb« in das Land ein und räumen Waffenlager der libyschen Armee leer; nach Angaben von Geheimdiensten haben sie dabei nicht nur Maschinengewehre erbeutet, sondern auch Panzerabwehrraketen und sogenannte Manpads, also schultergestützte Luftabwehrwaffen, mit denen sich auch Verkehrsflugzeuge abschießen lassen. Der Präsident des Tschad, Idriss Déby, warnt, al-Kaida steige dadurch zur »am besten ausgerüsteten Armee der Region« auf.[24]

Vermag al-Kaida also das Machtvakuum in Libyen zu nutzen? Gelingt es dem Terrornetz, mit Hilfe des Westens erst seinen Intimfeind al-Gaddafi zu beseitigen – und danach Libyen ins Chaos zu stürzen? Solche Überlegungen, vor allem aber die Sorge ums Öl, haben Franzosen, Italiener und Amerikaner dazu getrieben, in den Bürgerkrieg einzugreifen. Etwa ein Drittel des libyschen Öls wurde bis zum Beginn der arabischen Revolution nach Italien exportiert, rund ein Siebtel nach Deutschland, je etwa ein Zehntel nach Frankreich und Spanien. Libyen ist damit der wichtigste Öllieferant der Italiener, der zweitwichtigste der Österreicher und der viertwichtigste der Deutschen. Mit ihren Luftschlägen will die Nato also Gaddafi nicht bloß aus dem Amt treiben und Rebellen an die Macht bringen, die dem Westen dann hoffentlich ewig dankbar sind. Der Krieg in Libyen soll – auch wenn dies niemand laut sagt – den europäischen und amerikanischen Ölkonzernen auch den Zugriff auf die Ölquellen des Landes sichern.

Schon in den vergangenen Jahren, als Libyen sich nach Jahrzehnten der Abschottung vorsichtig öffnete, haben die westlichen Konzerne um das libysche Öl gebuhlt. Ähnlich wie im Irak haben sich nicht nur amerikanische und europäische Multis um Förderrechte bemüht, sondern auch Russen oder Chinesen; und ähnlich wie im Irak liefern die Ölmultis bereitwillig 80 bis 90 Prozent ihrer Gewinne beim libyschen Staat ab. Doch Unternehmen wie der amerikanische Konzern Exxon Mobil, das österreichische Energieunternehmen OMW oder das Tochterunternehmen des deutschen BASF-Konzerns Wintershall hegen große Hoffnungen: Schon jetzt zählt Libyen zu den wichtigsten Öl-lieferanten der Europäischen Union, und Experten vermuten, dass in Libyen bislang nur ein kleiner Teil der Ölvorkommen überhaupt entdeckt wurde. Mindestens zwei Drittel des libyschen Öls seien noch gar nicht gefunden, vermutet Ahmed al-Ghaber, der Planungssekretär der staatlichen Ölfirma NOC.[25]

Zudem schlummern unter dem Wüstensand gewaltige Gasreserven. Manche Europäer träumen davon, dass Libyen irgendwann ähnlich viel Gas nach Europa liefern könnte wie Russland. So hat der deutsche RWE-Konzern im Januar 2009 das Recht erworben, in der Hochebene von Kyrenaika, östlich der im Bürgerkrieg heftig umkämpften Hafenstadt Bengasi, auf einem Gebiet von 10 000 Quadratkilometern nach Gas zu suchen. Der britische Energieriese BP zahlte gar 600 Millionen Euro, um auf einer Fläche von 55 000 Quadratkilometern Gas zu finden, mithin auf einem Gebiet, das so groß ist wie Nordrhein-Westfalen und Hessen zusammen. Zudem wollen deutsche Unternehmen damit beginnen, an Libyens Küste große Windparks errichten; der Ökostrom lässt sich in dem nordafrikanischen Land halb so teuer produzieren wie in Deutschland.

Der NATO-Einsatz in Libyen dient also nur vordergründig dazu, einen Diktator zu entmachten. Sondern der Westen führt wie im Irak in erster Linie einen Krieg um Öl und Gas. Solche Wirtschaftskriege werden wir in Zukunft noch viel häufiger erleben: heiße Wirtschaftskriege, bei denen Bomben fallen, ebenso wie kalte Wirtschaftskriege, in denen es um Abkommen und Verträge geht. Ein Teil dieser Wirtschaftskriege wird auch dazu dienen, radikalen Islamisten jenen Zugriff auf die Rohstoffe Arabiens zu verweigern, den al-Kaida so vehement einfordert.

11. Die neuen Wirtschaftskriege

»Erdöl ist zu wichtig, als dass man es
den Arabern überlassen darf.«[1]

Henry Kissinger,
amerikanischer Außenminister, 1974

Die Organisation der Rohstoffversorgung

Banker und Industrielle waren gekommen, Maler, Schriftsteller und
Komponisten. Sie alle wollten wissen, was jener der Mann, der Jahre
später einmal deutscher Außenminister werden würde, ihnen zu sagen
hatte. Sie bekamen überaus geschliffene Sätze zu hören.

»Meine Herren!« begann der Mann am Pult, es gehe in seinem Vortrag um »ein Stück erlebten Lebens, das zuerst in Verborgenheit sich
abspielte, dann größere und größere Kreise zog«. Es gehe um die »wirtschaftliche Kriegsführung«, um die Bedrohung durch den »Terrorismus zu Lande und zur See«. In diesem Zusammenhang werde er vor
allem über die Rohstoffwirtschaft reden, über »ein abstraktes, bildlo-
ses Wort, abstrakt und farblos wie so viele Namen unserer Zeit, deren
Sprache nicht die schöpfende Kraft hat, um für handfeste Begriffe bild-
hafte Worte zu schaffen; ein lebloses Wort, und dennoch ein Begriff
von großer Schwerkraft, wenn man ihn ganz sich vergegenwärtigt«.
Ohne die Rohstoffe aus dem Ausland, erklärte der Redner, könne die
deutsche Wirtschaft nicht funktionieren, sei die Industrie nicht über-
lebensfähig, werde Deutschland zusammenbrechen. »Denn die Wirtschaft der Völker ist unauflöslich verquickt.«

Und deshalb sei es so wichtig, die Versorgung mit Rohstoffen dauerhaft zu sichern. Ja, mehr noch: Diese Versorgung zu gewährleisten,
müsse ein entscheidender Teil des deutschen Kriegseinsatzes sein. Es
müssten »alle verfügbaren Stoffe jenseits der Grenzen« ins Land hi-
neingezwungen werden; es müssten »schwer erhältliche Stoffe durch

andere, leichter beschaffbare ersetzt werden«. Die Deutschen müssten sich an »eine neue Auffassung vom Rohstoff« gewöhnen, an den Begriff des Rohstoffschutzes. »Nie wieder«, forderte der Mann am Pult, »kann und darf es uns geschehen, dass wir wirtschaftlich unzulänglich vorbereitet in einen neuen Krieg hineinkommen.«[2]

Bald hundert Jahre ist es nun her, dass Walther Rathenau am 20. Dezember 1915 diese Rede über »Die Organisation der Rohstoffversorgung« gehalten hat. Die Terroristen zu Lande und zur See, über die er sprach: Das waren die Engländer, die den Deutschen während des Ersten Weltkriegs gewaltsam den Nachschub abschnitten und wichtige Handelswege blockierten. Die Rohstoffwirtschaft: Das beinhaltete zu Rathenaus Zeiten eine »Kriegsrohstoffabteilung«, die all jene Materialien organisierte oder beschlagnahmte, welche für die deutsche Industrie wichtig waren. Rathenau hatte diese Abteilung im Preußischen Kriegsministerium selbst geschaffen, mit Referaten für Metalle, Chemikalien, Wolle, Jute, Kautschuk, Leder, Häute oder Hölzer und mit staatlichen Beschaffungsfirmen für fast jede Branche.

Unter dem Diktat des Ministeriums steuerten die Beschaffungsgesellschaften die Rohstoffversorgung der deutschen Wirtschaft. Rathenaus Leute achteten darauf, »dass nichts in die Wege des Luxus oder des nebensächlichen Bedarfes gelangte«, sondern in genau jene Unternehmen, die für den Krieg entscheidend waren. Bei hochwertigen Metallen wie Aluminium, Chrom, Mangan, Nickel, Wolfram und Zinn war Deutschland vollständig auf Einfuhren angewiesen, ebenso bei entscheidenden Grundstoffen der chemischen Industrie wie Salpeter, Schwefel, Kautschuk und Rohöl.

Vieles, was Rathenau dem elitären Debattierklub der »Deutschen Gesellschaft 1914« vortrug, war den Besonderheiten der Zeit geschuldet. Doch der Kern seiner Rede ist aktuell wie eh und je, denn die Frage des Rohstoffschutzes wirkt, wie Rathenau es weitsichtig formuliert hat, hinüber »in fernere Zeiten«. Ganz offen hat der spätere deutsche Außenminister damals ausgesprochen, was heute in Deutschland kaum jemand zu sagen wagt: dass es in Kriegen eben oft nicht um reine Machtpolitik geht – sondern meist wirtschaftliche Interessen im Vordergrund stehen. Er, der Industrielle, Sohn von Emil Rathenau, dem Gründer des Elektrokonzerns AEG, hat eine ehrliche Rede gehalten, wie sie Politiker heute auch halten müssten; aber die meisten trauen sich dies nicht.

Für Rathenau war es normal, vom Wirtschaftskrieg zu sprechen. Für Horst Köhler dagegen, den Bundespräsidenten des Jahres 2010, wird es zum Verhängnis, als er über die Wirtschaftskriege redet, denen sich Deutschland stellen muss. Auf dem Rückweg von einem Truppenbesuch aus Afghanistan sagt Köhler sinngemäß, der Krieg gegen den islamistischen Terror diene auch dazu, unsere Handelswege zu sichern. Er tut dies in langen, verschwurbelten Sätzen, die zunächst niemand versteht, in einem Interview, das das Deutschlandradio Kultur weitgehend unbemerkt von der Öffentlichkeit sendet. Köhler sagt über Deutschlands Beitrag im Krieg gegen den Terror:

> »Meine Einschätzung ist (…), dass insgesamt wir auf dem Wege sind, doch auch in der Breite der Gesellschaft zu verstehen, dass ein Land unserer Größe mit dieser Außenhandelsorientierung und damit auch Außenhandelsabhängigkeit auch wissen muss, dass im Zweifel, im Notfall auch militärischer Einsatz notwendig ist, um unsere Interessen zu wahren, zum Beispiel freie Handelswege, zum Beispiel ganze regionale Instabilitäten zu verhindern, die mit Sicherheit dann auch auf unsere Chancen zurückschlagen negativ durch Handel, Arbeitsplätze und Einkommen. Alles das soll diskutiert werden und ich glaube, wir sind auf einem nicht so schlechten Weg.«[3]

Außenhandel, freie Handelswege, militärischer Einsatz – zu Rathenaus Zeiten gehörte dies wie selbstverständlich zusammen. Hundert Jahre später taugt diese Verbindung für einen Skandal. Als das politische Berlin mit einiger Verzögerung auf Köhlers Interview aufmerksam wird, fallen alle über den Bundespräsidenten her: die SPD, die Grünen, die Linken, ja selbst Union und Liberale, die den früheren Chef des Internationalen Währungsfonds sechs Jahre zuvor ins Amt gehievt haben. Wie könne ein Bundespräsident nur so etwas behaupten, empören sich die Politiker von Regierung und Opposition. Wie könne er die These aufstellen, die Bundeswehr führe Krieg, um die wirtschaftlichen Interessen unseres Landes zu schützen?

Ein Orkan fegt über Köhler hinweg, ein Sturm der Entrüstung. Er hat gesagt, was viele denken – doch niemand will es hören. Er hat, abgefedert durch allerlei Nebensätze, auf eine Selbstverständlichkeit hingewiesen. Aber schon diese vorsichtigen Sätze sind zu viel, die Selbstverständlichkeit wird als Ungeheuerlichkeit empfunden. Der Mann im Schloss Bellevue, befinden die Vertreter der »Political Correctness«, habe nicht verstanden, was über den Auftrag der Bundeswehr im Grundgesetz stehe; er habe verdrängt, dass die deutsche Armee einzig und allein den Auftrag der Landesverteidigung habe.

Niemand springt dem Staatsoberhaupt erkennbar bei, und wohl auch deshalb wirft Köhler sein Amt schließlich hin – aus Empörung darüber, dass ein Bundespräsident in einer derart zentralen Frage allein dasteht und selbst von jenen attackiert wird, die ihn einst gewählt haben. Nur der damalige Verteidigungsminister Karl-Theodor zu Guttenberg räumt ein, dass Köhler Recht habe: Natürlich dienten die Auslandseinsätze der Bundeswehr auch dazu, Deutschlands wirtschaftliche Zukunft zu sichern. Darüber solle man »offen und ohne Verklemmung« reden. Er frage sich, »was so verwegen an dieser Aussage« sei.[4] Es war immerhin so verwegen, dass Guttenberg ebenfalls harsch kritisiert wird. Die SPD warnt den damaligen Verteidigungsminister davor, »den Verteidigungsauftrag der Bundeswehr in einen offensiven Interventionsauftrag zur Durchsetzung deutscher Wirtschaftsinteressen umzuinterpretieren«.[5]

Der Aufruhr um Köhler und Guttenberg zeigt, welch weltfremde, heuchlerische Debatte wir in Deutschland führen. Sie mogelt sich um eine Frage herum, die im Zeitalter des internationalen Terrorismus von zentraler Bedeutung für die Zukunft unseres Landes ist. Denn auch wenn Deutschland heute andere Kriege führt als zu Rathenaus Zeiten, so ist doch die sichere Versorgung mit Öl und Gas, aber auch mit Rohstoffen wie Lithium, Aluminium, Kupfer oder seltenen Erden entscheidend für unseren Wohlstand. Der Erfolg unserer Wirtschaft – und damit unser Einkommen, unsere Jobs, unser Wachstum – basiert einerseits auf dem Wissen der Menschen und den Stärken der Industrie, aber eben andererseits auch auf der Fähigkeit, sich genau jene Rohstoffe zu beschaffen, die hierzulande fehlen. Autoindustrie und Maschinenbau, Elektroindustrie und Umwelttechnikfirmen – sie alle benötigen für ihre Hightech-Produkte Materialien aus fremden Ländern. Und diese Rohstoffe sind umkämpfter denn je, sie sind bereits jetzt der Anlass für Kriege. Und sie werden es in Zukunft noch weitaus häufiger sein.

Mehr Ehrlichkeit und mehr Offenheit in dieser Debatte täte daher Not, nicht bloß in Deutschland. Denn auch die Wirtschaft in Frankreich oder Großbritannien, der Schweiz oder Österreich, Japan oder den Vereinigten Staaten würde ohne die Rohstoffe aus Afrika, Asien, Lateinamerika oder Osteuropa nicht funktionieren. Auch für diese Nationen gilt: Kriege werden, allen UN-Resolutionen und hehren Begründungen zum Trotz, heutzutage nicht bloß geführt, um einen Diktator zu entmachten oder einer unterdrückten Nation die Demokratie zu bringen. Mehr denn je werden Truppen, Schiffe oder Kampfflugzeuge in Bewegung setzt, um wirtschaftlichen Einfluss zu mehren und ökonomische Interessen zu verteidigen – auch gegen die Angriffe der islamistischen Terroristen.

Worum aber geht es in den Wirtschaftskriegen des 21. Jahrhunderts? Was gilt es zu schützen? Auf welche Form der Konflikte müssen wir uns einstellen?

Wir müssen zum einen mit echten, heißen Wirtschaftskriegen rechnen, also militärischen Einsätzen, bei denen bestimmte Handelswege gegen Terrorangriffe geschützt oder bestimmte Regionen der Welt gesichert, verteidigt oder auch erobert werden, die für die Weltwirtschaft besondere Bedeutung haben. Wir müssen uns zum anderen aber auch auf die kalten Wirtschaftskriege einrichten, in denen Staaten sich durch politischen Druck und rigide Verträge den Zugriff auf bestimmte Ressourcen sichern: auf Rohstoffe wie Öl, Gas, Kupfer, Aluminium oder seltene Erden. Ein Teil dieser Wirtschaftskriege wird dabei zwischen Nationen ausgefochten, die um dieselben Rohstoffe buhlen und die sich die rohstoffreichen Länder durch Machtpolitik und Scheckdiplomatie gewogen machen.

Aber als Feinde stehen uns in den Wirtschaftskriegen des 21. Jahrhunderts auch die islamistischen Terroristen gegenüber. Sie mischen mit in den heißen Kriegen um unseren Wohlstand und teils auch in den kalten Kriegen. Sie trachten danach, Handelswege zu blockieren: durch Bomben auf Flugzeuge und Öltanker, Pipelines und Schifffahrtsrouten. Sie trachten aber auch danach, den Preis für einzelne Rohstoffe nach oben zu treiben: vor allem für Öl und Gas. Und sie wollen dem Westen zudem den Zugriff auf die Bodenschätze der islamischen Welt entziehen und ihn zum Rückzug zwingen.

Der heiße Krieg um die Rohstoffe

Der bedeutsamste Wirtschaftskrieg seit dem Aufflammen des islamistischen Terrorismus ist der Krieg im Irak. Denn dass die Amerikaner mit der »Koalition der Willigen« das Land an Euphrat und Tigris besetzt haben, hat – wie gezeigt wurde – nicht allein mit dem beabsichtigten Sturz des Diktators Saddam Hussein zu tun. Und es hat auch nicht allein mit der Furcht vor einem möglichen Atomkrieg zu tun: Die Massenvernichtungswaffen jedenfalls, die der CIA im Irak ausgemacht haben wollte und die die Amerikaner stets als Kriegsgrund nannten, gab es nicht. Sehr wohl verfügt der Irak aber über gewaltige Erdölreserven, die von großer strategischer Bedeutung sind: Das Land gehört zu den zehn wichtigsten Ölförderländern der Welt.

Ähnliche Motive haben die Amerikaner und Europäer im Frühjahr 2011 dazu bewogen, sich in den Bürgerkrieg in Libyen einzumischen: Sie wollen einen weiteren OPEC-Staat unter ihre Kontrolle bringen. Unter dem Deckmantel der Demokratie setzen die NATO-Staaten knallhart ihre ökonomischen Interessen durch. Anders lässt sich nicht erklären, dass sie schnell bei der Hand waren, als es galt, einen (nicht sonderlich durchdachten) Schlachtplan gegen Muammar al-Gaddafi zu entwerfen – während sie zugleich keinerlei Ambitionen hatten, in den Bürgerkrieg in Syrien einzugreifen, angezettelt von einem anderen Despoten, dem syrischen Präsidenten Baschar al-Assad.

Hier wird erkennbar mit zweierlei Maß gemessen: Wenn Gaddafis

Schergen auf Demonstranten schießen, sind diese Gräueltaten Anlass genug, NATO-Kampfjets aufsteigen zu lassen; wenn Assads Sicherheitskräfte dagegen Protestler niedermetzeln, greift kein westlicher Militärjet ein. Der Grund dafür ist das Öl. Unter den Ölstaaten liegt Syrien nur auf Rang 33, hinter dem Sudan und Ecuador; das Land holt nicht einmal so viel Öl aus der Erde wie Dänemark und Deutschland zusammen.[6] Libyen dagegen zählt seit fünf Jahrzehnten zum exklusiven Klub der OPEC, der Organisation der Erdöl exportierenden Staaten. Deshalb ist der Westen auch bereit, sich im einen Fall sofort in einen Krieg hineinzubegeben, im anderen Fall aber nicht.

Es zeigt sich hier aber auch ein sehr grundsätzliches Problem: Heiße Wirtschaftskriege lassen sich nur in begrenzter Zahl führen, weil jeder Krieg gewaltige Summen an Geld verschlingt, ohne oftmals den gewünschten Nutzen zu bringen: weder militärisch noch ökonomisch. Afghanistan etwa ist auch zehn Jahre nach dem Einmarsch der Alliierten nicht befriedet – nach einem Truppeneinsatz, der mehrere hundert Milliarden US-Dollar gekostet hat. Auch der Irak ist trotz des Einsatzes von zeitweise über 200 000 Soldaten und mehreren hundert Milliarden US-Dollar immer noch ein zerrissenes, instabiles Land.

Im Bestreben, den islamistischen Terror niederzuringen (und sich den Zugang zu den irakischen Ölquellen zu sichern), haben die Amerikaner und ihre Verbündeten maßlos und kopflos gehandelt. Sie haben sich in die Kriege im Irak und in Afghanistan gestürzt, ohne zu wissen, wie eine »Exit-Strategie« aussehen kann, also die Zeit nach dem Militäreinsatz. Schlimmer noch: Mit der überzogenen Demonstration ihrer Macht haben sie dazu beigetragen, dass Hunderttausende, wenn nicht Millionen von Muslimen radikalisiert wurden – und sich Tausende oder gar Zehntausende von ihnen al-Kaida und dem fanatischen Kampf gegen den Westen angeschlossen haben.

Und sie haben zugleich ihre Haushalte mehr oder weniger ruiniert. So dürfte allein der deutsche Afghanistan-Einsatz nach Schätzungen des Deutschen Instituts für Wirtschaftsforschung zwischen 26 und 47 Milliarden Euro kosten – und dies auch nur, wenn die Bundeswehr im Jahr 2013 schrittweise mit dem Abzug beginnt. Bleiben die Bundeswehrsoldaten länger am Hindukusch, wird diese Zahl wegen der heftigen Konflikte im Land sogar noch mal erhöht und ziehen sie erst vom Jahr 2020 an ab, könnten sich die Kosten des deutschen Einsatzes sogar auf insgesamt 53 bis 92 Milliarden Euro erhöhen.[7]

Noch sehr viel teurer kommen die Kriege in Afghanistan und im Irak die Vereinigten Staaten zu stehen: Ihre Ausgaben für die beiden Einsätze und alle weiteren Operationen, die zum Krieg gegen den Terror zählen, belaufen sich nach offiziellen Angaben des amerikanischen Kongresses schon jetzt auf mehr als 1,2 Billionen Dollar, nach Schätzung des Nobelpreisträger Joseph Stiglitz sogar auf mehr als drei Billionen Dollar, und sie werden – selbst nach dem geplanten Rückzug aus dem Irak – bis zum Jahr 2020 aller Voraussicht nach noch einmal um gut die Hälfte steigen, wie der wissenschaftliche Dienst des US-Kongresses schätzt: auf 1,88 Billionen US-Dollar, wenn man die Zahlen des Kongresses zugrunde legt;[8] auf über 4,5 Billionen Dollar, wenn man Stiglitz' Zahlen als Maßstab nimmt und ebenfalls unterstellt, dass die Kosten noch einmal um die Hälfte steigen werden. Der Westen wird sich in Zukunft daher sehr genau überlegen müssen, auf welche Kriege er sich einlässt (und auf welche nicht). Er wird kühl kalkulieren müssen, welcher Einsatz sich rechnet (und welcher nicht), wenn er sich nicht dem Risiko der imperialen Überdehnung aussetzen will. Zu viele Kriege zur gleichen Zeit können dazu führen, dass sich Armeen übernehmen und ihre Kräfte nicht ausreichen. Eine Bundeswehr mit gerade mal 170 000 Zeit- und Berufssoldaten sowie bis zu 15 000 Freiwilligen, wie es die Bundeswehrreform vorsieht, ist nicht darauf ausgelegt, sich in einem halben Dutzend Großkonflikten zur gleichen Zeit zu engagieren. Doch auch die Möglichkeiten der ungleich größeren US-Streitkräfte mit ihren fast 1,5 Millionen Soldaten sind begrenzt. Den Generälen, die diese riesige Zahl an Soldaten führen müssen, ergeht es nicht viel anders als den Vorstandschefs eines globalen Firmenkonglomerats: Sie können nicht alle Fronten zugleich im Blick haben; sie müssen ihre strategischen Kräfte auf die wichtigsten Flanken konzentrieren.

Die Lernfähigkeit der westlichen Strategen ist jedoch begrenzt. In

Libyen begehen Amerikaner und Europäer die gleichen Fehler wie im Irak und in Afghanistan: Sie zetteln aus durchsichtigen Gründen einen Militäreinsatz an, ohne dass sie für die Zeit danach über eine schlüssige Strategie verfügen. Sie bombardieren Gaddafis Truppen, ohne zu wissen, ob der Bürgerkrieg sich dadurch beenden lässt. Vor allem aber wird die Intervention des Westens – wie schon in den beiden anderen Kriegen – wieder viele junge Männer in die Arme der radikalen Islamisten treiben: Der Angriff der NATO-Kampfjets ist das perfekte Rekrutierungsprogramm für al-Kaida.

Der Schutz der Handelswege

Doch neben den Einsätzen im Irak und Libyen gibt es noch eine sanftere Form des Wirtschaftskriegs, die der Westen derzeit führt und die weitaus mehr Sinn macht: der Schutz von Handelswegen und Schifffahrtsrouten. Hier wird in aller Regel nicht geschossen, nicht getötet; aber auch hier sind – im Mittelmeer, im Schwarzen Meer, im Roten Meer oder im Persischen Golf – Zehntausende von Soldaten im Einsatz, um den Wohlstand des Westens zu schützen. Die NATO versteht solche Einsätze mittlerweile als zentralen Teil ihrer Bündnisaufgaben, wie dem neuen strategischen Konzept zu entnehmen ist, das die 28 Mitgliedsstaaten am 19. November 2010 auf ihrem Gipfeltreffen in Lissabon verabschiedet haben: Demnach sind die Mitgliedsländer der NATO mehr denn je davon abhängig, dass es »funktionsfähige Kommunikationswege und Handelswege« gibt, um die Versorgung mit Waren und Energie zu sichern: »Dies erfordert größere Anstrengungen, um sie vor Angriffen und Unterbrechungen zu bewahren.«[9]

So dient zum Beispiel die »Operation Atalanta« – der Einsatz der Bundeswehr sowie von Marinestreitkräften aus Belgien, Frankreich, Griechenland, den Niederlanden, Italien, Schweden und Spanien am Horn von Afrika – nicht bloß dazu, die hungernden Menschen in Somalia zu versorgen. Sondern die Operation hat vor allem das Ziel, jene Containerschiffe und Öltanker vor Piraten und Terroristen zu schützen, die durch den Golf von Aden und die Meerenge von Bab al-Mandab fahren: beladen mit Öl und Flüssiggas, Autos und Elektronikartikeln. Im Frühjahr 2011 waren deshalb am Horn von Afrika 310 Bundeswehrsoldaten im Einsatz, genehmigt hat der Bundestag sogar bis zu 1 400 Soldaten.

Im Golf von Aden haben Piraten in den vergangenen Jahren Hunderte von Schiffen gekapert und hohe Lösegelder erpresst. Aber auch al-Kaida hat hier schon mehrmals zugeschlagen – und letztlich sind die Gefahren, die von dem Terrornetzwerk ausgehen, noch bedrohlicher als die Piraterie: Wenn hier, zwischen dem Jemen, Eritrea und Dschibuti, ein Öltanker gesprengt und ein gewaltiger Ölteppich sich ausbreiten würde, könnte dies eine der wichtigsten Meerengen der Welt blockieren und die Handelsschiffe zu einem mehrere tausend Kilometer langen Umweg um die Südspitze von Afrika zwingen. Den Welthandel würde dies viele Milliarden US-Dollar kosten.

Entsprechende Versuche von al-Kaida gab es bereits. So steuerten todesmutige Terroristen im Oktober 2002 ein mit Sprengstoff beladenes Boot in die MV Limburg, einen 332 Meter langen Supertanker, der – beladen mit Rohöl aus dem Iran – im Golf von Aden unterwegs war. Der französische Supertanker ging in Flammen auf, überstand den Angriff aber schwer beschädigt. Al-Kaida feierte den Anschlag dennoch als Triumph und teilte mit, es handele sich »nicht um einen zufälligen Angriff auf einen Tanker, der gerade vorbeikam, sondern das Ziel war die internationale Versorgungslinie für Öl«. Als Drohung fügte das Terrornetzwerk noch hinzu: »Wenn ein Boot für 1 000 US-Dollar ausreicht, einen so großen Tanker zu zerstören, dann kann man sich die Risiken ausmalen, mit denen der Westen sich bei seiner wichtigsten Lebensader, dem Öl, konfrontiert sieht.«[10]

Auch die Unterlagen, die im Haus von Osama bin Laden in Abbottabad gefunden wurden, zeigen deutlich, dass al-Kaida zuletzt danach trachtete, Öltanker zu kapern und in die Luft zu sprengen. Dem amerikanischen Heimatschutzministerium zufolge habe bin Laden ein »anhaltendes Interesse« an der Infrastruktur von Öl- und Gasunternehmen gezeigt. Die Pläne, die man in seinem Versteck gefunden habe, seien eindeutig gewesen: Durch Anschläge auf Öltanker habe al-Kaida eine »drastische Wirtschaftskrise« im Westen auslösen wollen.[11]

Angesichts solcher Attacken und Gefahren macht die Bundeswehr aus dem Zweck der »Operation Atalanta« kein Hehl. Sie räumt auf der Homepage über ihre Auslandseinsätze frank und frei ein, was der Bundespräsident nicht sagen durfte: »Durch das Seegebiet vor Somalia und vor allem den Golf von Aden führt (…) die wichtigste Handelsroute zwischen Europa, der arabischen Halbinsel und Asien. Deutschland hat als Exportnation an sicheren Handelswegen ein besonders großes Interesse. Als Industrienation ist es gleichzeitig auf den Import von Rohstoffen angewiesen, die zu einem großen Teil auf dem Seeweg ins Land gelangen.«[12] Die Bundeswehr bestätigt damit, dass – wie Köhler es gesagt hat – »im Notfall auch militärischer Einsatz notwendig ist, um unsere Interessen zu wahren, zum Beispiel freie Handelswege«.

Die Sätze von der Bundeswehr-Homepage finden sich wortgleich in dem Beschluss, mit dem der Bundestag im Jahr 2008 den Bundeswehreinsatz am Horn von Afrika genehmigt und danach zweimal verlängert hat.[13] Fast alle Parlamentarier von Union, FDP, SPD und Grünen stimmten diesem Antrag zu. Aber offenbar haben sie dies verdrängt, als sie eineinhalb Jahre später den Bundespräsidenten dafür kritisieren, dass er ein wenig umständlich genau das wiederholt, was sie beschlossen haben. Es zeigt aber auch die Scheinheiligkeit der deutschen Debatte über Wirtschaftskriege.

Im Visier von al-Kaida: die Engpässe auf den Weltmeeren

Der Golf von Aden ist aber nicht die einzige Handelsroute, die in den Wirtschaftskriegen des 21. Jahrhunderts eines besonderen Schutzes bedarf. So listet das amerikanische Energieministerium in einem Hintergrundpapier mit dem Titel »World Oil Transit Chokepoints« sechs weitere Meerengen auf, die als zentrale Handelsrouten für Öl und Gas gelten und die – das besagt der Begriff »Chokepoints« – durch Terroranschläge oder Kriegsschiffe abgeschnürt werden könnten.[14] Nimmt man die Straße von Gibraltar hinzu, dann gibt es sogar ein halbes Dutzend kritischer Engpässe auf den Weltmeeren. Dazu zählen neben der schon erwähnten Meerenge von Bab al-Mandab am Golf von Aden:

Die Straße von Hormus: Der 39 Kilometer breite Durchlass verbindet den Persischen Golf mit dem Arabischen Meer und dem Indischen Ozean. Jeden Tag passieren ein bis zwei Dutzend große Öltanker die Meerenge zwischen dem Iran und dem nördlichsten Zipfel Omans, dazu kommen kleinere Schiffe und Flüssiggasfrachter. Ein Fünftel des weltweit geförderten Öls muss durch die Straße von Hormus. Al-Kaida hat immer wieder mit Anschlägen auf Tanker gedroht, die die Meerenge passieren, ließ dem allerdings jahrelang keine Taten folgen. Im Juli 2010 attackierten dann jedoch Mitglieder der Abdullah-Azzam-Brigaden, einer al-Kaida-nahen Terrorgruppe, einen japanischen Öltanker und zerstörten Teile des Hecks. Ziel des Angriffs sei es gewesen, »den Ungläubigen einen wirtschaftlichen Schlag zu versetzen«, erklärten die Terroristen in einem Bekennerschreiben.[15] Im Fall einer Sperrung nach einem Attentat könnte ein Teil des Öls, das am Persischen Golf gefördert wird, allerdings durch saudische oder irakische Pipelines an andere Verladehäfen gepumpt werden.

Der Suezkanal: Der Kanal ist an seiner schmalsten Stelle gerade mal knapp 300 Meter breit. Wenn hier ein Tanker auf Grund läuft, so wie im Jahr 2007, oder wenn er gesprengt wird, dann ist der Wasserweg zwischen dem Roten Meer und dem Mittelmeer blockiert – und damit die wichtigste Versorgungsroute, über die Europa sein Öl bekommt. Etwa 3500 Öltanker und gut 800 Flüssiggastanker passieren jedes Jahr den Kanal. Sie transportieren Tag für Tag knapp fünf Millionen Barrel Rohöl. Der Suezkanal lässt sich auch mit militärischen Mitteln relativ leicht sperren: Acht Jahre lang, von 1967 bis 1975, blockierten die Ägypter nach dem Sechstagekrieg die Wasserstraße. Schon ein Jahrzehnt zuvor war der Kanal umkämpft: Als Ägyptens Präsident Nasser im Jahr 1956 den Kanal verstaatlichte und ihn für alle Schiffe sperrte, die Israel als Ziel hatten, brach die Suezkrise los; Israelis, Briten und Franzosen versuchten mit Gewalt, die Kontrolle über den Kanal zu erlangen, was ihnen jedoch misslang: Auf starken politischen und wirtschaftlichen Druck der USA und Saudi-Arabiens zog die Koalition ab. Als einziges Zugeständnis musste Nasser die Wasserstraße wieder für den Handel mit Israel öffnen.

Der Bosporus: Über die Wasserstraße, die Europa von Asien trennt und an ihrer schmalsten Stelle etwa 700 Meter breit ist, verkehren jedes Jahr etwa 50 000 Schiffe, darunter etwa 5 500 Öltanker. Sie bringen Öl, das in Russland oder in den Kaukasusrepubliken gefördert wird, vor allem nach Europa. Auch weil der Bosporus inzwischen als völlig überfüllt gilt, haben die Anrainerstaaten des Schwarzen Meeres inzwischen zahlreiche Pipelineprojekte vorangetrieben, sowohl für Öl als auch für Gas. Die türkische Regierung will zudem einen neuen, breiten Kanal bauen, um den Bosporus zu entlasten. Doch das wird die Gefahr von Terroranschlägen nicht verringern.

Die Straße von Gibraltar: Etwa 100 000 Handelsschiffe und Öltanker passieren jedes Jahr die 14 Kilometer schmale Meerenge zwischen Mittelmeer und Atlantik; sie ist damit eine der meistbefahrenen Wasserstraßen der Welt – und eine der bestgesicherten. Spanische Soldaten bewachen mit mehreren Artilleriestellungen und Radaranlagen die Straße von Gibraltar, sie fotografieren jedes Schiff und eskortieren manche auch durch den Engpass. Zusätzlich sichern seit dem 11. September NATO-Einheiten die Meerenge, darunter deutsche Kriegsschiffe; sie sind im Rahmen der »Operation Active Endeavour« im Einsatz, deren Ziel es ist, die Schifffahrt im Mittelmeer vor Terrorangriffen zu schützen. Al-Kaida-Terroristen haben die Straße von Gibraltar schon ins Visier genommen: Im Jahr 2002 deckten Geheimdienste den Plan auf, von Marokko aus mehrere Attacken gegen Schiffe in der Straße von Gibraltar zu starten, auch gegen NATO-Schiffe.[16]

Der Panamakanal: Er ist an seiner schmalsten Stelle, den Schleusen, gerade einmal 34 Meter breit und lässt sich daher leicht blockieren. Rund 14 000 Schiffe nutzen jedes Jahr die Wasserstraße, die die Karibik mit dem Pazifik verbindet. Allerdings führt die geringe Breite des Kanals dazu, dass Supertanker den Umweg um Kap Hoorn nehmen müssen. Ein Terrorangriff auf den Panamakanal könnte gleichwohl gravierende Folgen haben. Denn etwa zwei Drittel aller Waren, die in amerikanischen Häfen be- oder entladen werden, passieren den Kanal. Deshalb verwundert es nicht, dass al-Kaida die Wasserstraße bereits vor Jahren zerstören wollte, wie Khalid Scheich Mohammed, der festgenommene Militärchef des Terrornetzwerks, eingeräumt hat.[74]

Die Straße von Malakka: Durch diese Meerenge zwischen Indonesien, Malaysia und Singapur schieben sich fast so viele Öltanker wie durch die Straße von Hormus. Sie bildet die Verbindung zwischen Indischem Ozean und Südchinesischem Meer, zwischen den Ölquellen am Persischen Golf und vier besonders wichtigen Abnehmerländern: China, Japan, Indonesien und Südkorea. An ihrer schmalsten Stelle ist die Straße von Malakka drei Kilometer breit; rund 60 000 Schiffe müssen jedes Jahr hindurch. Seit Jahren treiben hier Piraten ihr Unwesen, aber die Anrainerstaaten haben auch schon vor möglichen Anschlägen durch islamistische Terroristen gewarnt, durch al-Kaida oder die indonesische Terrororganisation Jemaah Islamiyah.

Die dänischen Meerengen: Die drei Wasserstraßen, die die Ostsee mit dem Kattegat verbinden und dadurch letztlich mit der Nordsee, tauchten im Februar 2011 erstmals im Bericht über die »World Oil Transit Chokepoints« auf. Denn Russland verschifft einen immer größeren Teil seines Öls über die Häfen an der Ostsee, und die Tanker müssen – um die Zielländer in Europa zu erreichen – dazu eine der drei Wasserstraßen zwischen den dänischen Inseln nehmen, Øresund, den Kleinen Belt oder den Großen Belt, wobei nur Letzterer tief genug ist für ganz große Schiffe. Mittlerweile bringen die Tanker aus der Ostsee täglich über drei Millionen Barrel Rohöl westwärts, und damit mehr, als durch den Suezkanal geschafft wird.

Für all diese Meerengen gilt: Sie müssen in besonderer Weise geschützt und gegebenenfalls mit Waffengewalt verteidigt werden. Denn fielen diese Routen für den globalen Warenverkehr aus, hätte dies ernsthafte Folgen für die Weltwirtschaft: Nur ein Teil der Güter ließe sich auf andere Transportwege verlagern – zu erheblich höheren Kosten. Nur ein Teil der Wohlstandsverluste ließe sich auffangen. »Nichts würde die Weltwirtschaft so empfindlich treffen wie ein Terroranschlag auf

Transportnetze«, warnt der frühere Chefökonom des Internationalen Währungsfonds, Kenneth Rogoff. »Wenn ein Anschlag den Seetransport verlangsamen würde, dann hätte dies enorme Auswirkungen auf die Globalisierung.«[18]

Diese Auswirkugen wären vor allem bei der Versorgung mit Öl und Gas zu spüren: Nur wer sich diese fossilen Energieträgern in ausreichendem Maße sichert, kann auf ein kräftiges Wachstum seiner Wirtschaft hoffen; und nur wenn der Ölpreis nicht durch Krieg und Terror weiter nach oben getrieben wird, wird dieses Wachstum von Dauer sein. Deshalb ist es notwendig, die Kräfte in den Wirtschaftskriegen des 21. Jahrhunderts zu konzentrieren: zum einen auf den Schutz von Handelswegen, Flughäfen, Häfen und zentralen Verteilzentren der internationalen Warenströme; und zum anderen auf jene kalten Wirtschaftskriege, die nicht mit Waffen, sondern mit Verträgen und Geld ausgefochten werden.

Der kalte Krieg um die Rohstoffe

Dieser neue Kalte Krieg wird mit zunehmender Schärfe geführt. Es geht dabei – wie einst zu Zeiten von Walter Rathenau – um die Organisation der Rohstoffversorgung, um Rohstoffsicherheit. Ähnlich wie sich Rathenaus Kriegsrohstoffabteilung vor knapp hundert Jahren darum bemüht hat, möglichst viele Verträge mit befreundeten Ländern abzuschließen, versuchen die Industrie- und Schwellenländer derzeit, durch geschicktes Taktieren, sanfte Erpressung und den Einsatz von Geld den Zugang zu wichtigen Rohstoffquellen zu sichern – möglichst auf Dauer, möglichst exklusiv.

Denn nicht nur Öl ist zu einem knappen und teuren Gut geworden, andere Rohstoffe sind dies auch, weshalb neue, teils heftige Verteilungskonflikte drohen. Viele Rohstoffe, die die Industrieländer so dringend benötigen, um ihre Wirtschaftmaschinerie am Laufen zu halten, stammen dabei aus jenen Regionen der Erde, die als besonders instabil gelten. Wenn Europäer und Amerikaner ihren Bedarf an Kobalt decken wollen, sind sie zum Beispiel auf den Kongo angewiesen, bei Chrom auf Zimbabwe, bei Wolfram auf Nigeria und bei Aluminium auf Guinea. Und sie buhlen mit einem machtvollen Konkurrenten um die Gunst dieser Regime: mit der Volksrepublik China. Keine andere Nation verbraucht derart viel Kupfer, Zink, Nickel, Steinkohle und Aluminium – und außer den Vereinigten Staaten von Amerika verbraucht auch niemand mehr Mineralöl. Chinas Hunger nach Rohstoffen ist unersättlich und wird, weil das Land rasant wächst, in den kommenden Jahren noch kräftig zunehmen. Mit Indien ist ein zweites großes Schwellenland in Sicht, das nach Rohstoffen lechzt und dessen Bedarf an Steinkohle, Stahl und Mineralöl bereits jetzt größer ist als der jedes europäischen Landes.

Meist nehmen die Menschen im Westen diese Form des Wirtschaftskrieges kaum wahr. Nur gelegentlich flackern Nachrichten auf, die davon künden. Sie wirken dann umso verstörender. Einen Schock erleben die Europäer zum Beispiel am 1. Januar 2006, als Russland seine Gaslieferungen nach Westeuropa stoppt. Der Grund dafür ist ein Streit mit der Ukraine: Der Kreml wirft der Regierung in Kiew vor, sie zapfe illegal Gas aus den Pipelines ab, mit denen die Russen nicht nur die Ukrainer, sondern vor allem auch die Europäer versorgen. Die Folgen des dreitägigen Lieferstopps spüren auch die Menschen in Westeuropa. 2009 eskalieren die Zankereien mit der Ukraine erneut, und diesmal sperren die Russen zwei Wochen den Hahn zu. Der Konflikt zeigt, wie schnell selbst der Kalte Krieg um Rohstoffe – und nicht bloß die Attacken der Terroristen – zu Lieferengpässen führen kann.

Einen ähnlichen Schock erleben die Menschen in den Industrieländern im Sommer 2010, als sie Namen von Metallen kennenlernen, die die meisten nie zuvor gehört haben: Neodym, Dysprosium, Cer und andere sogenannte seltene Erden. Der Markt wird von den Chinesen beherrscht. Sie fördern 97 Prozent des Weltbedarfs, die seltenen Erden sind jedoch unverzichtbar bei vielen Hightech-Produkten: Man braucht sie zur Veredelung von Rohöl, in Elektromotoren und neuen Antriebstechnologien, für wiederaufladbare Batterien, Energiesparlampen, Bildschirme und Monitore. In jedem Handy stecken winzige

Mengen seltener Erden. Die Chinesen jedoch haben beschlossen, dass sie einen größeren Teil dessen, was sie an seltenen Erden schürfen, selbst verwenden und weniger exportieren wollen. Die EU-Kommission erwartet daher, dass sich der Engpass verschärfen wird.

Die Terroristen von al-Kaida spielen in den kalten Wirtschaftskriegen keine direkte Rolle, denn diese Konflikte werden üblicherweise zwischen Staaten ausgefochten. Indirekt können aber auch diese Auseinandersetzungen Auswirkungen auf den Terrorismus haben: Gerade wenn ein Land mit islamischer Bevölkerung sich zu sehr den Interessen des Westens unterwirft, wenn es seinen Reichtum an die Industrieländer verschleudert, kann dies – wie das Beispiel von Saudi-Arabien zeigt – die islamistischen Terroristen provozieren. Dann kann es passieren, dass die Wohlstandskrieger mit Bomben zu verhindern suchen, was ein korruptes Regime mit seiner Unterschrift und gegen sehr viel Geld den reichen Abnehmerländern zugesichert hat. Doch der Schutz von Handelswegen und der Abschluss von langfristigen Lieferverträgen allein werden bei Weitem nicht ausreichen, um unseren Wohlstand zu schützen. Um den Angriff der islamistischen Terroristen abzuwehren, bedarf es einer sehr viel umfassenderen Strategie. Es bedarf einer Sicherheitspolitik, die über das Militärische, Polizeiliche und Geheimdienstliche hinausgeht. Nur wenn wir bereit sind, andere Felder der Politik in unsere Schutzmaßnahmen mit einzubeziehen; nur wenn wir einen langen Atem haben und mit weniger Hochmut in den Kampf gegen die Terroristen ziehen, wird es uns gelingen, den islamistischen Terror zu besiegen. Und nur dann wird es uns gelingen, unseren Wohlstand zu sichern.

12. Wohlstand sichern: Wie wir den Terror besiegen

> »Die Anschläge des 11. September haben uns ahnen las-
> sen, was sich mittlerweile bestätigt hat: dass sich unter den
> Bedingungen der Globalisierung die Herausforderungen
> an unsere Sicherheitspolitik nach dem Ende des Kalten
> Krieges drastisch gewandelt haben.«[1]
>
> *Angela Merkel,* Bundeskanzlerin, 22. April 2010

Der hochmütige Westen

Als Napoleon Bonaparte am 18. Juni 1815 in seine letzte Schlacht zieht, die Schlacht von Waterloo, wähnt er sich bestens gerüstet. 72 047 Soldaten hören auf sein Kommando: 48 950 Infanteristen, 15 765 Mann bei der Kavallerie und 7 332 Artilleristen. Zwei Tage zuvor hat er die Preußen bei Ligny in die Flucht geschlagen. Der französische Kaiser ist davon überzeugt, dass er auch die Allianz aus Briten, Niederländern und den Truppen aus Hannover, Braunschweig und Nassau besiegen wird, deren 67 661 Soldaten von Arthur Wellesley geführt werden, dem Herzog von Wellington. Anschließend will er den Preußen unter dem Kommando von Feldmarschall Gebhard Leberecht von Blücher die zweite, entscheidende Niederlage beibringen.

Im Laufe von mehr als zwei Jahrzehnten hat Napoleon versucht, die Grenzen seines Reichs immer weiter auszudehnen und die anderen großen Mächte zurückzudrängen. Er ist gegen Preußen in den Krieg gezogen und nach der Schlacht von Jena und Auerstedt als Triumphator durch das Brandenburger Tor in Berlin geritten, er ist nach Spanien und Portugal vorgedrungen und hat Schlachten gegen Österreich geführt. Er hat seine riesige Armee auch nach Russland geschickt, dort aber eine Niederlage erlitten. Und er hat sich mit den Briten angelegt, dieser aufstrebenden Weltmacht. Über zwei Jahrzehnte hinweg standen sich Franzosen und Briten in wechselnden Koalitionen immer wieder gegenüber. Napoleon hat versucht, die Macht der Briten zur See zu brechen, und ist damit in der Schlacht von Trafalgar gescheitert. Er hat versucht, die aufstrebende britische Wirtschaft durch die Kontinentalsperre zu schwächen – und ist damit ebenfalls gescheitert.

Doch vor der Schlacht von Waterloo zweifelt Napoleon nicht an seinem Sieg. Er will den entscheidenden Teil seines Angriffs auf den linken Flügel von Wellingtons Armee richten. Um hiervon abzulenken, befiehlt er einen Sturm an einer anderen Stelle der Front. Gegen 11:30 Uhr beginnt die Schlacht, und zwei Stunden lang sieht es so aus, als könnten die Franzosen gewinnen. Doch dann geschieht etwas, womit Napoleon nicht gerechnet hat: Ein Reiter meldet ihm, die Preußen unter Blücher seien im Anmarsch, um Wellington zu Hilfe zu eilen. Dies verändert die Lage auf dem Schlachtfeld vor den Toren Brüssels völlig, denn die Preußen hat Napoleon weit weg gewähnt. Er hat nicht erwartet, dass sie sich nach der Niederlage von Ligny so schnell wieder sortieren würden; entsprechende Warnungen hat er in den Wind geschlagen. Und nun steht er einem Feind gegenüber, der ganz anders agiert, als dies in seiner militärischen Strategie vorgesehen war.

Napoleon muss erleben, wie seine Truppen aufgerieben werden. Und er muss mit anschauen, wie sein letzter Versuch scheitert, die Schlachtlinie Wellingtons zu durchbrechen, um die Niederlage abzuwenden. Die Preußen zwingen die Franzosen schließlich zur wilden Flucht, und am Ende steht eine vernichtende Niederlage: Napoleon verliert – alle Toten, Verwundeten und Gefangenen eingerechnet – mehr als die Hälfte seiner Armee, 1 120 französische Offiziere und 20 877 Soldaten sterben auf dem Schlachtfeld bei Waterloo. Gedemütigt kehrt Napoleon nach Paris zurück, dankt ab und wird als Kriegsgefangener der Briten auf die Insel St. Helena gebracht.

Was aber führte zu Napoleons Niederlage? Und was lehrt uns dies für den Krieg gegen den Terror? Die Historiker haben die Schlacht von Waterloo ausgiebig analysiert, über kaum eine militärische Konfrontation gibt es derart viel Literatur, aber auch derart viele Mythen. Vor allem drei Gründe werden für Napoleons Niederlage angeführt. Der erste: Napoleon versäumte es, einen Tag früher gegen Wellington in den Kampf zu ziehen und ihn mit seiner Übermacht zu besiegen; an diesem Tag hätten die Preußen noch nicht zu Hilfe eilen können, denn sie befanden sich nach der Niederlage von Ligny auf dem Rückzug. Der zweite Fehler: Napoleon unterschätzte das taktische Geschick und die Ausdauer seiner Gegner. Der dritte Fehler: Napoleon war zu hochmütig. Der französische Kaiser war absolut davon überzeugt, dass die Preußen ihm nicht gefährlich werden könnten – und er in aller Ruhe erst den einen Gegner schlagen könnte, dann den anderen.

Der Historiker Paul Kennedy nennt noch einen vierten Grund: die imperiale Überdehnung der Franzosen. Napoleon, so lautet sein Urteil, hat nicht begriffen, dass sein Machtanspruch zu groß und die Wirtschaft Frankreichs zu schwach war, um all seine Kriege zu finanzieren. Frankreich hat damit zu Beginn des 19. Jahrhunderts den gleichen strategischen Fehler begangen wie die Vereinigten Staaten zu Beginn des 21. Jahrhunderts. »Die französische ›Überdehnung‹, welche die Hybris Napoleons widerspiegelte« sei »extrem« gewesen, schreibt Kennedy.[2]

Natürlich wurde die Schlacht von Waterloo mit anderen Mitteln ausgefochten als der Krieg gegen den Terror: mit Bajonetten, Kanonenkugeln und Vorderladerbüchsen. Und doch lässt sich aus den Fehlern Napoleons einiges lernen für die heutige Zeit. Denn auch die Feldherren im Krieg gegen den Terror fühlen sich gut gerüstet. Auch sie glauben, ihren Feind zu kennen: seine Stärken, seine Schwächen und seine Positionen. Sie tun so, als sei der Sieg nur eine Frage der Zeit und der eingesetzten militärischen Mittel. So wie Napoleon schätzen sie die Bedrohungslage jedoch falsch ein; so wie Napoleon erwarten sie den Angriff aus einer anderen Richtung; und so wie er unterliegen sie der Gefahr der imperialen Überdehnung.

Das Problem der asymmetrischen Bedrohung

Eine Schlacht kann man jedoch nur gewinnen, wenn die Bedrohungsanalyse stimmt – wenn man den Feind versteht, dessen Stärken und Schwächen kennt und weiß, wo man selbst verwundbar ist. Notwendig ist eine Strategie, die all diese Aspekte berücksichtigt. Im Krieg gegen den Terror ist solch eine Strategie nicht zu erkennen – vor allem nicht bei den Amerikanern, die sich blindwütig in den Kampf gegen al-Kaida gestürzt haben; die an Truppen aufgefahren haben, was nur möglich ist; und denen es dennoch nicht gelungen ist, den Gegner zu bezwingen. Denn es mangelt ihnen an der richtigen Bedrohungsanalyse. Und deshalb lassen sie sich in teure, unsinnige Schlachten hineinziehen von einem Gegner, der mit einem Bruchteil der Mittel auskommt, sie aber fürchterlich provoziert. Die Vereinigten Staaten und ihre Verbündeten wollen Stärke demonstrieren – und offenbaren damit doch zugleich ihre Schwäche.

Denn die Feldherren im Krieg gegen den Terror übersehen, dass der wunde Punkt unserer Gesellschaften nicht allein die klassische Sicherheit ist, der Schutz von Leib und Leben – sondern vor allem die Wirtschaft. Sie übersehen, dass sie die Wirtschaft schützen müssen und sich nicht in Kriege stürzen dürfen, die viel kosten, aber wenig bringen. Dies aber wird ihnen nur gelingen, wenn die Bedrohungsanalyse stimmt und sie erkennen, dass die Terroristen vor allem unseren Wohlstand sprengen wollen.

Wenn aber dies die entscheidende Bedrohung darstellt, ohne dass wir uns davor bisher wirklich zu schützen vermögen, dann brauchen wir eine andere, sehr viel umfassendere Sicherheitspolitik. Dann reicht die klassische Sicherheitspolitik nicht aus. Der Kampf gegen den islamistischen Terror kann deshalb nicht allein mit militärischen Mitteln geführt werden, mit klassischer Abschreckung. Denn die Gegner in diesem Krieg lassen sich nicht abschrecken, durch kein noch so großes Arsenal von Panzern, Raketen oder Atombomben. Der Krieg gegen den Terror kann auch nicht allein entlang von Landesgrenzen geführt werden, sondern er muss überall zugleich geführt werden: in Deutschland, Europa, den USA und der islamischen Welt; auf Flughäfen, Bahnhöfen oder Handelsrouten; in U-Bahnen, Logistikzentren und im Internet; auf den Weltmeeren und in den großen Metropolen. Denn der Feind kommt nicht bloß von außen, er sitzt auch im Innern.

Kanzlerin Merkel, der damalige Bundesinnenminister Wolfgang Schäuble und die CDU/CSU-Bundestagsfraktion formulierten dies im Frühjahr 2008 in ihrer »Sicherheitsstrategie für Deutschland« so:

»Die Sicherheit unseres Landes ist heute einer völlig anderen, aber nicht minder gefährlichen Bedrohungen ausgesetzt als zu Zeiten des ›Kalten Krieges‹. Heute ist der transnationale Terrorismus die größte Gefahr für die Sicherheit unseres Gemeinwesens. (…) Diese veränderte Bedrohungslage erfordert ein völlig neues Verständnis von Sicherheitspolitik. Da diese terroristische Gewalt auch Staatsgrenzen überschreitet und sich bewusst international organisiert und vernetzt, lässt sich die bisherige Trennung von innerer und äußerer Sicherheit (oder in Kriegszustand und Friedenszeit) nicht länger aufrechterhalten.«[3]

Einerseits geht es also um klassische Gefahrenabwehr, um die Sicherheit von Leib und Leben. Wenn die Sicherheitsauflagen an Flughäfen, Häfen und Bahnhöfen verschärft werden; wenn Grenzer und Polizisten genauer kontrollieren; wenn deutsche, amerikanische, saudische oder britische Geheimdienste ihre Informationen austauschen; wenn das Bundeskriminalamt Terrorverdächtige abhört; wenn neue Sicherheitskräfte eingestellt, neue Terrorabwehrzentren geschaffen und die Eingriffsrechte der Ermittler in sinnvoller Weise ausgeweitet werden – dann dient das unserer Sicherheit. Aber es langt nicht, um den islamistischen Terror zu besiegen; es langt nicht, um uns, unsere Gesellschaft, unseren Wohlstand dauerhaft zu schützen.

Auch der Tod von Osama bin Laden – dieser Erfolg am Ende einer zehnjährigen Jagd, am Ende einer aufwändigen Geheimdienstoperation – vermag uns nur ein gewisses Mehr an Sicherheit geben, aber er beseitigt nicht die Gefahren, die vom islamistischen Terror ausgehen. Der Tod von Osama bin Laden bedeute »in keinem Fall, dass wir jetzt aufatmen können und davon ausgehen können, dass der Spuk vorbei ist«, warnt Wolfgang Ischinger, der Chef der Münchner Sicherheitskonferenz. »Wenn das eine gewonnene Schlacht sein sollte, dann ist das natürlich noch lange nicht der gewonnene Krieg.«[4]

Denn die klassische Sicherheitspolitik bekämpft allein die Symptome des Terrors. Sie versucht lediglich, die unmittelbaren Folgen einzudämmen, das Sicherheitsgefühl der Bürger zu stärken und damit die politische Stabilität eines Landes zu wahren. Sie versucht, den Feind mit den Mitteln des Militärs, der Polizei, der Geheimdienste zu besiegen. Doch die islamistischen Terroristen können unsere Gesellschaft auch dann treffen, wenn von ihnen nur noch eine kleine Gruppe übrig wäre, wenn sie also einer Übermacht an Soldaten, Polizisten und Sicherheitskräften gegenüberstehen. Genau hier liegt das entscheidende Problem der »asymmetrischen Bedrohung«. Zudem ist im Zeitalter der Globalisierung die Stabilität der Wirtschaft für das Wohl unserer Gesellschaft noch wichtiger als die politische Stabilität. Deshalb brauchen wir neben der klassischen Sicherheitspolitik, dem Einsatz von Soldaten, Polizisten und Geheimdiensten, noch etwas anderes: eine Wohlstandssicherheitspolitik.

Ein Politik jenseits von Militär, Polizei, Geheimdiensten

Diese Wohlstandsicherheitspolitik muss vor allem die ökonomischen Schäden begrenzen, die die Terroristen mit ihren Angriffen anrichten können. Dies bedeutet: Wir müssen unsere Wirtschaft so gestalten, dass sie nicht mehr so verletzlich ist und nicht mehr so sensibel auf den Terror reagiert; zugleich muss sie aber trotz aller Eingriffe flexibel und geschmeidig genug bleiben, um unseren Wohlstand weiterhin mehren zu können.

Wir stehen dabei vor einem schwierigen Abwägungsprozess. Denn die Abwehrmaßnahmen sollen unsere Wirtschaft weniger anfällig machen für die Attacken der Wohlstandskrieger und uns ein Mehr an Sicherheit bringen. Sie sollen es den islamistischen Terroristen also erschweren, unseren Wohlstand zu untergraben, und dabei helfen, die ökonomischen Auswirkungen eines Anschlags zu begrenzen. Diese Abwehrmaßnahmen werden uns aber dennoch Wachstum kosten. Denn sie engen unsere Wirtschaft ein, sie sind teuer und müssen bezahlt werden – durch höhere Preise, wenn Unternehmen und Verbraucher sie tragen; durch höhere Steuern, wenn der Staat sie finanziert. Egal wie wir uns also entscheiden, egal ob wir unsere Wirtschaft besser schützen oder nicht: Die Attacken der Terroristen kosten uns in jedem Fall Wohlstand. Eine sehr viel umfassendere Sicherheitspolitik als bisher – eine Wohlstandssicherheitspolitik – kann diese Wohlstandsverluste lediglich reduzieren, sie aber nicht verhindern.

Wie aber kann solch eine Politik der Wohlstandssicherung aussehen? Welche Maßnahmen sind erforderlich? Welche Bereiche der Politik und der Wirtschaft muss sie umfassen?

In den vorhergehenden Kapiteln haben wir gesehen, wie die Terroristen unsere Wirtschaft treffen – und welche Bereiche besonders empfindlich sind. Wir haben gelernt, welche wirtschaftlichen Motive die Terroristen antreiben – und wie sich ihr Handeln mit einer globalen Wirtschaft erklären lässt, die die Welt teilt in wohlhabende und weniger wohlhabende Staaten, in die imperialen Mächte des Westens und die muslimischen Völker, die sich ausgebeutet fühlen.

An diese Punkte knüpfen auch die folgenden Überlegungen an. Es wäre aber vermessen, mit diesem Buch ein fertiges Konzept für eine Politik der Wohlstandssicherung liefern zu wollen, das man nur noch umsetzen muss. Dies wäre angesichts der Komplexität der Probleme allzu kühn und ambitioniert. Solch ein Vorhaben würde den Rahmen dieses Buchs sprengen. Was das vorliegende Werk leisten kann und will, ist, Denkanstöße zu geben für die Verantwortlichen in Politik und Wirtschaft. Es will die Gefahren aufzeigen, mit denen wir uns auseinander setzen müssen. Es will jene Bereiche benennen, die Teil einer solch umfassenden Sicherheitspolitik sein müssen – und die in der Diskussion über eine zukunftsweisende Antiterrorstrategie bislang oft nur am Rande vorkommen.

Die folgenden Überlegungen konzentrieren sich dabei auf jene Politikfelder, die über das Militärische, Polizeiliche und Geheimdienstliche hinausgehen. Hier soll nicht das Für und Wider eines nationalen Sicherheitsrats, einer Bundeswehrreform oder einer Zusammenlegung von Bundeskriminalamt und Bundespolizei diskutiert werden. All diese Fragen werden bereits hinlänglich debattiert und betreffen auch nicht den Kern dessen, was dieses Buch untersucht: die Gefahren des islamistischen Terrors für unseren Wohlstand – und die mögliche Abwehr durch eine Politik der Wohlstandssicherung. Diese Politik der Wohlstandssicherung muss vor allem sieben Bereiche umfassen:

- Sie muss erstens dafür Sorge tragen, dass jene Staaten, in denen Armut und Terror grassieren, zu mehr Wohlstand kommen – und die Menschen dort weniger Anlass haben, radikalen Verführern zu folgen.
- Sie muss zweitens die Globalisierung sichern, den Motor unseres Wohlstands – und dafür sorgen, dass vom internationalen Handel auch die armen Länder stärker profitieren.
- Sie muss drittens den globalen Strom an Waren vor Anschlägen schützen – und die Transport- und Handelswege so sichern, dass die Terroristen möglichst keine Chance haben.
- Sie muss viertens für eine sichere Rohstoffversorgung sorgen, für eine Energiepolitik jenseits der fossilen Brennstoffe – und unsere Abhängigkeit vom Öl und der islamischen Welt reduzieren.
- Sie muss fünftens die öffentlichen Haushalte sanieren – und dem Staat wieder genügend finanziellen Spielraum geben, damit er die Wirtschaft nach einem großen Anschlag stabilisieren kann.
- Sie muss sechstens dafür sorgen, dass die Finanzmärkte resistenter gegen externe Schocks werden – und damit auch weniger verwundbar durch Terrorangriffe.
- Sie muss siebtens unsere Computernetze vor der wachsenden Gefahr von Cyber-Attacken schützen – und sicherstellen, dass die Terroristen dort nicht eine neue Front im Wirtschaftskrieg eröffnen.

Die Politik der Wohlstandssicherung muss also die Kernbereiche der klassischen Politik deutlich stärker als bisher in sicherheitspolitische Strategien einbinden. Nur durch solche zusätzlichen Anstrengungen werden wir in der Lage sein, den Kampf gegen den Terror in den nächsten Jahrzehnten erfolgreich zu führen und der asymmetrischen Bedrohung angemessen zu begegnen.

Erstens: die Entwicklung in der islamischen Welt sichern

Der Furor der islamistischen Terroristen hat seinen Ursprung vor allem darin, dass viele Muslime in den islamischen Ländern sich vom

Westen ausgebeutet fühlen. Sie haben das Gefühl, Opfer einer neuen Form des Kolonialismus zu sein, bei dem die Armeen des Kolonialzeitalters lediglich ausgetauscht wurden durch die Armeen der westlichen Konzerne. Viele Muslime haben den Eindruck, dass sie um den Aufstieg betrogen wurden. Armut und Perspektivlosigkeit aber bilden einen idealen Nährboden für den Terrorismus von al-Kaida.

Umso wichtiger ist es deshalb, den armen Bevölkerungsgruppen in der islamischen Welt zu besseren Aufstiegschancen und mehr Hoffnung zu verhelfen. Dazu ist eine sehr viel ernsthaftere, umfassendere Entwicklungspolitik notwendig, die gerade auch in jenen Ländern wirkt, die als Keimzellen des Terrors gelten. In Staaten wie dem Jemen, in denen es kein funktionierendes Staatswesen gibt, muss sich die Entwicklungspolitik (ergänzt durch die Außenpolitik) vor allem darum kümmern, geordnete Strukturen in Staat und Wirtschaft zu schaffen – und damit die Grundlage für jegliche Entwicklung. »Good governance« heißt dabei im besten Fall, korrupte Regime zu entmachten und eine demokratische Regierung zu schaffen, die die Sorgen der Menschen aufnimmt. Doch der Weg zur Demokratie kann sehr weit sein, wie die Schwierigkeiten der arabischen Revolution zeigen.

Deshalb muss der Westen zunächst vor allem den Aufbau einer stabilen Wirtschaft unterstützen: Die Entwicklungspolitik muss dabei helfen, die Infrastruktur auszubauen, sie muss Joint-Ventures, also länderübergreifende Firmenpartnerschaften, vorantreiben und die Bildung der Menschen fördern, damit sie aus eigenen Kräften den Aufstieg schaffen. Die Europäische Union könnte zum Beispiel, wie es Volker Perthes, der Leiter der Berliner Stiftung Wissenschaft und Politik, vorgeschlagen hat, jedes Jahr an Zehntausende von Graduierten aus den arabischen Ländern Sonder-Visa vergeben, damit sie in europäischen Unternehmen als Trainee arbeiten und lernen können, um nach einigen Jahren in ihre Heimat zurückzukehren; dort könnten sie, ausgestattet mit günstigen Starthilfekrediten, eigene Unternehmen gründen und neue Arbeitsplätze schaffen.[5]

Es reicht nicht, nur vereinzelte Projekte anzustoßen, Brunnen oder Schulen zu bauen, sondern die westlichen Entwicklungshelfer müssen eine Reform der gesamten Wirtschaft mit initiieren: den Aufbau von Unternehmen und Gewerbezentren ebenso wie das Entwickeln von Gesetzen, die ein gesichertes Wirtschaften ermöglichen. Diese Entwicklungspolitik, die nicht bloß Almosen verteilt, muss sich insbesondere auf jene Länder konzentrieren, die als Brutstätten des islamistischen Terror gelten: also auf die Staaten im nördlichen Afrika; auf Länder der arabischen Welt, deren Führungselite oft unermesslich reich ist, in denen es vielfach aber große Bevölkerungsgruppen gibt, die an diesem Reichtum kaum oder gar nicht partizipieren; und auf die asiatischen Länder, in denen der Islam verbreitet ist. Weil aber die öffentlichen Kassen der Industrieländer leer sind, wird bei der Entwicklungspolitik gespart – eine äußert kurzsichtige, gefährliche Haltung. Stattdessen stecken die Amerikaner und ihre Verbündeten lieber Geld in ihre Militäreinsätze.

Der Westen muss zudem einen anderen wirtschaftlichen Umgang mit den Staaten in der islamischen Welt pflegen. Wenn die Industrieländer die ölreichen Länder weiterhin wie Kolonien behandeln, wenn sie ihnen das Gefühl geben, dass es ihnen allein darum geht, deren Ressourcen auszubeuten – dann wird dies auch weiterhin den Unmut radikaler Muslime heraufbeschwören. Einen anderen Umgang mit den arabischen Staaten wird der Westen allerdings erst dann finden, wenn er nicht mehr derart stark vom Öl abhängig ist. Umso wichtiger ist es daher, wie weiter unten gezeigt wird, auch in der Energiepolitik umzusteuern: weg von fossilen, hin zu regenerativen Energien.

Zweitens: die Globalisierung sichern

Ein naheliegender, aber in die Irre führender Reflex wäre es, die globale Wirtschaft dadurch schützen zu wollen, dass man den internationalen Warenverkehr einschränkt, um wechselseitige Abhängigkeiten zu verringern. Man könnte argumentieren: In einer Wirtschaft, die nicht so vernetzt ist, können Anschläge auch weniger Wirkungen entfalten; die Zweit-, Dritt- oder Viertrundeneffekte wären geringer. Doch während es Sinn ergibt, den Finanzmärkten einen Teil ihrer Wucht zu nehmen und sie stärker zu regulieren, wäre es falsch, den Warenhandel einzuschränken, Zölle einzuführen oder zu erhöhen oder auf andere Weise die Verflechtung der globalen Wirtschaft zu zerschlagen. Denn dies würde uns sofort Wohlstand kosten – und zwar in weitaus gravierenderem Maße, als ein Anschlag dies könnte. Solch eine Politik der Abschottung wäre zudem genau das, wozu die Terroristen uns bringen wollen.

Natürlich stimmt es: Die globale Wirtschaft ist derart verletzlich, weil die Terroranschläge über das Nervensystem der Globalisierung weltweit übertragen werden und ihre ökonomische Wirkung entfalten. Doch die Schockwellen pflanzen sich vor allem über einige wenige Kanäle fort. Umso wichtiger ist es daher, die globalen Verbindungen in der realen Wirtschaft zu stärken und den internationalen Handel auf eine breitere, stabilere Basis zu stellen. Um die ökonomischen Folgen des Terrors abzumildern, ist mithin mehr internationaler Handel nötig, ein Ausbau der Handelswege, eine noch intensivere Globalisierung – wir brauchen mehr Partner auf den Gütermärkten, nicht weniger.

Nur so wird es uns gelingen, das perfide Spiel der Wohlstandskrieger zu durchkreuzen. Nur so werden auch ärmere Länder, die bislang als Brutstätten des Terrorismus galten, zu mehr Wohlstand gelangen (vorausgesetzt natürlich, dass es auf den Weltmärkten faire Spielregeln gibt, die den Entwicklungsländern einen größeren Schutz gewähren als den Industrieländern). Erst wenn die Menschen teilhaben können am Wohlstand, wenn sich ihre Lebensverhältnisse spürbar verbessern und sie mehr zu verlieren haben, werden sie sich nicht mehr von den radikalen Verführern betören lassen. Und je mehr Länder am globalen Warenverkehr teilhaben, umso leichter ist es im Fall eines Terrorangriffs (oder eines anderen externen Schocks), den wirtschaftlichen Ausfall eines Landes zu kompensieren. Die zweite Weltwirtschaftskrise zum Beispiel hätte weitaus gravierendere Folgen gehabt, wenn nicht China und andere aufstrebende Schwellenländer mit ihrer dynamischen Wirtschaft den Absturz der Amerikaner und Europäer wettgemacht hätten.

Drittens: die Warenströme sichern

Wenn es richtig ist, dass wir dem Terror mit einer Intensivierung des Handels und der weiteren Öffnung der globalen Gütermärkte begegnen sollten, müssen wir allerdings dafür sorgen, dass der Warenverkehr so sicher wie irgend möglich ist. Denn Flugzeuge und Flughäfen, Schiffe und Häfen, Züge und Bahnhöfe sind nicht nur wichtige Lebensadern der globalen Wirtschaft, sondern eignen sich eben auch als Ziel von Anschlägen. Keine Antiterrorpolitik der Welt wird verhindern können, dass sich al-Kaida genau diese Ziele für brutale Angriffe aussucht. Doch daraus den Schluss zu ziehen, die Handelswege zu verkürzen und die Wirtschaft auf eine möglichst lokale Versorgung umzustellen, wäre absurd; dies mag bei manchen Produkten gelingen, vor allem bei der Versorgung mit Lebensmitteln oder Energie – aber in vielen anderen Bereichen, von Textilien und Schuhen über Autos und Handys bis hin zu Computern, ist dies wirklichkeitsfremd.

Notwendig sind stattdessen Maßnahmen, um die Lebensadern unserer Wirtschaft so gut wie möglich vor Terrorattacken zu bewahren. Wenn an Flughäfen, Bahnhöfen und Containerterminals zusätzliche Kontrollen eingeführt werden, mag dies lästig sein und uns eines Teils unserer Freiheit berauben; aber ein gewisses Maß an Kontrollen ist unvermeidlich. Man muss nicht alles und jeden überwachen, man wird nicht jeden Reisenden durchleuchten können, der einen Regionalzug besteigt, nicht jeden Fahrgast, der in eine volle U-Bahn drängt (auch wenn an Technologien gearbeitet wird, mit denen sich auch große Massen auf Waffen und Bomben scannen lassen). Aber die Terroristen müssen zumindest den Eindruck haben, dass ihre Pläne jederzeit auffliegen können. Gerade die zentralen Knotenpunkte des Welthandels, die wichtigen Handelsrouten und die großen Metropolen, bedürfen solcher Kontrollen – sie müssen in besondere Weise durch Sicherheitskräfte und, soweit erforderlich, durch Militär bewacht werden. Denn die Strategie der Terroristen ist eindeutig: Sie nehmen bei ihren Attacken am liebsten symbolträchtige Ziele und Orte ins Visier.

Bei alledem gilt es abzuwägen, wie stark die Abwehrmaßnahmen der Wirtschaft schaden – und wie sehr Bürger und Unternehmen davon profitieren, wenn es weniger Anschläge gibt. Die Politik sollte daher einerseits nicht überreagieren, sie sollte andererseits aber auch Skepsis zeigen gegenüber den üblichen Lobbyisten, die jeglichen Eingriff des Staats und jegliche Auflage für Unternehmen ablehnen.

Viertens: die Energieversorgung sichern

Neben dem Kapital ist die Energie das entscheidende Schmiermittel der globalen Wirtschaft. Ohne Öl, Gas und Strom bricht alles zusammen. Wenn also die Politik verhindern will, dass wir in den nächsten Jahren anfällig sind für Anschläge und deren ökonomische Folgen, muss sie eine vorausschauende Energiepolitik betreiben. Dies bedeutet: Die Industrieländer müssen vom Öl loskommen, diesem Rohstoff, der immer wieder auch als Waffe gegen den Westen eingesetzt wurde: zunächst in den siebziger Jahren vom OPEC-Kartell und dann seit Beginn dieses Jahrtausends von al-Kaida. Die Industriestaaten des Westens haben es bislang versäumt, diese Abhängigkeit entscheidend zu verringern. Schlimmer noch: Sie haben – durch den Einmarsch im Irak, die Entsendung von Truppen nach Saudi-Arabien oder den Erhalt arabischer Regimes – in den letzten Jahrzehnten alles getan, um diese Abhängigkeit abzusichern.

Eine vorausschauende Energiepolitik sieht anders aus, und eigentlich wissen viele Politiker in den Industrienationen dies auch. Schon 2004 kritisierte Bundeskanzler Gerhard Schröder, der dominierende Einfluss von Öl auf unsere Wirtschaft spiele den Terroristen in die Hände. Die Anschläge auf Anlagen der Ölversorgung zielten »unmittelbar darauf, die Menschheit an ihrem Lebensnerv zu treffen«, sagte Schröder damals auf der Weltkonferenz für erneuerbare Energien in Bonn. Es sei daher ein »Gebot der Sicherheit«, vermehrt auf regenerative Energien wie Wind, Sonne, Wasserkraft oder Biomasse zu setzen.[6]

Der Vorteil der regenerativen Energien: Sie lassen sich zum größten Teil dort gewinnen, wo sie auch benötigt werden, in vielen Fällen sogar dezentral, in kleinen Anlagen. Die Abnehmerländer müssen sich also – anders als bei den fossilen Energieträgern – nicht zwingend in die Abhängigkeit von weit entfernten Staaten mit zweifelhaften Regimen begeben. Solche Regime können kippen, und es ist keineswegs sicher, ob anschließend demokratische Kräfte obsiegen – oder ob neue Despoten oder Fundamentalisten die Macht übernehmen und die Abhängigkeit des Westens von Öl und Gas ausnutzen.

Um das Risiko für unsere Wirtschaft zu reduzieren, reicht es daher nicht, die Zahl der Pipelines zwischen Europa und den Öl- und Gasfeldern in Vorderasien, Russland und der arabischen Welt zu erhöhen. Neue Pipelines tragen zwar dazu bei, dass wir mehr Lieferländer zur Auswahl haben; aber sie erhöhen nur unsere Abhängigkeit von fossilen Energieträgern. Der Transport von Öl und Gas über Tausende oder gar Zehntausende von Kilometern bietet den Terroristen zudem vielfältige Möglichkeiten für Anschläge.

Auch ein gigantisches Projekt wie Desertec, das riesige Mengen Sonnenstrom in der Sahara produzieren und von dort nach Europa transportieren soll, muss daher möglicherweise noch einmal neu bewertet werden. Denn in seiner Dimension und Konstruktion erinnert es an das Ölgeschäft: Die arabischen Ölfelder von heute sind die nordafrikanischen Solarfelder von morgen, die Pipelines der Gegenwart sind die Stromleitungen der Zukunft. Und damit ist auch das Solarprojekt in der nordafrikanischen Wüste anfällig für Terroranschläge oder politische Umstürze. Andererseits bietet Desertec die einmalige Chance, mit den betroffenen Staaten echte Partnerschaften abzuschließen, gemeinsame Unternehmen zum Betrieb der Solaranlagen zu gründen und dadurch jene Fehler zu vermeiden, die die Ölmultis und westliche Regierungen mit ihrem imperialen Gehabe in der arabischen Welt begangen haben.

Fünftens: die Staatsfinanzen sichern

Der Zustand der öffentlichen Haushalte in Europa und den Vereinigten Staaten ist verheerend: Jeder weiß das – doch die Bereitschaft, die Schulden zu verringern, hält sich in Grenzen. Wenn es aber die Strategie der islamistischen Terroristen ist, mit ihren Anschlägen den Westen »auszubluten«, seine Wirtschaft auszuhöhlen und ihn durch immer neue Kriegseinsätze in den Bankrott zu treiben, dann ist es auch aus diesem Grund notwendig, die Staatsfinanzen zu sanieren. Welche Einschnitte in den Etats vorgenommen und welche Steuern erhöht werden, um die Löcher zu stopfen, ist mithin weit mehr als nur eine finanzpolitische Frage.

Der Zustand der Staatsfinanzen berührt auch zutiefst unsere sicherheitspolitischen Interessen: Wenn Amerikaner oder Europäer sich mit dem Krieg gegen den Terror übernehmen, wenn sie hierfür mehr ausgeben, als ihre Wirtschaft dauerhaft erbringen kann – dann wird dies das Problem der imperialen Überdehnung verschärfen und den Niedergang befördern. Dann fehlt aber zugleich auch der finanzielle Spielraum, um auf einen neuerlichen Terrorangriff in der Dimension des 11. September zu reagieren. Wenn die westlichen Staaten bis über alle Maßen verschuldet sind, wenn sie keine Möglichkeit mehr haben, ein gewaltiges Konjunkturprogramm aufzulegen, um nach einem Anschlag eine Rezession zu verhindern – dann ist dies höchst riskant und kommt den Terroristen bei ihrem perfiden Plan entgegen, unseren Wohlstand zu zerstören.

Es ist also auch aus sicherheitspolitischen Erwägungen heraus zwingend, die Verschuldung abzubauen. Es ist zudem zwingend, die Ausgaben im Kampf gegen den Terror zu überprüfen und zu fragen: Lohnt es sich wirklich, Dutzende oder gar Hunderte von Milliarden US-Dollar oder Euro für einen Krieg auszugeben, der die Terroristen nicht stoppt, sondern im Gegenteil weitere Muslime radikalisiert? Der Staat muss bei jedem Militäreinsatz, jedem Programm zur Stärkung der inneren Sicherheit abwägen, ob der Nutzen wirklich höher ist als die Kosten. Natürlich lässt sich für einen Krieg kein durchkalkulierter Businessplan erstellen. Dennoch: Eine Politik, die den Wohlstand eines Landes sichern will, muss – im Sinne Paul Kennedys – viel genauer abwägen, wie sich die Sicherheitspolitik und die Staatsfinanzen miteinander in Einklang bringen lassen.

Sechstens: die Finanzmärkte sichern

Unsere Wirtschaft ist nirgends derart verletzlich, nirgends derart empfindlich wie im Bereich der Kapitalmärkte. Die Börsen und das internationale Finanzsystem sind ein gefährlicher Resonanzverstärker für den Terror: Sie sorgen dafür, dass ein externer Schock, der die Wirtschaft an einem Ende der Welt trifft, in seiner Wirkung potenziert wird und sich in kurzer Zeit bis ans andere Ende der Welt fortpflanzt. Wenn also die Politik die Wirkungen eines Terrorangriffs minimieren will, dann muss sie Finanzmärkte weniger anfällig für externe Schocks machen.

Die bisherigen Anstrengungen, die dazu nach dem Zusammenbruch des Weltfinanzsystems im Jahr 2008 unternommen wurden, reichen längst nicht. Den Banken wurde zwar vorgeschrieben, dass sie für ihre Geschäfte mehr Geld zurücklegen müssen und ihre internen Strukturen, vom Risikomanagement bis hin zu den Entlohnungssystemen, verbessern müssen. Aber jene ausgefeilten, riskanten Finanzprodukte, deren volkswirtschaftlichen Nutzen selbst der Chef der amerikanischen Investmentbank Goldman Sachs, Lloyd Blankfein, infrage gestellt hat, sind weiterhin erlaubt. Die »finanziellen Massenvernichtungswaffen«, wie sie der Investor Warren Buffett genannt hat, wurden nicht verboten.

Die Lobby der Finanzindustrie hat es verstanden, die einschneidendsten Maßnahmen bei der Reform der Finanzmärkte zu verhindern. Unentwegt haben die Banker gewarnt, dass eine scharfe Regulierung Wachstum koste werde, Jobs verloren gingen und die Politik sich daher überlegen müsse, ob sie rigide Auflagen erlasse. Mit diesen Drohungen sind die Banker durchgekommen: Sie machen nun, nach einer kurzen Phase der scheinbaren Reue und vermeintlichen Einsicht, so weiter wie bisher. Die Investmentbanker betreiben – von Ausnahmen abgesehen – die gleichen riskanten Geschäfte wie früher.

Dies ist fatal. Denn tatsächlich ist es nicht bloß aus ökonomischen Gründen zwingend, das Finanzsystem schärfer zu regulieren, weil andernfalls der nächste Crash droht. Auch aus sicherheitspolitischen Erwägungen heraus ist es erforderlich, die Kapitalmärkte so umzugestalten, dass sie widerstandsfähiger gegen externe Schocks werden – auch gegen den Schock eines neuen Terrorangriffs wie am 11. September 2001. Weil aber die Akteure an den Finanzmärkten zu solch einem Umbau niemals freiwillig bereit wären, weil ihnen der schnelle Gewinn wichtiger ist als die langfristige Stabilität der Märkte, muss der Staat eingreifen. Und als Regulierer strikter durchgreifen.

In diesem Zusammenhang ist es auch erforderlich, noch einmal über eine globale Steuer auf alle Finanzgeschäfte nachzudenken – ein Vorschlag, der bei der deutschen und französischen Regierung nach der Krise auf Sympathie stieß, von Amerikanern, Briten oder Chinesen aber abgelehnt wird. Solch eine Steuer könnte einige hoch spekulative Geschäfte unrentabel zu machen. Doch dies ist nicht der zentrale Punkt, auch wenn das Argument von den Anhängern der Tobin-Steuer (wie sie nach ihrem Erfinder, dem amerikanischen Nobelpreisträger James Tobin, genannt wird) immer wieder vorgebracht wird. Entscheidend ist etwas anderes: Durch eine Steuer auf Finanztransaktionen könnte sehr, sehr viel Geld in die Kassen des Staates fließen.

Wie hoch die Einnahmen wären, darüber existieren unterschiedliche Schätzungen. Aber als relativ aussagekräftig gilt eine Studie des Österreichischen Instituts für Wirtschaftsforschung WIFO, die in der globalen Debatte über die Finanztransaktionssteuer häufiger zitiert wurde als beinahe jedes andere wissenschaftliche Dokument.[7] Demnach könnte eine moderate Steuer von 0,05 Prozent auf alle Finanztransaktionen allein in Deutschland jedes Jahr etwa 28 Milliarden Euro in die Kassen des Staates spülen. Weltweit wären sogar jährliche Einnahmen von etwa 570 Milliarden Euro möglich – Milliarden, die die Amerikaner und die Europäer nach Jahren der Wirtschaftskrise und des teuren Terrorkampfs dringend benötigen; Milliarden, die als Entwicklungshilfe auch in jene Länder fließen könnten, in denen Armut und Terror grassieren; Milliarden, die dazu dienen könnten, unseren Wohlstand dauerhaft zu sichern – und zwar nicht nur vor dem Terror.

Siebtens: die Computernetze sichern

Noch haben die al-Kaida-Terroristen keinen empfindlichen Schlag gegen die weltweiten Computernetze landen können. Doch die Vorbereitungen dafür laufen, wie FBI-Chef Robert Mueller warnt. Der Einsatz »virtueller Bomben« sei nur noch eine Frage der Zeit, glaubt auch Bundesinnenminister Hans-Peter Friedrich (CSU): Al-Kaida würde damit eine neue, gefährliche Front eröffnen, die sich mitten im Herzen unseres Wohlstands befände. »Mit solchen Angriffen könnte eine Volkswirtschaft empfindlich beeinträchtigt werden«, warnt Friedrich.[8] Denn ohne das World Wide Web ist die Globalisierung nicht mehr denkbar. Ohne superschnelle Datenleitungen und leistungsfähige Intranets könnten die meisten Unternehmen nicht mehr mithalten. Das aber macht unsere Wirtschaft in noch höherem Maße angreifbar. Wenn es also richtig ist, die Knotenpunkte und die wichtigsten Routen des globalen Warenverkehrs zu schützen, dann gilt dies in gleicher Weise für die Knotenpunkte und zentralen Routen des globalen Datenverkehrs; es gilt aber auch für die hochsensiblen Datennetze innerhalb von Unternehmen.

Um Attacken an dieser neuen Front zu begegnen, langt es aber nicht, wenn Deutschland ein kleines nationales Cyberabwehrzentrum schafft, besetzt mit gerade einmal zehn festen Mitarbeitern, die früher in anderen Behörden tätig waren. Stattdessen ist eine umfassende Strategie zur Abwehr von Angriffen aus dem Netz erforderlich: eine nationale Cyber-Sicherheitspolitik. Die Handvoll Mitarbeiter, die in Bonn seit dem Frühjahr 2011 den Krieg gegen Hacker, gegen Cyberterroristen und fremde Geheimdienste organisieren sollen, wirken wie eine Basteltruppe in einem Hightech-Krieg, der sich immer schneller entfaltet.

Allein zwischen dem Januar und dem September 2010 registrierte das Bundesamt für Verfassungsschutz 1 600 größere Cyberattacken, die Deutschland aus dem Ausland trafen; hinzu kam alle zwei bis drei Minuten ein kleiner Angriff. Die Zahl der großen, gefährlichen Attacken hat sich damit innerhalb eines Jahr mehr als verdoppelt, und auch schon im Jahr davor hatte sich die Zahl der Hackerattacken um mehr als 100 Prozent erhöht. Eugene Kaspersky, der Gründer der gleichnamigen russischen Sicherheitssoftware-Firma, schätzt, dass die Cyberangriffe die Weltwirtschaft bereits jetzt etwa 100 Milliarden Dollar pro Jahr kosten – und die Tendenz ist stark steigend.[9] Die NATO hat deshalb den Kampf gegen den Cyberkrieg im November 2010 in ihr neues strategisches Konzept mit aufgenommen. Die Mitgliedsstaaten sollen sich in den nächsten Jahren intensiv dieser neuen Gefahr widmen. Doch sie beginnen damit reichlich spät.

Das Jahrzehnt der Entscheidung

Es wird nicht leicht sein, all diese Aspekte der Wohlstandssicherung in eine umfassende Antiterrorstrategie zu integrieren – in eine Politik, die ihre Ziele über einen langen, mehrere Jahrzehnte umfassenden Zeitraum definiert und verfolgt, so wie ja auch die Terroristen in Jahrzehnten denken. Weil Politiker unter dem Diktat der Wahlen stehen, neigen sie dazu, kurzfristig zu handeln und symbolische Politik zu betreiben. Im Kampf gegen den Terror bedeutet dies: Sie setzen Maßnahmen um, die den Bürgern schnell ein Gefühl von Sicherheit vermitteln – auch wenn diese Maßnahmen am Ende möglicherweise wenig bewirken.

Tatsächlich bedarf es einer Strategie, die sich über einen genauso langen Zeitraum erstreckt wie die Strategie der Terroristen: über Jahrzehnte. Die Gefahr durch den islamistischen Terror zieht nicht schnell vorbei, sondern es handelt sich um eine langfristige Gefahr. Al-Kaida wird sich wandeln, verändern – aber der Hass der Islamisten auf den Westen wird bleiben. Al-Kaida könnte nach dem Tod von Osama bin Laden sogar noch gefährlicher werden als in den letzten zehn Jahren, weil neue, noch radikalere Terroristen an die Spitze des Terrornetzwerks drängen oder sich in den regionalen Ablegern von al-Kaida nach vorne schieben. Möglicherweise entstehen auch neue Terrorgruppen, neue al-Kaidas, die nur anders heißen.

Entscheidend aber ist eines: Bin Laden, der Märtyrer, wird den Terroristen weiterhin Orientierung geben, seine Schriften und Videos dürften nach seinem Tod noch größere Wirkmacht entfalten als zuvor. Sein Denken also lebt fort, der Terror geht weiter. Und noch etwas ist entscheidend: Der Westen wird den Kampf gegen den Terror erst dann gewonnen haben, wenn er auch dessen gravierende Auswirkungen auf die Wirtschaft beseitigt hat – wenn er also die gigantischen Schulden, die in den letzten zehn Jahren angehäuft wurden, wieder abgebaut hat; wenn er den Angriff auf unseren Wohlstand abgewehrt und Bürger und Wirtschaft von einem Teil jener Auflagen, Gesetze und Sicherheitsvorschriften wieder befreit hat, die uns lähmen.

Richtig ist: Wir müssen uns – solange islamistische Terroristen uns und unsere Wirtschaft bedrohen – vor möglichen Attacken schützen. Richtig ist aber auch: Wir können den islamistischen Terror nicht durch Kriege wie in Afghanistan, Irak oder Libyen zurückdrängen. Der amerikanische Präsident Barack Obama hat dies offenbar erkannt: Er versucht – gegen alle Widerstände der Militärs –, die amerikanischen Truppen heimzuholen; er weigert sich, im Krieg gegen Libyen den Vereinigten Staaten die Führungsrolle aufzuerlegen; er will den arabischen Staaten lieber mit Milliarden helfen, um die Wirtschaft aufzubauen, als mit einem Vielfachen an Milliarden weiterhin Krieg zu führen. Man mag dies als Schwäche geißeln, als Rückzug der amerikanischen Führungsmacht – man kann dies auch als Teil einer klugen Wirtschaftspolitik bezeichnen, die verhindert, dass der Krieg gegen den Terror die Vereinigten Staaten (und damit den gesamten Westen) in den Bankrott treibt. Und es zu jener imperialen Überdehnung kommt, zu der al-Kaida den Westen zwingen will.

Obama hat einen anderen Weg eingeschlagen als sein Vorgänger: Mit einem einzigen chirugischen Schlag, mit dem nächtlichen Zugriff in Abbottabad, hat er mehr erreicht als George W. Bush mit dem geballten Einsatz der amerikanischen Militärmacht. Er hat Osama bin Laden mit einer gezielten Operation ausgeschaltet, anstatt wie Bush über Jahre hinweg einen teuren, sinnlosen Krieg zu führen. Die amerikanische Propaganda versucht diesen Erfolg als so groß wie nur irgendwie möglich erscheinen zu lassen, als übergroß. Obama und seine Regierung versuchen, bin Laden nach seinem Tod zu dem zu machen, was er in den letzten Jahren nicht mehr war: zum operativen Führer von al-Kaida. So versuchen sie zu rechtfertigen, dass sie in einer Nacht-und-Nebel-Aktion in ein fremdes Land eingedrungen sind. Und so versuchen sie auch, ihren Ruhm zu mehren und der Bevölkerung ein zusätzliches Gefühl von Sicherheit zu geben.

Der Krieg gegen den Terror ist damit allerdings noch keineswegs gewonnen, al-Kaida ist damit keineswegs besiegt: Die Amerikaner haben einen entscheidenden Erfolg errungen, aber noch nicht den Sieg. Und so folgt nach dem Jahrzehnt der Furcht, den zehn Jahren zwischen den Anschlägen des 11. September und der Tötung bin Ladens, nun das Jahrzehnt der Entscheidung. Es geht in diesem Jahrzehnt darum, dem Schlag gegen bin Laden weitere, entscheidende Schläge folgen zu lassen. Und es geht vor allem darum, unsere Wirtschaft widerstandsfähiger zu machen gegen die Gefahren, die uns durch den islamistischen Terror drohen: durch al-Kaida und andere Organisationen, die in den nächsten Jahren möglicherweise hochkommen werden.

Die Politik muss den Bürgern und Unternehmen dabei klarmachen, dass sie für den Kampf gegen den Terror noch sehr lange bezahlen müssen. Und dass dieser Kampf uns auf jeden Fall ein Stück unseres Wohlstands kosten wird. Aber wenn wir unsere Mittel überlegt einsetzen; wenn wir uns nicht immer wieder aufs Neue blindwütig in teure, sinnlose Kriege stürzen; wenn wir stattdessen eine umfassende Wohlstandssicherheitspolitik entwickeln – dann kann unsere Wirtschaft den Angriff durch die islamistischen Terroristen überleben; dann wird es uns gelingen, den Bankrott des Westens abzuwenden. Und dann werden wir es auch schaffen, unseren Wohlstand auf Dauer zu schützen: vor al-Kaida, vor den islamistischen Terroristen, vor dem Angriff.

Danksagung

Was auch immer die Schwächen dieses Buchs sein mögen: Sie wären größer, wenn mich nicht einige Menschen bei der Arbeit an diesem Projekt tatkräftig unterstützt hätten. Dazu zählen vor allem Christian Reiermann, Christian Vogg und Wolfram Schäfer, die das Manuskript intensiv gelesen und mit ihrem Widerspruch und ihren Anregungen dazu beigetragen haben, Thesen zu schärfen und den Text inhaltlich und sprachlich zu verbessern. Christian Reiermann danke ich dabei vor allem für seine ökonomischen Ratschläge, Christian Vogg vor allem für seine Hinweise zum Islam und zur arabischen Welt und Wolfram Schäfer für seine Anregungen zu Sprache und Stil. Danken möchte ich auch Kurt Kister und Wolfgang Krach aus der Chefredaktion der *Süddeutschen Zeitung*, sowie meinem Kollegen Christian Kriegel, die es mir ermöglicht haben, dieses Buch neben meiner täglichen Arbeit für die *SZ* zu schreiben. Und zu guter Letzt: Dieses Buch wäre, wie schon mein erstes Werk, »Der Crash des Kapitalismus«, niemals entstanden ohne den unermüdlichen Antrieb und Einsatz von Rebekka Göpfert von der Literaturagentur Graf & Graf – und von Olaf Meier, meinem fachkundigen, engagierten Lektor beim Campus Verlag. Wenn dieses Buch Fehler enthalten sollte, so liegt es ganz gewiss nicht an ihnen.

Bibliografie

Abou-Taam, Marwan; Bigalke, Ruth (Hg.): *Die Reden des Osama bin Laden.* München: Diederichs, 2006.

Allison, Graham: *Nuclear Terrorism. The Ultimate Preventable Catastrophe.* New York: Times Books, 2004.

Al-Zayyat, Montasser: *The Road to al-Qaeda. The Story of Bin-Ladens Right-Hand Man.* London: Pluto Press, 2004.

Atwan, Abdel Bari: *The Secret History of al Qaeda.* Berkeley: University of California Press, 2008.

Aust, Stefan; Schnibben, Cordt: *11. September – Geschichte eines Terrorangriffs.* München: DVA, 2002.

Baer, Robert: *Die Saudi-Connection. Wie Amerika seine Seele verkaufte.* München: Bertelsmann, 2003.

Bergen, Peter: *Holy War Inc.: Inside the Secret World of Osama bin Laden.* New York: Free Press, 2001.

Bergen, Peter: *The Osama bin Laden I Know: An Oral History of al Qaeda's Leader.* New York: Free Press, 2006.

Bergen, Peter: *The Longest War: The Enduring Conflict between America and Al-Qaeda.* New York: Free Press, 2011.

Clarke, Richard A.; Knake, Robert K.: *Cyber War. The Next Threat to National Security and What to Do About It.* New York: HarperCollins, 2010.

Clement, Rolf; Jöris, Paul Elmar: *Die Terroristen von nebenan. Gotteskrieger aus Deutschland.* München: Piper, 2010.

Coll, Steve: *Die Bin Ladens. Eine arabische Familie.* München: Goldmann, 2009.

Drinkwine, Brian M.: *The Serpent in Our Garden: Al-Qaida and the Long War.* Carlisle, PA: U.S. Army War College, Strategy Research Project, 2008.

Fukuyama, Francis: *Das Ende der Geschichte*. Reinbek: Kindler, 1992.

Fukuyama, Francis: *Scheitert Amerika? Supermacht am Scheideweg*. Berlin: Propyläen, 2006.

Greenspan, Alan: *Mein Leben für die Wirtschaft*. Frankfurt am Main: Campus, 2007.

Hoffmann, Bruce: *Der unerklärte Krieg. Neue Gefahren politischer Gewalt*. Frankfurt am Main: S. Fischer, 2006.

Ibrahim, Raymond: *The Al Qaeda Reader*. New York: Broadway Books, 2007.

Kennedy, Paul: *Aufstieg und Fall der großen Mächte. Ökonomischer Wandel und militärischer Konflikt von 1500 bis 2000*. Frankfurt am Main: S. Fischer, 2000.

Keynes, John Maynard: *The General Theory of Employment, Interest and Money*. New York: Macmillan, 1936; deutsche Ausgabe: *Allgemeine Theorie der Beschäftigung, des Zinses und des Geldes*. Berlin: Duncker und Humblot, 1994.

Kippenberg, Hans G.; Seidensticker, Tilman (Hg.): *Terror im Dienste Gottes. Die »Geistliche Anleitung« der Attentäter des 11. September 2001*. Frankfurt am Main: Campus, 2004.

Konrad, Kai A.; Zschäpitz, Holger: *Schulden ohne Sühne? Warum der Absturz der Staatsfinanzen uns alle trifft*. München: C. H. Beck, 2010.

Landes, David: *Wohlstand und Armut der Nationen: Warum die einen reich und die anderen arm sind*. Berlin: Berliner Taschenbuch Verlag, 2002.

Lawrence, Bruce: *Messages to the World. The Statements of Osama bin Laden*. New York/ London: Verso, 2005.

Mansfield, Laura: *His Own Words: A Translation of the Writings of Dr. Ayman al Zawahiri*. Old Tappan, NJ: TLG Publications, 2006.

Musharbash, Yassin: *Die neue Al-Qaida: Innenansichten eines lernenden Terrornetzwerks*. Köln: Kiepenheuer & Witsch, 2006.

Naji, Abu Bakr: *Idarat at-tawahosh, sab marhala stamur biha al-umma*, 2005. Ins Englische übersetzt von William McCants: *The Management of Savagery: The Most Critical Stage Through Which the Umma will Pass*. Cambridge, MA: John M. Olin Institute for Strategic Studies at Harvard University, 23. Mai 2006.

Napoleoni, Loretta: *Die Ökonomie des Terrors. Auf den Spuren der Dollars hinter dem Terrorismus*. München: Kunstmann, 2004.

Napoleoni, Loretta: *Terrorism and the Economy. How the War on Terror is Bankrupting the World*. New York: Seven Stories Press, 2010.

National Commission on Terrorist Attacks Upon the United States: *The 9/11 Commission Report*. New York: WW. Norton & Company, 2002.

Parker, William J.; Bridges, Heidi J.: *Jihadist Strategic Communication: As Practiced by Usama Bin Laden and Ayman al-Zawahiri*. Bloomington, IN: Authorhouse, 2008.

Prantl, Heribert: *Der Terrorist als Gesetzgeber: Wie man mit Angst Politik macht*. München: Droemer, 2008.

Ramelsberger, Annette: *Der Deutsche Dschihad. Islamistische Terroristen planen den Anschlag*. Berlin: Econ, 2008.

Reinhart, Carmen; Rogoff, Kenneth: *Dieses Mal ist alles anders. Acht Jahrhunderte Finanzkrisen*. München: FinanzBuch Verlag, 2010.

Rosoff, Heather; Winterfeldt, Detlof von: *A Risk and Economic Analysis of Dirty Bombs Attacks on the Ports of Los Angeles and Long Beach*, Risk Analysis, Nr. 3/2007.

Schaar, Peter: *Das Ende der Privatsphäre. Der Weg in die Überwachungsgesellschaft*. München: Goldmann, 2009.

Schäfer, Ulrich: *Der Crash des Kapitalismus. Warum die entfesselte Marktwirtschaft scheiterte und was jetzt zu tun ist*. Frankfurt am Main: Campus, 2008.

Schneider, Friedrich; Brück, Tilman; Meierrieks, Daniel: *The Economics of Terrorism and Counter-Terrorism: A Survey (Part 1)*, Deutsches Institut für Wirtschaftsforschung, Discussion Paper 1049, August 2010.

Sinn, Hans-Werner: *Kasino-Kapitalismus. Wie es zur Finanzkrise kam und was jetzt zu tun ist*. Berlin: Econ, 2009.

Steinberg, Guido: *Der nahe und der ferne Feind: Die Netzwerke des islamischen Terrorismus*. München: C. H. Beck, 2005.

Steinberg, Guido: *Im Visier von al-Qaida: Deutschland braucht eine Anti-Terror-Strategie*. Hamburg: Edition Körber-Stiftung, 2009.

Steingart, Gabor: *Weltkrieg um Wohlstand. Wie Reichtum und Macht neu verteilt werden*. München: Piper, 2006.

Stiglitz, Joseph E.; Bilmes, Linda J.: *The Three Trillion Dollar War: The True Cost of the Iraq Conflict*. New York: Norton, 2008.

Taam, Marwan; Bigalke, Ruth (Hg.): *Die Reden des Osama bin Laden*. München: Diederichs, 2006.

Woodward, Bob: *Obamas Kriege: Zerreißprobe einer Präsidentschaft*. München: DVA, 2010.

Wright, Lawrence: *Der Tod wird euch finden: Al-Qaida und der Weg zum 11. September*. München: Goldmann, 2008.

Anmerkungen

Vorwort: Der Terror geht weiter

1 »Neue Drohungen von al-Qaida«, *sueddeutsche.de*, 2. Mai 2011, http://www.sueddeutsche.de/politik/tod-von-osama-bin-laden-der-kampf-ist-noch-nicht-vorbei-1.1091757-2
2 Gebauer, Matthias u. a.: »Operation ›Mondschein‹«, *Der Spiegel*, 8. November 2010.
3 Miller, Greg: »Intelligence shows al-Qaeda branch in Yemen planning strike«, *Washington Post*, 25. März 2011, http://www.washingtonpost.com/world/intelligence-shows-al-qaeda-branch-in-yemen-planning-strike/2011/03/25/AFRoT4YB_story.html.
4 Vgl. hierzu: Vosgerau, Ulrich: »Mit Waffengewalt für den Wohlstand«, *Legal Tribune Online*, 20. Mai 2011, http://www.lto.de/de/html/nachrichten/3328/bundeswehrreform_mit_waffengewalt_fuer_den_wohlstand/.

1. Deutschland wird zum Anschlagsraum

1 »Friedrich: Anti-Terror-Gesetze sollten verlängert werden«, Interview der *Bild*-Zeitung mit Bundesinnenminister Hans-Peter Friedrich, 1. Mai 2011, http://www.bundesregierung.de/Content/DE/Interview/2011/05/2011-05-01-friedrich.html.
2 »De Maizière warnt vor Terroranschlag in Deutschland«, *sueddeutsche.de*, 17. November 2010, http://www.sueddeutsche.de/politik/innenministerkonferenz-de-maizire-warnt-vor-terroranschlag-ende-november-1.1024972.

3 Donaldson, Kitty: »Britain Faces Very Serious Threat From Terrorism, Attack Likely, May Says«, *Bloomberg*, 18. Oktober 2010, http://www.bloomberg.com/news/2010-10-18/britain-faces-very-serious-threat-from-terrorism-attack-likely-may-says.html.

4 »Saudis warnen Frankreich vor Terror«, *Financial Times Deutschland*, 19. Oktober 2010.

5 »Taliban drohen Den Haag«, *Süddeutsche Zeitung*, 19. Oktober 2010.

6 Höll, Susanne/Ramelsberger, Annette: »Wirbel um vermeintlichen Bombenfund«, *Süddeutsche Zeitung*, 19. November 2010.

7 Büchse, Nicolas/Gunst, Johannes: »Die Wiege des Terrors«, *Stern*, 25. November 2010.

8 Balasko, Sascha: »Die Möchtegern-Terroristen aus Hamburg«, *Hamburger Abendblatt*, 16. Oktober 2010, http://www.abendblatt.de/hamburg/article1665040/Die-Moechtegern-Terroristen-aus-Hamburg.html.

9 »Anklage gegen Pakistan-Rückkehrer«, *Der Spiegel*, 14. März 2011, S. 15. Der Text findet sich unter der Überschrift »Pakistan-Rückkehrer kommt vor Gericht« auch bei *Spiegel-Online*: http://www.spiegel.de/spiegel/vorab/0,1518,750516,00.html.

10 Gebauer u. a.: »Operation ›Mondschein‹«, (2010); Schmidt, Wolf: »USA überstellen deutschen Top-Terrorverdächtigen«, *taz*, 23. April 2011.

11 Vgl. zur organisatorischen Entwicklung von al-Kaida auch: Mohamedou, Mohammad-Mahmoud Ould: *Understanding Al Qaida*, London: Pluto Press, 2007, S. 44–62.

12 Steinberg, Guido: *Der nahe und der ferne Feind: Die Netzwerke des islamischen Terrorismus*, München: C. H. Beck, 2005.

13 Musharbash, Yassin: »Top-Terrorist kehrt in Qaida-Zentrale zurück«, *Spiegel-Online*, 25. Oktober 2010, http://www.spiegel.de/politik/ausland/0,1518,724708,00.html.

14 Bunce, Jane: »New Al-Qaeda chief pledges major attack on London to avenge Bin Laden's death«, *Daily Mail*, 21. Mai 2011, http://www.dailymail.co.uk/news/article-1389374/New-Al-Qaeda-chief-pledges-major-attack-London-avenge-Bin-Ladens-death.html?ITO=1490.

15 Musharbash, Yassin: »Beste Chancen für einen alten Freund«, *Spiegel-Online*, 2. Mai 2011, http://www.spiegel.de/politik/ausland/0,1518,760205-2,00.html.

16 »Islam and the Arab revolutions«, *The Economist*, 2. April 2011, S. 11 und 21–22.

17 Bölsche, Jochen: »Alberichs Tarnkappe«, *Spiegel Special*, 25. März 2008.

18 »Mit Schnellkochtopf-Bombe gegen die ›Feinde Gottes‹«, *Spiegel-On-*

line, 10. März 2003, http://www.spiegel.de/panorama/0,1518,239486,00. html; »Geplanter Anschlag galt Straßburger Synagoge«, *Spiegel-On-line,* 23. April 2002, http://www.spiegel.de/politik/deutschland/0,1518, 193278,00.html.

19 Kläsgen, Michael: »18 Jahre Haft für Deutschen«, *Süddeutsche Zeitung,* 5. Februar 2009, http://www.sueddeutsche.de/politik/urteil-im-djerba-prozess-jahre-haft-fuer-deutschen-1.492809.

20 »Frankfurter Attentäter hinterließ Spuren im Netz«, *Die Zeit,* 4. März 2011, http://www.zeit.de/news-032011/3/iptc-bdt-20110303-508-29058528 xml.

21 Ladurner, Ulrich: »Die Stille nach dem Schuss«, *Die Zeit,* 10. März 2011.

22 Flade, Florian: »Al-Qaida lobt Frankfurter Todesschützen Arid U.«, *Welt-Online,* 30. März 2011, http://www.welt.de/politik/ausland/article 13016502/Al-Qaida-lobt-Frankfurter-Todesschuetzen-Arid-U.html.

23 Tiesenhausen, Friederike von: »De Maizière sucht den Ausgang«, *Financial Times Deutschland,* 2. Februar 2011.

24 Ramelsberger, Annette: *Der Deutsche Dschihad. Islamistische Terroristen planen den Anschlag,* Berlin: Econ, 2008.

2. Der Angriff auf unseren Wohlstand

1 Bush, George W.: »Address to a Joint Session of Congress and the American People«, 20. September 2001, http://georgewbush-whitehouse.archives.gov/news/releases/2001/09/20010920-8.html.

2 Obama, Barack: Ansprache nach dem Tod von Osama bin Laden. Zitiert nach: »Obamas Rede im Wortlaut«, *sueddeutsche.de,* 1. Mai 2011, http:// www.sueddeutsche.de/politik/bin-laden-ist-tot-obamas-rede-im-wort-laut-1.1091733.

3 Prantl, Heribert: *Der Terrorist als Gesetzgeber: Wie man mit Angst Politik macht,* München: Droemer, 2008.

4 Vgl. hierzu: Hoffmann, Bruce: *Der unerklärte Krieg. Neue Gefahren politischer Gewalt,* Frankfurt/Main: S. Fischer, 2006.

5 Bush, George W.: »Address to a Joint Session of Congress and the American People«, (2001).

6 Friedman, Thomas L.: »Foreign Affairs; The Real War«, *New York Times,* 27. November 2001, http://www.nytimes.com/2001/11/27/opinion/fo-

reign-affairs-the-real-war.html.

7 Johnson, Lyndon B.: »Annual Message to the Congress on the State of the Union«, Lyndon Baines Johnson Library and Museum, 8. Januar 1964, http://www.lbjlib.utexas.edu/johnson/archives.hom/speeches.hom/640108.asp.

8 Nixon, Richard M.: »Special Message to the Congress on Drug Abuse Prevention and Control«, 17. Juni 1971, http://www.presidency.ucsb.edu/ws/?pid=3048#axzz1O9LbpLMo.

9 Bush, Georges W.: »Address to a Joint Session of Congress and the American People«, (2001).

10 Schwennicke, Christoph: »Ein Anschlag auf die ganze Menschheit«, *Süddeutsche Zeitung*, 12. September 2001.

11 Merkel, Angela: »Regierungserklärung zum Einsatz der Bundeswehr in Afghanistan«, 22. April 2010, http://www.bundesregierung.de/nn_1514/Content/DE/Bulletin/2010/04/42-1-bk-bt.html.

12 »Merkel bestätigt reale Terrorgefahr«, 20. November 2010, *Spiegel-Online*, http://www.spiegel.de/politik/deutschland/0,1518,730260,00.html.

13 Alluni, Taysir: Interview mit Osama bin Laden am 20. Oktober 2001, ausgestrahlt von al-Dschasira am 31. Januar 2002, zitiert nach: FBIS Report: »Compilation of Usama bin Ladin Statements 1994 – January 2004«, http://www.fas.org/irp/world/para/ubl-fbis.pdf, S. 242.

14 Al-Zawahiri, Aiman: »Letter from al-Zawahiri to al-Zarqawi«, 9. Juli 2005, http://www.globalsecurity.org/security/library/report/2005/zawahiri-zarqawi-letter_9jul2005.htm.

15 CDU/CSU-Bundestagsfraktion: »Eine Sicherheitsstrategie für Deutschland«, 6. Mai 2008, http://www.cducsu.de/Titel__sicherheitsstrategie_fuer_deutschland/TabID__1/SubTabID__5/InhaltTypID__4/InhaltID__9735/Inhalte.aspx.

16 Ibrahim, Yayha: »$ 4 200«, *Inspire*, November 2010, http://info.publicintelligence.net/InspireNovember2010.pdf, S. 15; The Head of Foreign Operations: »The Objectives of Operation Hemorrhage«, *Inspire*, November 2010, http://info.publicintelligence.net/InspireNovember2010.pdf, S. 7.

17 Ibrahim, »$ 4 200«, (2010); The Head of Foreign Operations: »The Objectives of Operation Hemorrhage«, (2010).

18 Dienst, Jonathan: »Officals Warn Wall St. About Possible Terror Attacks«, *cnbc.com* 1. Februar 2011, http://www.cnbc.com/id/41365249/Officials_Warn_Wall_St_About_Possible_Terror_Attacks.

19 Ibrahim: »$ 4 200«, (2010); The Head of Foreign Operations: »The Objectives of Operation Hemorrhage«, (2010).

20 Alexander, Dietrich: »Sylts Bedeutung für Amerikas nationale Sicherheit«, *Welt-Online*, 6. Dezember 2010, http://www.welt.de/politik/ausland/article11427041/Sylts-Bedeutung-fuer-Amerikas-nationale-Sicherheit.html, »Wikileaks-Enthüllungen: USA listen die strategisch wichtigsten Orte auf«, *Zeit-Online*, 6. Dezember 2010, http://www.zeit.de/politik/ausland/2010-12/wikileaks-terrorziele.

21 Hoyng, Hans: »Griechischer als die Griechen«, *Der Spiegel*, 23. April 2011.

3. Der teuflische Plan

1 Roy, Arundhati: »Wut ist der Schlüssel«, *Frankfurter Allgemeine Zeitung*, 28. September 2001.

2 »Londoner Gericht verurteilt drei Männer zu 108 Jahren Haft«, *Spiegel-Online*, 14. September 2009, http://www.spiegel.de/politik/ausland/0,1518,648878,00.html.

3 Bin Laden, Osama: »O Menschen des Irak«, Dezember 2004, zitiert nach: Abou-Taam, Marwan/Bigalke, Ruth (Hg.): *Die Reden des Osama bin Laden,* München: Diederichs, 2006, S. 177.

4 Bin Laden, Osama: »Kriegserklärung gegen die US-Soldaten«, 23. August 1996, zitiert nach: Abou-Taam/Bigalke (2006), S. 71.

5 Hoffmann, Bruce: *Der unerklärte Krieg. Neue Gefahren politischer Gewalt*, Frankfurt/Main: S. Fischer, 2006, S. 148.

6 Hoffmann (2006), S. 445.

7 Kennedy, John F.: »Remarks in Heber Springs, Arkansas, at the Dedication of Greers Ferry Dam«, 3. Oktober 1963, The American Presidency Project, http://www.presidency.ucsb.edu/ws/index.php?pid=9455.

8 Siehe hierzu u. a.: bin Laden, Osama: »Nineteen Students«, Videobotschaft vom 26. Dezember 2001, in: Lawrence, Bruce: *Messages to the World. The Statements of Osama bin Laden*, New York und London Verso, 2005, S. 151,

9 Naji, Abu Bakr: *Idarat at-tawahosh, sab marhala stamur biha al-umma,* 2005. Ins Englische übersetzt von William Cants: *The Management of Savagery: The Most Critical Stage Trough Which the Umma will*

Pass. John M. Olin Institute for Strategic Studies at Harvard University, 23. Mai 2006, http://www.wcfia.harvard.edu/olin/images/Management%20of%20Savagery%20-%2005-23-2006.pdf. Im Folgenden auch zitiert nach der deutschen Übersetzung in: Abou-Taam/Bigalke (2006), S. 214–225. Der Autor hat dabei an einigen Stellen sprachliche Korrekturen und Anpassungen an den englischen Text vorgenommen. Der Übersetzer der englischen Fassung, William Cants, erklärt in einem Interview die Hintergründe des Textes: Ali, Dilshad D.: »Inside an al-Qaeda Jihadi Manual«, Interview with William Cants, 2006, http://www.beliefnet.com/Faiths/Islam/2006/08/Inside-An-Al-Qaeda-Jihadi-Manual.

10 Abou-Taam/Bigalke (2006), S. 213.

11 Der deutsche Bundesverfassungsschutz erwähnt Najis Text und das Buch von Abou-Tamm/Bigalke (2006) in seinem Tagungsband *Extremismus und Terrorismus im Zeitalter der Informationsgesellschaft. Publikation der Vorträge des 5. Symposiums des Bundesamtes für den Verfassungsschutz am 4. Dezember 2006*, http://www.verfassungsschutz.de/de/publikationen/allgemeine_infos/broschuere_6_0612_symposium_2006/symp_2006.pdf. Der Verfassungsschutz geht dabei insbesondere auf die Medienstrategie ein, die Naji in seinem Buch beschreibt. Sarah E. Zabel dagegen nimmt in einer Studie des Strategic Studies Institute der amerikanischen Armee vor allem die wirtschaftlichen Ziele in den Blick, die Naji in seinem Text beschreibt. Zabel erwähnt dabei auch das weiter unten erwähnte Zitat des amerikanischen Historikers Paul Kennedy, das Naji anführt, und untersucht, inwieweit sich al-Kaida dessen Thesen von der imperialen Überdehnung der Vereinigten Staaten zu eigen macht. Siehe hierzu: Zabel, Sarah E.: »The Military Strategy of Global Jihad«, *Strategic Studies Institute,* U.S. Army War College, Oktober 2007, http://www.strategicstudiesinstitute.army.mil/pdffiles/pub809.pdf, S. 1–24.

12 Ali: »Inside an al-Qaeda Jihadi Manual« (2006).

13 Zu den wenigen Ausnahmen zählt vor allem: Wright, Lawrence: »The Master Plan«, *The New Yorker,* 11. September 2006, http://www.newyorker.com/archive/2006/09/11/060911fa_fact3.

14 Naji (2006), S. 97; Abou-Taam/Bigalke (2006), S. 221–222.

15 Naji (2006), S. 106; Abou-Taam/Bigalke (2006), S. 223.

16 Naji (2006), S. 261.

17 Naji (2006), S. 69; Abou-Taam/Bigalke (2006), S. 221.

18 Kennedy, Paul: *Aufstieg und Fall der großen Mächte. Ökonomischer*

Wandel und militärische Konflikte von 1500 bis 2000, Frankfurt/Main: S. Fischer, 2000. Die folgenden Passagen über die imperiale Überdehnung der Vereinigten Staaten beziehen sich vor allem auf das Unterkapitel »Die Vereinigten Staaten: das Problem der Nummer eins im Abstieg«, S. 758–787.

19 Naji (2006), S. 18.

20 Kennedy (2000), S. 768.

21 Atwan, Abdel Bari: *The Secret History of al Qaeda*, Berkely: University of California Press, 2008, S. 290 f.

22 Al-Zawahiri, Aiman: »A Message of Hope and Glad Tidings to Our Fellow Muslims in Egypt (2)«, 24. Februar 2011, http://worldanalysis.net/modules/news/article.php?storyid=1783.

23 »Al Qaedas Zawahiri calls for Strike against West«, 5. März 2006, http://www.ft.com/cms/s/0/f895894c-ac54-11da-8226-0000779e2340.html#axzz1JLvd6avo.

24 Naji (2006), S. 51; Abou-Taam/Bigalke (2006), S. 219.

25 Naji (2006), S. 46–47; Abou-Taam/Bigalke (2006), S. 217.

26 Naji (2006), S. 97; Abou-Taam/Bigalke (2006), S. 221.

27 Naji (2006), S. 47; Abou-Taam/Bigalke (2006), S. 218.

28 Green, R.: »Saif Al-Adl's Views on Jihad and the War against the West«, *The Middle East Media Research Institute*, Inquiry & Analysis Serie Report No. 689, 18. Mai 2011, http://www.memri.org/report/en/0/0/0/0/0/0/5294.htm.

29 Atwan (2008), S. 283–284.

30 Hussein, Fouad: *Al-Zarqawi, al-dschil al-thani l-al Qaida (Al-Zarqawi: Die zweite Generation der Al-Qaida)*, abgedruckt in *Al-Quds Al-Arabi* (London), 17. Jg, Nummern 4964–4978, 12.-29. Mai 2005 (zunächst in Buchform erschienen, Beirut 2005).

31 Zwei Ausnahmen gibt es: Yassin Musharbash, Terrorexperte von Spiegel-Online, hat darüber in einem Artikel (»What al-Qaida Really Wants«, *Spiegel-Online*, 12. August 2005, http://www.spiegel.de/international/0,1518,369448,00.html) und in einem Buch (*Die neue Al-Qaida: Innenansichten eines lernenden Terrornetzwerks*, Köln: Kiepenheuer & Witsch, 2006) berichtet. Ebenso Lawrence Wright im Magazin *The New Yorker*: »The Master Plan«, *The New Yorker*, 11. September 2006, http://www.newyorker.com/archive/2006/09/11/060911fa_fact3?currentPage=all.

32 Vgl. hierzu: Atwan (2008), S. 283–284; Musharbash (2006), S. 239–242; Hussein (2005), Wright (2006).

33 Hussain, Tanvir: »Worth the Price«, zitiert nach: »Suicide videos: What they said«, *BBC.co.uk*, 4. April 2008, http://news.bbc.co.uk/2/hi/uk_news/7330367.stm.

34 Naji (2006), S. 50–51; Abou-Taam/Bigalke (2006), S. 219.

35 Denso, Christian: »Dschihad im Netz«, *Die Zeit*, 10. März 2011.

36 Ciesinger, Ruth: »Im Internet dominieren Dschihadisten«, Interview mit Asiem el Difraoui, *Stiftung Wissenschaft und Politik,* http.www.swp-berlin.org/de/kurz-gesagt/dschihad-im-netz.html.

37 »Im Wortlaut: Islamisten-Drohbotschaft«, *derstandard.at,* 27. September 2007, http://derstandard.at/3032358/Im-Wortlaut-Islamisten-Drohbotschaft.

38 Weimann, Gabriel: »War By Other Means: Econo-Jihad«, *Yale Global*, 4. Juni 2009, http://yaleglobal.yale.edu/content/econo-jihad.

39 Ulph, Stephen: »Saudi Arabia's Islamist Insurgency«, in: Scheuer, Michael/Ulph, Stephen/Daly, John C. K.: »Saudia Arabian Oil Facilities: The Achilles Heel of the Western Economy«, *The Jamestown Foundation,* Mai 2006, S. 14, http://www.jamestown.org/uploads/media/Jamestown-SaudiOil.pdf.

40 Drinkwine, Brian M.: »The Serpent in Our Garden: Al-Qaida and the Long War«, U.S. Army War College, Strategy Research Project, 15. März 2008, S. 41, http://www.dtic.mil/cgi-bin/GetTRDoc?Location=U2&doc=GetTRDoc.pdf&AD=ADA481326.

41 Scheuer, Michael: »Al-Qaeda and the Oil Target«, in: Scheuer/Ulph/Daly (2006), Seite 9–10.

42 Meinhof, Ulrike: »Rote Armee Fraktion – Stadtguerilla und Klassenkampf«, April 1972.

43 Sinistra Proletaria: »Fogli di lotta di Sinistra Proletaria«, in Auszügen abgedruckt in: Lorenzo Ruggiero (Hg.): *Dossier Brigate Rosse 1969–1975: La lotta armata nei documenti e nei comunicati delle prime BR,* Mailand: Kaos, 2007, S. 73 ff.

44 Saoub, Esther: »Der Nährboden von Terror heißt Armut«, *Deutschlandfunk,* 26. Januar 2010, http://www.dradio.de/dlf/sendungen/hintergrundpolitik/1113426/.

45 Moreau, Ron: »More Dangerous than Ever: Why the Pakistan threat is rising«, *Newsweek.com*, 4. September 2010, http://www.newsweek.com/2010/09/04/pakistan-is-the-world-s-most-dangerous-country.html.

46 Follath, Erich, Stark, Holger: »Wo der Terror wohnt«, *Der Spiegel*, 17. September 2007.

47 Agence France Press: »Judge accuses Marrakesh blast suspects of ›terrorism‹«, 17. Mai 2011, http://www.google.com/hostednews/afp/article/ALeqM5j7JVx3vvHqa3iya6iT_qeTky3q_w?docId=CNG.2797b7dff287e16a1e77be966d636bc3.ea1.
48 »Toxischer Cocktail«, *Der Spiegel*, 30. Oktober 2010.

4. Bin Ladens Vermächtnis

1 Ismail, Jamal: Interview mit Osama bin Laden, gesendet vom Fernsehsender al-Dschasira am 20. September 2001. Das Interview wurde bereits im Dezember 1998 geführt. Auszüge aus dem Interview erschienen schon am 10. Juni 1999 in der Sendung »Usama bin Ladin, the Destruction of the Base«, zitiert nach: FBIS Report: »Compilation of Usama bin Ladin Statements 1994 – January 2004«, S. 120 und 158, http://www.fas.org/irp/world/para/ubl-fbis.pdf.
2 Bin Laden, Osama: »The Winds of Faith«, 7. Oktober 2001, zitiert nach: Lawrence (2005), S. 104.
3 Lawrence (2005).
4 Zitiert nach: »Read Bin Laden's Own Words in new book«, *MSNBC.com*, 30. November 2005, http://today.msnbc.msn.com/id/10267313.
5 Feldman, Noah: »Becoming bin Laden«, *New York Times*, 12. Februar 2010, http://www.nytimes.com/2006/02/12/books/review/12feldman.html.
6 Abou-Taam/Bigalke (2006).
7 Bin Laden, Osama: »A Call to Jihad to End the Aggression against Gaza«, 15. Januar 2009, *wikisource.org*, http://en.wikisource.org/wiki/A_Call_to_Jihad_to_End_the_Aggression_against_Gaza.
8 Steinbrück, Peer: »Regierungserklärung zur Lage der Finanzmärkte«, 25. September 2008, Plenarprotokoll des Deutschen Bundestags, 16/179.
9 Die folgenden Ausführungen über das Leben von Osama bin Laden beziehen sich insbesondere auf: Coll, Steve: *Die Bin Ladens. Eine arabische Familie*, München: Goldmann, 2009; Wright, Lawrence: *Der Tod wird euch finden: Al-Qaida und der Weg zum 11. September*, München: Goldmann, 2008; Bergen, Peter: *The Osama bin Laden I Know: A Oral History of al Qaeda's Leader*, Washington, D. C.: Free Press, 2006.
10 Coll (2009).
11 Bickel, Markus: »Blutiger Geburtstag«, *Frankfurter Allgemeine Zeitung*,

2. August 2008; Siehe hierzu auch: Wright (2008) S. 181–185, Bergen (2006). Über das genaue Gründungdatum von al-Kaida gibt es unterschiedliche Angaben: Bickel und andere schreiben vom 11. August 1988, Wright dagegen vom 20. August 1988.

12 Bin Laden: »Nineteen Students« (2001), in: Lawrence (2005), S. 150.

13 Ebd., S. 151.

14 Interview mit Osama bin Laden (20. Oktober 2001), zitiert nach: Lawrence (2005), S. 111–112.

15 Bin Laden, Osama: Audio-Botschaft vom 6. Oktober 2002, zitiert nach: »Bin Laden‹ threatens more attacks«, *BBC,co.nk* 6. Oktober 2002, http://news.bbc.co.uk/2/hi/middle_east/2304475.stm.

16 Bin Laden, Osama: »The Towers of Lebanon«, Videobotschaft vom 29. Oktober 2004, zitiert nach: Lawrence (2005), S. 241.

17 Ebd., S. 242.

18 Bin Laden, Osama: »The Solution – A Video Speech from Usama bin Laden Addressing the American People on the Occasion of the Sixth Anniversary of 9/11 – 9/2007«, S. 5 und 7, Videobotschaft vom 8. September 2007, veröffentlicht von der SITE Intelligience Group am 8. September 2007, http://counterterrorismblog.org/site-resources/images/SITE-OBL-transcript.pdf.

19 Bin Laden, Osama: Audiobotschaft vom 29. Januar 2010, zitiert nach: *aljazeera.net:* »Bin Laden deplores climate change«, 29. Januar 2010, http://english.aljazeera.net/news/middleeast/2010/01/20101277383676587.html.

20 Ismail (2001), zitiert nach: FBIS-Report (2004), S. 163.

21 Bin Laden, Osama: »To the Americans«, Schriftliche Erklärung vom 6. Oktober 2002, zitiert nach: Lawrence (2005), S. 165.

22 Bin Laden, Osama: »Kriegserklärung gegen die Amerikaner«, 23. August 1996, zitiert nach: FBIS-Report (2004), S. 15.

23 Ebd. S. 16–17.

24 Ebd, S. 23 f.

25 Lerch, Wolfgang Günter: »Der spirituelle Führer des Massenmords«, *Frankfurter Allgemeine Zeitung*, 3. Mai 2011.

26 Bickel (2008). Der Bericht der *Frankfurter Allgemeinen Zeitung* bezieht sich dabei auf ein Interview, dass bin Laden dem Chefredakteur der in London erscheinenden Zeitung *Al-Quds al-Arabi*, Abdel Bari Atwan, gegeben hat.

27 Bin Laden, Osama: »Offener Brief an König Fahd«, 11. Juni 1995, zitiert nach: Parker, William J./Bridges, Heidi J.: *Jihadist Strategic Communi-*

cation: As Practiced by Usama Bin Laden and Ayman al-Zawahiri Bloomington: AuthorHouse, 2008, S. 80–83. Der Brief findet sich auch auf
der Seite des Combating Terrorism Centers: http://www.ctc.usma.edu/
wp-content/uploads/2010/08/AFGP-2002-000103-Trans.pdf.

5. Warum wir so verletzlich sind

1 Schneider, Friedrich/Brück, Tilman/Meierrieks, Daniel: »The Economics of Terrorism and Counter-Terrorism: A Survey (Part 1)«, *Deutsches
Institut für Wirtschaftsforschung,* Discussion Paper 1049, August 2010,
S. 13–14. Dort zitiert nach: Caplan, Bruce: »Terrorism: The Relevance of
the Rational Choice Model«, *Public Choice,* Juli 2006, S. 91–107.

2 Keynes, John Maynard: *The General Theory of Employment, Interest and
Money,* London: Macmillan, 1936, S. 161–162.

3 Buffett, Warren: »Annual Letter to the Shareholdes of Berkshire Heatha-
way Inc.«, 21. Februar 2003, http://www.berkshirehathaway.com/letters/
2002pdf.pdf, S. 15.

4 Freeman, Kevin D.: »Economic Warfare: Risks and Reponses. Analysis
of Twenty-First Century Risks in Light of the Recent Market Collapse«,
Juni 2009, http://www.archive.org/details/EconomicWarfare-RisksAn-
dResponsesByKevinD.Freeman. Anmerkung auf dem Titelblatt des
Textes: »The report was originally published under contractual arrangement with a sub-contractor of the Department of Defense Irregular
Warfare Support Program (IWSP) per contractual arrangement between the sub-contractor and Cross Consulting and Services, LLC. Per
that contract, – IWS(P) may use the work product and reports in related
government support efforts with proper attribution. This copy is provi-
ded to IWSP with full permission to distribute to the Financial Crisis
Inquiry Commission for their review and inquiry.«

5 Mueller, Robert: »Rede auf der International Conference on Cyber Security 2010«, 5. August 2010, http://www.fbi.gov/news/speeches/using-
partnerships-to-combat-cyber-threats.

6 Lohse, Eckart/Wehner, Markus: »Cyber-Angriff?«, *Frankfurter Allgemeine Sonntagszeitung,* 22. Mai 2011.

7 Späth, Nikos: »Hacker können ganze Staaten lahmlegen«, Interview mit
Eugene Kaspersky, *Capital,* 1. April 2010, S. 19.

8 Kötter, Wolfgang: »Lautlos und effizient«, *Freitag*, 1. Februar 2008, http://www.freitag.de/2008/05/08050601.php.

9 »EU warnt vor digitalem Terrorangriff«, *Handelsblatt*, 28. Mai 2008.

10 Rosoff, Heather/Winterfeldt, Detlof von: »A Risk and Economic Analysis of Dirty Bomb Attacks on the ports of Los Angeles and Long Beach«, *Risk Analysis*, Nr. 3/2007, http://www.usc.edu/dept/create/research/reports.htm, S. 533–546.

6. Das Jahrzehnt der Furcht

1 Blair, Tony: Rede auf dem Labour-Parteitag, 2. Oktober 2001, zitiert nach: http://www.guardian.co.uk/politics/2001/oct/02/labourconference.labour6.

2 Bin Laden, Osama: »Terror for Terror«, Interview mit Tayser Allouni; 21. Oktober 2001, zitiert nach: Lawrence (2005), S. 107.

3 Ebd., S. 117.

4 Fukuyama, Francis: *Das Ende der Geschichte*, München: Kindler, 1992.

5 Bush, George W.: »State Of The Union Address«, 29. Januar 2002, http://stateoftheunionaddress.org/2002-george-w-bush.

6 United Nations Security Council, Resolution 1368 (2001), http://daccess dds-ny.un.org/doc/UNDOC/GEN/N01/533/82/PDF/N0153382.pdf?OpenElement.

7 Thatcher, Margaret: »Speech to 1922 Committee ›(the enemy within)‹«, *Margaret Thatcher Foundation*, 19. Juli 1984, http://www.margaretthatcher.org/document/105563.

8 Naumann, Michael: »Jeder ist verdächtig«, *Die Zeit*, 23. April 2009, http://www.zeit.de/2009/18/BKA-Gesetz.

9 Eggen, Dan: »Bush Announces Veto of Waterboarding Ban«, *Washington Post*, 8. März 2008, http://www.washingtonpost.com/wp-dyn/content/article/2008/03/08/AR2008030800304.html.

10 Gebauer, Matthias: »Schäuble am Pranger«, *Spiegel-Online*, 16. Dezember 2005, http://www.spiegel.de/politik/deutschland/0,1518,390873,00.html.

11 Pauly, Christoph/Reuter, Wolfgang: »Den Sieg vereiteln«, Interview mit Henry Paulson, Chef der Investmentbank Goldman Sachs, *Der Spiegel*, 1. Oktober 2010.

12 Centre for Economic Policy Research: »Tensions Contained... For Now: The 8th GTA Report«, November 2010, http://www.globaltradealert. org/sites/default/files/GTA8_0.pdf.

7. Al-Kaida und die Weltwirtschaftskrise

1 Greenspan, Alan: »Globalization. Remarks at the Institute for International Economics' Inauguration of the Peter G. Peterson Building, Washington, D. C.«, 24. Oktober 2001, http://www.federalreserve.gov/ boarddocs/speeches/2001/20011024/default.htm.

2 Bush, George W.: »America's New War: President Bush Talks with Reporters at Pentagon«, *CNN.com,* 17. September 2001, http://transcripts. cnn.com/TRANSCRIPTS/0109/17/se.09.html.

3 Cheney, Dick.: » The Vice President appears on Meet the Press with Tim Russert«, 16. September 2001, http://georgewbush-whitehouse.archives. gov/vicepresident/news-speeches/speeches/vp20010916.html.

4 Fleischhauer, Jan/Reiermann, Christian: »Mit den Waffen des Markts«, *Der Spiegel,* 24. September 2001.

5 Halusa, Martin: »Bushs Steuersenkungen werden nicht helfen«, Interview mit dem Ökonomen Joseph Stiglitz, *Die Welt,* 1. Oktober 2001.

6 Congressional Budget Office: »Job Creation and Worker Assistance Act of 2002«, 3. Mai 2002, http://www.cbo.gov/doc.cfm?index=3416&type=0; Tigges, Claus: »Bush setzt Konjunkturpaket in Kraft«, *Frankfurter Allgemeine Zeitung,* 11. März 2002.

7 Congressional Budget Office: »Jobs and Growth Tax Relief Reconciliation Act of 2003«, 23. Mai 2003, http://www.cbo.gov/doc.cfm?index= 4249&type=0.

8 Heuser, Uwe-Jean: »Amerika muss die Augen öffnen«, Interview mit Jeffrey Sachs, *Die Zeit,* 27. September 2001.

9 Buffett, Warren: »Dividend Voodoo«, *Washington Post,* 20. Mai 2003, http://www.washingtonpost.com/ac2/wp-dyn/A13113-2003May19? language=printer.

10 » Bush budget woes mount«, *BBC.co.uk,* 20. Mai 2003, http://news.bbc. co.uk/2/hi/business/3045391.stm. Der Artikel bezieht sich auf ein Interview, dass Soros dem amerikanischen Fernsehsender CNBC gegeben hat.

11 Greenspan, Alan: *Mein Leben für die Wirtschaft*, Frankfurt/New York Campus, 2007.

12 Greenspan (2007), S. 14 f.

13 Board of Governors of the Federal Reserve System: »Open Market Operations«, http://www.federalreserve.gov/monetarypolicy/openmarket. htm.

14 Moskow, Michael H.: Aussagen während des Conference Calls des Offenmarktausschusses am 13. September 2001, http://www.federalreserve.gov/monetarypolicy/files/FOMC20010913ConfCall.pdf, S. 14.

15 McDonough, William: Aussagen während des Conference Calls des Offenmarktausschusses am 13. September 2001, http://www.federalreserve.gov/monetarypolicy/files/FOMC20010913ConfCall.pdf, S. 8.

16 McDonough, William: Aussagen während der Sitzung des Offenmarktausschusses, 2. Oktober 2001, http://www.federalreserve.gov/monetarypolicy/files/FOMC20011002meeting.pdf, S. 12 f.

17 Moskow, Michael H.: Aussagen während des Conference Calls des Offenmarktausschusses am 2. Oktober 2001, http://www.federalreserve.gov/monetarypolicy/files/FOMC20011002meeting.pdf, S. 28 f.

18 Jordan, Jerry L.: Aussagen während der Sitzung des Offenmarktausschusses, 13. August 2002, http://www.federalreserve.gov/monetarypolicy/files/FOMC20020813meeting.pdf, S. 65.

19 Greenspan, »Globalization. Remarks« (24. Oktober 2001).

20 Greenspan, Alan: Aussagen während der Sitzung des Offenmarktausschusses, 26. Juni 2002, http://www.federalreserve.gov/monetarypolicy/files/FOMC20020626meeting.pdf, S. 124.

21 Greenspan, Alan: Aussagen während der Sitzung des Offenmarktausschusses, 29. Juni 2004, http://www.federalreserve.gov/monetarypolicy/files/FOMC20040630meeting.pdf, S. 54.

22 Federal Reserve Bank: »Historical Changes of the Target Federal Funds and Discount Rates: 1971 to Present«, http://www.newyorkfed.org/markets/statistics/dlyrates/fedrate.html.

23 Baker, Gerald: »The Fed's Fight to Stay Ahead of the Game«, *Financial Times*, 18. Dezember 2001.

24 Greenspan, Alan: Aussagen während des Conference Calls des Offenmarktausschusses am 17. September 2001, http://www.federalreserve.gov/monetarypolicy/files/FOMC20010917ConfCall.pdf, S. 3.

25 McTeer, Robert: Aussagen während des Conference Calls des Offenmarktausschusses am 13. September 2001, http://www.federalreserve.

gov/monetarypolicy/files/FOMC20010913ConfCall.pdf, S. 18.

26 U.S. Census Bureau: »New Privately Owned Housing Units Authorized by Building Permits in Permit-Issuing Places: January 1960 to Present«, http://www.census.gov/const/bpsa.pdf.

27 Bush (29. Januar 2002).

28 Rise Seen in Terror Premium«, *CNN.com*, 31. Mai 2004, http://edition.cnn.com/2004/BUSINESS/05/31/oil.monday/index.html.

29 Fricke, Thomas: »Es war der Ölpreis, Harry«, *Financial Times Deutschland*, 19. Dezember 2009, http://www.ftd.de/wirtschaftswunder/index.php?op=ViewArticle&articleId=1739&blogId=10.

8. Der Krieg gegen den Terror und die Schulden

1 Rumsfeld, Donald: »War on Terrorism Memo«, 16. Oktober 2003, veröffentlicht von *USA Today* am 20. Mai 2005, http://www.usatoday.com/news/washington/executive/rumsfeld-memo.htm.

2 Bin Laden, Osama: »The Towers of Lebanon« (29. Oktober 2004), zitiert nach: Lawrence (2005), S. 238–244.

3 Congressional Budget Office: »Changes in CBO's Baseline Projections Since January 2001«, 12. Mai 2011, http://www.cbo.gov/ftpdocs/121xx/doc12187/ChangesBaselineProjections.pdf.

4 Bush, George W.: »President Launches Quality Teacher Initiative«, Rede am 4. März 2002, http://georgewbush-whitehouse.archives.gov/news/releases/2002/03/20020304-8.html.

5 White House Office of Management and Budget: »Historical Tables: Budget of the U.S. Government Fiscal Year 2012«, S. 140, http://www.whitehouse.gov/sites/default/files/omb/budget/fy2012/assets/hist.pdf.

6 »The Axis-of-Inefficiency-Budget«, *New York Times*, 5. Februar 2002.

7 Bush, George W.: »The President's Budget Message«, 4. Februar 2002, http://georgewbush-whitehouse.archives.gov/news/releases/2002/02/20020204.html.

8 Belasco, Amy: »The Cost of Iraq, Afghanistan, and Other Global War on Terrorism Operations Since 9/11«, Congressional Research Service, 2. September 2010, http://assets.opencrs.com/rpts/RL33110_20100902.pdf, S. 3.

9 Stiglitz, Joseph E./ Bilmes, Linda J.: »The Iraq War Will Cost Us $3 Trillon, and Much More«, *Washington Post*, 9. März 2008, http://www.washing-

tonpost.com/wp-dyn/content/article/2008/03/07/AR2008030702846.
html.

10 Brück, Tilman/de Groot, Olaf/Schneider, Friedrich: »Eine erste Schätzung der wirtschaftlichen Kosten der deutschen Beteiligung am Krieg in
Afghanistan«, Deutsches Institut für Wirtschaftsforschung, DIW-Wo-
chenbericht 21/2010, http://www.diw.de/documents/publikationen/73/
diw_01.c.356890.de/10-21-1.pdf.

11 Stockholm Interational Peace Research Institute: »World military
spending reached $1.6 trillion in 2010, biggest increase in South
America, fall in Europe according to new SIPRI data «, 11. April 2011,
http://www.sipri.org/media/pressreleases/milex.

12 White House Office of Management and Budget: »Historical Tables«,
S. 22 f.

13 White House Office of Management and Budget: »Historical Tables«,
S. 26.

14 White House Office of Management and Budget: »Historical Tables«,
S. 24 f. und 140.

15 Department of Defense: »Active Duty Military Personnel Strengths By
Regional Area and Country (309 A)«, 31. Dezember 2010, http://siadapp.
dmdc.osd.mil/personnel/MILITARY/history/hst1012.pdf.

16 Kennedy (2000), S. 759.

17 »Obama warns of worse crisis if no debt ceiling rise«, Reuters, 15. Mai
2011, http://www.reuters.com/article/2011/05/15/us-obama-debt-idUS-
TRE74E1TN20110515.

18 Mackenzie, Michael: »Asset Purchases Like ,Ponzi Scheme'«, Financial
Times, 29. Oktober 2010, http://www.ft.com/cms/s/0/83307ab2-e382-
11df-8ad3-00144feabdc0,s01=1.html#axzz1PeraDtyd.

19 Goodman, Wes: »Bill Gross Says US Is ›Out-Greeking the Greeks‹ on
Debt«, Bloomberg, 31. März 2011, http://www.bloomberg.com/news/2011-
03-30/bill-gross-says-u-s-is-out-greeking-the-greeks-on-debt-1-.
html.

20 International Monetary Fund: »Global Financial Stability Report:
Statistical Appendix – Major Net Exporters and Importers of Capital«,
2005 – 2010, http://www.imf.org/external/pubs/ft/GFSR/index.htm.

21 U.S. Department of the Treasury: »U.S. Gross External Debt«, http://www.
treasury.gov/resource-center/data-chart-center/tic/Pages/external-
debt.aspx.

22 Reinhart, Carmen/Rogoff, Kenneth: Dieses Mal ist alles anders. Acht
Jahrhunderte Finanzkrisen, München; FinanzBuch Verlag, 2010.

23 Andreopoulos, Spyros: »Global Economics: The Return of Debtflation«, *Global Economic Forum*, Morgan Stanley, 12. Februar 2010, http://www.morganstanley.com/views/gef/archive/2010/20100212-Fri.html.

24 Bin Laden, Osama »The Towers of Lebanon« (29. Oktober 2004), zitiert nach: Lawrence (2005), S. 242.

25 Roubini, Nouriel: »The Decline of the American Empire«, 13. August 2008, http://www.roubini.com/roubini-monitor/253323/the_decline_of_the_american_empire.

26 Klare, Hans-Herrmann/Streck, Michael: »Das kann in einem Debakel enden«, Interview mit Paul Kennedy, *Stern*, 15. Dezember 2003, http://www.stern.de/politik/geschichte/interview-das-kann-in-einem-debakel-enden-506195.html.

9. Der Staat rüstet auf, die Wirtschaft erschlafft

1 Börner, Anton: »Terrorabwehr – eine neue gemeinsame Aufgabe«, Pressemitteilung des Bundesverbandes Großhandel, Außenhandel, Dienstleistungen, 28. Juli 2005, http://www.presseportal.de/pm/6564/706671/bga_bundesverb_grosshandel_aussenhandel_dienstleistungen_e_v

2 »Bundesregierung lehnt Nacksanner ab«, *Spiegel-Online*, 24. Oktober 2011, http://www.spiegel.de/reise/aktuell/0,1518,586301,00.html.

3 »Frau musste am Flughafen Brustwarzen-Piercings abnehmen«, *Spiegel-Online*, 28. August 2011, http://www.spiegel.de/reise/aktuell/0,1518,543967,00.html; »Wut macht erfinderisch«, *Spiegel-Online*, 20. November 2010, http://www.spiegel.de/netzwelt/netzpolitik/0,1518,730750,00.html.

4 Börner (2005); »Totale Kontrolle«, *Capital*, 18. August 2005.

5 Schlesiger, Christian/Wettach, Silke: »Fluch der Vernunft«, *Wirtschaftswoche*, 8. November 2010.

6 Schlesiger/Wettach (2010).

7 IATA: »Luftfahrtindustrie erwartet 800 Millionen zusätzliche Passagiere im Jahr 2014«, 14. Februar 2011, http://www.iata.org/pressroom/pr/Documents/German-PR-2011-02-14-02.pdf.

8 Schlesiger/Wettach (2010).

9 Nicolai, Birger/Ginten, Ernst August: »Illusion der Sicherheit«, *Welt-Online*, 4. November 2010, http://www.welt.de/print/die_welt/wirt-

schaft/article10726233/Illusion-der-Sicherheit.html.

10 Mackenbach, Peter/Houben, Frans/Coolen, Michiel: »Study on the Impacts of Possible European Legislation to Improve Transport Security. Final Report: Impact Assessment for European Commission«, Report-Nr. 40008032-6-2 (public version), 26. Oktober 2005, http://ec.europa.eu/transport/security/studies/doc/2005_legislation_to_improve_transport_security.pdf.

11 Mackenbach/Houben/Coolen (2005), S. 17f.

12 Mackenbach/Houben/Coolen (2005), S. I.

13 Mackenbach/Houben/Coolen (2005), S. IX.

14 Murray, Sarah: »Importers Pay the Price of Heavy Security«, *Financial Times*, 13. Januar 2004.

15 Schmitt, Jörg: »Maritimer Terrorismus«, *Der Spiegel*, 30. April 2007; Veit, Sven-Michael: »Zwischen Walsrode und Washington«, *taz*, 5. Januar 2009.

16 Koch, Klaus C.: »Die Angst geht um«, *Süddeutsche Zeitung*, 11. März 2006.

17 Veit (2009).

18 Küffner, Georg: »Schutzschilde gegen Terrorflieger«, *Frankfurter Allgemeine Zeitung*, 5. April 2011.

19 Reaktorsicherheitskommission: »Anlagenspezifische Sicherheitsüberprüfung (RSK-SÜ) deutscher Kernkraftwerke unter Berücksichtigung der Ereignisse in Fukushima-I (Japan)«, 14. Mai 2011, http://www.rskonline.de/downloads/rsk_sn_sicherheitsueberpruefung_20110516_hp.pdf.

20 Fried, Nico: »Merkels Angst vor dem Cäsium«, *Süddeutsche Zeitung*, 14. April 2010.

21 Rüb, Matthias; Bannas, Günter: »Obama: Al-Qaida würde vor Atomangriff nicht zurückschrecken«, *Frankfurter Allgemeine Zeitung*, 13. April 2010.

22 Mascolo, Georg/Follath, Erich: »Gute Bombe, böses Kind. Geschichte der Atombombe – Teil II«, *Der Spiegel*, 8. August 2005.

23 Ismail (2001), zitiert nach: FBIS-Report (2004), S. 163.

24 Yusufzai, Rahimullah: »Wrath of God«, Interview mit Osama bin Laden, *Time Magazine*, 11. Januar 1999, http://www.time.com/time/asia/asia/magazine/1999/990111/osama2.html.

25 Allison, Graham: *Nuclear Terrorism: The Ultimate Preventable Catastrophe*, New York: Times Books, 2004. Siehe hierzu auch den Website zu

Allisons Buch: http://www.nuclearterror.org. Graham demonstriert auf dieser Internetseite unter anderem mit sogenannten *blast maps*, welch verheerende Wirkungen eine 10-Kilogramm-Bombe mit einem atomaren Sprengsatz entfalten würde. In einem Radius von rund 500 Meter würden sämtliche Gebäude zerstört und alle Menschen auf der Stelle getötet; in einem Radius von gut einem Kilometer würden die meisten Gebäude zerstört, auch größere, und sämtliche Menschen, die radioaktiver Strahlung ausgesetzt wurden, daran sterben; in einem Radius von gut eineinhalb Kilometern würden Feuerstürme wüten und die Gebiete komplett verstrahlt werden. Mithilfe einer Google-Maps-Anwendung kann man sich solch eine *blast map* für jeden beliebigen Ort der Welt erstellen. In München zum Beispiel würde solch eine Bombe die komplette Innenstadt zwischen Hauptbahnhof und Isar zerstören. In New York könnte eine solche Bombe die gesamte Südspitze von Manhattan inklusive des kompletten Finanzdistrikts vernichten.

26 Allison, Graham: »Nuclear Terrorism: The Ultimate Preventable Catastrophe«, Public Affairs Program des Carnegie Council, 16. November 2004, http://www.carnegiecouncil.org/resources/transcripts/5049. html.

27 Mascolo/Follath: »Gute Bombe, böses Kind« (2005).

28 Allison, Graham: »Der Atomterror trifft auch die Deutschen«, *Süddeutsche Zeitung*, 25. Mai 2005.

29 Bannas/Rüb (2010).

30 Reaktorsicherheitskommission: »Anlagenspezifische Sicherheitsüberprüfung (RSK-SÜ) deutscher Kernkraftwerke unter Berücksichtigung der Ereignisse in Fukushima-I (Japan)«, 14. Mai 2011, http://www. rskonline.de/downloads/rsk_sn_sicherheitsueberpruefung_20110516_ hp.pdf.

31 Bauchmüller, Michael: »Eine Frage der Auslegung«, *Süddeutsche Zeitung*, 18. Mai 2011.

32 Internationale Länderkommission Kerntechnik: »Untersuchungen zum gezielten Absturz eines großen Verkehrsflugzeuges auf Kernkraftwerke. Ergebnisse aus dem Gutachten«, November 2002, Vermerk für den hessischen Umweltminister Wilhelm Dietzel, http://www.greenpeace.de/ fileadmin/gpd/user_upload/themen/atomkraft/ilk_frontal_21.pdf.

10. Öl als Waffe

1 Baer, Robert: *Die Saudi-Connection. Wie Amerika seine Seele verkaufte*, München: Bertelsmann, 2003, S. 22.

2 »Al-Qaida-Terror erschüttert Saudi-Arabien«, *Die Welt*, 1. Juni 2004.

3 »Terroristen attackieren Ölindustrie«, *Süddeutsche Zeitung*, 1. Juni 2004.

4 Roosevelt, Franklin Delano, 16. Februar 1943, zitiert nach: »Saudi-U.S. Relations: Seven Decades of Friendship«, Royal Embassy of Saudi Arabia Washington D.C., http://www.saudiembassy.net/files/PDF/Publications/Magazine/2001-Fall/SA-US-Relations.htm; siehe auch: U.S. Senate Committee on Foreign Relations, Subcommittee on Multinational Oil Corporations: »Multinational Oil Corporations and U.S. Foreign Policy«, Government Printing Office, 1975, S. 42 f.

5 Bin Laden, Osama: »Brief an Amerika« (24. November 2002), in: Abou-Taam/Bigalke (2006), S. 135.

6 Interview mit Osama bin Laden (Dezember 1998), zitiert nach: Abou-Taam/Bigalke (2006), S. 103–105. Tatsächlich handelt es sich – wenn man bin Ladens Zahlen nimmt und sie nachrechnet – sogar um 36,956 Billionen Dollar, also gerundet 37 Billionen Dollar.

7 Bin Laden, Osama: »Kriegserklärung gegen die US-Soldaten« (23. August 1996), zitiert nach: FBIS-Report (2004), S. 20.

8 http://www.iags.org/iraqpipelinewatch.htm.

9 Thumann, Michael: »Die größe Öl-Sucht«, *Die Zeit*, 3. Juni 2004.

10 Baer (2003), S. 15–17.

11 Baer (2003), S. 19–23.

12 Die britische Tageszeitung *Independent* berichtet im April 2011 über entsprechende Treffen, die im Oktober und November 2002 stattgefunden haben sollen, und beruft sich dabei auf Protokolle der Regierung. Demnach soll die damalige Handelsministerin Elizabeth Symons gegenüber BP gesagt haben, dass die Briten ein Anrecht darauf hätten, an den Ölvorkommen im Irak beteiligt zu werden, denn der damalige Premierminister Tony Blair habe der amerikanische Regierung militärische Unterstützung zugesagt. In einer Sitzung vom 31. Oktober 2002 soll Symons gesagt haben, »dass es schwer zu rechtfertigen sei, wenn britische Firmen im Irak auf diese Weise verdrängt würden, hätte doch Großbritannien die US-Regierung in dieser Krise deutlich unterstützt«. Vgl. *Spiegel-Online*, »Briten wollten irakische Ölfelder schon vor dem

Krieg aufteilen«, 19. April 2011, http://www.spiegel.de/politik/ausland/0,1518,757888,00.html.

13 »Amerikanische Regierung legt falsche Beweise vor«, *Spiegel-Online*, 10. Juli 2003, http://www.spiegel.de/politik/ausland/0,1518,256539,00.html.

14 »Bush Economic Aide Says Cost Of Iraq War May Top $100 Billion«, *Wall Street Journal*, 15. September 2002. Vgl. auch: Emcke, Carolin/Follath, Erich/Zand, Bernhard: »Der Treibstoff des Krieges«, *Der Spiegel*, 13. Januar 2003.

15 Pollack, Kenneth: »Securing the Gulf«, *Foreign Affairs*, Juli/August 2003, http://www.foreignaffairs.com/articles/58993/kenneth-m-pollack/securing-the-gulf.

16 Leung, Rebecca: »Bush Sought ›Way‹ To Invade Iraq?«, *cbs.news.com*, 11. Februar 2009, http://www.cbsnews.com/stories/2004/01/09/60minutes/main592330.shtml.

17 Greenspan (2007), S. 503.

18 Woodward, Bob: »Greenspan: Ouster Of Hussein Crucial For Oil Security«, *Washington Post*, 17. September 2007, http://www.washingtonpost.com/wp-dyn/content/article/2007/09/16/AR2007091601287.html.

19 Bergen (2006), S. 352.

20 Miller, Greg: »Intelligence shows al-Qaeda branch in Yemen planning strike«, *Washington Post*, 26. März 2011, http://www.washingtonpost.com/world/intelligence-shows-al-qaeda-branch-in-yemen-planning-strike/2011/03/25/AFRoT4YB_story.html.

21 Tapper, Jake: »Defense Secretary: Yemen Gov't Collapse a Real Problem«, *ABC.news*, 27. März 2011, http://blogs.abcnews.com/politicalpunch/2011/03/defense-secretary-yemen-govt-collapse-a-real-problem.html.

22 Flade, Florian: »Al-Qaida lobt Frankfurter Todesschützen Arid U.«, *Welt-Online*, 29. März 2011, http://www.welt.de/politik/ausland/article13016502/Al-Qaida-lobt-Frankfurter-Todesschuetzen-Arid-U.html; Ibrahim, Yahya: »Protest Focus: Letter from the Editor«, *Inspire*, März 2011, Seite 5, http://info.publicintelligence.net/InspireMarch2011.pdf.

23 Swami, Praveen/Squires, Nick/Gardham, Duncan: »Libyan rebel commander admits his fighters have al-Qaeda Links«, *The Telegraph*, 25. März 2011, http://www.telegraph.co.uk/news/worldnews/africaandindianocean/libya/8407047/Libyan-rebel-commander-admits-his-fighters-have-al-Qaeda-links.html.

24 »Al-Qaeda snatched missiles in Libya: Chad President«, *Al-Arabyia News*, 25. März 2011, http://www.alarabiya.net/articles/2011/03/25/143013.html.

25 Stahnke, Jochen: »Alle wollen Libyens Öl«, *Zeit-Online*, 6. Mai 2009, http://www.zeit.de/online/2008/09/libyen-oel.

11. Die neuen Wirtschaftskriege

1 Kissinger, Henry (1974), zitiert nach: Follath, Erich/Jung, Alexander: »Die Quelle des Krieges«, *Der Spiegel*, 24. Mai 2004, http://www.spiegel. de/spiegel/print/d-30977808.html.

2 Rathenau, Walter: »Die Organisation der Rohstoffversorgung. Vortrag, gehalten in der Deutschen Gesellschaft 1914«, 20. Dezember 1915, http://www.gutenberg.org/files/21031/21031-h/21031-h.htm.

3 Ricke, Christopher: »Köhler: Mehr Respekt für deutsche Soldaten in Afghanistan. Bundespräsident fordert Diskurs in der Gesellschaft«, *Deutschlandradio Kultur*, 22. Mai 2010, http://www.dradio.de/dkultur/ sendungen/interview/1188780/.

4 »Guttenberg auf Köhlers Spuren«, *sueddeutsche.de*, 9. November 2010, http://www.sueddeutsche.de/politik/wirtschaftsinteressen-und-die-bundeswehr-guttenberg-auf-koehlers-spuren-1.1021529.

5 Wiemken, Jochen: »Grundgesetz erlaubt keine Wirtschaftskriege«, *spd. de*, 10. November 2010, http://www.spd.de/aktuelles/News/5864/2010 1110_guttenberg_fuer_wirtschaftskriege.html.

6 CIA: »World Fact Book. Country Comparison: Oil Production«, https:// www.cia.gov/library/publications/the-world-factbook/rankorder/ 2173rank.html.

7 Brück/de Groot/Schneider (2010), S. 9..

8 Belasco, Amy: »The Cost of Iraq, Afghanistan, and Other Global War on Terrorism Operations Since 9/11«, Congressional Research Service, 2. September 2010, S. 17, http://assets.opencrs.com/rpts/RL33110_ 20100902.pdf.

9 »Strategic Concept For the Defence and Security of The Members of the North Atlantic Treaty Organisation«, 19. November 2010, http://www. nato.int/lisbon2010/strategic-concept-2010-eng.pdf, S. 4.

10 Libicki, Martin C./Chalk, Peter/Sisson, Melanie: »Exploring Terrorist Targeting Preferences«, The Rand Corporation, 2007, http://www.rand. org/pubs/monographs/2007/RAND_MG483.pdf, S. 40.

11 »Al-Qaida erwog offenbar Anschläge auf Öltanker«, *Spiegel-Online*, 20. Mai 2011, http://www.spiegel.de/politik/ausland/0,1518,764001,00. html.

12 »Die Operation Atalanta«, *Bundeswehr.de*, http://www.einsatz.bundes wehr.de/portal/a/einsatzbw/!ut/p/c4/04_SB8K8xLLM9MSSzPy8xBz9 CP3I5EyrpHK9pPKU1PjUzLzixJIqIDcxu6Q0NScHKpRaUpWqV5 yfm5iTmaiXmZeWHw_l6BdkOyoCAKLz-AE!/.

13 Deutscher Bundestag, Drucksache 16/11337 vom 10. Dezember 2008, S. 5; Deutscher Bundestag, Drucksache 17/179 vom 9. Dezember 2009, S. 6; Deutscher Bundestag, Drucksache 17/3691 vom 11. November 2010, S. 5.

14 U.S. Energy Information Agency: »World Oil Transit Chokepoints, 2007«, Januar 2008, last updated: Februar 2011, http://www.cfr.org/ energy-security/world-oil-transit-chokepoints-2007/p15182.

15 »UAE: Terrorists attacked oil tanker«, *CNN.com*, 6. August 2010, http://articles.cnn.com/2010-08-06/world/uae.tanker.explosion_1_oil-tanker-suicide-attack-abdullah-azzam-brigades?_s=PM:WORLD.

16 Byrn, Henrik: »Terrordrohungen gegen die Schifffahrt in der Straße von Gibraltar«, *Truppendienst,* 6/2004, http://www.bmlv.gv.at/trup-pendienst/ausgaben/artikel.php?id=285; Cesaretti, Roberto: »Terroris-musbekämpfung auf dem Mittelmeer«, *Nato-Brief,* Herbst 2005, http:// www.nato.int/docu/review/2005/issue3/german/art4.html.

17 »Ich war verantwortlich von A bis Z«, *Spiegel-Online*, 15. März 2007, http://www.spiegel.de/politik/ausland/0,1518,471829,00.html.

18 Handschuch, Konrad u. a.: »Die Kosten des Terrors. Geplatzter Traum«, *Wirtschaftswoche*, 11. September 2006, http://www.wiwo.de/politik-welt wirtschaft/die-kosten-des-terrors-154970/2/.

12. Wohlstand sichern: Wie wir den Terror tatsächlich besiegen

1 Merkel (2010).

2 Kennedy (2000), S. 219. Die Auseinandersetzung zwischen Frankreich und Großbritannien zum Ende des 18. und zum Beginn des 19. Jahr-hunderts, die vor allem nach der Französischen Revolution an Schärfe gewann, analysiert Kennedy in dem Unterkapitel »Das Gewinnen von Kriegen, 1763–1815«, S. 189–225. Ausführlich erklärt er, warum die bri-

tische Wirtschaft vor allem dank ihrer Exportorientierung so viel widerstands- und leistungsfähiger war als die französische Wirtschaft, und warum daher etwa die Seeblockade, die Napoleon mit der sogenannten Kontinentalsperre errichtet hatte, ihre Wirkung weitgehend verfehlte; denn einen großen Teil seiner Produkte exportierte Großbritannien in Gebiete, die von der Kontinentalsperre nicht betroffen waren. Außerdem verweist Kennedy auf ein grundsätzliches strategisches Dilemma, dem sich Frankreich und Großbritannien gegenübersahen:»Wie der Wal und der Elefant waren beide bei weitem die größten Wesen ihres jeweiligen Lebensraums. Aber die britische Kontrolle über die Seewege konnte die französische Hegemonie in Europa ebenso wenig zerstören, wie Napoleons militärische Überlegenheit zu Lande die Inselbewohner zur Kapitulation zwingen konnte. Weil Frankreichs territoriale Akquisitionen und die politische Einschüchterung seiner Nachbarn beträchtliche Ressentiments weckten, konnte sich die Regierung in Paris außerdem so lange nicht sicher sein, dass die anderen Kontinentalmächte das französische Imperium akzeptierten, wie Großbritannien – das Subsidien, Rüstungsgüter und möglicherweise sogar Truppen anbot – unabhängig blieb. Dies war offensichtlich auch die Sicht Napoleons.« (S. 202 f.).

3 CDU/CSU-Bundestagsfraktion (2008), S. 3 f. Der Zusatz in Klammern »oder in Kriegszustand oder Friedenszeit« stand nur im Entwurf des Papiers. In der Fassung, die am 6. Mai 2008 von der Fraktion verabschiedet wurde, ist er nicht mehr enthalten.

4 »Von Entwarnung keine Rede«, Auszüge aus einem Interview des Deutschlandfunks mit Wolfgang Ischinger, *sueddeutsche.de*, 2. Mai 2011, http://www.sueddeutsche.de/politik/tod-von-osama-bin-laden-der-kampf-ist-noch-nicht-vorbei-1.1091757-3.

5 Perthes, Volker: »Ein Pakt für Arbeit, Ausbildung, Energie«, *Stiftung Wissenschaft und Politik,* 28. Februar 2011, http://www.swp-berlin.org/de/kurz-gesagt/ein-pakt-fuer-arbeit-ausbildung-und-energie.html.

6 »Schröder: Hoher Ölpreis bedroht Aufschwung«, *faz.net,* 3. Juni 2004, http://www.faz.net/artikel/C30189/energiekonferenz-schroeder-hoher-oelpreis-bedroht-aufschwung-30125428.html.

7 Schulmeister, Stephan: »Eine generelle Finanztransaktionsteuer: Konzept, Begründung, Auswirkungen«, *WIFO Working Papers,* Nr. 352, Dezember 2009, http://www.wifo.ac.at/wwa/downloadController/displayDbDoc.htm?item=WP_2009_352$.PDF. Schulmeister nennt in dem WIFO-Papier keine absoluten Beträge, er hat die möglichen Ein-

nahmen aus einer Finanztransaktionssteuer lediglich als Prozentanteil am Bruttoinlandsprodukt angeben. Sie wurden für dieses Buch – basierend auf den BIP-Zahlen des Jahres 2010 und dem Dollar-Euro-Wechselkurs von 1,339 Euro zum 31. Dezember 2010 – in absolute Zahlen umgerechnet. Im Jahr 2010 betrug das deutsche BIP laut Statistischem Bundesamt 2,4976 Billionen Euro, das BIP der gesamten Weltwirtschaft belief sich laut World Economic Outlook des Internationalen Währungsfonds auf 62,909 Billionen US-Dollar. Das WIFO hat in seinem Papier unterschiedliche Steuersätze und Wirkungen der Finanztransaktionssteuer durchgespielt. Die in diesem Buch genannten Zahlen basieren auf einem Steuersatz von 0,05 Prozent auf alle Spot-Transaktionen und Derivate-Transaktionen an Börsen sowie auf alle Over-the-Counter-Transaktionen, also Wertpapiergeschäfte außerhalb von Börsen. Die Zahlen basieren zudem auf dem Szenario, dass aufgrund der Finanztransaktionssteuer das Handelsvolumen für Wertpapiere nicht außergewöhnlich stark, sondern nur mittelmäßig zurückgeht.

8 Lohse, Eckart/Wehner, Markus: »Cyber-Angriff?«, *Frankfurter Allgemeine Sonntagszeitung*, 22. Mai 2011.

9 Späth (2010).

Register